憲法演習ノート

憲法を楽しむ21問

第2版

宍戸常寿

編著

大河内美紀・齊藤愛・柴田憲司
西村裕一・松本哲治・村山健太郎・横大道聡

著

弘文堂

第 2 版　はしがき

　2015 年 9 月に公刊された本書は、私たちの予想以上に、多くの読者の方に歓迎されて、増刷を重ねてきました。4 年近く経ち、新たな立法や判例も登場し、参照している教科書等の改訂もあったことから、本書をアップデートすることにいたしました。設例や解説、答案例を見直すとともに、参考問題を差し替える等して、より使いやすく、楽しい演習書になったと考えております。

　第 2 版についても、弘文堂編集部の北川陽子さんに大変お世話になりました。ここに謝意を表しておきたいと思います。

　　2020 年 1 月

執筆者を代表して

宍 戸 常 寿

　　＊第 3、14、17、19 問の改訂については、最小限の補正を施したのみにとどまります。

初版　はしがき

　本書は、大学の法学部や法科大学院で、憲法についてひととおり学んだ人を読者に想定し、ゼミナールでの、あるいは自学自習のための教材として、具体的な事例問題を通じて、憲法を深く理解し思考力を高めることを意図した演習書です。

　一言で、「憲法を学ぶ」といっても、さまざまな取り組み方があります。本書を手に取った方の多くは、高校の公民科で、憲法の条文や基本的な考え方を、学んできたはずです。その半面、大学の講義などでは、憲法の理論や歴史の理解を深めるとともに、いわゆる「論点」に関して、判例・学説を学んだことでしょう。これに対して、法律家——ここでは、裁判官・検察官・弁護士に限らず、広く公務員なども含みます——として憲法を正しく使うためには、もう一歩進んだ学習が求められます。こうした学習のための演習書は、すでに多く刊行されているところですが、本書は次の2つの特徴があります。

　まず、法律家の役割は、法に従って社会で生じる紛争を解決すること、あるいは未然に予防することにあります。これは民法や刑法などでは当たり前のことですが、憲法に関しても事情はまったく同じです。判例・学説に従うならば目の前の事例はどのように解決されるのか、言い換えれば、判例・学説が紛争解決にあたってどのような意味をもっているのか。こうした点を意識して、ただ漫然と判例・学説を紹介したり、特定の結論を押しつけたりするのではなく、判例の射程を検討したり、学説に従って事例を分析する場合のポイントを挙げたりしている点が、本書の特徴の1つです。

　また、紛争と憲法がどのように関係しているのかが、常に明らかであるとは限りません。たとえば、行政と市民の間に紛争が生じており、しかもあらかじめ行政に有利な解決が法律上定められている、という事例を考えてみましょう。このような場合、法律家は、法律上の解決が憲法に違反しないかどうかを考え、そのような疑いがあるならば、それを適

切に表現して、他の法律家に納得してもらう必要があります。このように、「憲法上の問題点を主張する」訓練の機会を提供することも、本書のもう1つの特徴です。

　弘文堂の他の『演習ノート』シリーズと同じく、各設問の標題には、憲法上の論点が明示されていません。読者の皆さんは、まずは設問を検討してみてください。次に、「解説」冒頭の「概観」に目を通して、設問の事例と皆さんがこれまで学んだ判例・学説がどのように関わっているのか、考えることを勧めます。続く解説の内容は、講義等で扱う事項や代表的な教科書の記述を整理・検討していますが、若干高度なところにまで踏み込む場合もあります。興味があれば、章末の「参考文献」にも手を伸ばしてみてください。

　本書には、他の『演習ノート』シリーズと同様、私たち執筆者による「解答例」が掲載されています。特に強調しておきますが、これは、唯一絶対の「正解」ではありません。学生の皆さんでも書くことが可能であり、できればこういう答案を書いてほしいという私たちの願いも込めた、1つの例にすぎません。憲法の答案については、「論証ブロック」「三段階審査」「規範定立と当てはめ」などなど、あたかも特定の「書き方」があるかのようにいわれることがあります。しかし、本書の「解答例」を比較して読めば、設問の事例から素直に憲法上の問題点を発見し、標準的な判例・学説から丁寧に問題点を考えることが大切であること、そしてそれを表現するための「書き方」は多様であることが、わかっていただけるだろうと思っています。

　とりわけ、学習が進んでいる方は、「自分ならばここはこう書く」とか、「別の結論をとる場合にはどこをどう変えたらよいだろう」とか、解答例を批判的に分析・検討してみてください。そして、解説などを手がかりに「関連問題」にも取り組んでいただくと、憲法の理解と思考力は一層高まることと思います。1人でも多くの皆さんが、私たち執筆者と同じく、本書を通じて「憲法を楽しむ」経験をしていただければ、と願っています。

　本書の刊行にあたっては、弘文堂の北川陽子さんに大変お世話になりました。私たち若手世代の研究者が、企画からわずか2年で無事刊行に漕ぎ着けたことは、ひとえに経験豊富な編集者の支えがあってのこととの思いを新たにしています。執筆者を代表して、この場を借りて深く感謝申し上げます。

　　2015年、終戦から70年目の8月に

執筆者を代表して

宍 戸 常 寿

CONTENTS

憲法演習ノート

3. オトコもつらいよ　宍戸常寿————————44

CONTEN**T**S

憲法演習ノート

憲法演習ノート

CONTENTS

CONTENTS

16. **車を借りると生活保護は廃止？**

17. **投票させない方がマシ⁉**

憲法演習ノート

CONTENTS

憲法演習ノート

凡　例

1　本書における法令は、令和 2 年 1 月 1 日現在の内容による。なお、設問の末尾に掲載している【参考資料】に付されている「*」はそれが架空の法令等であることを示している。

2　本書における略号は、以下のように用いるほか、慣例にならった。

①　裁判

最大判（決）	最高裁判所大法廷判決（決定）
最判（決）	最高裁判所判決（決定）
高判（決）	高等裁判所判決（決定）
地判（決）	地方裁判所判決（決定）

②　判例集

民集	最高裁判所民事判例集
集民	最高裁判所裁判集民事
刑集	最高裁判所刑事判例集
高刑集	高等裁判所刑事判例集
行集	行政事件裁判例集
訟月	訟務月報
判時	判例時報
判自	判例地方自治
判タ	判例タイムズ
労判	労働判例

③　文献

芦部	芦部信喜『憲法 ［第 7 版］』（岩波書店・2019 年）
奥平	奥平康弘『憲法Ⅲ　憲法が保障する権利』（有斐閣・1993 年）
駒村	駒村圭吾『憲法訴訟の現代的転回』（日本評論社・2013 年）
小山	小山剛『「憲法上の権利」の作法 ［第 3 版］』（尚学社・2016 年）
佐藤	佐藤幸治『日本国憲法論』（成文堂・2011 年）
宍戸	宍戸常寿『憲法　解釈論の応用と展開 ［第 2 版］』（日本評論社・2014 年）
高橋	高橋和之『立憲主義と日本国憲法 ［第 4 版］』（有斐閣・2017 年）

読本	安西文雄＝巻美矢紀＝宍戸常寿『憲法学読本［第3版］』(有斐閣・2018年)
戸波	戸波江二『憲法［新版］』(ぎょうせい・1998年)
長谷部	長谷部恭男『憲法［第7版］』(新世社・2018年)
樋口ほか・注解	樋口陽一＝佐藤幸治＝中村睦男＝浦部法穂『注解法律学全集 憲法I』(青林書院・1994年)
論点教室	曽我部真裕＝赤坂幸一＝新井誠＝尾形健『憲法論点教室［第2版］』(日本評論社・2019年)
論点探究	小山剛＝駒村圭吾編『論点探究 憲法［第2版］』(弘文堂・2013年)
最判解	最高裁判所判例解説 (法曹会)
重判解	重要判例解説 (ジュリスト臨時増刊)
百選I・II	長谷部恭男＝石川健治＝宍戸常寿編『憲法判例百選I・II［第7版］』(有斐閣・2019年)

※ 法令は、法令データ提供システム Web サイト (http://law.e-gov.go.jp/cgi-bin/idxsearch.cgi) で閲覧およびダウンロードすることが可能である。

憲法 演習ノート

1. 17歳、一人だけの反乱

設問 　公職選挙法 137 条の 2 第 1 項は「年齢満 18 年未満の者は、選挙運動をすることができない」と定め、これに違反して選挙運動を行った未成年者（18 歳未満の者。以下同様）は、同法 239 条 1 項 1 号により 1 年以下の禁錮または 30 万円以下の罰金に処せられることになっている。ところで、2013 年 4 月の公職選挙法改正でいわゆる「ネット選挙」が解禁され、選挙運動メッセージのブログや SNS への投稿や拡散（リツイート等）が認められるようになった。もっとも、総務省によれば、これらの行為を未成年者が行うことは同法改正後も禁じられたままとされている。

　県内有数の進学校である A 県立 B 高等学校に通う X は、成績は中の上で授業態度もまじめなごく普通の 2 年生（17 歳、男子）であり、同県にある国立大学への進学を希望していた。ところが、X が受験勉強に勤しんでいた夏休みに、来年度から実施される予定であった新しい大学入試制度に絡む政府と教育事業会社との癒着問題がマスコミ等に取り沙汰され、政局が流動化してついには解散総選挙に至る。これにより、新入試制度の是非が選挙戦の争点となったことから、その結果が自分の人生を左右すると考えた X は、総選挙について自分も発言をしたいと考えるようになった。

　ところで X は、高校進学と同時に、「A 県在住の高校生」であることをのみ明かしてツイッターに登録しており、日常生活について毎日 1 〜 2 件程度ツイートしていた。そこで翌日、同じ高校に通っている友人に、新入試制度の導入を公約として掲げる C 党（与党）に対する批判をツイッターでつぶやきたいという話をしたところ、「でもさ、高校生が選挙のことをつぶやくのはダメだって、市役所で働いてる親が言ってたけど」と言われた。驚いた X は、早速「ネット選挙　高校生」で検索をかけると、その友人の発言はやや不正確ではあったが、冒頭で述べたような事実を知ることになる。

2

　しかし、未成年者には選挙権がないばかりか選挙運動を行うこともできないということにどうしても納得がいかないＸは、毎晩の勉強後に、未成年者の選挙運動に関する記事を検索し始めた。すると、インターネット上には未成年者の選挙運動規制に反対の声も多くあがっており、そのリンクをたどっていくと、新入試制度導入への反対を公約として掲げるＤ党（野党）から立候補しているＥ候補者へと行き着いた。Ｅのブログには新入試制度導入への反対とともに、「若者を政治から遠ざけることになる時代遅れの公選法を改正します！」等と書かれており、Ｘはこのような人が国会議員になるべきだという思いを抱くようになる。さらに、現実に公職選挙法違反で処罰された未成年者はいないということも知り、意を決したＸは、「新入試制度導入に反対します！」というツイートをした直後に、Ｅが自身への投票を呼びかけるツイートをリツイートした。

　ところが、夏休みが終わり２学期に入ると、事態は思わぬ展開をみせる。すなわち、９月のある日、文部科学大臣が自身のツイッターアカウントにおいて、先のツイートを引用しつつ「高校生がこのようなツイートを行うことはいかがなものか」とツイートしたことをきっかけとして、一部のツイッター民によるツイート元の探索が始まり、過去のツイート内容や画像などから、その日の深夜にはＢ高等学校に在籍している生徒であることが判明する。もとより、警察が捜査に乗り出すことはなかったが、その結果、翌日からＢ高等学校には抗議電話が殺到し、教職員がその対応に追われ通常授業にも支障をきたすようになった。さらに、Ｂ高等学校の他の生徒の写真が「公選法違反の犯罪者はコイツ」などとしてインターネット上に流出したり、一連の騒ぎを聞きつけたマスコミが学校に集結して登下校中の生徒にインタビューを敢行したりするなどといった事態に発展し、とりわけ３年生の保護者からは生徒たちの受験勉強の妨げになっているという苦情が学校に相次いだ。

　このような騒動が１週間ほど続いたため、Ｂ高等学校校長Ｙはツイート元の特定を教員に指示し、騒動の日以降欠席を続けていたＸがツイート元であることが判明する。Ｘは、自分のせいで先輩や友人たちに迷惑をかけていることにショックを受けて、欠席を続けていたのである。そこでＹは、ＸとＸの母親を校長室に呼び出し、無言

の2人に対して、「X君がしたことは違法行為ですから、本来であれば学校としては退学処分にせざるをえないところです。しかし、X君の将来のことも考えて、自主退学という形式にしたいと考えています」と伝え、退学願の様式を渡した。2人は帰宅後、Xの父を交えて3人で相談を行い、自主退学を拒否したとしても学校は退学処分の決定を変更することはないであろうし、退学処分になれば転校もできないであろうという結論に達し、その翌日にXは退学願を学校に提出した。

問❶　とはいえ、退学に納得がいかないXとXの両親は、B高等学校の生徒たる地位の確認を求める訴えを提起することにした。XとXの両親から依頼を受けた弁護士であるあなたは、この訴訟においてどのような憲法上の主張を行うか。

問❷　問❶における主張に関するあなた自身の見解を、Yからの反論を想定しつつ、述べなさい。

【参考資料】A県県立高等学校学則*
第30条　校長及び教員は、教育上必要があると認めるときは、生徒に対し懲戒を加えることができる。
2　懲戒のうち、退学、停学及び訓告の処分は、校長が行う。
3　前項の懲戒のうち、退学は次の各号のいずれかに該当する者に対して、これを行なうことができる。
　(1)　性行不良で、改善の見込がないと認められる者
　(2)　学力劣等で、成業の見込がないと認められる者
　(3)　正当の理由がなくて、出席常でない者
　(4)　学校の秩序を乱し、その他生徒としての本分に反した者

解　説

1 ………… 概　観

(1)　設問のねらい

　本問は「未成年者の人権」をテーマとする設題であり、関連する判例としては、本問と同じく自主退学勧告の違法性が争われた東京学館高校バイク事件（最判平3・9・3判時1401-56）や修徳高校パーマ事件（最判平8・7・

18 判時 1599-53）をあげることができる。教科書等では憲法 13 条が保障する幸福追求権の意義に関する判例として紹介されることが多いこれらの事件は、しかし、学校当局による裁量逸脱の有無が問題となったものであり、必ずしも憲法 13 条に関する判例ではなかった。本問もまた、未成年者の選挙運動の自由を正面から論じるのではなく、あくまで校長による裁量逸脱の有無が中心的な論点となることに注意が必要である。

(2) とりあげる項目

- ►公職選挙法 137 条の 2 第 1 項の合憲性
- ►公職選挙法における「選挙運動」の意義
- ►学校による自主退学勧告の違法性の判断枠組み

2 ………… 前　提

(1) 訴訟形式

本問においては B 高等学校の生徒たる地位の確認を求める訴えを提起することが明示されているため解答において論じる必要はないが、本来であれば、そもそもどのような訴訟形式を選択すればよいのかが問題となる。というのも、X に対して退学処分がなされているのであれば当該処分の取消訴訟を提起することもできるが、本問において X は校長 Y による自主退学勧告にもとづいて「自主的」に退学しているため、そのような訴訟は想定できないとも考えられるからである。そうであるとすると、B 高等学校の生徒たる地位の確認を求める訴えのほかには、校長 Y による自主退学勧告が違憲・違法であるとして A 県に対して損害賠償請求を行うといった訴訟形式が想定されよう。

(2) 本問の争点

続いて、本問では X が「どのような憲法上の主張を行うか」が問われているところ、本問がどのような意味において憲法問題となるのかが問題となる。というのも、本問においては自主退学勧告それ自体の違憲性（処分違憲）を問題にすることもできそうであるが、従前の判例において憲法問題として扱われてきたのは学校による学則等の制定であって、校長等による不利益処分は法律以下のレベルの問題として検討されてき

5

たからである（射程241頁〔木下昌彦〕）。

　この点について、具体的な判例を手がかりにみていこう。まず、前述の東京学館高校バイク事件判決と修徳高校パーマ事件判決は、いずれも私立高校の事案であったため、それぞれの事案で問題となった校則および自主退学勧告について「それが直接憲法の……基本権保障規定に違反するかどうかを論ずる余地はない」とされた。それに対し、公立の高等専門学校における校長による懲戒処分が問題となったエホバの証人剣道受講拒否事件（最判平8・3・8民集50-3-469）においては、原告によって信教の自由に対する侵害が主張されたにもかかわらず、信教の自由は裁量権の行使にあたって考慮されるべき一要素として扱われているにすぎない。

　そうであるとすれば、「憲法上の主張」として問題にしうるのは学則の合憲性であるようにも思われるが、バイクやパーマの禁止と比べても、「学校の秩序を乱し、その他生徒としての本分に反した者」に対して懲戒処分を行うという学則の合憲性を問題にすることは難しいであろう。そのうえで、本問においては、校長Yの自主退学勧告が違法であることが認定できれば事件の解決にとっては十分であるため、争点は自主退学勧告の違法性へと絞られることになるだろう。

3 ………… 自主退学勧告の根拠の妥当性

(1) 公職選挙法の合憲性──学説の立場から

　本問においては、校長YがXに自主退学を勧告する理由として公職選挙法違反を掲げているため、同法自体が違憲であればそもそも自主退学勧告の根拠がなくなる。したがって、まず、未成年者の選挙運動を刑罰をもって禁ずる公職選挙法137条の2第1項の合憲性が問題となる。

　それでは、未成年者の選挙運動の自由に対してこのような規制が加えられているのは、どのような趣旨に基づくのであろうか。この点、「未成年者の人権」の制約根拠としてしばしば未成年者の保護があげられることにかんがみ、当該規定の立法趣旨も未成年者の保護に求めるという見解が思いつくかもしれない。けれども、合理的に考えれば、未成年者

に重い刑罰をもって臨む当該規定の立法趣旨が未成年者の保護にあると理解するのは難しいように思われる。実際、当該規定の制定過程をみると、その趣旨は未成年者の保護にはなく、むしろ選挙運動一般のあり方が問題とされ、それに伴って未成年者の取締りが浮上してきたという事情があったようである。したがって、当該規定は、選挙過程を保全するために未成年者の選挙運動の自由に制約を加えるものであると解するのが妥当であろう。

　それでは、そのような制約は憲法上許されるのか。この点、たしかに選挙運動の自由を含む表現の自由については、それを行使するためには一定の判断能力が必要であるため、未成年者には成年者と同様に保障されるわけではない。とはいえ、それらの権利を自律的に行使することは未成年者にとっても大きな意義を有していることから、その制限は目的を達成するために必要最小限度にとどまっていなければならないと理解されている（米沢・後掲参考文献 76 頁）。そこで、未成年者が未成年者であるがゆえに選挙過程に及ぼす具体的な害悪とは何かを考えると、判断能力が不十分な未成年者が選挙違反行為を行う危険、ないし、未成年者による選挙運動が醸し出す心理的効果などがあげられよう。しかるに、前者については、成年者と同じく個別的違反行為について対処すればよいし、後者については、表現の自由に対する規制としてはあまりにも漠然とした理由にもとづく規制であるといえる。このように、学説上、公職選挙法 137 条の 2 第 1 項の合憲性に対して重大な疑義が呈されていることは押さえておきたい（以上につき、佐藤・後掲参考文献を参照）。

(2)　判例における選挙運動の自由

　それでは、判例の立場はどうか。これまで当該規定の合憲性が争われたことはないが、判例においては、戸別訪問禁止規定のような成年者の選挙運動の自由に対する広汎な規制でさえ合憲であると結論づけられてきた（最判昭 56・7・21 刑集 35-5-568 等）。それに加えて、未成年者の権利制約に対しては緩やかな審査手法が用いられてきたことを考えると（岐阜県青少年保護育成条例事件判決〔最判平元・9・19 刑集 43-8-785〕）、未成年者には選挙運動の自由は保障されないとする公職選挙法 137 条の 2 第 1 項の違

憲性を判例の立場から説明することは、困難であるように思われる。

　もちろん、公職選挙法の規定自体に憲法上の問題点があることはたしかなので、原告としては、まず法令違憲の主張を行っておくべきであろう。とはいえ、公職選挙法の合憲性という論点はあくまで前提論点にすぎないのであって、本問に対する解答において、これが勝負の決め手になると考えるべきではあるまい。

(3) 「選挙運動」該当性

　ところで、本問ではXによるツイートおよびリツイートが公職選挙法137条の2第1項に反するとしてXに対する自主退学勧告がなされているところ、当該ツイートおよびリツイートはそもそも同法同項にいう「選挙運動」にあたるのだろうか。もし「選挙運動」にあたらないといえれば、やはりYによる自主退学勧告の根拠が失われるようにも思えるため、公職選挙法にいう「選挙運動」とは何かについて考えてみたい。

　この点、公職選挙法は通常の政治活動と選挙運動とを区別したうえで、後者に対して広汎な規制を課しているが、そこにいう「選挙運動」とは「特定の公職の選挙につき、特定の立候補者又は立候補予定者に当選を得させるため投票を得若しくは得させる目的をもって、直接又は間接に必要かつ有利な周旋、勧誘その他諸般の行為をすること」と解されている（最判昭52・2・24刑集31-1-1）。そのうえで、2013年に「ネット選挙」（インターネットによる選挙運動）が解禁されたことを受けて、総務省は未成年者に禁じられている「選挙運動」の具体例を示しているところ、その中には他人の選挙運動メッセージをリツイートすることも含まれていた。かかる総務省の解釈に従えば、少なくとも本問におけるXのリツイートが公職選挙法上の「選挙運動」に該当することは明らかである（「ネット選挙」解禁に係る公職選挙法改正の内容については、情報ネットワーク法学会編『知っておきたい　ネット選挙運動のすべて』〔商事法務・2013年〕25頁以下〔湯淺墾道〕等を参照）。

　これに対し、原告としては、公職選挙法137条の2第1項を合憲限定解釈し、本問におけるXのリツイートが同法上の「選挙運動」に該当

しないと主張することが考えられる。しかし本問の場合、Xは公職選挙法に違反することを明確に意識したうえでかかる行為を行っていることから、このような主張はあまり説得力を有しないようにも思われる。それゆえ、後掲の解答例ではかかる道筋は採用していない。

4 ………… 自主退学勧告の違法性

(1)　司法審査の可否

　まず校長Yの立場からは、そもそも本件自主退学勧告は一般市民法秩序と直接関係のない教育上の措置であるから司法審査の対象とはならず、それゆえ本件訴えは不適法であるとの主張がありうるかもしれない。しかし、たとえそれが学校内部における措置であったとしても、それによって退学という学校内部の問題にとどまらない不利益が生じるのであれば、一般市民法秩序と直接の関係を有することになるはずである。実際、前述の修徳高校パーマ事件判決においては、学校当局の裁量逸脱の有無等が司法審査の対象となることを前提に、同事案における自主退学勧告の違法性の有無が判断されているところ、『判例時報』の匿名コメントによれば、かかる判断枠組みは自主退学勧告が生徒の身分喪失につながる重大な措置であることなどにもとづくと解されている（判時1599号〔1997年〕54頁）。したがって本問においても、学校当局の違法性の有無が司法審査の対象となることは当然の前提であると解してよいのであって、部分社会の法理などを無理に論じる必要はないように思われる（なお、部分社会の法理については、13.B 准教授の生活と意見とため息を参照）。

(2)　判断枠組み

　それでは、教育上の裁量に関する違法性の有無は、どのような判断枠組みによって審査されるべきであろうか。この点、先述のエホバの証人剣道受講拒否事件判決は、京都府立医大事件判決（最判昭29・7・30民集8-7-1463）などを参照し、「高等専門学校の校長が学生に対し原級留置処分又は退学処分を行うかどうかの判断は、校長の合理的な教育的裁量にゆだねられるべきものであり、裁判所がその処分の適否を審査するに当たっては、……校長の裁量権の行使としての処分が、全く事実の基礎を

欠くか又は社会観念上著しく妥当を欠き、裁量権の範囲を超え又は裁量権を濫用してされたと認められる場合に限り、違法であると判断すべきものである」として、社会観念審査を行うことを明らかにした。

　そうすると問題は審査密度であるが、この点についても同判決が参考になろう。同判決は、社会観念審査の定式を前提としたうえで、判断過程統制の要素と比例原則審査の発想を採り入れることによって裁量審査の密度を深めていると理解されている（渡辺・後掲「憲法上の権利と行政裁量審査」350頁）。そのように審査密度が深められた理由について、同判決は、昭和女子大事件判決（最判昭49・7・19民集28-5-790）を参照しつつ、「退学処分は学生の身分をはく奪する重大な措置であり、学校教育法施行規則13条3項〔現26条3項〕も4個の退学事由を限定的に定めていることからすると、当該学生を学外に排除することが教育上やむを得ないと認められる場合に限って退学処分を選択すべきであり、その要件の認定につき他の処分の選択に比較して特に慎重な配慮を要するものである」と判示している。そのため、同判決において、処分の重大性が統制密度を高めるにあたって重要な役割を果たしたことは間違いない。かかる処分の重大性に関連して、本問では自主退学勧告の法的性格が問題となろう。

　それに対し、同判決において信教の自由がどのような役割を果たしたのかについては、学説において議論が分かれている。すなわち、一方でこの判決を「信仰の自由の重要度に鑑みて、比較的密度の濃い実体法的審査が行われた例」と読む見解もあるが（芝池義一ほか編『行政法の争点[第3版]』〔有斐閣・2004年〕118～119頁〔亘理格〕）、上述のような判決文の書き方を根拠として、このような見解には批判も多い。とはいえ、同判決においては「被上告人〔＝原告〕が剣道実技への参加を拒否する理由は、被上告人の信仰の核心部分と密接に関連する真しなものであった」ことにも言及されており、本件調査官解説も、「本判決は……信教の自由が背景にあることを十分考慮に入れるべきものとしつつ、裁量権の逸脱濫用に当たるかどうかという観点から判断をしたものである」と説いていた（最判解民事篇平成8年度㊤185頁〔川神裕〕）。このようにみると、同

判決が行政裁量審査の密度を高めたことには、「信教の自由という重要な憲法上の権利に対する間接的制約の存在を認めたことも、背後で作用している」とする見解にも、十分な理由があるように思われる（渡辺康行ほか『憲法Ⅰ』〔日本評論社・2016年〕181頁〔渡辺〕）。少なくとも、裁量の幅を狭めたい原告としては、このような立場に沿って主張を展開しても構わないのではないか。したがって本問においても、自主退学勧告が憲法上の権利を侵害している可能性があるか否かが検討されることになろう。

(3) 自主退学勧告の法的性格

本問において校長YはXに対して自主退学勧告を行っているにすぎず、Xはそれを受けて「自主的」に退学をしている以上、学校側からみれば法的には何の問題もないと言いたいであろう。それに対し、X側としては、校長による自主退学勧告は実質的に退学処分に等しいものとして受け止められ、そうであるがゆえに退学願を提出したのだと言いたいであろう。

この点、エホバの証人剣道受講拒否事件判決の立場からは、もし自主退学勧告が実質的に退学処分に等しいとすれば、裁量権の行使に対する審査密度は深まることになる。そこで、自主退学勧告の法的性格をどのように考えるかが問題となるところ、修徳高校パーマ事件の下級審によれば、「自主退学勧告は直ちに退学処分もしくはこれに準ずる処分とはいえない」が「事実上の懲戒というべきものである」（東京地判平3・6・21判時1388-3）、あるいは、「自主退学勧告は退学処分と同視すべきものということはできないし、生徒がこれに従うかどうかの意思決定の自由を有する点で事実上の措置としての懲戒とも異なる」（東京高判平4・10・30判時1443-30）などとされていた。しかし同時に、それらはいずれも、「自主退学勧告に従うか否かの意思決定の自由が事実上制約される面がある」こと、および、「生徒としての身分の喪失につながる重大な措置である」ことから、「慎重な配慮」が要求されることも認めていた（ただし、両判決で表現は微妙に異なる）。それに対し、最高裁が自主退学勧告の法的性格について判断を加えたことはないが、前述のとおり、同事件の最高

裁判決は、一・二審判決と同様に、「自主退学勧告が生徒の身分喪失につながる重大な措置であること等から慎重な考慮が要求されることを前提とし」ていると評されている（「コメント」判時1599号〔1997年〕54頁）。

　もっとも、なぜ最高裁が自主退学勧告の法的性格を論じないのかについては、たとえば、次のような理由があげられている。すなわち、校則違反を理由の1つとする自主退学勧告が違法であるとして不法行為にもとづく損害賠償請求がなされた東京学館高校バイク事件判決についてであるが、「本件は不法行為に基づく損害賠償請求であるから、本件自主退学勧告に違法性があり、かつ、右勧告と損害との間に因果関係が認められれば足りるのであって、本件自主退学勧告が実質的な退学処分に当たるかどうかを論ずることにそれほどの意味はないであろう」というのである（「コメント」判時1401号〔1992年〕56頁）。たしかに、自主退学勧告が違法であるか否かの判断にあたっては、自主退学勧告がどれだけ重い措置であるのかが重要なのであって、それがどのような法的性質を有するかというのは二次的な問題であろう。

　ただし、もし自主退学勧告が実質的に退学処分に等しいとすれば、本件においては懲戒処分に必要な手続が踏まれていないとして、適正手続の観点からも問題が生じることになるのではないか。なぜなら、「退学処分の場合、当然に、適正手続は最も強く要求されるものといわなければならない」（小林武「高校生のバイク禁止と学校長の生徒規律権限」法学セミナー404号〔1988年〕113頁）からである。したがって、手続的な観点からみれば、本問において、自主退学勧告が事実上の懲戒処分にあたるかどうかを論じる意味はあるようにも思われる。

(4)　憲法上の権利の侵害可能性

　続いて、本問で問題になっている「選挙運動の制限は、こと国民の基本的人権、それも最重要な表現の自由の最重要な局面での規制」（江橋崇「選挙運動の自由」公法研究42号〔1980年〕103頁）である以上、もし自主退学勧告が選挙運動の自由を制約しているといえれば、校長の裁量の幅を狭めたい原告にとって有利な主張を展開することが可能になるであろう。そのため、本問における自主退学勧告がXの憲法上の権利に対する侵

害可能性を有しているか否かについても論じる必要があると思われる。

　ただしその前提として、そもそも未成年者が選挙運動の自由を有するのかが問題となる。というのも、選挙運動の自由については、表現の自由との同質性を強調するか、選挙権に引き付けて解釈するかという見解の対立が存するからである（宍戸 192～193 頁）。この点、前者の立場に立てば、選挙運動の自由は未成年者にも――その程度はともあれ――当然保障されることになるだろうが、後者の立場に立てば、選挙権は未成年者には保障されていない以上（憲法 15 条 3 項）、選挙運動の自由も未成年者には保障されないという結論に落ち着くはずである。ただし、そのような考え方に対しては、未成年者には「選挙権が与えられていない部分だけ、せめて選挙運動の自由は許されるべきである」（奥平 416 頁）という批判もありえよう。いずれにせよ、「憲法上の主張」を行いたい原告としては、未成年者にも選挙運動の自由が保障されるという前提を採ることが必要であると思われる。

　それでは、判例はどうか。この点、戸別訪問禁止の合憲性を論じた判決（最判昭 56・6・15 刑集 35-4-205）が猿払事件判決（最大判昭 49・11・6 刑集 28-9-393）を引用しているところなどをみると、選挙運動の自由と表現の自由との同質性を前提としていると解すべきであろう。ところが、判例は同時に、未成年者の――選挙運動に限定されない――政治活動の自由に対してはきわめて冷淡であって、下級審かつ高校紛争に関わる事案ではあるが、高校生の政治活動を理由とする退学処分に対し、東京高判昭 52・3・8 判時 856-26 は、未成年者に対するパターナリスティックな視点を明確にしつつ、学校の自律性をきわめて重視して退学処分を合法とした。すなわち、高等学校の生徒についても「政治活動の自由も基本的にはこれを承認すべきものである」としつつ、「現に高等学校で教育を受け、政治の分野についても、学校の指導によつて政治的識見の基本を養う過程にある生徒が政治活動を行うことは、国家、社会として必ずしも期待しているところではない。のみならず、生徒の政治活動を学校の内外を問わず、全く自由なものとして是認するときは、生徒が学習に専念することを妨げ、また、学校内の教育環境を乱し、他の生徒に対する

教育の実施を損うなど高等学校存立の基盤を侵害する結果を招来するおそれがあるから、学校側が生徒に対しその政治活動を望ましくないものとして規制することは十分に合理性を有するところである」というのである。すでに触れたように、そもそも最高裁が成年者の選挙運動の自由さえ重要視しているようにはみえない以上、判例の立場からすれば、本問において仮にXの選挙運動の自由に対する侵害可能性が認定されたとしても、エホバの証人剣道受講拒否事件の場合とは異なり、そのことが原告に非常に有利な形で評価されるということは考えにくいように思われる。

5 ………… 事例の検討

(1) 手続的観点から

先述の通り、審査密度の決定に際しては、処分の重大性が決定的に重要である。したがって解答の順序としては、最初に自主退学勧告の法的性格を問題とすべきであろう。

そして原告としては、まず、自主退学勧告が事実上の退学処分であるとしたうえで、本問における学校当局の対応は適正手続に反するという主張が考えられる。この点について昭和女子大事件判決は、「退学処分の選択も……諸般の要素を勘案して決定される教育的判断にほかならないことを考えれば、具体的事案において当該学生に改善の見込がなくこれを学外に排除することが教育上やむをえないかどうかを判定するについて、あらかじめ本人に反省を促すための補導を行うことが教育上必要かつ適切であるか、また、その補導をどのような方法と程度において行うべきか等については、それぞれの学校の方針に基づく学校当局の具体的かつ専門的・自律的判断に委ねざるをえないのであつて、学則等に格別の定めのないかぎり、右補導の過程を経由することが特別の場合を除いては常に退学処分を行うについての学校当局の法的義務であるとまで解するのは、相当でない」と述べて、大学における退学処分であっても補導手続は必ずしも必要ではないとした。その点は別としても、学説においては、懲戒処分に際しては告知聴聞の機会を保障する行政手続法の

趣旨が尊重されるべきであるなどとされているところ（藤井俊夫『学校と法』〔成文堂・2007年〕44頁以下）、この点に関する判例の態度は必ずしも明らかではない。本問の場合も、Xやその母親と校長Yとのやり取りをどのように評価するかがポイントになるだろうが、判例の立場からみると、自主退学勧告が適法とされた過去の事案における事実関係からすれば、本問におけるやり取り程度でも違法とはされないかもしれない（ただし、後掲の解答例は問題ありとした）。

(2) 実体的観点から

本件自主退学勧告が事実上の退学処分であるとすれば、学校当局はXが「学校の秩序を乱し、その他生徒としての本分に反した者」（A県県立高等学校学則30条3項4号）に該当すると判断したのだ、と解さざるをえない。しかし、昭和女子大事件判決は、学校教育法施行規則26条3項の列挙事由について、「退学処分が、……学生の身分を剥奪する重大な措置であることにかんがみ、当該学生に改善の見込がなく、これを学外に排除することが教育上やむをえないと認められる場合にかぎつて退学処分を選択すべきであるとの趣旨において、その処分事由を限定的に列挙したもの」であり、「この趣旨からすれば、〔学校教育法〕施行規則13条3項4号〔現26条3項4号〕及び被上告人大学の学則36条4号にいう『学校の秩序を乱し、その他学生としての本分に反した』ものとして退学処分を行うにあたつては、その要件の認定につき他の処分の選択に比較して特に慎重な配慮を要する」と述べている。したがって、A県県立高等学校学則にいう「学校の秩序を乱し、その他生徒としての本分に反した者」も同様に解されなければならないであろう。

他方、先述の通り、自主退学勧告の適法性判断については——その法的性格はともあれ——最高裁は慎重な考慮を行っていると評価されているが、にもかかわらず過去の事案ではいずれも適法と結論づけた。それでは、それらの判決においてどのような判断がなされたのか。この点、東京学館高校バイク事件判決は「上告人〔＝原告〕の行為の態様、反省の状況及び上告人の指導についての家庭の協力の有無・程度など、原審の確定した事実関係の下においては、上告人に対してされた本件自主退

学勧告が違法とはいえないとした原審の判断」を是認したが、同事件の一審（千葉地判昭62・10・30判時1266-81）は、担任が原告やその母親らと個別に面接し、事情を聞き、学校の方針に従うように説得したが原告には反省の様子がなく、母親も真っ向から学校の教育方針に対立する態度を示したのであって、たとえ、1、2回の面接であったとしても、そこに弁明、反省の機会はあったはずであるし、原告側が学校の教育方針に非協力的であることが明確かつ強度に現れていたという事実を認定していた。また、修徳高校パーマ事件判決は、①原告の入学に際し、原告もその父親も普通自動車運転免許の取得を制限し、パーマをかけることを禁止する旨の校則を承知していたが、原告は、学校に無断で普通自動車の運転免許を取得し、そのことが学校に発覚した際も顕著な反省を示さなかった、②学校は、原告が3年生であることを特に考慮して今回に限り原告を厳重注意に付することとし、原告に対し本来であれば退学勧告であるが今回に限り厳重注意としたことを告げ、さらに、校長が自ら原告と父親に直々に注意し、今後違反行為があったら学校に置いておけなくなる旨を告げ、二度と違反しないように原告に誓わせた、③原告は、それにもかかわらず、その後間もなく当該校則に違反してパーマをかけ、そのことが発覚した際にも、上記事実を隠蔽しようとしたり、学校の教諭らに対して侮辱的な言辞を弄したりする等反省がないとみられても仕方のない態度をとった、④原告は、本件校則違反前にも種々の問題行動を繰り返していたばかりでなく、平素の修学態度、言動その他の行状についても遺憾の点が少なくなかったといった点をあげ、「これらの上告人〔＝原告〕の校則違反の態様、反省の状況、平素の行状、従前の学校の指導及び措置並びに本件自主退学勧告に至る経過等を勘案すると、本件自主退学勧告」は違法とはいえないとした。要するに、生徒自身の普段の学修態度や反省態度、および両親らの学校に対する態度に問題があった場合には自主退学勧告も適法になる傾向にあるということであろう。

　そこで、これを本問についてみると、Xの日頃の学修態度は真面目そのものであり、かつ、自分の行為の結果に対して強いショックを受け

ている。また、Xの両親も学校に抗議などを行っているわけではない
ことから、過去の判例に照らしても、Xに対する自主退学勧告の合法
性を弁証することはかなり厳しいと評価できそうである。それに対して
学校側としては、本件措置はXが違法行為を行ったことを重視した対
応だったと主張したいであろう。たしかに、本問においてXは自己の
行為が違法であることを認識しており、行為態様として悪質であるとい
えないこともないが、警察の捜査対象になっているわけではないという
点に加え、学説上も公職選挙法の当該規定の合憲性が疑われているとい
う事情が効いてこよう。また、学校当局としては設問にあるような騒然
とした状況を何とか落ち着かせる必要があり、いわば他の生徒のために
Xに犠牲になってもらうより他ないという判断もあったであろう。し
かし、ネットやマスメディアが騒いでいることは本人の落ち度ではなく、
そのような事情にもとづいて自主退学勧告を行うことは、端的に教育裁
量権の行使における他事考慮であると解すべきであるように思われる。
少なくともそれは、「教育」の名のもとに行われるべきものではないだ
ろう。

　加えて、過去に判例で問題になったのが「バイクに乗る自由」や「髪
型をパーマにする自由」といった「いわば価値の低い権利」をめぐる事
案であった（芹沢・後掲参考文献43頁）のに対し、本問で問題になってい
るのは選挙運動の自由である。以上より、判例の枠組みによったとし
ても、本件自主退学勧告は端的に違法と判断できるのではないだろう
か。

解答例

問❶
1．公職選挙法の違憲性
　本件自主退学勧告はXが公職選挙法137条の2第1項に反する

違法行為を行ったことを理由とするものであるから、当該公職選挙法規定が違憲であれば、本件自主退学勧告も当然に無効となるはずである。

　この点、公職選挙法137条の2第1項は未成年者の選挙運動を禁じているところ、一般に選挙運動の自由は憲法21条によって保障されていると解されているため、この規定が憲法21条に反しないかが問題となる。もちろん、未成年者は心身ともに発達途上であるために、その憲法上の権利に対してはパターナリスティックな制約が一般に認められているが、その制約は未成年者の保護を目的とするものでなければならない。しかし、公職選挙法239条1項1号は選挙運動を行った未成年者自身を処罰の対象としており、公職選挙法における選挙運動の自由に対する制約の趣旨が未成年者の保護にあるとは到底考えられない。したがって、公職選挙法137条の2第1項は未成年者の選挙運動の自由を不当に侵害しており、憲法21条に反すると解されるべきである。

2．自主退学勧告の違法性

　仮に公職選挙法の当該規定が違憲でなかったとしても、Yによる自主退学勧告は違法である。

　まず、Xは、校長Yから自主退学勧告を受けた以上、自主的に退学をしなければ退学処分を下されることになり、ひいては転校等に際しても不利益を被ると考えて退学願を提出したのであり、したがって本件自主退学勧告は事実上の退学処分に等しい。そうであるとすれば、まず、XがA県県立高等学校学則30条3項に定めるいずれかの号に該当しなければならないところ、学校当局によってかかる認定がなされた形跡は存在しない。また、退学処分が生徒の身分を剥奪する最終処分としての性格を有する以上、学校としては退学処分に付す前に生徒に対して教育的指導を行うべきであり、それにもかかわらず生徒の態度に改善の兆しがないとして退学処分に付す場合であっても、生徒と保護者に対する適正手続保障の要請が厳格に貫かれなければならない。しかし、本件事実関係において、YがXに対して教育的指導を行ったという事実はまったくなく、またYはXおよびその母親と面談をしているものの、その際、処分理由の告知やそれに対する生徒・保護者の弁明の機会の保障は不十分であったといわざるをえない。

　また、実体的にみても、退学処分は生徒としての身分を剥奪する

重大な措置であり当該生徒に大きな不利益を与えるものである。それに加えて、本件自主退学勧告はXが選挙運動を行ったことに起因しているのであるから、生徒の選挙運動の自由という重要な憲法上の権利を直接的に制約するものであったといわざるをえない。そうであるとすれば、自主退学勧告の違法性を審査するに際しては、慎重な考慮が求められるべきであるから、本件自主退学勧告は校長の裁量権を逸脱した違法なものである。

3．結論

よって、Yによる自主退学勧告は違法であり、B高等学校の生徒たる地位の確認を求める訴えは認容されるべきである。

問❷

1．以上のような原告の主張に対し、被告は次のように反論するであろう。

(1) 公職選挙法の違憲性

まず、憲法上未成年者には選挙権が保障されていない（15条3項）ところ、これは、判断能力が未成熟なためであると一般に解されている。そうであるとすれば、選挙運動の自由もまた成年者と同等には保障されないのであって、未成年者の選挙運動の自由に対する制約は緩やかに認められるべきである。以上より、公職選挙法137条の2第1項は合憲である。

(2) 自主退学勧告の違法性

まず、すでに述べた通り、自主退学勧告は懲戒処分ではなく、本件においてもXは自主的に退学しているのだから、何ら法的な問題は生じていない。

また、仮に自主退学勧告が事実上懲戒処分に等しいとしても、本件においてYはXがA県県立高等学校学則30条3項4号の「学校の秩序を乱し、その他生徒としての本分に反した者」に該当すると判断した。加えて、教育上の懲戒処分は刑事手続ではないので適正手続の保障は不要であるはずであるし（憲法31条）、仮に懲戒処分に対して適正手続保障の趣旨が及ぶべきであるとしても、YとXおよびその母親との面談において、Xには十分に弁明の機会が与えられていた。

さらに、教育上の懲戒処分については校長の合理的な教育的裁量に委ねられるべきであり、裁判所としては、校長の裁量権の行使と

しての処分が社会観念上著しく妥当性を欠く場合にのみ違法と判断されるべきであるところ、本件においてそのような事情はない。

　以上より、Yによる自主退学勧告は合法である。

2. 原告・被告双方の主張に対して、以下、解答者自身の見解を述べる。

　(1)　公職選挙法の違憲性

　まず公職選挙法137条の2第1項の合憲性についてであるが、当該規定が選挙運動の自由に対する制約となっていることは否定できない。しかし、当該規定の趣旨は未成年者の保護ではなく、判断能力が未成熟な未成年者から選挙過程を保全する点にあり、かかる目的を達成するためには、未成年者自身の選挙運動を禁じなければならない。また、当該規定の目的がかかるものである以上、インターネットによる選挙運動からも未成年者を排除しなければならないことは同断である。以上より、公職選挙法137条の2第1項それ自体は合憲であると解される。

　(2)　自主退学勧告の違法性

　続いて本件自主退学勧告の違法性についてであるが、まず、自主退学勧告の法的性格が問題となる。この点、たしかに自主退学勧告自体は懲戒処分ではないが、後述のように、Xには自主退学をしなくてもかまわないという選択肢が明示的に与えられていなかったという事情に加え、Yが自主退学勧告を退学処分の代替物であると明言しているという事情にもかんがみるならば、本件自主退学勧告は、少なくとも懲戒処分に準ずるものと解すべきであろう。

　そうであるとすれば、本件自主退学勧告に対しても、適正手続保障の趣旨が及ぶべきであろう。この点、本件で問題となっているのが仮に退学処分であったとしても、教育的指導の要否は学校当局の専門的・自律的判断に委ねざるをえない以上、かかる手続が踏まれていないからといって直ちに違法とはいえないと解される。それに対し、Yは自主退学を勧告する際に当該勧告を拒んでもよい旨の告知を行っておらず、また、その際Xとその母親が一切発言を行っていないことを考えると、弁明の機会が十分に与えられていたとはいえないと解される。

　さらに、本件自主退学勧告が退学処分に準ずるものであるとすれば、XがA県県立高等学校学則30条3項4号にいう「学校の秩序を乱し、その他生徒としての本分に反した者」に該当するか否かが

問題となる。たしかに、教育上の懲戒処分については校長の合理的な教育的裁量に委ねられるべきであり、裁判所としては、校長の裁量権の行使としての処分が社会観念上著しく妥当性を欠く場合にのみ違法と判断すべきであろう。しかし他方で、退学処分が生徒としての身分を剝奪する重大な措置であり当該生徒に大きな不利益を与えるものであることに加えて、本件自主退学勧告によって制約されているのは原告の選挙運動の自由という重要な基本的人権である。そうである以上、「学校の秩序を乱し、その他生徒としての本分に反した者」の認定については他の処分の選択に比較して特に慎重な配慮を要すると解すべきであり、それは本件のような自主退学勧告の場合にも同断であろう。

　これを本件についてみると、一方において、未成年者の政治活動に対して学校が規制を加えることは一般的に行われており、しかも本件においてXは違法行為であることを認識したうえでリツイートを行ったものであるため、「生徒としての本分に反」する悪質な行為であるといえないこともない。しかし、違法行為であるとはいえ警察による捜査の対象になっているわけでもなく、また、インターネットによる選挙運動においては従来から違法行為がしばしば行われているのであって、Xの行為が特段悪質というわけでもない。他方、学校当局がXに対し自主退学を促したのは、表向きはXが違法行為を行ったためであるとされているが、実際はXのリツイートが引き起こした一連の混乱を鎮めるためであったことが推測される。しかし、その混乱については本人の落ち度ではなく、自主退学勧告が教育上の措置であるというのであれば、考慮すべきでない事項を考慮しているといわざるをえない。したがって、本件自主退学勧告は、社会観念上著しく妥当性を欠き、校長の裁量権の範囲を超えた違法なものと解すべきである。

　(3)　結論

　以上より、Yによる自主退学勧告は違法であり、原告の請求が認容されるべきである。

関連問題

教諭の政治的言論

G県立工業高等学校において工業の教科を担当する教諭Hが、生徒会の担当教諭Iから原稿の依頼を受けて、同校の生徒会誌（以下、「本件生徒会誌」という）に回想文（以下、「本件回想文」という）を寄稿したところ、本件回想文には、日米安全保障条約に関し、「現在となって沖縄の基地、日本の至る所にある米軍基地問題はこの安保条約があるからだ。」「安保条約も破棄を通告すればよい。」という記述があった。そのため、同校の校長JはIに対し、本件生徒会誌を新入生に配布しないことを求めたが、Iが配布することを強く希望したので、本件回想文を切り取って本件生徒会誌を新入生に配布することを求めた。しかし、Iがこれに応じなかったため、Jは、本件回想文を切り取って本件生徒会誌を新入生に配布するよう職務命令として指示した。その結果、本件生徒会誌から本件回想文が切り取られた状態で新入生に配布された。そこでHは、JとG県に対し、損害賠償等を求めて出訴した。

本件における憲法上の問題点を論じなさい。

（参考、最判平16・7・15判時1875-48）

│ │ │
参 考 文 献

佐藤幸治「子どもと参政権的権利——公職選挙法による未成年者の『選挙運動』の禁止に寄せて」『現代国家と人権』（有斐閣・2008年）206頁以下
宍戸常寿「裁量論と人権論」公法研究71号（2009年）100頁以下
芹沢斉「校則問題——学校生活と生徒の自由・権利」法学教室136号（1992年）39頁以下
米沢広一「未成年者と人権」大石眞＝石川健治編『憲法の争点』（有斐閣・2008年）76頁以下
渡辺康行「憲法上の権利と行政裁量審査——判例状況の分析と今後の方向

性」髙橋和之先生古稀記念『現代立憲主義の諸相(上)』（有斐閣・2013 年）
325 頁以下

同「行政法と憲法――行政裁量審査の内と外」法律時報 90 巻 8 号（2018 年）
10 頁以下

（西村裕一）

2. 憲法改正の阻止は公務員の義務？

設問

　Xは、A市役所で多数の部下を抱える管理職として市の政策立案に関係する業務に従事している地方公務員である。Xは、大学時代に憲法ゼミに所属し、卒論のテーマに平和問題を選択したこともあって、憲法9条の明文改正を目指す現政権の政治動向に深い憂慮の念を抱いていた。そうしたところ、全国規模で活動を展開している「9条を破壊する現政権の打倒を目指す会」が、A市立公園内の屋外広場で市民集会（以下「集会」という）を開催することを知り、勤務時間外に個人的にこの集会に参加してみることにした。

　休日に開催された集会には、著名人も多数参加したこともあって多くの聴衆が集まっていた。会場の熱気に昂奮したXは、ステージに上り、A市役所職員であることを明らかにしたうえで、「憲法9条は日本の宝であり、是非とも守っていかなければならない」、「憲法9条の破壊に向けた政治動向をこれ以上加速させてはならない」、「自分は公務員であるが、憲法尊重擁護義務を負っている。公務員の1人として、断固として憲法を守るために現政権と闘っていく」旨のマイク・パフォーマンスをして拍手喝采を浴びた。

　以上の事実があったという報告を受けたA市の市長Yは、地方公務員の政治的行為の制限について定める地方公務員法36条にもとづいて制定された「A市職員の政治的行為の制限に関する条例」（以下「条例」という。【参考資料】参照）5条にもとづいて審査を行い、Xの発言が条例4条4号に該当すると判断して、Xに戒告の懲戒処分を下した。Xは、人事委員会に不服申立てを行ったが却下されたため、処分の取消しを求めて訴訟を提起した。

問❶　あなたがXの訴訟代理人となった場合、どのような憲法上の主張を行うか。なお、地方公務員法の合憲性および地方公務員法と本条例の関係については、検討しなくてよい。

問❷ 被告Ａ市の反論についてポイントのみを簡潔に述べたうえで、あなた自身の見解を述べなさい。

【参考資料】Ａ市職員の政治的行為の制限に関する条例*
（目的）
第1条　この条例は、地方公務員法（昭和25年法律第261号。以下「法」という。）第36条第2項第5号の規定に基づき、Ａ市職員（以下「職員」という。）に対して制限する政治的行為を定めるとともに、職員の政治的行為の制限に関し必要な事項を定めることにより、職員の政治的中立性を確保するとともに、本市における行政の公正な運営を確保し、もって市民から信頼される市政を実現することを目的とする。
（政治的目的の定義）
第3条　この条例において政治的目的とは、次に掲げるものをいう。
　　一　特定の政党その他の政治的団体又は特定の内閣若しくは地方公共団体の執行機関を支持し又はこれに反対すること。
　　二　公の選挙又は投票において特定の人又は事件を支持し又はこれに反対すること。
（政治的行為の制限）
第4条　職員は、前条に規定する政治的目的をもって次に掲げる行為をしてはならない。
　　一　職名、職権又はその他の公私の影響力を利用すること。
　　二　政党その他の政治的団体の機関紙たる新聞その他の刊行物を発行し、編集し、配布し又はこれらの行為を援助すること。
　　三　多数人の行進その他の示威運動を企画し、組織し若しくは指導し又はこれらの行為を援助すること。
　　四　集会その他多数の人に接し得る場所で又は拡声器、ラジオその他の手段を利用して、公に政治的意見を述べること。
　　五　政治上の主義主張又は政党その他の政治的団体の表示に用いられる旗、腕章、記章、えり章、服飾その他これに類するものを製作し又は配布すること。
　　〔6号以下略〕
（違反行為の措置）
第5条　市長は法又はこの条例に定める政治的行為の禁止、又は制限に違反する行為、又は事実があったことを知ったときは、直ちに違反行為の防止、又は矯正のために適切な措置をとらなければならない。
2　市長は、前項の規定により講ずべき適切な措置として、法第29条に基づき、当該職員に対し、懲戒処分として戒告、減給、停職又は免職の処分をすることができる。
　　〔3項以下略〕

解　説

1 ………… 概　観

(1)　設問のねらい

「公務員の人権」という論点は、教科書的な典型論点であり、本書を手にとられた読者に改めてその基本解説をする必要はないだろう。そこでこの解説では、基本論点および基本判例の理解をさらに深めてもらうために、設問に即して考えるべきポイントをみていくことにしたい。

さて、毎年公表される司法試験の出題趣旨および採点実感では、異口同音に次のような指摘が繰り返されている。「まず、問題の事案をよく読み、どのような行為が何によってどのように制約されたのかを正確に把握することが肝要である。関連する憲法上の条文の解釈、……重要判例の正確な理解、かつ、それらの判例における事案と本問の事案との相違等を踏まえて判断枠組みを構築した上で、本問事案に対する具体的検討を行い、一定の説得力のある妥当な解決を導き出すことが求められている」（平成25年実感）、「判例を正確に理解した上でそれらを主体的に検討して判断枠組みを構築すること、そして事案を丹念に拾って個別的・具体的に検討することを求めている」（平成25年趣旨）、「まずは、問題文をしっかり読んで、その内容を理解することが重要である」（平成29年趣旨）、といった指摘である。

それでは、採点実感等で求められていることを検討するとは、どういう作業なのだろうか。**2**以下で、設問に即してみていこう。

(2)　とりあげる項目

► 事案の把握の仕方

► 猿払事件判決と堀越事件判決の判断枠組み

► 憲法判断の対象の選択

► 違憲判断の方法

2 ………… 事案の正確な把握

繰り返すが、採点実感では、「まず、問題の事案をよく読み、どのよ

26

うな行為が何によってどのように制約されたのかを正確に把握すること
が肝要である」（傍点は引用者）とされている。以下、本問の事実関係に
即してこれを試みたい。

(1) 本件事案の把握

本問では「どのような行為」が制約されたのか。設問から関連する事
実を拾って整理すると、「管理職にある地方公務員が、勤務時間外に、
組織的な活動としてではなく個人的に、政治的な団体が主催する屋外の
市民集会に参加し、自らの身分を明らかにしたうえでした、憲法9条の
改正に向かう政治動向を批判し、同条を擁護する発言」が問題となって
いる。この行為は、「公務員であるXの政治的行為としての表現の自
由」（憲法21条1項）の行使であると評価できる。

次に、当該行為は「何によって」制約されたのか。それは、「地方公
務員の政治的行為の禁止について定める地方公務員法36条2項5号の
委任を受けて制定された条例の、政治的目的（条例3条1号）をもってす
る政治的行為を禁止する規定（条例4条）のうち、集会その他多数の人
に接しうる場所で公に政治的意見を述べることを禁止する規定（同条4
号）」によってである。そして、当該規定は、「一定の公務員の政治的行
為を野放しで認めてしまうと、職員の中立性が損なわれ、市行政の公正
な運営を確保できず、その結果、市民から信頼される市政を実現できな
くなるからという理由」（条例1条および地方公務員法36条5項）から設け
られたものである。

そして、当該行為が「どのように」制約されたのかといえば、それは、
「Xの発言が条例4条4号に該当するとの判断を前提にして、懲戒につ
いて定める地方公務員法29条および条例5条2項にもとづいて科され
た懲戒処分」によってである。

(2) 懲戒処分に根拠となる事実があるか？

このような「事実の正確な把握」という作業を通じて、解答者は、X
の発言が、そもそも条例のいう「政治的意見」といえるかどうかは必ず
しも明白ではないのではないか、との疑問を抱くものと思われる。

Xの発言は、憲法9条の擁護と、その改正に向かう政治動向に抗す

る旨の内容であった。これは X 自身が述べているように、憲法 99 条によって「憲法尊重擁護義務を負っている公務員として」行った発言である。それでは、公務員が憲法を尊重し擁護する発言をすることが、政治的目的（条例 3 条）で政治的意見を述べるものだといえるのだろうか。仮に、公務員によるそうした発言は、憲法上の義務の履行にすぎないから、規制対象とされている政治的意見とは解されないとすれば、X への懲戒処分は根拠を欠くものとなるし、逆に、公務員によるそうした発言もまた政治的意見に該当するというのであれば、その理由は何かを考える必要がある。

なお、ここでそのような検討は「憲法上の問題なのか？」と疑問を抱くかもしれない。しかし、この作業が政治的意見該当性を、憲法の観点を踏まえて明確化する作業である以上、立派な「憲法上の問題」であり、その検討は「憲法上の主張」であるといってよい（論点教室 213 頁以下〔新井誠〕）。法令違憲や適用違憲の可能性を検討することだけが「憲法上の主張」ではないのである。

3⋯⋯⋯⋯憲法判断の対象

以上の作業により把握した本件事案において、憲法判断をするための「判断枠組み」を考えるためには、「憲法判断の対象」を明確にしておく必要がある。それでは本問では「何を」憲法判断の対象とするべきなのだろうか。この点、問❶で「地方公務員法の合憲性および地方公務員法と本条例の関係については、検討しなくてよい」とされているから、憲法判断の対象は条例に絞り込まれる。それでは、条例の「何を」憲法判断の対象とすればよいのだろうか。

これは、本件事案において公務員 X の政治的表現の自由を制約している法制度のうち、どこに照準して憲法論を組み立てるかという問いである。そしてこの問いに答えるためには、問題となる法制度を正確に把握したうえで、いかなる理由で関連規定が違憲となりうるのかを踏まえながら、検討しなければならない。すなわち、①広く一般に、公務員の政治的行為を制限することそれ自体が許されないとか、条例の規定ぶり

が過度に広汎あるいはあいまい不明確であると考えるのであれば、条例の規定それ自体が一般的な形で憲法判断の対象になるし、②本件事案の事実関係において X に懲戒処分を科すことが問題であると考えるのであれば、当該懲戒処分を基礎づけている条例の一部分（適用部分）が憲法判断の対象になるだろう。これに対して、③条例自体には瑕疵はないが、懲戒権者が条例 4 条 4 号の解釈適用を誤ったことが問題であると考えるのであれば、憲法判断の対象は法令ではなく処分になる。

　憲法判断の対象を考える際に必要なことは、X の訴訟代理人として、最も勝利できる可能性が高い議論を展開できそうなものを選択することであろう。時間が無限にあるならばともかく、限られた時間内で議論を組み立てる以上、取捨選択は避けられない。この観点からすれば、後に触れる最高裁の判例からして、①の主張が裁判所に受け入れられるとは考えにくいし、問❶に付された条件からしても①の解答が求められているとも考えにくい。また、懲戒処分の中で最も軽い戒告処分であるといった本件事案の事実関係や条例の文言に照らすならば、③の主張もまた困難であると考えられる。

4⋯⋯⋯⋯⋯「判断枠組み」の構築に向けた前提作業

　続いて、本件事案における憲法上の問題を考えるための「判断枠組み」の構築が求められる。「判断枠組み」は、事案と関連する重要な「判例を正確に理解した上でそれらを主体的に検討」した結果として、あるいは、「関連する憲法上の条文の解釈、……重要判例の正確な理解、かつ、それらの判例における事案と本問の事案との相違等を踏まえて」構築されるもの、とされていることからも明らかなように、その構築に先立ち、いくつかの前提作業が必要となる。

(1)　関連する判例の特定

　まず、本件事案と関連する重要な判例を特定することである。「公務員の政治的行為（表現）の制限」に関する事案という点では、猿払事件（最大判昭 49・11・6 刑集 28-9-393）と堀越事件（最判平 24・12・7 刑集 66-12-1337。同日の世田谷事件〔最判平 24・12・7 刑集 66-12-1722〕も参照）が、「公務員の政

治的な行為に対する懲戒処分」に関する事案という点では、寺西判事補事件（最大決平 10・12・1 民集 52-9-1761）や反戦自衛官懲戒免職事件（最判平 7・7・6 判時 1542-134）、そして全逓プラカード事件（最判昭 55・12・23 民集 34-7-959）などがその候補として思い浮かぶことだろう。

　このうち、寺西判事補事件では裁判官、反戦自衛官懲戒免職事件では自衛官という特別職の国家公務員が当事者となっており、一般職の国家公務員ないし地方公務員が当事者となった事案とは異なっているから、直ちに本件事案での応用を試みることは困難である。また、全逓プラカード事件は猿払事件に依拠した判決であるから、「懲戒処分」の評価の際に参照する必要があるかもしれないものの、「判断枠組み」の構築において主たる役割を演じるとはいいにくい。そこで本件事案では、「公務員の政治的行為の制限」に関する、猿払事件と堀越事件を、さしあたり「関連する判例」と位置づけるのが妥当であると考えられる。

(2) 判例の「正確な理解」

　次に、「関連する判例」の「正確な理解」が求められる。本問では、猿払事件と堀越事件の関係とその射程についての正確な理解が求められていることになる。

　堀越事件は、自らの事案を、公務員の職務の遂行の政治的中立性を損なう実質的なおそれ（以下「実質的なおそれ」という）が認められるか否かが問題となっている事案と位置づけることで、猿払事件との「区別」を行った。すなわち猿払事件は、①公務員により組織される団体の活動としての性格を有し、②その行為の態様からみて当該地区において公務員が特定の政党の候補者を国政選挙において積極的に支援する行為であることが一般人に容易に認識されうるようなものであったため、③諸事情を考慮しても、公務員の職務の遂行の政治的中立性を損なうおそれが実質的に認められることが明らかな事案であった。それゆえに、このおそれの有無自体が問題となった堀越事件とは区別されるというのである。このような区別の理由が、本件事案を分析する際の手がかりとなる。

(3) 判例の「選択」

　本件事案で懲戒処分の対象となったのは、公務員が政治集会において

身分を明らかにして行った政治的発言であるから、猿払事件の特徴②を有していると評しうる。しかし、公務員の団体による組織的活動ではないから、猿払事件の特徴①は有していない。したがって、本件事案は、「実質的なおそれ」が必ずしも明らかとはいえない事案──すなわち、猿払事件の特徴③を有していない──といいうるから、猿払事件ではなく、堀越事件が「判断枠組み」を導く際の有力な候補となる。

　もっとも本件事案は、猿払事件の特徴①は欠くものの、Ｘは身分を明らかにしたうえで発言しているから、猿払事件の特徴②が強烈に見受けられるとして、「実質的なおそれ」が認められることが明らかな事案──猿払事件の特徴③を有している事案──と位置づけることも不可能ではない。Ａ市側としては、この筋で論理構成した方が勝機を見出せる可能性が高いかもしれない（なお学説では、堀越事件判決は事実上猿払事件判決の判例変更をしたものと評価するものが多いが、堀越事件判決はそれを明示的に否定しているので、猿払事件判決の判断枠組みを用いることも不可能ではない）。そうすると、この段階で当事者の主張が対立する可能性がある。そしてこの対立は、次に検討する「判断枠組み」の構築内容に関わってくる。

(4)　猿払事件と堀越事件の「判断枠組み」

　猿払事件の「判断枠組み」は、(a)禁止の目的、(b)目的と禁止される政治的行為との関連性、(c)政治的行為を禁止することにより得られる利益と失われる利益の均衡、の３点を検討するという判断手法であり、「合理的関連性の基準」ないし猿払基準と呼ばれるものである。

　他方、堀越事件では、上記の通り、この猿払事件の「判断枠組み」が適用される場面を「限定」することで事案の区別が試みられたのであるが、それでは、堀越事件の「判断枠組み」はどのようなものなのか。堀越事件の「判断枠組み」は、大別して３つの部分から構成されていると解される。

　まず最高裁は、公務員は政治的に中立公正な立場で職務を遂行することが必要であるが、表現の自由の重要性も無視できないことを指摘したうえで、公務員の国民としての政治活動の自由の制限は、必要やむをえない限度でなければならないとする（以下「判断枠組み①」という）。そし

てそこから、規制対象である「政治的行為」を、「実質的なおそれ」が
ある行為に限定し、その「実質的なおそれ」の有無は、「公務員の職務
の遂行の政治的中立性を損なうおそれが実質的に認められるかどうかは、
当該公務員の地位、その職務の内容や権限等、当該公務員がした行為の
性質、態様、目的、内容等の諸般の事情を総合して判断するのが相当で
ある」とする（以下「判断枠組み②」という）。そして、そのようにして限
定的に解された国家公務員法等の規定自体の憲法適合性は、「本件罰則
規定による政治的行為に対する規制が必要かつ合理的なものとして是認
されるかどうかによることになる」としたうえで、「よど号」ハイジャ
ック記事抹消事件（最大判昭 58・6・22 民集 37-5-793）を引用しながら、これ
は、「本件罰則規定の目的のために規制が必要とされる程度と、規制さ
れる自由の内容及び性質、具体的な規制の態様及び程度等を較量して決
せられるべきものである」とした（以下「判断枠組み③」という）。

　以上が堀越事件の「判断枠組み」である。

5 ……… 「判断枠組み」の構築

　仮に本件事案で X 側の訴訟代理人が堀越事件を参考に「判断枠組み」
を構築するとしても、事案が類似しているとはいえまったく同一ではあ
りえない以上、そのまま借用することができない。「それらの判例にお
ける事案と本問の事案との相違等を踏まえて」、それを「判断枠組み」
の構築に反映させることが、「主体的に検討」するという作業だからで
ある。

　それでは堀越事件と本件事案との相違点はどこにあるか。国家公務員
か地方公務員か、適用法条、刑事罰か懲戒処分かなどで違いがあるが、
それらがどのように、本件事案における「判断枠組み」の構築に影響す
るのだろうか。

(1)　主体的な検討①──堀越事件の「判断枠組み①」について

　まず堀越事件の「判断枠組み①」から検討しよう。これは、「全体の
奉仕者」（憲法 15 条 2 項）たる行政公務員には、政治的に公正・中立的な
立場で職務の遂行にあたることが求められる一方、公務員にも国民とし

ての政治活動の自由があり、しかもそれが「立憲民主政の政治過程にとって不可欠の基本的人権であって、民主主義社会を基礎付ける重要な権利であること」にかんがみて、その制約は、「必要やむを得ない限度にその範囲が画されるべき」というものである。この「判断枠組み①」は、抽象的であるがゆえに、若干の修正（たとえば、「地方自治体の住民全体」に対する奉仕者といった修正）だけで、本件事案に適用できそうである。猿払事件判決もこの部分は、おおむね、同様のことを述べていた。

(2)　主体的な検討②──堀越事件の「判断枠組み②」について

次に、堀越事件の「判断枠組み②」である。これは「判断枠組み①」から導出されたものであるが、続く「判断枠組み③」で憲法適合性判断がなされていることから明らかなように、ここで試みられているのは、──その実質はともかく形式的には──「合憲限定解釈」ではない。制定法を体系・整合的に解釈するために、最高法規たる憲法の趣旨を盛り込んで解釈する手法を「憲法適合的解釈」と呼ぶとすれば、「判断枠組み②」で試みられたのは、これに該当する（駒村 380〜381 頁、宍戸 310 頁参照。ただし批判として、蟻川恒正「国公法二事件最高裁判決を読む(2)」法学教室395 号〔2013 年〕90 頁以下）。

「判断枠組み②」で「憲法適合的解釈」がとられたのは、「〔国家公務員〕法 102 条 1 項の文言、趣旨、目的や規制される政治活動の自由の重要性に加え、同項の規定が刑罰法規の構成要件となることを考慮」した結果であるとされている（傍点は引用者）。さらに千葉勝美裁判官補足意見は、「判断枠組み②」の解釈を、「法体系的な理念を踏まえ、当該条文の趣旨、意味、意図をまずよく検討して法解釈を行う」という、国家の「基本法についての司法判断の基本的な姿勢」を示した解釈手法と位置づけている。地方公務員法および本条例の該当規定は「刑罰法規の構成要件」ではないし、「国家の基本法」に該当するかは必ずしも明白ではないから、堀越事件の「判断枠組み②」を、そのまま、本件事案の「判断枠組み」として用いることはできない可能性がある。

したがって、本件事案で「判断枠組み②」を用いるのであれば、刑事罰と懲戒処分は、表現の自由の行使が制限される点や当該情報が言論市場

に流通しなくなるという点では同一である、憲法適合的解釈は法解釈における一般的な手法である、「よど号」ハイジャック記事抹消事件でも用いられた汎用性のある解釈手法である、といった理由を示す必要がある。

(3) 主体的な検討③——堀越事件の「判断枠組み③」について

堀越事件では、「判断枠組み③」の導出理由が説明されていないが、これもまた、「判断枠組み①」から導かれるものと解釈できる。そして「判断枠組み②」と「判断枠組み③」は、論理的必然関係にあるわけではないから、本件事案の検討にあたり、「判断枠組み②」を採用せずに「判断枠組み③」のみを採用することも可能である。それでは、「判断枠組み③」とは、いかなるものなのだろうか。

「判断枠組み③」について、堀越事件の調査官解説は次のように述べている。「『制限を必要とする利益』と『制限される利益』は、その性質が異なったり、常に一方が他方より優先するというものではなかったりするため、単純に較量することが困難な場合がある……から、利益較量においては、それに当たっての考慮要素のみならず、その『方法』を問題にしなければならないように思われ、それは、結局のところ『目的及び手段（方法）の合理性の審査』にならざるを得ないように思われる」（法曹時報 66 巻 2 号〔2014 年〕282～283 頁〔岩﨑邦生〕。駒村 441 頁も参照）。そして、堀越事件の利益較量は、「二重の基準やそれを前提とする LRA のテストや明白かつ現在の危険のテストなどの厳格な基準を併用あるいは意識・配慮している」タイプのものであり（同 283 頁）、「この厳格な基準を併用あるいは意識・配慮するということも、結局は『目的』の合理性の審査と、その目的達成のための『手段（方法）』の合理性の審査を厳格に行うべきということになろう」とされている（同 292 頁。なお、ここでいうところの「合理性の審査」は、広い意味でのものであり、たとえば学説がいうところの厳格な基準は、この「合理性の審査」を厳格に行うことであるとされる。同 284～285 頁、293 頁を参照）。

この説明は、「判断枠組み③」は、学説のいう違憲審査基準論を、利益較量の際の考慮要素として内在化させるものであるという指摘である。

そうだとすれば、違憲審査基準論にもとづく検討とさほど大きな違いが生じるわけではない、かなりの汎用性をもった「判断枠組み」ということが可能である。したがって、「判断枠組み③」を用いる場合、比較較量に対する「目盛のない較量」という学説の批判を踏まえて、目的の重要性や目的と手段との適合性をどの程度の厳格さで審査するべきなのかを示しながら、主張を組み立てていけばよいだろう。そして本件事案において問題になっているのが「懲戒処分」であるという事実は、この枠内での考慮要素と位置づけることが可能である。

6 ………… 事案に即した個別的・具体的検討

　事案を正確に把握し（前述2）、関連する判例との異同を踏まえつつ「判断枠組み」を構築したら（前述3〜5）、次の作業は、その「判断枠組み」を用いて事案を検討することである。

　なお、この段階での検討が「当てはめ」と呼ばれることがあるが、「あしき答案の象徴となってしまっている『当てはめ』という言葉」（平成23年実感）、「自動的に答えが出るかのような『当てはめ』という言葉」（平成24年実感）と批判されていることから推察されるように、求められているのは、「本問事案に対する具体的検討を行い、一定の説得力のある妥当な解決を導き出す」（平成25年実感）、「事案を丹念に拾って個別的・具体的に検討すること」（平成25年趣旨）である。

(1) 本件事案の場合

　すでに2で「事案の正確な把握」を試みたので、それを再度確認すると、本件事案は、「管理職にある地方公務員が、勤務時間外に、組織的な活動としてではなく個人的に、政治的な団体が主催する屋外の市民集会に参加し、自らの身分を明らかにしたうえでした、憲法9条の改正に向かう政治動向を批判し、同条を擁護する発言」が、「地方公務員の政治的行為の禁止について定める地方公務員法36条2項5号の委任を受けて制定された条例4条4号（および3条1号）に該当するとして、地方公務員法29条および条例5条2項にもとづいて、戒告の懲戒処分を受けた」事案であった。この事実関係を前提に、主体的に構築した「判断

枠組み」を用いて、「個別的・具体的に検討する」ものであることが求められている。その具体的な検討は、後掲の解答例を参照願いたい。

(2) 違憲判断の方法

　Xの訴訟代理人は、事案に即した個別的・具体的な検討により、Xを勝利させる議論を組み立てなければならない。本件事案の場合、**3**で憲法判断の対象として、Xに対する懲戒処分を基礎づけている条例の一部分（適用部分）に照準を当てることにしたわけであるが、当該部分の効力を排除するためには、「憲法適合的解釈」、「合憲限定解釈」、「適用違憲」といった多様な手法がある。

　本件事案で「憲法適合的解釈」を試みるならば、上述した堀越事件の「判断枠組み①」＋「判断枠組み②」を活用することになろう。他方、堀越事件と本件事案との相違を重視し、さらに憲法適合的解釈という解釈手法が有する問題に懸念を抱くのであれば、「判断枠組み①」を示しつつ、「判断枠組み②」が憲法適合的解釈によって行った規制対象の絞り込みと同じ結果を導くための別の「判断枠組み」を、他の判例や学説を参考にしながら構築することもできる。たとえば、条例4条4号の「合憲限定解釈」がそれである。

　合憲限定解釈とは、「字義通りに解釈すれば違憲となるかもしれない広汎な法文の意味を限定し、違憲となる可能性を排除することによって、法令の効力を救済する解釈」である（芦部394頁）。本件事案でこの手法を採用しようとする際には、表現の自由の制限に関する事案であることを踏まえて、税関検査事件訴訟（最大判昭59・12・12民集38-12-1308）の「判断枠組み」を用いながら、合憲部分と違憲部分とを明確に区分できるかを丹念に検討しなければならない（合憲限定解釈の詳細は、**12. 逃亡の果てに**を参照）。

　なお、本件事案で合憲限定解釈をする場合には、「判断枠組み③」に進むことは論理的にありえないから——憲法に適合するように限定して解釈した規定が違憲となるというのは矛盾以外の何物でもないから——、勝負どころとなるのは「事案に即した個別的・具体的検討」の段階になることに注意したい。

　そして、適用違憲の手法によって、Xに対する処分を基礎づけている条例部分の瑕疵を除去しようとする場合には、「判断枠組み①」＋「判断枠組み③」の組み合わせにより、主張を組み立てることが考えられる。

7……おわりに

　後掲の解答例では、問❶のXの主張の局面では、(a)本件発言は条例4条4号の定める懲戒事由に該当しないという主張と、(b)「判断枠組み①」＋「判断枠組み③」を参考にして、条例4条4号がXに対して適用される限りで違憲であるという主張を展開した。問❷のA市の反論では、(a)については（当然のことながら）本件発言は条例4条4号の定める懲戒事由に該当するという主張を、(b)については、猿払事件判決の「判断枠組み」を用いて、条例4条4号は合憲であるという主張をさせている。そして私見では、(a)についてはA市の反論を受け入れる主張を、(b)については、堀越事件の「判断枠組み①」を用いつつ、Xの主張する「適用違憲」ではなく、「判断枠組み②」を踏まえて「憲法適合的解釈」により条例の規制対象を絞り込み、本件発言が当該条例のいう「政治的意見」に該当するかを「事案に即して、個別的、具体的に検討」し、該当するという結論を出した。

　最後に、3点ほど注意点を述べておきたい。第1に、この解説は必ずしも現実の思考順序に沿っているわけではない。おそらく設問を一読した解答者は、まず堀越事件が頭に思い浮かび、それを重要判決と位置づけたうえで、刑事罰と懲戒処分との違いなどに留意しながら、どうやって本件事案の「判断枠組み」を構築しようか、その際に猿払事件判決をどう処理しようか、といった思考をたどるだろう。また、前述2でみた「事実の正確な把握」を試みる際や、3でみた「憲法判断の対象」を考える際に、猿払事件や堀越事件を念頭に置かなければ、適切に考慮すべき要素を摘出することはできないだろう。要するに本解説は、あくまで、答案に記載されるであろう順序に沿った説明を試みたものにすぎない。第2に、一部では「私見」の部分では違憲の主張をしなければならない

との感覚があるようであるが、決してそういうわけではない。解答例の
私見で合憲判断を示したのは、そういう解答も可能であるという意味を
込めている。とはいえ、解答例はあくまでありうる解答の「例」であっ
て絶対的ではない、というのが第3点目である。解説で述べた判断の分
岐点を意識しながら、別様の解答例を各自で考えてみてほしい。

解答例

問❶

1．Xが集会でした発言（以下「本件発言」という）は、「A市職員
の政治的行為の制限に関する条例」（以下「条例」という）4条4号
に該当するものではないから、本件懲戒処分は条例上の根拠を欠く
ものであり、違法である。

　公務員には、憲法尊重擁護義務が課されており（憲法99条）、本
件発言は、この憲法上の義務の履行にすぎず、特定の政治的立場か
らの発言ではないと解される。そのため、条例3条1号にいう「特
定の政党その他の政治的団体又は特定の内閣」への支持または反対
という目的を有しているとはいえない。条例4条柱書は、3条各号
の目的をもって、4条各号の行為をすることを禁止しているが、以
上の通り、本件発言は3条1号の「政治的目的」を有していないた
め、4条4号違反の懲戒処分を科す根拠を欠いている。

　仮に本件発言に「政治的目的」が認められるとしても、上述の通
り本件発言は、公務員の義務の履行であるから特定の政治的立場か
らのものとはいえず、また、公務員が憲法尊重擁護義務を負う以上、
本件発言によって職員の中立性や行政の公正な運営といった条例1
条が掲げる目的は害されないから、4条4号の「政治的意見」に該
当しない。したがって、本件発言に懲戒処分を科す条例上の根拠を
欠くため、違法である。

2．仮に上記1．の主張が認められないとしても、本件発言に対し
て条例4条4号を適用してXに懲戒処分を科すことは、Xの表現
の自由（憲法21条1項）を侵害するものであり、違憲である。

　(1)　たしかに「全体の奉仕者」（憲法15条2項）たる公務員は、

政治的に公正・中立的な立場で職務の遂行にあたることが必要であり、この事情は地方公務員も同様である。しかし、本条例が規制対象とする表現は、上記1.の主張が認められないとすれば、政治的な表現ということになるところ、個人の尊重（憲法13条）を基本原理とする憲法において最も重要な権利として保障される表現の自由のうちでも、政治的な表現の自由は、民主制国家の存立のために特に重要であることは最高裁が再三指摘している通りである（「北方ジャーナル」事件〔最大判昭61・6・11民集37-5-793〕など）。本条例は、その表現の自由の核心である政治的表現を制約するものであり、その侵害の度合いはきわめて大きい。したがって、制約が必要最小限でなければ憲法21条1項に違反すると解される。そして、必要最小限度の制約か否かは、制約の必要性の程度と、規制される自由の内容、性質等を総合的に較量して判断すべきであるが、その際には、制約される表現の自由の重要性にかんがみて、厳格な較量が必要である。

　(2)　条例4条4号は、A市職員が条例3条の目的をもって集会等で公に政治的意見を述べることを禁止する。これは、職員の中立性と市行政の公正な運営を確保し、もって市民から信頼される市政を実現することを目的とした規制であり（条例1条）、その重要性および必要性は首肯できるものの、条例4条4号の規制対象は、文言上、勤務時間の内外、職務上の地位を利用したか否か、発言内容の政治性の度合いの高低などを問わずに一律に規制するものであるため、当該目的達成に厳格に適合した手段とは言い難い。したがって、勤務時間外に、職務上の地位を利用しておらず、1.で述べたように憲法尊重擁護義務の履行である発言をも懲戒事由として認めている限りにおいて、条例4条4号は憲法21条1項に違反する。

問❷
1. (1)　Xの主張1（問❶1.）に対して、A市側からは、本件発言は、政治色の強い団体が主催する集会において、現政権という「特定の内閣」に反対する目的をもって行われたことは明白であり（条例3条1号）、また、憲法改正の是非が政治問題となっている以上、その一方に立つ発言が条例4条4号いう「政治的意見」に該当することは明らかであるから、本件懲戒処分は条例上の根拠を有しているとの反論がなされることが想定される。

　(2)　Xは、憲法を守るべき旨の本件発言は、公務員の憲法尊重擁護義務の履行であるから、条例3条1号の「政治的目的」を有さないと主張しているが、A市側が指摘するように、特定の内閣の打倒を標榜する政治色の強い団体の主催する集会での発言であること、憲法改正が政治的議題として論じられていること、さらには、Xの立場だと、憲法改正に賛成する発言は、憲法尊重擁護義務に反するということになるが、憲法自体が改正の手続を定めている以上、公務員による改憲の主張や現行憲法の批判もまた、憲法上容認されると解されること等に照らせば、その一方に賛否を表明することは条例3条1号の「政治的目的」を有しうると解される。そして、「憲法9条の破壊に向けた政治動向をこれ以上加速させてはならない」、「……断固として憲法を守るために現政権と闘っていく」といった発言内容は、特定の内閣に反対するという政治的目的でなされていると解されるから、条例4条4号にいう「政治的意見」に該当する。したがって、本件発言は、条例4条4号に該当するとしたA市の判断は違法ではない。

２．(1)　Xの主張2（問❶2.）に対して、A市からは、次のような反論が予想される。すなわち、A市職員であると認識される仕方でなされた条例4条4号に該当する行為は、公務員の職務の遂行の中立性を損なわせるおそれが明白である。そして、条例による規制目的と制約される政治的行為との間に合理的関連性が認められ、かつ、政治的行為に対する制約も刑事罰ではなく懲戒処分にとどめられているから、規制により得られる利益と失われる利益の均衡を失していない。したがって、Xに対する懲戒処分は憲法21条1項に反しない。これに対する私見は次の通りである。

　(2)　本条例は、制限されるA市職員の政治的行為を定めて規制することで、A市職員の職務行使の中立性と市行政の公正な運営を確保し、もって市民に信頼される市政を実現しようとするものである。かような条例の目的は、議会制民主主義のもと、政治過程で決定された政策を忠実に実現することが行政の職務であること、地方公務員は地方自治体の住民全体の奉仕者（憲法15条2項）であり一部の奉仕者ではないことなどに照らし、重要かつ必要なものである。しかし他方で、地方公務員も一市民として、表現の自由（憲法21条1項）を有しており、議会制民主主義のもとでは、表現の自由、とりわけ政治的表現の自由の保障が必要不可欠である。したが

って、上記目的にもとづく条例による A 市職員に対する政治的行為の禁止は、それが刑罰法規の構成要件ではなく懲戒処分の根拠規定になるにすぎないとしても、A 市職員の市民としての政治的表現の自由を制約するものであり、かつ政治的表現の流通が妨げられていることに相違はないから、目的達成のために必要やむをえない限度にとどめなければならないと解される。そして、法令は可能な限り憲法に適合するように解釈するべきであるから、かかる見地から条例 4 条 4 号は、たとえば、組織的活動や地位の利用の有無といった諸般の事情を総合して、現実に職員の職務行使の中立性を損なわせるような仕方での「政治的意見」の表明のみを懲戒処分の対象とする規定であると解される。

(3) 本件発言は、「政治的目的」（条例 3 条 1 号）をもって、政治色の強い団体が主催する集会で、身分を明らかにしてなされたものである。たしかに本件発言に際して X は、職務上の地位を利用しておらず、また、組織的活動の一環として発言したわけでもない。しかし、多くの人々が集まる屋外集会にて本件発言をすることにより、市行政が政治的、党派的に運営されるのではないかという危惧を市民が抱く可能性は決して低くない。また「断固として憲法を守るために現政権と闘っていく」などといった発言には、自身の政治的傾向を職務に持ち込もうとする意思が現れており、さらに X が部下を多数抱える管理職にあることからすると、かかる意思が部下への指揮命令や指導監督の際に影響を及ぼす蓋然性も低くない。したがって、本件発言のような行為は、現実に A 市職員の職務行使の中立性を損なわせるような仕方での「政治的意見」（条例 4 条 4号）の表明であると評価できる。

以上より、本件発言は条例 4 条 4 号に該当する「政治的意見」に該当するから、本件発言を理由に X に懲戒処分を科すことは X の表現の自由を侵害しない適法なものである。

関連問題

裁判官の国民投票運動と「品位を辱める行状」

　裁判官 Z は、ツイッター上で自己の実名を使ったアカウントを用いて、積極的に意見発信をする裁判官として知られている。20XX 年、Z は、国会によって発議された憲法改正案に反対の意見を表明する、次のような内容のツイートを行った。①「この憲法改正、頭おかしくね!?　賛成する奴は頭おかしいから、俺のツイート見てる奴は必ず反対するように！」、②「憲法変えたって、法律家専門集団のなかの上級国民である俺様が、解釈で無意味なものにしてやるぜ！　俺の所に事件が来たらだけど www」。

　上記①に対して、日本国憲法の改正手続に関する法律 102 条・122 条違反に問うことの是非を、②について、裁判所法 49 条違反を理由として戒告することの是非を、それぞれ憲法論を踏まえて論じなさい。

　（参考、寺西判事補事件〔前掲最大決平 10・12・1〕、岡口裁判官ツイート分限裁判事件〔最大決平 30・10・17 民集 72-5-890〕）

【参考資料 1】日本国憲法の改正手続に関する法律
（公務員の政治的行為の制限に関する特例）
第 100 条の 2　公務員（日本銀行の役員（日本銀行法（平成 9 年法律第 89 号）第 26 条第 1 項に規定する役員をいう。）を含み、第 102 条各号に掲げる者を除く。以下この条において同じ。）は、公務員の政治的目的をもって行われる政治的行為又は積極的な政治運動若しくは政治活動その他の行為（以下この条において単に「政治的行為」という。）を禁止する他の法令の規定（以下この条において「政治的行為禁止規定」という。）にかかわらず、国会が憲法改正を発議した日から国民投票の期日までの間、国民投票運動（憲法改正案に対し賛成又は反対の投票をし又はしないよう勧誘する行為をいう。以下同じ。）及び憲法改正に関する意見の表明をすることができる。ただし、政治的行為禁止規定により禁止されている他の政治的行為を伴う場合は、この限りでない。
（特定公務員の国民投票運動の禁止）
第 102 条　次に掲げる者は、在職中、国民投票運動をすることができない。
　一　中央選挙管理会の委員及び中央選挙管理会の庶務に従事する総務省の職員並びに選挙管理委員会の委員及び職員
　二　国民投票広報協議会事務局の職員
　三　裁判官
　四　検察官
　五　国家公安委員会又は都道府県公安委員会若しくは方面公安委員会の委員
　六　警察官

（国民投票運動の規制違反）
第 122 条　第 101 条又は第 102 条の規定に違反して国民投票運動をした者は、6 月以下の禁錮又は 30 万円以下の罰金に処する。

【参考資料 2】裁判所法
第 49 条（懲戒）　裁判官は、職務上の義務に違反し、若しくは職務を怠り、又は品位を辱める行状があつたときは、別に法律で定めるところにより裁判によつて懲戒される。

参　考　文　献

山田哲史「公務員の政治的行為の制約」横大道聡編『憲法判例の射程』（弘文堂・2017 年）16 頁以下

蟻川恒正「国公法二事件最高裁判決を読む」法学セミナー 697 号（2013 年）26 頁以下

駒村圭吾「さらば、香城解説⁉ ——平成 24 年国公法違反被告事件最高裁判決と憲法訴訟のこれから」高橋和之先生古稀記念『現代立憲主義の諸相（下）』（有斐閣・2013 年）419 頁以下

法律時報編集部編『国公法事件上告審と最高裁判所』（日本評論社・2011 年）

（**横大道聡**）

3. オトコもつらいよ

設問　Ｙは、Ａ市が女性の自立と広汎な社会参加を支援する事業を幅広く展開し、男女共同参画を実現することを目的として、全額を出資して設立した公益財団法人である。Ｙの主要な業務の１つは、Ａ市の委託を受けて、女性からの電話または面談による相談等を受け付けること（相談業務）である。

　Ｙは、団体・業務の性格上、一般職員の採用にあたって女性の採用を重視しているが、これまでのところ一般職員のうち女性の割合は３割程度にとどまっている。また、Ｙは、嘱託職員から一般職員を採用する際には、嘱託職員としての業績および採用面接の評価が「良好」以上の者の中から選考することを、あらかじめ定めていた。

　Ｘ（男性）は、学生時代、男女平等について考えるサークル「えんぱわ」に加わり、女性の地位の向上に関心をもつようになった。社会福祉士の資格を取得したＸは、Ａ市役所でアルバイトをするほか、女性問題に関するNGOでボランティア活動を行う等していた。その中でＸは、Ｙの業務に感銘を受け、自分もＹで働いて女性の地位向上に貢献したいという思いを抱き、2020年４月、Ｙとの間で、嘱託職員として３年間の雇用契約（週30時間勤務）を締結し、相談員としての業務に従事した。Ｙの相談員はＸとＢ・Ｃ（ともに女性）の３名であり、いずれも嘱託職員であるが、Ｘはその中心であり、相談業務に限ってみれば、企画立案や改善に関わる等、一般職員と同等の労働をしていた。Ｘに支給される賃金は、Ｘと同じ年齢であり、同じ日に一般職員として採用され、もっぱら管理業務に従事しているＤ（週40時間勤務）の賃金のおおむね65パーセント程度であり、この点をＸは不満に思っていたが、一般職員に採用されることを期待して、熱心に働いていた。

　Ｙが2023年１月、嘱託職員の中から一般職員１名を採用することとしたところ、ＸとＢの２名が応募した。Ｙの人事担当者はＤであ

ったが、Xの氏名をインターネットで検索したところ、Xが学生時代に「えんぱわ」に属していたこと、「えんぱわ」とジェンダーフリーを推進するフェミニスト団体が新人の勧誘や学園祭の討論会等で激しく対立してきたことを知った。そこでDは、採用面接に際し、Xに対して、「Xさんは、学生時代、男女共同参画には賛成だが、ジェンダーフリーは行きすぎだと主張する団体に属していたと聞きましたが、事実ですか」と質問したが、Xは回答を拒否した。嘱託職員としての業績はXが「優秀」、Bは「良好」であったが、Yは、従来の人事方針やXの回答拒否も踏まえ、XではなくBを採用することとした。

　Xは、①嘱託職員としての期間について、Dに支払われている賃金との差額分の支払い、②採用面接におけるDの質問による精神的損害の補填、③一般職員としての労働契約関係の存在の確認を求めて、Yを訴えることとした。

問❶　上記①〜③の訴えについて、Xの代理人としてはどのような憲法上の問題点を主張すべきか、簡潔に述べなさい。
問❷　Yの立場から考えられる反論を簡潔に述べたうえで、あなたの見解を述べなさい。

【参考資料】関係法令
○労働基準法
（均等待遇）
第3条　使用者は、労働者の国籍、信条又は社会的身分を理由として、賃金、労働時間その他の労働条件について、差別的取扱をしてはならない。
○短時間労働者及び有期雇用労働者の雇用管理の改善等に関する法律（パートタイム・有期雇用労働法）
（事業主等の責務）
第3条　事業主は、その雇用する短時間・有期雇用労働者について、その就業の実態等を考慮して、適正な労働条件の確保、教育訓練の実施、福利厚生の充実その他の雇用管理の改善及び通常の労働者への転換（短時間・有期雇用労働者が雇用される事業所において通常の労働者として雇い入れられることをいう。以下同じ。）の推進（以下「雇用管理の改善等」という。）に関する措置等を講ずることにより、通常の労働者との均衡のとれた待遇の確保等を図り、当該短時間・有期雇用労働者がその有する能力を有効に発揮することができるように努めるものとする。
〔2項略〕

（不合理な待遇の禁止）

第8条　事業主は、その雇用する短時間・有期雇用労働者の基本給、賞与その他の待遇のそれぞれについて、当該待遇に対応する通常の労働者の待遇との間において、当該短時間・有期雇用労働者及び通常の労働者の業務の内容及び当該業務に伴う責任の程度（以下「職務の内容」という。）、当該職務の内容及び配置の変更の範囲その他の事情のうち、当該待遇の性質及び当該待遇を行う目的に照らして適切と認められるものを考慮して、不合理と認められる相違を設けてはならない。

（賃金）

第10条　事業主は、通常の労働者との均衡を考慮しつつ、その雇用する短時間・有期雇用労働者（通常の労働者と同視すべき短時間・有期雇用労働者を除く。次条第2項及び第12条において同じ。）の職務の内容、職務の成果、意欲、能力又は経験その他の就業の実態に関する事項を勘案し、その賃金（通勤手当その他の厚生労働省令で定めるものを除く。）を決定するように努めるものとする。

○雇用の分野における男女の均等な機会及び待遇の確保等に関する法律（男女雇用機会均等法）

第6条　事業主は、次に掲げる事項について、労働者の性別を理由として、差別的取扱いをしてはならない。

　〔1号・2号略〕

　三　労働者の職種及び雇用形態の変更

　〔4号略〕

（女性労働者に係る措置に関する特例）

第8条　前三条の規定は、事業主が、雇用の分野における男女の均等な機会及び待遇の確保の支障となつている事情を改善することを目的として女性労働者に関して行う措置を講ずることを妨げるものではない。

解　説

1 ………… 概　観

(1)　設問のねらい

　人権の私人間効力は、人権論で最も有名な論点の1つである。憲法学では、その理論構成をめぐる議論が熱を帯びて展開されており、すでに教科書レベルでも、いわゆる間接適用説以降の新しい学説が紹介され始めている。しかし、判例・実務においては間接適用説の立場がなお支配的であるほか、具体的な私人間の紛争にどのように人権の効力が及び、どのように解決されるのか、憲法学が立ち入って議論することは少なく、こうした事情が憲法の事例問題として私人間効力が出題されにくい原因となっている。

　ところで、三菱樹脂事件（最大判昭48・12・12民集27-11-1536、百選Ⅰ22頁

〔川岸令和〕）や日産自動車事件（最判昭 56·3·24 民集 35-2-300）を思い返せば
わかるように、私人間効力が想定されてきた主要な分野の 1 つは、労働
法であった。そこでは最近、「個人としての労働者」の基本権の価値に
着目した「労働人権法」が発展している（荒木・後掲参考文献 29 頁。和田・
後掲参考文献 247 頁以下も参照）。そうだとすれば、三菱樹脂事件判決の論
理構造からしても、立法によって人権保障がどのような形で実現されて
いるのかをまず確認したうえで、さらに憲法論が果たすべき役割がある
かを、考えていくべきだろう。

　本問は、三菱樹脂事件と京都市女性協会事件（京都地判平 20·7·9 労判
973-52、大阪高判平 21·7·16 労判 1001-77。榎透 = 永山茂樹 = 三宅裕一郎『判例ナビ
ゲーション 憲法』〔日本評論社・2014 年〕18 頁以下〔榎〕参照）を素材に架空の
事例を設定して、具体的な事実関係や法令の規定に則しながら、私人間
効力論の意味を考えてもらうことを、ねらいとしたものである。

(2)　とりあげる項目
- ►人権の私人間効力論
- ►ステイト・アクションの法理
- ►パートタイム労働者に対する賃金差別（訴え①）
- ►採用時の思想・信条の調査（訴え②）
- ►採用におけるポジティヴ・アクションと逆差別（訴え③）

2 ………… 人権の私人間効力論
(1)　学　説
　まず、人権の私人間効力をめぐる学説をおさらいしておこう（宍戸・
後掲参考文献 26 頁以下参照）。

　憲法上の人権は、国家権力に対して国民の権利・自由を保護するもの
（防御権）と理解されてきた。ところが、現代では企業・労働組合のよう
な「社会的権力」により個人の人権が脅かされるようになっており、こ
のような私人による人権侵害にも何らかの形で憲法の人権規定を適用し
救済を与えるべきだ、と考えられるようになった。これが、人権の私人
間効力という問題である。

　かつては、雇用者と被用者の労働関係を念頭に置き、私人もまた国家権力と同じく人権規定により直接拘束されるとする見解も説かれた。しかし、この直接適用説に対しては、私的自治の原則を広く害し、また人権の対国家性を揺るがすおそれがある、という批判がなされた。

　そこで支配的となった間接適用説は、憲法の人権規定は「公法・私法を包括した全法秩序の基本原則」であるとの理解を前提に、労働基本権（憲法28条）や投票の秘密（憲法15条4項）等の私人間に当然に直接効力を有する規定以外の人権規定は、その趣旨を取り込んだ形で公序良俗（民法90条）・不法行為（民法709条）等の私法の一般規定を解釈・適用することにより、間接的に私人間の行為を規律すべきである、と説いてきた（芦部111頁以下）。

　しかし最近では、間接適用説の問題点を検討し、新たな理論構成が試みられている。まず、ドイツにおける基本権保護義務論を参考にし、侵害者と被侵害者という私人間の水平的関係だけでなく、国家も入れた三極関係で、私人間効力の問題を捉える立場である（小山129頁以下）。この立場からは、人権の私人間適用とは、裁判所が、侵害者の有する対国家的な人権との関係で過剰な介入を避けながら、被侵害者の人権利益を適切に保護する任務を達成する作業だ、ということになる。

　これに対して、人権の対国家性を強調し、間接適用説を批判する立場（新無効力説）も唱えられている（高橋116頁以下）。この立場は、私人間で侵害されているのは「憲法上の人権」ではなく「理念としての人権」であり、それは法律あるいは私法の一般規定によって解決されるべきだと説くもので、具体的な帰結は間接適用説と大きな違いはない。

　このように、最近の憲法学では、人権の私人間効力の問題は、国家権力による私人間の自由・利益の調整というより広汎な問題状況の一局面にすぎないことが、意識されるようになっている。したがって、具体的な私人間の関係がどのような性格をもち、法律がどのような調整を行っているのかを把握したうえで、問題となる人権規定の解釈によりどのように紛争を解決すべきかについて、具体的に議論することが必要である。

(2) **判 例**

リーディングケースである三菱樹脂事件は、元学生が、入社試験の際に学生運動歴を隠していたことを理由に、試用期間満了直前に本採用拒否の告知を会社から受けたため、思想・良心の自由の侵害などを理由に会社を訴えたものである。

最高裁は、まず、憲法 19 条などの自由権規定はもっぱら公権力と個人の関係を規律するものであって私人間の関係を直接規律することを予定していないと述べる。そして、私人間では「各人の有する自由と平等の権利自体」が相互に矛盾対立する場合があるが、その調整は、「原則として私的自治に委ねられ、ただ、一方の他方に対する侵害の態様、程度が社会的に許容しうる一定の限界を超える場合にのみ、法がこれに介入しその間の調整をはかる」こととなっており、私人間における「事実上の支配関係」であっても人権規定を直接ないし類推的に適用することはできない、と続ける。

そのうえで、「私的支配関係においては、個人の基本的な自由や平等に対する具体的な侵害またはそのおそれがあり、その態様、程度が社会的に許容しうる限度を超えるときは、これに対する立法措置によつてその是正を図ることが可能であるし、また、場合によつては、私的自治に対する一般的制限規定である民法 1 条、90 条や不法行為に関する諸規定等の適切な運用によつて、一面で私的自治の原則を尊重しながら、他面で社会的許容性の限度を超える侵害に対し基本的な自由や平等の利益を保護し、その間の適切な調整を図る方途も存する」というのが、最高裁の示した立場であった。

この判決は、全体として、間接適用説を採用したものと考えられている。そしてこの事件では、憲法の人権規定（19 条）の間接適用による救済こそ認められなかったものの、労働法上の解雇権濫用法理によって、元学生が勝利する内容での和解がなされた。

他方、日産自動車事件判決は、女性の定年年齢を男性よりも低く定める就業規則について、「専ら女子であることのみを理由として差別したことに帰着するものであり、性別のみによる不合理な差別を定めたもの

として民法 90 条の規定により無効であると解するのが相当である（憲法 14 条 1 項、〔旧〕民法 1 条ノ 2 参照)」と述べている。この判決は、男女雇用機会均等法の制定へとつながっている。

　このように、契約関係では私的自治の原則が前提とされ、裁判所が一般条項を通じて介入するのは私人間での人権侵害が社会的許容性の限度を超える場合に限られることになる。しかし、憲法の人権規定を踏まえて労働基準法をはじめとする労働立法・判例法理が分厚く形成されてきていることにも、注意が必要である。

　他方、「北方ジャーナル」事件（最大判昭 61・6・11 民集 40-4-872）など、不法行為の分野における判例は、直接的に人格権の救済を認めているが、これは個人の尊重（憲法 13 条）を踏まえて、人格権がすでに不法行為法上の利益として確立しているからだろう。

　また、団体と構成員の関係については、南九州税理士会事件（最判平 8・3・19 民集 50-3-615）などの判例は、団体の性格、具体的な団体の活動と目的の関係等を総合的に判断して、法令の中で人権の効力を考慮している。団体と外部の構成員の関係のうち、企業と消費者の関係については、消費者法などの立法による規律が増えている。

3 ……… ステイト・アクションの法理

(1)　問題の所在

　これまで述べてきたところからは、X の Y に対する各訴えは、まずは関連する労働立法・判例によって、次に憲法の人権規定の間接適用の検討を通じて、判断されるべきことになる。しかし Y は、A 市が男女共同参画の実現を目的として、全額を出資して設立した公益財団法人であり、その主要な業務の 1 つは、A 市から委託された相談業務である。このように Y が A 市と密接な関係にあることから、私人一般よりも強い憲法の拘束を及ぼすことはできないだろうか。ここで問題になるのが、アメリカの判例にならった、ステイト・アクションの法理である。

(2)　内　容

　ステイト・アクションの法理は、①公権力が、私人の私的行為にきわ

めて重要な程度にまでかかわり合いになった場合、または、②私人が、国の行為に準ずるような高度に公的な機能を行使している場合に、当該私的行為を国家行為と同視して、憲法を直接適用するという理論である。①の例としては、公共施設の内部で食堂を経営する私人による人種差別（国有財産の理論）、国の財政的援助を受け広汎な監督に服している団体の違憲的行為（国家援助の理論）、独占的特許を受けた公益事業体による違憲的行為で、国の規制がそれを促進する意味をもった場合（特権付与の理論）、裁判所の介入により私人の違憲的行為の実効性が回復された場合（司法的執行の理論）、②では、企業が私有・運営する会社町による街頭表現行為の禁止（統治機能の理論）などがあげられる。これらの事例について、私的行為に憲法を直接適用することで、事実行為による人権侵害を違憲とし、不法行為の違法性の裏付けを強化することができる、というのが、この法理を主張する実益として説かれている（芦部118頁以下）。

　しかし、本来ステイト・アクションの法理は、デュープロセスや法の下の平等を定めるアメリカ合衆国憲法修正14条が適用されるのが州（ステイト）の行為に限られる中で、私人にその適用を及ぼすための理論として発展した経緯をもっており、直ちに日本に導入することは難しい。また、日本におけるこの法理の主張者は、間接適用説では事実行為による人権侵害に十分対応できないことを、その理由にあげていたが、現在では、不法行為法が発展し、さらに私人の人権侵害行為の仮処分による差止めが認められるようになっており、この法理を導入する実益は乏しい（長谷部134頁等）。むしろ、間接適用説の枠内で、問題となる私的団体の性格や公権力との結びつきを考慮して、そのねらいを活かしていくのが適切であろう（佐藤169頁）。

(3)　解答の手がかり

　ステイト・アクションの法理、あるいは憲法の直接適用を主張する際のポイントは、Yが、A市が男女共同参画の実現を目的として全額を出資して設立した団体であり、A市から委託された相談業務を中心業務の1つとしていることであろう。他方、公益財団法人として独立しており、さらに他の業務も行っていることからすれば、直接適用は難しい

とも考えられる。本問では、こうした具体的事情も考慮しながら、人権
の私人間効力に関する一般論を論じるのが望ましいだろう。

4 ………… パートタイム労働者に対する賃金差別（訴え①）

⑴ パートタイム・有期雇用労働法における待遇の原則

訴え①は、一般職員であるＤと嘱託職員であるＸの賃金に関する差
別を問題にするものである（本庄・後掲参考文献参照）。三菱樹脂事件判決
の示す判断枠組みからすれば、この問題はまずＸ・Ｙ間の契約によ
って規律されるが、Ｘがパートタイム・有期雇用労働法にいう短時間・
有期雇用労働者であることから、Ｙは、「通常の労働者との均衡を考慮
しつつ」職務の内容などを勘案したうえで、賃金を決定する努力義務を
負っている（パートタイム・有期雇用労働法10条）。さらに、ＸとＤの職務
の内容などの事情を考慮して不合理と認められる程度に、Ｘの賃金が
Ｄの賃金を下回っているのであれば、それは不合理な待遇の相違の禁
止にあたることになる（パートタイム・有期雇用労働法8条）。この規定は、
2014年法改正によって明文化されたものであるが、「等しくない者は等
しくなく」扱う場合であっても、その相違に比例した別異取扱いを求め
るという憲法14条の要請を、具体化したものとみることもできる。

とはいえ、本問におけるＸとＤの職務の内容からみて、Ｘの賃金が
Ｄのそれと均衡を失するほどに不合理といえるかどうかは、難しいと
ころだろう。

⑵ 労働基準法上の均等待遇原則および憲法の間接適用

そこで次にＸの主張を支える論拠として考えられるのは、国籍・信
条・社会的身分を理由とする差別的取扱いを禁止する労働基準法3条で
ある。この規定が求めるのは、別異取扱いそれ自体を禁止するという
「等しき者は等しく」の要請（均等待遇）である。この規定の適用が問題
になった例としては、東京都管理職選考受験資格事件（最大判平17・1・26
民集59-1-128）が有名であるが、そこでは国籍による昇進差別について、
合理的な理由にもとづくものであれば、同条項にも憲法14条にも反し
ないとされている。

　本問では、短時間・有期雇用労働者であることが憲法 14 条および労働基準法 3 条にいう「社会的身分」による差別かどうかが問題になる。仮にそういえるのであれば、憲法 14 条についての違憲審査基準論を反映して、裁判所の立ち入った審査が求められる、という方向性を導くこともできそうである。判例は、憲法 14 条にいう「社会的身分」は人が社会において一時的ではなしに占める地位と広く解しているが、これは社会的身分を含む 14 条 1 項後段列挙事由に強い意味を認めないことにも関わっている（6.二十二の春の悲劇を参照）。他方、労働基準法 3 条にいう「社会的身分」については、自己の意思によっては逃れることのできない生来的・後天的な社会的分類をいうと解されており、契約によって取得した短時間・有期雇用労働者たる地位は、社会的身分に該当しないと解されている（荒木・後掲参考文献 84 頁）。これは、京都市女性協会事件の一審・二審判決も同じ立場である。

(3) 解答の手がかり

　本問における X と D の賃金格差が、まずはパートタイム・有期雇用労働法における均衡処遇原則に反するか、次に労働基準法 3 条における均等待遇原則に反するかという順で論じていくのが筋であろう。憲法の答案としては、両者と憲法 14 条の関係を論じ、とりわけ後者については、短時間・有期雇用労働者であることが「社会的身分」による差別にあたるかどうかを論じることになる。

　なお、京都市女性協会事件では、「同一価値労働同一賃金原則」を定める国際人権条約が国内法平面で自動執行力を有するか、一般職員と短時間・有期雇用労働者の賃金差別がこの原則ないし公序に反して不法行為にあたるかどうかも争われているが、これは国際人権法にも関わる難しい論点であってここでは省略する（中井伊都子「判批」速報判例解説 8 号〔2011 年〕359 頁以下参照）。

5 ………… 採用時の思想・信条の調査（訴え②）

(1) 三菱樹脂事件判決

　訴え②は、D が採用面接に際して、X の思想・信条に関わる質問を

行い、その回答を拒否したことを理由の1つとして、Xが一般職員として採用されなかったことを問題にするものであるが、こうした採用時の思想・信条調査の問題は、三菱樹脂事件判決が扱っている。

同判決は、憲法22条・29条をあげて、企業者には採用の自由があり、「企業者が特定の思想、信条を有する者をそのゆえをもつて雇い入れることを拒んでも、それを当然に違法とすることはできない」とした。そして、労働者の採否決定にあたって、「労働者の思想、信条を調査し、そのためその者からこれに関連する事項についての申告を求めることも、これを法律上禁止された違法行為とすべき理由はない」と述べた。さらに、具体的な事実関係として、企業の調査が、元学生の思想、信条そのものではなく、「直接にはX〔原告〕の過去の行動についてされたものであり、ただその行動がX〔原告〕の思想、信条となんらかの関係があることを否定できないような性質のものであること〔を〕いうにとどまる」として、元学生が学生団体に所属していたかどうかの調査は、違法でないと判断している。

(2) 検 討

判例は、企業の採用の自由と労働者の思想・信条の自由とを等価的に衡量しているのではなく、私的自治に直結する前者を後者に原則として優越させているように思われるが、このような利益衡量については、当然ながら批判が強い（芦部114頁）。

次に、仮に思想・信条を理由とした採用拒否が許されるとしても、そのことから当然に思想・信条の調査が許されるというわけではない。具体的な事実関係としても、外面的行動と内心の結びつきが容易に想定されるうえ（だからこそ企業は質問したのであろう）、このような調査が必要不可欠だという事情も企業側になかったのではないか、と批判されている（長谷部194頁以下）。

なお、労働基準法3条は「賃金、労働時間その他の労働条件について」信条による差別を禁止しているが、この均等待遇原則は、労働関係成立以前の採用には及ばないと解されている（荒木・後掲参考文献83頁）。

(3) 解答の手がかり

まずは三菱樹脂事件とその批判を念頭に置いて、X の主張と Y の反論を組み立てるべきである。さらに、本問特有の事情として、Y が女性の自立と広汎な社会参加を支援する事業を幅広く展開し、男女共同参画を実現することを目的として設立された団体であり、さらに A 市の委託を受けて女性からの相談を受けることを業務としている点をどう評価するかがポイントである。なお、現在では、企業が採用にあたり、インターネットの検索サービスで候補者について調べたり、SNS での書き込みをチェックしたりすることは、日常的に行われているようであるが、このような点も含め、プライバシーとの関係も問題にしうるだろう（**7. 出たかった卒業式**を参照）。

6 ⋯⋯⋯採用におけるポジティヴ・アクションと逆差別（訴え③）

(1) 問題の所在

訴え③は、X が、一般職員としての労働契約関係の存在の確認を Y に求めるものである。まず、三菱樹脂事件判決が、雇用者の採用の自由を認めていることはすでに述べた。他方、この事件では、企業側の採用拒否が撤回されるという元学生に有利な形での和解が差戻審において成立しているが、これは、雇入れ前の採用の自由と雇入れ後の解雇の自由の区別を前提に、試用期間後の本採用拒否は雇入れ後の解雇にあたるとして、企業側に客観的に合理的な理由が求められたためである。

したがって、嘱託職員である X が一般職員としての採用を求めている本問について、同様の処理は難しい。そこで出発点に立ち戻って、Y には採用の自由があることを前提に、それが法令による制限、あるいは公序良俗に反しないかを考えていくことになる。

(2) 男女雇用機会均等法とポジティヴ・アクション

制定当初（1985 年）の男女雇用機会均等法は、女性労働者の地位向上を目的とした片面的なものであったが、2006 年改正によって、男女双方に対する性別を理由とする差別を禁止するようになっている（荒木・後掲参考文献 99 頁参照）。同法 6 条 3 号は、「雇用形態の変更」について、

性別を理由とする差別的取扱いを禁止しているが、ここでいう「雇用形態」とは、正社員、パートタイム労働者、契約社員などの分類を指す（労働者に対する性別を理由とする差別の禁止等に関する規定に定める事項に関し、事業主が適切に対処するための指針〔平成18厚労働告614号〕第2-9参照）。したがって、Yが嘱託職員であるXとBのうち、女性であることを理由にBを優先して一般職員としたことは、この禁止に違反するようにも思える。

　もっとも男女雇用機会均等法8条は、女性労働者に対するポジティヴ・アクションを許容している。ポジティヴ・アクションとは、人種・性別などに由来する事実上の格差がある場合に、それを解消して実質的な平等を確保するための積極的な措置を指す。アメリカでは「アファーマティヴ・アクション」（6.二十二の春の悲劇を参照）と呼ばれることが多いが、2つの用語の間に本質的な差はないとされる（辻村・後掲参考文献72頁以下参照）。さて、男女雇用機会均等法8条によれば、女性労働者が男性労働者よりも相当程度少ない雇用形態について、基準を満たす労働者の中から女性労働者を優先することも許される（前掲指針第2-14。以上について、荒木・後掲参考文献105頁）。Yの一般職員のうち女性の割合が3割程度にとどまっていることからすれば、ともに基準を満たすXとBのうち、女性であるBを優先して採用したことも、同法に反するとはいえないであろう。

(3)　憲法14条の間接適用の可能性

　このように考えていくと、Xに残された途は、YがXを一般職員として採用せずBを採用したことが、憲法14条の趣旨に反する逆差別であるという主張である。

　沖縄男子孫入会権事件判決（最判平18・3・17民集60-3-773）は、「男女の本質的平等を定める日本国憲法の理念」に照らして、私的団体の構成員資格が原則として構成員の男子孫に限られていたことを違法としている。日産自動車事件もあわせてみれば、判例は、私人間において憲法14条の定める男女平等を公序として貫徹することに、積極的である。もっともこれらの判例では、女性に対する不利益取扱いが問題であり、女性の

優遇措置が公序に反するとされたわけではない。

　また、公権力によるポジティヴ・アクションが逆差別として違憲となるかどうかは、性別を理由とするものであれば中間審査により判断される（**6. 二十二の春の悲劇**を参照）。これに対して、企業によるポジティヴ・アクションが憲法14条を踏まえて公序違反とされるのは、採用の自由をも考慮すれば、例外的に特段の事情がある場合に限られよう。Ｙは、評価「良好」以上の候補者のうちから、女性であることを一考慮要素としているにとどまり、そのような特段の事情があるとはいえないように思われる。

(4)　解答の手がかり

　Ｙが一般職員としてＸを採用せず、Ｂを採用したことは、憲法上の男女平等原則からみて逆差別にあたるから、男女雇用機会均等法8条の認めるポジティヴ・アクションの限界を超えて同法6条に反する、あるいは公序に違反するとの主張を、Ｘはねらっていくことになる。ここでポジティヴ・アクションを許容する男女雇用機会均等法8条が憲法14条に違反するという主張も考えられないではないが、勝ち目は一層乏しいだろう。いずれにしても、判例や男女雇用機会均等法の趣旨や本問の具体的事情をしっかり論述に織り込むことが求められる。

解答例

問❶

　1. 各訴えを論じる前提として、本件での憲法の人権規定の適用のあり方について論じる。Ｙは、Ａ市が男女共同参画の実現を目的として、全額を出資して設立した公益財団法人であり、その主要な業務の1つは、Ａ市から委託された相談業務である。したがって、ＹはＡ市と密接な関係にあってそれと同視しうる存在であり、憲法の人権規定が直接適用されるべきであり、仮に間接適用にとどまるとしても、他の私人間の紛争一般よりも強く人権規定の趣旨を及

ぼすべきである。

２．訴え①について、Ｘの賃金がＤの賃金の65パーセントであることは、Ｘが週30時間勤務し、相談業務の中心を担ってきたことからすれば、Ｄとの職務内容の相違を考慮しても、不合理であり、憲法14条およびパートタイム・有期雇用労働法8条に反する。また、ＸとＤの賃金格差は短時間・有期雇用労働者であるという社会的身分によって、合理的な理由なくＸを差別するものであって、憲法14条および労働基準法3条に違反する。

３．訴え②について、憲法19条の保障する思想・信条の自由は私人間でも手厚く保障されるべきであり、とりわけＡ市と密接に関わる団体であるＹは、採用にあたっても思想・信条によって差別してはならない義務を負うところ（労働基準法3条参照）、Ｘを一般職員として採用しなかったのは思想・信条による差別であり許されない。さらに採用にあたって、学生時代の所属団体についてＤが質問したことも、当該団体の性格から構成員の思想・信条が容易に推測されることから、思想・信条の自由（憲法19条）およびプライバシー（憲法13条）を侵害し違法である。

４．訴え③について、日本国憲法の基本理念である男女平等原則に照らし、性別を理由とするポジティヴ・アクションは、私人間においても、その必要性を欠く場合、あるいは逆差別に至る場合には、許されない。一般職員のうち女性がすでに3割を占めていることからすれば、Ｙが女性を優遇して採用する必要は乏しく、評価が「良好」にとどまるＢを「優秀」であったＸに優先させたことは逆差別にあたる。したがって、本件でＹが一般職員としてＢを採用しＸを採用しなかったことは、男女雇用機会均等法8条が許容する範囲を超えたもので同法6条3号および憲法14条に反するか、憲法14条の趣旨に照らし公序良俗に反し、違法である。

問❷

１．本件での憲法の人権規定の適用のあり方について、Ｙからは、Ｙは公益財団法人としてＡ市とは異なる法人格を有しており、Ａ市から委託された相談業務以外の業務も行っていることからすれば、憲法の人権規定を直接適用すべきでないとの反論が考えられる。

憲法の自由権規定は、もともと国家権力に対して国民の権利・自由を保護するもの（防御権）と理解されており、私人間の関係を直

接規律することを予定していないことはたしかである。しかし、現代では企業・労働組合のような「社会的権力」により個人の人権が脅かされるようになっている。憲法の人権規定は社会生活の基本的な価値秩序を示すものであり、私人間に当然に直接効力を有する規定以外の人権規定は、その趣旨を取り込んだ形で私法の一般規定などを解釈・適用することにより、間接的に私人間の行為を規律すべきである（いわゆる間接適用説）。

　私的自治の原則は、個人の尊重（憲法13条）に基礎を有するものであり、できる限り尊重されるべきものであるから、国家権力である裁判所が私人間の人権侵害を理由として、契約関係に介入するのは、その人権侵害の程度が社会的に許容できる範囲を超えた場合に限られる。しかし、そのうち企業と個人の間に力の差が存在する労働法関係にあっては、企業の営業の自由に配慮しつつ、個人としての労働者の人権を保障する観点から、各種立法の解釈にあたって憲法の人権規定の趣旨を反映させるべきである。

　YはA市から独立した公益財団法人であり、憲法の人権規定を直接適用すべきではないが、XとYの紛争を解決するにあたっては、YとA市の関係も意識しつつ、関連する労働立法および私法の一般条項の解釈に人権規定の趣旨を及ぼすべきだと解される。

2．訴え①について、Yからは、嘱託職員であるXが担う相談業務と、一般職員であるDの職務は相違していることなどから、XとDの賃金の相違は不合理な待遇の相違とはいえず、パートタイム・有期雇用労働法8条および憲法14条に反しない、また、短時間・有期雇用労働者であることは労働基準法3条にいう社会的身分に該当しないから、XとDの賃金の相違は労働基準法3条および憲法14条にも反しないとの反論が考えられる。

　憲法14条が定める平等原則は「等しき者は等しく、等しくない者は等しくなく」扱うことを国家権力に求めるものであるが、労働基準法3条は前半の別異取扱いの禁止の要請を、パートタイム・有期雇用労働法8条は後半の不合理な不均衡取扱いの禁止の要請を、私人間の労働関係においてそれぞれ具体化したものとみることができる。

　Xの勤務時間は週30時間であり、一般職員の勤務時間が40時間であること、Xが相談業務の中心を担っていることからすれば、Xの賃金がDの賃金の65パーセントであることは、均衡を失して

いるようにもみえる。しかし、管理業務を担当するＤの職務内容ともっぱら相談業務に従事するＸの職務内容とは単純に比較できないことからすれば、かかる賃金格差は、不合理と認められる程度のものとはいえない。また、労働基準法３条にいう「社会的身分」とは、同条に違反する使用者の行為が私法上無効とされるという強い法的効果に結びつくところ、厳格に解釈すべきであり、自己の意思によっては逃れることのできないものを指すと解される。ＸがＹとの契約によって取得した短時間・有期雇用労働者たる地位は、社会的身分に該当せず、労働基準法３条違反は問題にならない。

　以上述べたところからすれば、ＸとＤの賃金格差が憲法14条に反するというＸの主張も認められないと解される。

３．訴え②について、判例も認める通り、採用者には採用の自由が保障されており（憲法22条・29条）、特定の思想・信条を理由として候補者の採用を拒否すること、また、採用にあたって候補者の思想・信条を調査し、関連する事項について申告を求めることは違法ではない、またＤがＸに尋ねたのはＸがジェンダーフリーに反対しているかどうかではなく、そのような団体に学生時代に属していたかどうかにとどまり、違法と評価されるものではない、との反論が考えられる。

　労働基準法３条は、採用時の信条による差別を禁止していない。しかし、労働者の個人としての人権保護、とりわけプライバシー意識の高まりにかんがみると、いわゆる「傾向企業」を除き、特定の思想・信条を理由として候補者の採用を拒否することは、企業の活動にとって具体的な危険が予想される場合に限られるべきである。また、採用にあたって候補者の思想・信条を必要以上に調査することも違法となると解すべきである。

　Ｙは、男女共同参画の実現を目的としてＡ市により設立された公益財団法人であり、Ａ市の委託を受けた相談業務を業務としているが、そのことと、ジェンダーフリーへの賛否というＸの内心における思想・信条とは直接関係しないというべきである。仮にＸがジェンダーフリーについて消極的な思想・信条をもっているとしても、嘱託職員としての３年間の実績からみて、Ｙの業務に支障をきたすような具体的なおそれがあるとは思われない。さらにインターネットで公開されている範囲を超えて、ＤがＸに対して質問をしたことは、所属団体と思想・信条の密接な結びつきが容易

に想定されることからも許されない。

　以上述べたところからすれば、YがXの思想・信条を理由に一般職員として採用しなかったこと、およびDの質問は違法であり、YはXに対し損害賠償責任を負うと解される。

4． 訴え③について、雇用者には法令に反しない限りで採用の自由が認められるところ、Yの一般職員のうち女性が占める比率は3割にとどまるが、これはYの性格・業務を踏まえれば相当程度少ない比率であり、評価「良好」以上の者という基準を満たしたXとBの間で、女性であるBを優先的に一般職員として採用したことは、男女雇用機会均等法8条に沿うものである以上、憲法14条の趣旨にも反しない、との反論が考えられる。

　憲法14条の定める男女平等原則は、性別に由来する事実上の格差が存在する場合に、それを解消して実質的な平等を確保するための積極的是正措置を公権力が講じることを禁止するものではなく、また、社会的に許容される限度内において私人がかかる措置を講じることを禁止するよう公権力を義務づけるものでもない。男女雇用機会均等法8条は、かかる憲法の趣旨を踏まえて、女性が男性よりも相当程度少ない雇用形態について、基準を満たす労働者の中から女性労働者を優先することを、雇用者に許容している。

　Yが、男女共同参画を実現する目的でA市により設立された公益財団法人であり、女性に対する相談業務を委託されていることからすれば、Yの一般職員のうち女性の割合が3割程度であることを理由に女性を優先的に採用することも、法令が認める範囲での採用の自由の行使として不合理ではない。また、評価「良好」であるBを評価「優秀」であるXに優先して採用したことも、社会的に許容される限度を超えた逆差別ではない。したがって、YがXではなくBを一般職員として採用したことは、男女雇用機会均等法6条3号、民法90条、憲法14条1項に反しないと解される。

関連問題

1．団体と構成員の内心の自由

認可地縁団体（地方自治法 260 条の 2）である A 自治会は、1 世帯あたりの自治会費を年間 3000 円から 4000 円に値上げする旨を決議した。増額分は、地域小学校教育後援会への寄付のほか、市に対する B 神社施設の敷地の使用料に充てられる。B 神社は、これまで市有地の一角を神社施設の敷地として無償で使用してきたところ、空知太神社事件判決（最大判平 22・1・20 民集 64-1-1）を踏まえて、市が B 神社を管理・運営する氏子集団に対し適正な使用料の支払いを求めてきたのに対し、B 神社のお祭り（年 2 回）は A 自治会の地域共同活動の中でも特に重視されてきたこと、A 自治会の構成員の 98 パーセントが B 神社の氏子であることを踏まえ、A 自治会が使用料に相当する額を各世帯から徴収することにしたものである。なお、A 自治会には、対象区域内の約 80 パーセントの世帯が加入している。

自治会の構成員である X は、本件決議は自らの思想・良心の自由、信教の自由を侵害すると考え、増額分の支払いを拒否し、退会処分を受けた。この事例に含まれる憲法上の問題点を論ぜよ。

（参考、大阪高判平 19・8・24 判時 1992-72）

2．私人間における性同一性障害者差別

企業の経営者 X は、性別適合手術を受けて、性同一性障害者特例法に基づき、男性から女性への性別取扱いの変更の審判を受けた。X は、会員制ゴルフクラブ Y の株式を取得したうえで、Y に入会を申し込んだところ、X の性別変更を理由に入会を拒否された。なお、Y は、年齢・性別・他のゴルフクラブへの在籍の有無等に関するものを含め、何らの入会要件を設けていない。また、会員規約に従って Y の株式を取得し、会員の紹介を得て入会の申込みをしたにもかかわらず、入会を拒否された者はきわめてまれであった。この事例に含まれる憲法上の問題点を論ぜよ。

（参考、東京高判平 27・7・1LEX/DB25540642）

参│考│文│献

荒木尚志『労働法［第3版］』（有斐閣・2016年）

宍戸常寿「私人間効力論の現在と未来――どこへ行くのか」長谷部恭男編
『講座人権論の再定位3 人権の射程』（法律文化社・2010年）25頁以下

辻村みよ子『ポジティヴ・アクション――「法による平等」の技法』（岩波
書店・2011年）

本庄淳志「雇用平等：女の不満」大内伸哉編『労働法演習ノート』（弘文堂・
2011年）198頁以下

水町勇一郎「非正規雇用と法」荒木尚志編『岩波講座現代法の動態3 社会
変化と法』（岩波書店・2014年）29頁以下

和田肇『人権保障と労働法』（日本評論社・2008年）

（宍戸常寿）

4. かわいいは正義

設問　A 県 Y 市にある B 海岸は、国内有数のビーチであり、毎年、サーフィンを楽しむ若者を中心に、多くの海水浴客・観光客でにぎわっている。だが近年、B 海岸およびその周辺で違法薬物事件が相次ぎ、また「タトゥーを入れた人がビーチに多くて怖い」という市民の声も聞かれるようになってきた。そこで、治安の悪化や、それに伴い家族連れが B 海岸の利用を避けること等を懸念した Y 市は、20XX 年、入れ墨その他これに類する外観（以下「入れ墨等」という）の露出を禁止することをその内容として含む条例を制定した。

　この条例にもとづき、Y 市の市長 C の権限を有する市職員が、定期的に B 海岸を巡回し、入れ墨等を入れた者に対し、タオルや T シャツ等で入れ墨を隠すよう、中止命令として指導・注意等していた。もっとも、この指導等に従わない者も多かったことから、Y 市は、【参考資料 1】にある改正条例（以下「条例」という）を制定し、国の法令や全国の条例に先駆け、中止命令に従わなかった者に過料を科すこととした。

　この改正条例施行後、B 海岸の常連の利用者であり、会社員である市民 X および X の勤務する会社の同僚 10 名は、肩や腕などに花柄のワンポイントのタトゥーを入れてビーチを散策していたところ、市職員から、タトゥーを隠すよう再三再四命じられた。しかし X らは、「別に自分たちは暴力団員ではないし、タトゥーもただのファッションだし、どれも小さかわいいものだし、怖くないから大丈夫でしょ。人を見た目で判断するなんておかしい。誰にも迷惑をかけていないし身なりは個人の自由のはず」と市職員をあしらい、その命令に従わず、同じ状態が、海水浴客の最も多い盆休み中の約 3 日間続いた。そこで C は、X ら 10 名に対し、中止命令違反（条例 7 条 1 項 4 号、同条 2 項、9 条）を理由に 5000 円の過料を科した。

　これを受け、X ら 10 名は、本条例にかかる憲法上の問題点を主張

し、Y市を相手どり、過料の処分の取消しを求める訴訟を提起した。

問❶　あなたがXの訴訟代理人である場合、どのような憲法上の主張を行うか。なお、本条例の明確性・過度の広汎性については検討しなくてよい。

問❷　想定される被告Y市の反論を簡潔に述べたうえで、あなた自身の見解を述べなさい。

【参考資料1】安全で安心なB海岸を守る条例*
第1条　この条例は、B海岸が市民の憩いの場、海水浴客のにぎわいの場等として利用されてきたことにかんがみ、B海岸の利用について、市、市民その他の来訪者及び事業者（以下「市民等」という。）の責務を明らかにするとともに、B海岸の利用に関し必要な事項を定めることにより、B海岸の景観を維持し、あわせて市民等が愛着を持ち、安全に安心して利用することができるB海岸とすることを目的とする。
第7条　何人も、法令に別に定めがあるもののほか、海岸において、正当な理由なく、次に掲げる行為をしてはならない。
〔1号～3号略〕
　四　次に掲げる行為を行うことによって、他の者に不安を覚えさせ、他の者を畏怖させ、他の者を困惑させ、又は他の者に嫌悪を覚えさせることにより、当該他の者の海岸の利用を妨げること。
　　ア　入れ墨その他これに類する外観を有するものを公然と公衆の目に触れさせること。
　　〔イ略〕
2　市長は、前項の規定に違反した者に対して、当該違反に係る行為の中止その他の必要な措置を講ずべきことを命ずることができる。
第9条　第7条第2項の規定による命令に違反した者は、2万円以下の過料に処する。

【参考資料2】入れ墨・タトゥーをめぐる法的規制
　1872年に制定された「違式詿違条例」は、現在の軽犯罪法に相当する、国民の私生活上の諸規律を定めるものであった。同条例には入れ墨の禁止規定が置かれていた。戦後（1948年）、軽犯罪法が制定された際には入れ墨の禁止が盛り込まれなかったため、現行法では、入れ墨を入れる行為そのものを禁止する国の法令はない。
　なお、厚生労働省医政局医事課長通知（平成13年11月8日医政医発105号）によれば、「針先に色素を付けながら、皮膚の表面に墨等の色素を入れる行為」は、医師でない者が行うと保健衛生上害の生ずるおそれのある医行為（医業）として医師法の適用があり、医師でない者が業としてこうした行為を行うと罰則の適用がある（医師法17条・31条1項1号）とされている。この解釈に基づき、いわゆる「彫り師」や「アートメイク」の業者等が起訴されることもあり、医師免許を持たずに業として入れ墨の施術を行った者を、医師法違反で有罪とした裁判例もある（大阪地判平29・9・27裁判所ウェブサイト）。
　これに対し、この事件の控訴審は、上記の「医業」（医師法17条）の対象となる医行為として示された、①「保健衛生上害を生ずるおそれのある行為」は、②

「医療及び保健指導に属する行為」であること（医療関連性）という要件が前提となっている、との解釈を示した。そして、入れ墨の施術は要件②を欠くため医師法の適用はない、として無罪判決を示した。たしかに、被施術者の身体・健康の観点から何らかの規制（医師免許より簡易な資格制度等）は必要かもしれないが、現行の医師免許まで求めるのは非現実的であるという（他方、アートメイクは美容整形の範疇内であり、②を充足するため医師法の適用があるとする）。そして、仮に、要件②を不要として入れ墨の施術に医師法を適用すると、施術者の職業の自由との関係で、その合憲性に疑義が生じうるという。その際、入れ墨を入れる行為自体は、ファッションとして社会的に広がりつつあり、その需要に応えるべくタトゥーの施術業が存在しており、これは反社会的職業ではなく正当な職業活動だとの判断を前提としている（大阪高判平 30・11・14 高刑集 71-3-1）。

解　説

1 ………… 概　観

(1)　設問のねらい

　自己決定・一般的自由と憲法 13 条との関係については、いわゆる人格的利益説と一般的自由説の対立という典型論点として長らく捉えられてきた。だが近時、この分野における学説の進展がみられつつあり、またそれは、必ずしも明らかとはいえなかったこの分野の判例法理の新たな理解にも資する側面があるとされている。そこで本問を通じ、自己決定・一般的自由にかかる限界事例を扱う中で、幸福追求権の保障範囲をめぐる判例・学説、および憲法上の権利観の理解を深めるべく、出題した。

　なお、本問で問題となっているビーチでタトゥーを露出する行為に、憲法上の根拠を与えるとすれば、幸福追求権（自己決定権。憲法 13 条後段）のほか、理論上は表現の自由（憲法 21 条 1 項）をあげることも可能である。もっとも、憲法の教科書類では一般に、身なりに関する自己決定権は幸福追求権の問題として論じられる傾向にあるため、本解説・解答例でも、その立場を前提にしている。もし表現の自由を持ち出す場合には、幸福追求権の補充的保障機能にかんがみ、検討の順序としてはまず、表現の自由を優先的に論ずべきこととなる。

　また、「全国に先駆けた」本件条例は、「法律の範囲内」（憲法 94 条）といえるか、という問題も提起されうる。

(2) とりあげる項目
  ►幸福追求権の保障範囲と違憲審査基準
  ►法律と条例の関係

2 ………法令審査①——幸福追求権（憲法13条後段）の保障範囲

　まず、Xの憲法上の主張としては、ビーチでタトゥーを露出する行
為が、憲法13条後段の幸福追求権、とりわけ学説のいう自己決定権と
して保障される行為であり、入れ墨等を禁止し（条例7条1項4号ア）、市
長の中止命令を定め（同条2項）、その違反に過料を科する規定（条例9
条）が、自己決定権を侵害する違憲無効の規定である旨を主張すること
が考えられる。もっとも、この幸福追求権の具体的な内容として自己決
定権なるものが保障されているのかどうかについて、最高裁判例の立場
は必ずしも明らかではない（後述(4)）。そこで、さしあたりは、一般的な
学説傾向に沿って答案を作成することになろうかと思われる。

　学説では、明文なき人権を保障する幸福追求権の保障内容の1つに自
己決定権が含まれると解するのが通例である。その自己決定権の具体的
な内容として一般に、①生命・身体の処分に関わる事柄、②家族の形成
維持・リプロダクションに関わる事柄、③外見・服装・髪型等のライフ
スタイルに関するもの、などがあげられている（芦部128頁）。ビーチで
タトゥーを露出する行為は、③に分類されうる。

　もっとも、幸福追求権の保障範囲をめぐって、学説上、人格的利益説
と一般的自由説の対立が長らく続いていることは前述の通りである。こ
の争いは、特に③ライフスタイルの自己決定権がそもそも保障されるか、
保障されるとしてもその具体的な保障内容はどこまでか、をめぐって先
鋭化する。また、通説とされる人格的利益説の枠内でも、ビーチでタト
ゥーを露出する行為が憲法13条の保障を受けるのかどうかについて、
必ずしも一義的な結論が導かれるわけではない点にも注意が必要である。

(1) 人格的利益説

　人格的利益説を代表する学説の1つ（芦部説）によれば、幸福追求権
は「個人の人格的生存に不可欠な利益を内容とする権利の総体」（芦部

121 頁）に、その「内容（構成要件）」が「限定」され、「自己決定権も、その意味は限定的に捉えられなければならない」とされる（芦部信喜『憲法学 II 人権総論』〔有斐閣・1994 年〕392 頁）。人格的生存に「不可欠」というこの厳しい表現から考えると、服装や身なりなどは、憲法 13 条後段の保障範囲から外れそうである。だが芦部説は、校則による青少年への髪型・服装規制について論じる脈絡で、「髪形や服装などの身じまいを通じて自己の個性を実現させ人格を生成する自由は、精神的に形成期にある青少年にとって成人と同じくらい重要な自由である」と述べている（同 404 頁）。この表現から推察すると、「身じまいを通じて自己の個性を実現させ人格を生成する自由」が、「成人」に保障されることは当然の前提となっていると読むこともできる。かくして、この説に依拠する場合には、ビーチでタトゥーを露出する行為が「個性の実現」・「人格の生成」にかかるというキーワードを指摘しつつ、幸福追求権に含まれる旨を論証することがポイントとなろう。また、芦部説によれば、憲法上の権利といえるかどうかは、①特定の行為が個人の人格的生存に不可欠であることのほか、②その行為を社会が伝統的に個人の自律的決定に委ねられたものと考えているか、③その行為は多数の国民が行おうと思えば行うことができるか、④行っても他人の基本権を侵害するおそれがないかなど、種々の要素を考慮して決定されることとなる（芦部 122 頁）。

　他方、人格的利益説を代表するもう 1 つの学説（佐藤説）は、「幸福追求権は、前段の個人の尊重（尊厳）の原理を受け、人格的自律の存在として自己を主張し、そのような存在であり続ける上で重要な権利・自由を包括的に保障する権利」であり、憲法の各条が規定する個別的人権も、すべてこの「人格的自律権」が派生したものであり、かくして幸福追求権が補充的に保障する権利も、このような「基幹的な人格的自律権」としての「重要」性をもつ必要がある、とする（佐藤 175 頁以下）。この佐藤説は、人格的自律性にとって「不可欠」ではなく「重要」という表現を用いており、自己決定権として保障される事項の範囲につき、より広く捉えることも可能なようにみえる（この表現の意図について、佐藤幸治『現代国家と人権』〔有斐閣・2008 年〕100 頁）。しかし佐藤説は、ライフスタ

6 8

イルの自己決定権について、「やや漠然としすぎる感も否めない」ため、これが「端的に基本的人権かと問われると、肯定することは難しい」と述べる（佐藤191頁）。この説によれば、ビーチでタトゥーを露出する行為は、少なくとも端的に基本的人権として保障されているとは言い難くなる。

　このように、人格的利益説と呼ばれる立場の論者の間でも、問題となった自由が幸福追求権・自己決定権として保障されるのかについての認定が分かれることもある。この認定の難しさ・主観性が、人格的利益説の弱点となっている（戸波177頁、論点教室115頁〔田近肇〕参照）。

(2) 一般的自由説

　これに対し、一般的自由説であれば、ビーチでタトゥーを露出する行為を幸福追求権の範囲に含めることは、より容易になろう。その際の立論は、①幸福追求権は「公共の福祉に反しない限り一般的に自由を拘束されないとする一般的自由権」を保障している（橋本公亘『憲法原論［新版］』〔有斐閣・1966年〕409頁）と構成するか、あるいは、②「幸福追求権は、プライバシー権、環境権等と並び自己決定権を保障しており、その自己決定権の一内容として一般的自由が保障される」（戸波177頁）と構成することになろう（なお、戸波177頁は、「自己決定権を人格的なものに限定したうえで、さらに別に一般的自由が保障されていると解してもよい」とも述べる）。「国家権力に対して個人の自由な領域を確保する」というのが「自由権の本来の意義」（戸波）であり、「憲法の精神」（橋本）だという考えが、一般的自由説の基礎にある。

　もっとも、周知のように同説に対しては、いわゆる人権のインフレ論という批判や、裁判官の主観的な価値判断による権利創造の危険、という批判が向けられてきた。この批判論の趣旨は、主に憲法上の権利・自由観に向けられたものである。すなわち、明文なき自由を憲法上の権利として承認することは、民主的立法者による法律（条例）を、裁判所が違憲審査権を通じて覆す可能性を認めるものであり、かくして新しい人権の創設は、裁判官の恣意を排除すべく、明示的に列挙された人権に匹敵する重要度・価値をもつものに限定すべきである、というのが、批判

の趣旨である。また、「人格」と結びつく重要な自由・権利を、特に基本的人権たる「自由権」として特別の保護を与えようとしたのが憲法の権利観であり（上記佐藤説を参照）、一般的自由説は、単なる放任行為（自由）と権利（自由権）とを混同するものだ、という批判も向けられている。

(3) 有力説──「自由権」＋「一般的自由」

かくして近年、この自由（放任行為）と自由権との区別の観点等から、憲法 13 条後段で保障される「自由権」・「権利」（主観法）の範囲は「人格」と結びつく自由など、一定の重要度・輪郭をもったものに限定したうえで、この憲法上の権利の保障から漏れた自由については「違憲（平等原則・比例原則違反等）の強制を受けない一般的自由」として、主観的権利とは区別された「客観法」として保障される、という見解が有力に主張されている（小山 95 頁、宍戸 19 頁以下、読本 91 頁以下〔巻〕参照）。この「違憲の強制を受けない一般的自由」は、およそ公権力が個人の自由を制限する際には法律の根拠が必要であり、また平等原則・比例原則に違反してはならない、という古典的な一般的自由観に由来するといわれる（法治国原理、ないしそのコロラリーとしての法律による行政・法律の留保・比例原則・平等原則等）。このような公権力（かつては主に行政権だが現在は国家権力すべて）のあり方を規律する要請の裏返しとして、個人の一般的自由が保障されることとなる、という立論である。この一般的自由の法的根拠として、「法治国原理」という憲法全体から導かれる要請をあげる見解（百選 I 47 頁〔押久保倫夫〕）や、明文上の根拠として憲法 13 条の「客観法」としての側面をあげる見解（小山 95 頁以下）がある。

この一般的自由という立論は、あくまでも客観法として、国家活動のあり方の規律を問題にしており、新たな憲法上の権利・人権を創設しているわけではないという点で、人権のインフレ化という批判は回避できるとされる。また、この一般的自由の侵害の有無を裁判所が違憲審査を通じ判断するという点では、たしかに民主的立法者の判断との緊張関係がなお生じることになる。だがこの点も、たとえば「明らか」に違憲の国家行為のみを裁判所が排除する、という形で、審査基準の厳格度の問題に収斂させればよいとされる（論点探究 112 頁〔松本〕参照）。

　さらに、この見解は、たとえば人格的利益説から漏れた自由につき、「平等原則や比例原則」……「とのかかわりで、憲法上問題となることもありうる」とする芦部説（芦部122頁）や、「人格的自律を全うさせるために手段的に一定の憲法上の保護を及ぼす」とする佐藤説（佐藤191頁）とも、接合可能な側面があるともいわれる。その意味で、この有力説は、人格的利益説の延長線上にある見解、あるいは同説を補強する見解とみることもできる。

　ただし、この人格的利益説ないし有力説の立論にあっても、それぞれの論者が異なった表現を用いていることには注意が必要である。たとえば佐藤説は、幸福追求権から漏れた自由の保障の「手段的」な保護について、必ずしも「客観法」とは明示せず、「確立された個別的人権の保障を全うさせるために政策的・手段的に該権利に付随した主観的利益〔≒権利〕として憲法上保護すべき場合があり得る」と述べている（傍点は引用者。他方で佐藤説は、服装・髪型・喫煙など、正面から人権・権利として保障されていると捉えることは難しい自由についても、その規制の態様によっては、①結果的に「権利」の侵害になる場合もあり、②憲法13条前段の個人の尊厳が要請する、国家権力の適正な行使に関する実体的・手続的な要請に反する場合もあると述べる。②はおそらく客観法について語るものといえる。佐藤174頁、177頁）。なお芦部説では、この主観法（権利）・客観法という表現は必ずしも明示されていない。

(4)　判例の立場は？

　判例が幸福追求権の保障範囲をどのように捉えているのかは、なお不明な部分が多い。憲法13条から初めて「新しい人権」を（直接）導いた京都府学連事件判決（最大判昭44・12・24刑集23-12-1625）以来、最高裁は、「憲法13条は、……国民の私生活上の自由が、……国家権力の行使に対しても保護されるべきことを規定している」とし、その「私生活上の自由」として、様々な自由を保障してきている（なお、学説の多くは、憲法13条前段はいわゆる個人主義を定め、後段から明文なき権利が導かれる、としているが、最高裁はこれまで、13条の前段と後段とを厳密に区別していない）。

　①もっとも、これまで最高裁によって実際に承認された「私生活上の

自由」の大半は、いわゆるプライバシーに関わるものである。たとえば、上記の京都府学連事件のほか、指紋押捺事件（最判平7・12・15刑集49-10-842）、住基ネット事件（最判平20・3・6民集62-3-665）などがその例としてあげられうる。

②これに対し、学説のいう自己決定権に対応する自由は、今のところ判例では明示的に承認されていない。たとえば被拘禁者の喫煙の事件（最大判昭45・9・16民集24-10-1410）やどぶろく事件（最判平元・12・14刑集43-13-841）、ストーカー規制法事件（最判平15・12・11刑集57-11-1147）などで最高裁は、問題となった自由（喫煙、酒造り、恋愛感情の表明）が憲法上保障されている基本的人権なのかを明示せず、しかし結論において、問題となった諸規制について、「正当」な目的のための「必要かつ合理的な制限」・「合理的で相当」な制限だという審査のもとで、「憲法13条に反しない」旨をしばしば述べている。

③他方、国家賠償や不法行為等の私法上の利益の枠内ではあるが、これまで最高裁は、学説のいう自己決定権が問題となった事案で、当該行為・自由を「人格権」・「人格的利益」と構成できる限りで、法的救済の可能性を承認している。氏名権を承認した事件（最判昭63・2・16民集42-2-27）やエホバの証人輸血拒否事件（最判平12・2・29民集54-2-582）などが、その例としてあげられうる。ただしこれらの判例では、憲法13条への明示的な言及はない。

④さらに近年、夫婦同氏事件（最大判平27・12・16民集69-8-2586）で最高裁は、「婚姻の際に氏の変更を強制されない自由」は、憲法13条で人格権としての保障を受けないとし、憲法上の権利保障を明示的に否定するという立論を示した。この立論は、一般に、「氏」の法制度（民法）依存性や、その法制度の利用が強制されているわけではないことに、本判決が着目したことによるものと解されている。

⑤ただし、性同一性障害者の性別の取扱いの変更の審判を受ける要件として、生殖腺の除去（施術）を求める法規制が憲法13条に反するか否かが問題となった事件（最決平31・1・23集民261-1）で、最高裁は、こうした法制度依存性→憲法上の保障の否定、という立論は明示しなかった。

　すなわち、本件で問題となった、ⓐ性別の取扱いの変更の請求は、法制度（戸籍制度等）を利用する権利という側面もあり、原告としては、この制度を利用すること自体を強制されているわけではない。他方で、この制度を利用するためには、ⓑ身体の自由への侵襲を伴う施術を受ける必要がある、という関係にある。この点について最高裁は、問題となった法規定が、ⓑを「制約する面もあることは否定できない」という微妙な表現ながら、憲法上の権利保障と制約の存在を前提に、当該法規定の憲法 13 条適合性を審査し、①の京都府学連事件等を引用して合憲判断を示した（ちなみにⓐの位置づけは明示されていないが、同決定の鬼丸かおる・三浦守裁判官補足意見は、ⓐ性別の取扱いの変更の審判を受けること自体が切実な法的利益であり、しかしこの利益の享受のためには、ⓑ憲法 13 条が保障する身体の自由への重大な侵襲を受けるよりほかない、といういわば二者択一が迫られていることを強調して、権利制約の存在を肯定している）。

　また、同様に法制度依存的権利とされる財産権についても、憲法上の権利性を否定する立論を判例が採用することはまずなく、この意味でも、夫婦同氏判決の立論の射程は慎重に見極める必要がある（詳細は、棟居快行ほか編『判例トレーニング憲法』〔信山社・2018 年〕28 頁以下〔柴田憲司〕およびそこでの引用文献）。

　いずれにしても、憲法 13 条が直接援用されるときの判例の①「私生活上の自由」という定式は、必ずしも人格との関連性を強調していない点で、一般的自由説に近いとみることもできる（戸波 178 頁）。他方で、①と②の判例群の立論の相違の背後には、③の判例群も傍証にしつつ、当該事案で問題となった自由の「人格」との関連度の相違がある、という見方も、理論上は成り立ちうる。つまり、憲法 13 条は、①人格に関わる自由を権利・自由権として手厚く保障し、②それ以外の一般的自由については違憲の強制を受けない自由としての保障を及ぼし、緩やかな審査を行う、と解する有力説の立場から判例法理を再構成するという方途である（憲法判例研究会編・後掲参考文献 33 頁以下〔山本〕参照）。

(5)　「客観法」をめぐって

　この有力説の立場を前提にすれば、本問で、ビーチでタトゥーを露出

する行為と「人格」との関連性を論証できなかったとしても、なおその行為に憲法上の保障が及ぶと解することも可能になろう。もっとも、主観訴訟が中心であり、付随的違憲審査制を採用しているとされる日本の訴訟制度において、この一般的自由を「客観法」と呼んでよいのか、その「客観法」違反の審査を司法権・違憲審査権の対象にしうるのかは、なお一考を要するところかもしれない（関連して、西村枝美「一般的行為の自由」長谷部恭男編『講座人権論の再定位 3 人権の射程』〔法律文化社・2010 年〕222 頁以下参照）。

　この点につき、少なくとも有力説のいう「一般的自由は、自己の行為に制約が加わる限りにおいて、憲法に反する国家行為の違憲性を問題とするもの」（小山 97 頁。傍点は引用者）である。税金の使途や統治制度上の規律のような、国民・住民の個別的利益に還元するのが難しい純然たる公益違反を裁判で主張する局面とは、様相を異にしている。

　本問についていえば、X への不利益処分（過料）の取消しを X が求めている点で、訴訟要件のレベルで退けられることはないであろうし、本案でも、"違憲無効の法令に従って不利益処分を受けない X 自身の利益" が関わっている限り、そしてその違憲無効を基礎づける事由たる「一般的自由」が X 自身の個別的利益にも関わっている以上、その「一般的自由」が（人格に関わる）憲法上の自由「権」としての性格を有している否かは必ずしも問題にはならない、という趣旨のものと解しうる（なお、上記判例群②のような刑事訴訟の場合でも同様に "違憲無効の法令に従って処罰されない被告人の利益" という枠内で、判例群③のような国家賠償・不法行為等の損害賠償請求の場合には「法的保護に値する利益」という原告の私法上の権利・利益の枠内で、「一般的自由」の侵害を主張することとなろう）。

　この裁判で援用可能な、個別的利益にも関わる一般的自由を、①憲法上の権利とは区別された客観法と呼ぶか（人格的利益説＋有力説）、②憲法上の権利・自由権と呼んで差し支えないと解するか（一般的自由説）は、①「人格」関連性という憲法上の権利観を維持するか、②あるいは「権利」概念一般の一貫性を維持するか——通常、実定法学において権利とは、法的に保護された個別的利益を裁判で実現する法的な意思力だと定

義されている（利益説と意思説の折衷説。佐藤功『ポケット注釈全書 憲法(上)［新版］』〔有斐閣・1983 年〕27～28 頁）――、という選択の問題でもあり、学説でも、いまだ決着をみていない。だが少なくとも、以上の点から、芦部説・佐藤説・有力説を単純にイコールでは結べないこと、そしてこれらの説と一般的自由説との基本的な相違は、確認できたかと思われる。

　また、いずれにしても判例の立場は必ずしも明らかではなく、主観訴訟の枠内で「客観法」としての一般的自由の侵害を審査できると判例が明言しているわけではない。そのため、有力説に依拠する場合でも、「客観法」という表現自体は強調せず、「国家権力によって恣意的に自由を規制されないことの保障」・「違憲の強制を受けない一般的自由」という程度の表現にとどめておくのも、1 つの選択肢としてありうる。なお、このように客観法という観点よりも主観的利益が関わるという構成を推し進めると、一般的自由説との相違はほぼ解消されうる（一般的自由説の主眼は、法治国原理を主観化する点にあり、あるいは審査の観点を個人の行為の内実ではなく国家行為の側に置き、何が公共の福祉に合致する必要かつ合理的な国家行為なのかを積極的に規定することは難しいが、何が許されない国家行為なのかという消極的な規定は比較的容易であることに着目した、実践的な考慮に基づくという点に関し、櫻井智章『判例で読む憲法［改訂版］』〔北樹出版・2019 年〕200 頁）。

3 ……… 法令審査②――幸福追求権の違憲審査基準とその適用

　憲法 13 条の保障が及ぶ行為、とりわけ自己決定・一般的自由が関わる行為の制約の違憲審査基準については、必ずしも明確な判例法理は出ていない。だが、判例の違憲審査の判断枠組みは、憲法上の自由（権）が関わる場合は、13 条に限らずほぼ常に、"公共の福祉に合致する（≒正当な）目的のため、必要かつ合理的（+「相当」）な規制か否か"という、いわば単一の枠組みであると解される（仮に、これを「比例原則」と呼ぶ）。

　そして、事案の性質に応じて、その目的の「重要」度や、あるいは手段の「合理性」（合理的関連性）・「必要性」（立法目的を同程度に達成できる、より制限的でない他の手段〔LRA〕の不在）、場合によっては「相当性」（得られる利益と失われる利益のバランス）を、立法事実に踏み込んで審査したり、

立法者の判断を尊重して緩やかに審査したりする。

　この審査の厳格度を決める際の考え方としては、日本の判例法理の全体傾向を一般化した次の定式、すなわち「①重要な権利に対する（権利の性質）、②重大な制約があり（規制の態様）、③立法目的等において特に立法裁量を尊重すべき要請がない場合（立法裁量）」、目的の正当性（重要性）や手段の必要性・合理性（＋相当性）を、踏み込んで審査する、という定式が妥当するといえる（小山70頁以下）。①は「人格」にどれだけ関わるか、②は許可制と届出制の相違や内容規制・内容中立規制の区分論などに代表されるように、基本的に規制の強度や方向性を問題とするものである。③は、いわゆる規制目的二分論のほか、租税立法（憲法30条・84条）、選挙立法（憲法47条）等、立法事実についての裁判所の審査能力に限界があったり、憲法が明示的に立法事項としているような場合が典型例である。

　また、とりわけ有力説に依拠し、人格に関わらない一般的自由として構成した場合には、上記のように、基本的に緩やかな審査が妥当することになるが、上記①～③等に照らし、事案の性質に応じて相応に厳格な審査を行うことも可能である。

(1) Xの視点

　この観点からすると、Xはどのような主張を行いうるか。①タトゥーを露出する行為を人格的利益に不可欠だと構成すれば、その重要度は高いことになるが、少し苦しい場合には、違憲の強制を受けない一般的自由として構成することになろう（後掲(3)参照）。

　②いずれの場合でも、過料付きの規制があることは強度な規制といいうる。また、ビーチで服を着たままにせよ、タトゥーをタオルで隠したままにせよとされるのは、事実上、海水浴自体の禁止、ひいてはB海岸の利用拒否に等しく、必ずしも緩やかな規制とはいえない。この観点から、緩やかな審査を行うべきでない旨をXは主張しえよう。すなわち、目的の重要性や、手段の合理性・必要性（・相当性）について、それぞれ踏み込んだ審査を行うべき旨を主張しえよう。

　そして、この基準の適用の際のポイントとしては、何よりもまず、立

法目的を、条例の解釈を通じ明示することである。とりわけ、本条例の目的には、①治安維持という目的があることが読み取れるが（条例1条）、このような犯罪行為等のいわば具体的な危険のみならず、同条例の成立経緯にもかんがみれば、②市民の安心感や海岸の景観・愛着感の保護（条例1条、7条4号柱書）といった主観的・抽象的な契機も立法目的に設定されていると読める。そうすると、こうした目的が果たして、憲法の保障を受ける自己決定権・自由を制限するのに十分な「重要」度を有しているか、という問題意識をもつことが、比較的厳格な審査を行ううえでの目的審査のポイントとなる。このような立論の仕方は、これまでの判例・学説上の議論から推論することも可能であろう。たとえば、単なる抽象的危険ではなく「明白かつ現在の危険」を要求する議論（関連して、泉佐野市民会館事件〔最判平7・3・7民集49-3-687〕など）や、公務員の政治的行為の禁止立法の保護法益（「行政の中立的運営とこれに対する国民の信頼」）について、現実的・実質的な法益侵害のおそれを要求する堀越事件判決（最判平24・12・7刑集66-12-1337）の立論などは、当該立法目的に抽象的・主観的契機があるという同様の問題意識を共有しているといえる。

　次に手段審査としては、①・②それぞれの目的に、入れ墨等の露出の禁止規定、中止命令規定、過料規定、といった手段がそれぞれ必要（最小限）・相当といえるか（特に目的②に関し過料は過剰ではないか）、あるいはそもそも合理（的関連）性すらないのではないか（特に目的①に関し、ファッションとしてのタトゥーが必ずしも犯罪行為に直結するわけではない）という点を、具体的・分析的に論証するのがポイントとなろう。

(2) Y市の視点

　これに対するY市の反論としては、まず、①権利ないし自由としての重要度は低いことに加え、②本条例は、タトゥーを入れる行為そのものを禁止しているわけではなく、B海岸という特定の場所での露出を禁じているのみであり、規制の態様も穏当であると主張し、立法事実に立ち入った厳格な審査をする必要はないと主張することになる。

　基準の適用に際してのポイントは、目的の「重要」と「正当（違憲ではない）」のニュアンスの違い、入れ墨の禁止と犯罪行為との合理的関連

性もリスク・マネジメントとしてみれば無関係とまではいえないこと、必要性（LRA）については、より制限的でない代替手段（たとえば、過料なしの中止命令など）が、立法目的を同程度に達成するかは疑義があること、相当性については中止命令→過料（しかも刑罰ではない）という段階的な規制がなされていること（広島市暴走族追放条例事件〔最判平 19・9・18 刑集 61-6-601〕を参照）、などである。

(3) 入れ墨・タトゥーをめぐる法的規制に関して

また、入れ墨を入れる行為と自己決定権との関係に関し、X としては、【参考資料 2】にあげた控訴審判決の考えを参考に、入れ墨を入れる行為は、それを露出する行為も含め、ファッションとして社会に広く受容されているという点を、補強的に用いることもできよう。

他方、Y としては、この裁判例における論点は、あくまでも入れ墨を入れる行為と医師法との関係の問題であって、Y 市の B 海岸という特定の場所での入れ墨・タトゥーの露出を、医師法とは別の目的で規制することの肯否には直結しない、という観点を前提にすることとなろう。

4 ⋯⋯⋯⋯適用・処分審査

なお、X としては、仮に本条例自体が違憲とまではいえないにしても、少なくとも X らは暴力団員等ではなく、犯罪行為に関わっているわけでもなく、そのタトゥー自体も花柄の小さなワンポイントのものであり（設問からは詳細は判明しないが X らの主張によれば「かわいいもの」であるため）、X の行為は住民の不安感も含めた規制目的を害する性質のものではなく、したがって本条例を X に適用することが違憲である旨、主張しうる。"規制目的を害しない行為に適用することが違憲"というのが、適用・処分違憲のポイントである。

かくして、これに対する Y 市の反論としては、"X らの行為が規制目的を害する"旨を示す必要がある。具体的な主張として、1 つの方向性は、設問の事情を拾いつつ、①利用客が最も多い時期に、10 人ものタトゥー集団が散策している姿は、十分に住民の安心感や憩いの場としての景観を害する、という主張がありうる。もう 1 つの方向性としては、

②入れ墨等の種類のいかん（「かわいい」かどうか）は、規制目的を害する可能性の程度を左右する事情ではない、というものがありうる。すなわち、治安維持という目的のためのリスク・マネジメントとして入れ墨等の露出の禁止という手段が正当化される以上、個別の事情に着目し、ある種の（「かわいい」）タトゥーを入れた者を規制の対象から外すことは本条例の意図するところではない、という反論である。

　ちなみに、Ｙ市の視点として、次のようなものもありうる。すなわち、たしかに本条例に基づく規制によって得られる利益、とりわけ市民の安心感・愛着感という保護法益の重要度や、入れ墨等を露出する行為が実際に治安を害する蓋然性については、争いのあるところかもしれない。しかし、本条例に基づく規制よって失われる自由の重要度、自由への侵害の程度も、必ずしも高いとはいえない。このように、規制によって得られる利益（規制目的）も失われる利益（一般的自由）も必ずしも大きくない場合で、条例が規制権限の発動を現場の裁量に委ねている部分があると解される場合（中止命令等を出すことが「できる」とする本条例７条２項の文言等も傍証にしつつ）、その規制が、まさに比例原則に反し（軽微な中止命令違反に過料を科すなど）、あるいは平等原則に反する（同じようなタトゥーを入れた者を放置する一方でＸらのみを取り締まるなど）、という事情がない限り、Ｘへの条例適用は違憲・違法ではない、という主張である。このような立論の仕方、すなわち、“権利の重要度の低さ vs その権利行使がもたらす法益侵害の低さ”と、“規制は裁量”という立論との関係については、レペタ事件（最大判平元・3・8民集43-2-89）を想起されたい。

5 ………法律と条例、法の下の平等

　さらに、ビーチでの入れ墨等の露出行為を禁止し、中止命令に加え過料まで科す本条例は、全国に先駆けたものとされている。その意味で本条例は、①国の法令による規律が存在しないところへの規律を定めるものであり、②Ｙ市のＢ海岸のみに適用されるものである。この限りで、①法律と条例の関係（憲法94条の「法律の範囲内」に反するか）、②地域間の不平等（憲法14条1項）、という問題も提起されうる（なお、過料を条例で

制定することが罪刑法定主義〔憲法 31 条〕に反するか、という問題も提起されうるが、これは本条例に固有の問題というよりも、地方自治法 14 条 3 項がいわゆる白紙委任かという、地方自治法の規定ぶりにかかる一般的な問題であるため、本問では必ずしも検討しなくてよい）。

　もっとも、②については、憲法が条例制定権（94 条）を定めている以上、地域間で差異が生まれることは当然に予想されるとする最高裁判例（最大判昭 33・10・15 刑集 12-14-3305）があり、学説上、これに対する強い反論が特段なされていないことにもかんがみれば、深入りする必要は必ずしもないであろう。たとえば過料を定める Y 市条例のほか、規制していない自治体、中止命令にとどめている自治体、など様々ありうるが、どの自治体の条例の規律を基準に「不平等」と判断すべきかが必ずしも明らかではなく、もし、この「不平等」という主張が全国統一の基準で規律すべきだという趣旨だとすれば、この論点は、①法律と条例の関係の問題に吸収されるであろう。

　①法律と条例の関係については、基本的に、徳島市公安条例事件判決（最大判昭 50・9・10 刑集 29-8-489）の論旨に従って、X と Y 市の対立軸を考えることとなる。同判決が示した一般的な判断枠組みは、**12. 逃亡の果てに**の解説で該当箇所の判旨が引用されているので、そちらを参照されたい。本問についていえば、入れ墨等の露出を禁止する国の法令は存在しない場面だと解しうる。すなわち、かつては法令で禁止されていた入れ墨を入れる行為が解禁されたという事情が【参考資料 2】からうかがわれ、また医師法も、入れ墨を入れる行為や露出する行為自体を直接禁止するものではない。これは、①入れ墨等を入れる行為を規制することなく放置すべき趣旨か（X の視点）、それとも②自治体の判断に委ねている趣旨か（Y 市の視点）、を検討することになる。この国の法令による規律がないという場面について、具体的にどのように判断すればよいのかは、判例・学説の蓄積が必ずしも多くないため、さしあたりは自分なりの考えが示せればよいかと思われる。具体的な論証については、あくまで一例ではあるが、解答例を参照されたい。

解答例

問❶

1. 憲法 13 条後段違反（法令違憲）について

本件条例は、①B 海岸で入れ墨等を露出する行為を禁止し（条例 7 条 1 項 4 号ア）、②その違反に対し市長の中止命令を定め（同条 2 項）、③この命令違反に過料を科する旨を定めている（条例 9 条）。これらの諸規定は、憲法 13 条後段によって X のような私人に保障される自己決定権を侵害する違憲・無効の規定であり、これら諸規定にもとづく本件過料処分は違法なものとして取り消されるべきである。

（1）　ビーチでの入れ墨等の露出にかかる X のような行為（以下「本件行為」という）も、人格的生存に不可欠な自由として自己決定権（憲法 13 条後段）の保障を受ける。外観を通じて自己の個性を実現させ人格を生成することにつき、他者から介入されず自律的に決定する自由は、人格的生存に不可欠である。入れ墨は現代ではファッションとして社会に浸透しており、個人の自律的決定に委ねるべき社会的コンセンサスがある。本件行為は民主的立法者の判断を覆すに足る、憲法上の権利としての重要度を備えている。

（2）　本件条例の定める中止命令に従い、ビーチで服を着たままにさせられるか、入れ墨等をタオルで隠したままにさせられるのは、事実上、海水浴自体の禁止、B 海岸の利用拒否につながる。さらに命令違反には過料も控えており、強度の規制が加えられている。かくして、本件条例の合憲性を判断する際、裁判所は緩やかな審査を行うべきではなく、①規制の目的の重要性、②およびその目的を達成する規制手段の必要性・合理性、あるいは相当性について、慎重な考察が必要とされる。本件条例は、①・②を充足しない。

①本件条例の目的は、㋐市民の安全・治安維持（憲法 13 条後段）、㋑憩いの場の景観・市民の愛着感等の維持・醸成（憲法 25 条参照）にある（条例 1 条）。もっとも㋐には、犯罪行為等の具体的危険のみならず、市民の安心感という抽象的・主観的な契機も含まれている（条例 7 条 1 項 4 号柱書）。また㋑も、人によって感じ方の異なる抽象的・主観的な保護法益である。このようなあいまいな立法目的

は、憲法で保障された自己決定権を制約するに足る重要度を備えているとはいえない。

②入れ墨等の露出自体が犯罪等の具体的危険に直結するわけではないため、本件条例中の露出禁止・中止命令・過料に関する諸規定は、治安維持という目的との合理的関連性をそもそも欠く。また、過料という制裁手段は、安心感・景観・愛着感という目的との関係で必要最小限度を超え、かつ不相当である。粘り強い説得・中止命令で十分である。

２．憲法 13 条後段違反（適用・処分違憲）について

Ｘは犯罪行為に関わっているわけでもなく、タトゥー自体も市民の不安感を煽るようなデザインのものでもなく、Ｘの行為は本件条例の保護法益を侵害する可能性がない。このようなＸの行為に本件条例を適用することは、Ｘの自己決定権を侵害し違憲である。

３．憲法 94 条違反、14 条 1 項違反について

(1) 本件条例は、国の法令が規制を禁止する事項を規律しており、「法律の範囲内」（憲法 94 条）とはいえず違憲である。①かつて法令で禁止されていた入れ墨を入れる行為が、あえて解禁されたという経緯、②医師法が規制対象としているのは医療関連性のある行為であり、入れ墨等の施術は含まれないこと、③仮に入れ墨等の施術が医師法の規制対象に含まれるとしても、それは国民の健康を保護する目的と解されること、にかんがみれば、入れ墨を個人が入れる行為自体については、それを露出する行為も含め、規制することなく放置し、個人の自己決定に委ねるのが国の法令の趣旨である。

(2) 本件条例の存在により、入れ墨等をビーチで露出する行為につき、Ｂ海岸の利用者のみに過料という重大な不利益が科されることとなる。これは、他の自治体との比較において、合理的な理由のない差別（憲法 14 条 1 項）である。

問❷

１．憲法 13 条後段違反（法令違憲）について

(1) Ｙ市の反論

様々な世代が集まる場であるビーチで入れ墨等を露出する行為を、個人の自律的決定に委ねるべき社会的コンセンサスは確立していない。この行為は人格的生存に不可欠とはいえず、憲法 13 条後段の自己決定権の保障は及ばない。また、本条例は、入れ墨等を入れる

行為自体を禁止するものではなく、B海岸の利用拒否を直接定めるものでもなく、B海岸での露出を禁ずるのみであり、強度な規制とはいえない。以上から、厳格な審査を行うべき要請は見出せない。

(2) 私見

たしかに入れ墨それ自体は、タトゥーの名でファッションとして承認されつつある。しかし、①「タトゥーを入れた人が多くて怖い」という市民の声もあり本件条例が制定された経緯、②公衆浴場やプールなど、入れ墨等が公衆の目につく場での入場が拒否される事案もままあること、などにかんがみると、現時点では、少なくとも親子連れ等も含めた多くの世代が利用する公共施設で入れ墨等を露出する行為につき、個人の自律的決定に委ねていると社会が考えているとは言い難い側面がある。かかる行為は、自己決定権（憲法13条後段）の保障が直接及ぶ行為とは解し難い。

もっとも、このように憲法上の権利とまではいえない行為であっても、それを国家権力が、比例原則等に反する態様で恣意的に規制してはならないという意味での一般的自由としての保障は、なお憲法13条によって及ぶと解される。そして、①このような、必ずしも個人の自律的決定に委ねるべき社会的コンセンサスが十分に確立していない一般的自由に対し、民主的立法者の判断として制約がなされた事案において、その合憲性を裁判所が厳格に審査することは、司法と立法との役割分担の観点からも許容されない。②本件条例の規制の態様としては、Y市の主張の通り、Xのような私人の人格に関わる重要な権利に重大な制約を加えているとまでは評価できない。以上の点にかんがみ、規制の目的が公共の福祉に合致する正当なものか否か、その規制手段の必要性・合理性ないし相当性の有無について、必ずしも厳格な審査は要請されない。

この点、立法目的たる安全・治安維持も、景観・愛着感の維持も、いずれも憲法上正当なものと認められる保護法益であり、安心感・景観・愛着感という法益も、その追求自体が違憲ではないという意味で、また必ずしも重要度が高いとはいえない一般的自由を制限する理由としては、正当と評価できる。

手段についても、たしかに入れ墨等を入れている者がすべて犯罪行為等の具体的危険を惹起するわけではない。しかし、「タトゥーを入れた人が多くて怖い」という市民の声もあるように、少なくともそれを想起させる側面はあり、1つのリスク・マネジメントとし

て、立法目的を一定程度は促進するため、安心感はもとより治安維持という目的との合理的関連性も肯定できる。また過料についても、中止命令に実効性がなかったという経緯に照らせば、より制限的でない代替手段では立法目的を同程度には達成できず必要性も肯定できる。さらに、中止命令→過料という段階的な規制がなされており、違法性の程度が比較的高い行為のみが過料の対象となること、その額も上限2万円と比較的軽微であり罰則までは要求していないこと、などにかんがみれば、相当な手段といえる。

以上より、B海岸での入れ墨等の露出の禁止・中止命令・過料にかかる諸規定は、憲法13条に反するものではない。

2．憲法13条後段違反（適用・処分違憲）について

(1)　Y市の反論

Xの行為は、本件条例の立法目的・規制目的を害する行為であり、Xに本条例を適用することも、もとより合憲である。

(2)　私見

①利用客が最も多い時期に、10人ものタトゥー集団が散策している姿は、住民の安心感や憩いの場の景観を害する側面もある。②また、上記のように治安維持という目的のためのリスク・マネジメントとして、入れ墨等の露出の禁止という手段が正当化される以上、個別の事情に着目し、入れ墨等の種類いかんによって一定の者を規制の対象から外すことは、本件条例の意図するところではない。③さらに、本件では、規制によって得られる利益の重要度についてはXの主張に酌むべき点もあるものの、失われる利益も必ずしも重大ではなく、このような場合について本条例は、その規制を現場の一定の裁量に委ねていると解される（なお条例7条2項は、中止命令を「できる」とする）。その規制が恣意的であるという事情があれば格別、そのような事情、たとえば軽微な命令違反に対して過料を科したり（比例原則）、同じようなタトゥーを入れた者を放置する一方でXらのみを取り締まったりするという事情（平等原則）は、本件では見当たらない。したがって、本件条例の露出禁止規定・中止命令のXへの適用、および再三の中止命令に従わなかったXへの過料規定の適用も、違憲・違法と評価されるものではない。

3．憲法94条、14条1項違反について

(1)　Y市の反論

①入れ墨を露出する行為自体を明示的に禁止する国の法令がない

ことは、必ずしも個人の自己決定権・一般的自由にかんがみ、および条例を含めた法的規制をいっさい許さない趣旨のものとは解されず、本件条例は「法律の範囲内」（憲法94条）といえる。また、②憲法が条例制定権（94条）を定めている以上、地域間で差異が生じることは当然に予想されるため、これをもって法の下の平等（憲法14条1項）に反するということはできない。

(2) 私見

①本件条例が「法律の範囲内」（憲法94条）といえるか、すなわち、入れ墨等の露出を禁止する明示的な国法がないことが、これを規制することなく放置すべき趣旨かどうかは、結局のところ、(ア)およそ入れ墨等の露出を公権力が禁止することが、市民の自己決定権・一般的自由を侵害する違憲の措置として許されないものであるから国法が規制していないと解すべきか、(イ)仮に規制が許されるとすれば国法で統一的に規律すべき事柄か、という点に帰着する。そして、(ア)本件条例は上記のように、自己決定権・一般的自由を侵害する違憲のものではないこと、(イ)また、親子連れや多数の観光客が集まるB海岸を保有するという特性を有するY市が、特にそこで違法薬物事件が相次いだという事情にかんがみ独自の規律を行うことは、条例制定権を地方公共団体に付与した憲法94条、および地方自治の本旨（憲法92条）に照らし許容される。

②法の下の平等（憲法14条1項）についても、違反はないものと考える。地域間格差が生じうることを憲法が許容していることは、Y市の反論の通りである。もし過料が過剰な規制であるという点を問題にするのであれば、それは当該条例自体の合憲性（憲法13条に反するか）の問題に解消される。全国統一基準で規律すべきだという主張だとすれば、「法律の範囲内」（憲法94条）か否かという問題に解消される。いずれの観点からも、本件条例が合憲と判断できるのは、上記の通りである。

関連問題

自治体職員の身なりの自由

A県Y市では、「最近、茶髪や長髪にしたり、ピアスを着用したり、

髭を伸ばしている男性職員が増えており、大変不快である」という市民の声が、電話や窓口等で寄せられていた。そこでY市は、Y市職員倫理規則における職員の身なりに関する諸規定を改正し、新たにY市職員基本条例を制定し、「茶髪や長髪の禁止」・「ピアスを職務中に着用することの禁止」・「髭は伸ばさず綺麗に剃ること（整えられた髭も不可）」等を明示する規定を設けた。この新条例に基づき、Y市の職員Xは、上司から職務命令として髭をそるよう命じられたがこれに従わなかったため、同条例および地方公務員法29条に基づき戒告処分を受けた。これに対しXは、Yを相手取り、この戒告処分の取消しを求めて出訴し、その中で上記条例の諸規定の違憲性を主張しようと考えている。

問① あなたがXの訴訟代理人である場合、どのような憲法上の主張を行うか。

問② 想定されるYの反論を簡潔に述べたうえで、あなた自身の見解を述べなさい。

(参考、解説**2**・**3**。関連判例として、大阪高判令元・9・6裁判所ウェブサイト)

参 考 文 献

宍戸常寿「自由と法律」『憲法解釈論の応用と展開［第2版］』（日本評論社・2014年）13頁以下

小山剛『「憲法上の権利」の作法［第3版］』（尚学社・2016年）93頁以下

松本和彦「基本的人権の『保護領域』」小山剛＝駒村圭吾編『論点探究 憲法［第2版］』（弘文堂・2013年）103頁以下

松原光宏「幸福追求権の射程」同上115頁以下

山本龍彦「幸福追求権」憲法判例研究会編『判例プラクティス 憲法［増補版］』（信山社・2014年）33頁以下

(柴田憲司)

5. 見ないで⁉

設問

　とある水曜日の午後、暇を持て余していた私の事務所を訪れたのは、昭和の銀幕スタアを思い起こさせるようなうら若き美女だった。彼女は挟子と名乗った。

「先生、どうか力を貸してください」

　私はとっさにネクタイを直し、威厳をもって挟子を迎えた。こう見えても私はこの道 20 年の弁護士なのだ。

「どうかなさったんですか。何かトラブルでも？」

「ええ、そうなんです。実は私、中区の N 三丁目に住んでいるのですけれど」

「え、あんな物騒なところにですか⁉」

　私は驚いた。N 三丁目といえば A 県屈指の繁華街……というより歓楽街で、必然的に治安の悪い地区だからだ。同地区の刑法犯認知件数は県内の平均の約 40 倍、凶悪犯に至っては 200 倍近くにのぼる。しかし挟子は平然としたもので「ええ、だっていろいろ便利ですから。何か問題でも？」と言ってのける。私は逆に申し訳ない気分になり、「いえ、すみません。続けてください」と控えめに先を促した。

「私の住んでいるマンションの真ん前に防犯カメラがあるんです。マンションに出入りするたびに監視されているようですごく不愉快で。あのカメラ、撤去してもらうことはできないでしょうか」

　挟子の言うカメラとは、11 年前に導入された街頭防犯カメラシステムのことだ。N 三丁目一帯にドーム型のカメラが 44 台、固定カメラ 11 台が設置されている。撮影した映像は中警察署および A 県警本部に送られ、常時モニタリングされるとともに HD に録画され、1 週間保存された後に、自動で上書き保存されるしくみとなっている。そのうちの 1 台が彼女の自宅の前の公道上にあるというわけだ。固定カメラのレンズはマンション前の歩道に向けられており、玄関を通れば否応なく姿が映る。たしかに、自宅の出入りのたびに撮影されるのは

落ち着かないことだろう。しかし、だ。

「あのカメラは防犯上の必要性から設置されたものですからねえ。お住まいのマンションの1階部分にはたしかクラブか何か、風俗営業のお店が入っていたでしょう」

「去年撤退して、今はお弁当屋さんになってますけど」

「そ、そうでしたか。ですが、監視カメラ設置区域であることも明示してありますし、治安のためにも……」

「でも先生、実際相応の効果は出ているんですか？　私、あの辺りを歩いていても客引きが減った感じはしないんですが」

　鋭く切り返され、私は返答に詰まる。たしかに110番通報への対処やキャバクラ等の客引き排除のためにモニタリングをするという触れこみだったが、私の実感としても客引きは減っていない（つい先日も引っかかって散財してしまった）。刑法犯の認知件数も、設置後数年は微減傾向にあったものの、現在では元の水準に戻ってしまっている。

「ま、まあ、カメラにむやみに撮影されたくないというお気持ちはわかりますが、実際に何かそれで具体的にお困りのことがあるんですか？　そうでないなら……」

「困ったからこちらを訪ねたに決まってるでしょう！」

　彼女は眉を吊り上げて私を睨む。私は蛇に睨まれた蛙のように縮こまった。

「一体どんなトラブルがあったんですか？」

「彼氏に見られたんです」

「何をですか？」

「彼氏と一緒に帰宅しているところを、です」

「は？」

　目が点になった。

　要はこういうことだ。挟子にはミキオとタケシという2人の彼氏がおり、ミキオは中警察署勤務の警察官である。ある日ミキオはN三丁目で起こった犯罪事件の捜査のため、正規の手続に則って保存期間中のカメラ録画映像の提供を受けた。その中に挟子がタケシと仲睦まじく腕を組んで帰宅する姿があったというのだ。挟子の自宅前に設置されていたカメラは最新型で、挟子の顔形、表情まではっきり判別できたらしい。

「どうしてそんなことしたんですか……」

「だって、あの辺り、物騒じゃないですか。1人で帰ったら危ないでしょう？」

　いや問題はそこじゃない！と突っ込みたいのを私は必死で堪えた。弁護士業20年のプライドだ。

「とにかく、それでタケシとのことがばれてミキオは怒ってしまって、もう別れるって。これって警察が私のプライバシーを侵害したせいですよね？　私、あの防犯カメラが私たちの愛を引き裂いたことがどうしても許せないんです」

　うっすらと目に涙を浮かべて挟子は訴える。

「先生、どうか私のプライバシーを守ってください」

　その姿（だけ）はやはり楚々として美しく、私は無言で天を仰いだのだった。

問❶　「私」は挟子の代理人としてA県に対し、当該カメラによるモニタリングおよび録画がそれぞれプライバシーを侵害するとして、人格権にもとづく妨害排除請求として、当該カメラの撤去を求めることになった。「私」はその中でどのような憲法上の主張をすべきか、述べなさい。

問❷　問❶の憲法上の主張に関するあなた自身の見解を、A県の反論についてポイントのみを簡潔に論じたうえで、述べなさい。なお、問題の街頭防犯カメラシステムは次の運用要綱にもとづいて運用されており、手続上の問題はなかったものとする。

【参考資料】A県警察街頭防犯カメラシステム運用要綱*

第1　趣旨

　この要綱は、A県警察が設置する街頭防犯カメラシステムの運用に関し必要な事項を定めるものとする。

第2　用語の定義

　この要綱において、次の各号に掲げる用語の意義は、それぞれ当該各号に定めるところによる。

　(1)　街頭防犯カメラシステム　　次の装置等で構成するものをいう。

　　ア　犯罪の予防及び被害の未然防止を図るため、犯罪の発生する蓋然性が高い公共空間に設置し、その周辺の状況を撮影する装置（以下「防犯カメラ」という。）

　　イ　防犯カメラで撮影した映像を表示する装置（以下「モニター装置」という。）

　　　　ウ　防犯カメラで撮影した映像を電磁的方法により媒体に記録し、及び再生する装置（以下「録画装置」という。）
　　　　エ　防犯カメラ、モニター装置及び録画装置を一体化するために付帯する機器等
　　(2)　データ　　防犯カメラで撮影した映像を録画装置に記録したものをいう。
第3　基本原則
　　街頭防犯カメラシステムの運用に当たっては、個人のプライバシーその他国民の権利を不当に侵害することのないよう十分配意しなければならない。
第4　管理運用体制及び任務
1　生活安全部長は、総括責任者として、街頭防犯カメラシステム及びデータの管理及び運用に関する事務を総括するものとする。
2　生活安全企画課長は、管理責任者として、街頭防犯カメラシステム及びデータの管理及び運用に係る基本方針の策定を行うものとする。
3　防犯カメラの設置場所を管轄する署（以下「運用署」という。）の署長は、運用責任者として、次に掲げる任務を行うものとする。
　　(1)　街頭防犯カメラシステムの管理及び運用に関すること。
　　(2)　モニター業務に従事する者（以下「モニター従事者」という。）の指定及び指導に関すること。
　　(3)　データの管理及び提供に係る事務に関すること。
4　運用責任者は、モニター従事者指定簿によりあらかじめモニター従事者を指定するものとし、指定した者以外の者をモニター業務に従事させてはならない。
5　運用責任者は、官執勤務時間外においては、宿直責任者又は当番責任者（以下「宿直責任者等」という。）に第3項の任務を代行させることができる。この場合において、宿直責任者等は、勤務終了後速やかに、街頭防犯カメラシステムの取扱状況を運用責任者に報告しなければならない。
6　運用署の生活安全担当課長は、運用補助者として、運用責任者の任務を補助するものとする。
第5　防犯カメラ設置の明示
　　運用責任者は、設置区域の見やすい場所に、防犯カメラが設置されている旨を表示板により明示するものとする。
第6　データの保存及び提供
1　データの保存期間は、1週間とする。ただし、運用責任者は、特に必要があると認められる場合は、管理責任者と協議の上、データの保存期間を変更することができる。
2　データの保存又は提供を必要とする所属長は、データ保存・提供依頼書により当該データを管理する運用責任者に依頼するものとする。
3　前項の規定による依頼を受けた運用責任者は、適否を判断した上で、外部記録媒体にデータを保存し、又は外部記録媒体に保存したデータを提供するものとする。
4　前項の規定による提供を受けた所属長は、保管責任者を指定するとともに、施錠設備のある保管庫で当該データを保管しなければならない。
5　運用責任者は、データを保存し、又は提供する場合は、犯罪の予防、捜査等のため必要最小限度にしなければならない。
第7　データの消去及び廃棄
1　保存期間が終了したデータは、新たなデータを上書きするなどの方法により速やかに消去しなければならない。
2　外部記録媒体に保存したデータが不要となった場合は、当該データを速やかに

消去し、又は物理的な破壊等復元できない方法により確実に廃棄するとともに、その旨を当該データを管理する運用責任者に報告しなければならない。

3　運用責任者は、外部記録媒体に保存したデータを消去し、若しくは廃棄した場合又は前項の規定による報告を受けた場合は、その処理結果をデータ保存・提供依頼書に記載するものとする。

第8　情報の守秘

職員は、街頭防犯カメラシステム及びデータから知り得た情報を外部に漏らしてはならない。

第9　運用状況の報告及び公表

1　運用責任者は、毎月10日までに、前月分の街頭防犯カメラシステムの運用状況を街頭防犯カメラシステム運用状況報告書により管理責任者を経由して本部長に報告するものとする。

2　本部長は、街頭防犯カメラシステムの運用状況を半年ごとに公表するものとする。

第10　補則

この要綱に定めるもののほか、街頭防犯カメラシステムの運用に関し必要な事項は、管理責任者が定める。

解　説

1 ………… 概　観

(1)　設問のねらい

「監視社会」化が言われて久しい。実際に現在の日本では、公共スペースにも民間施設にも、また、屋内であると街頭であるとを問わず、至るところに防犯カメラが設置されている。それによって24時間の監視が可能になっているばかりか、そこで得られた人物画像と他のデータベースに保存されている情報とを即座に照合して個人を識別することもできる。AIを活用したこうした画像認識技術は、すでに実用化され、万引防止などの目的で用いられている。GPS端末による行動のトレースも可能となった。犯罪の防止や捜査の効率化等を理由としてこうした技術の利用が急速に拡大してゆく一方で、それがプライバシーや肖像権、個人の活動の自由などを侵害するのではないかとの懸念もカメラ設置が始まった当初から広く存在している。だが、それにもかかわらず、明文の法規定のないまま事態は進行しており、今日までに様々な場面で訴訟が提起されている。2017年には、使用者の承諾なく自動車にGPS端末

を取り付けて行う GPS 捜査は令状がなければ行うことができない強制処分であるとする判決（最判平 29·3·15 刑集 71-3-13）が下された。

　こうした状況を踏まえて、本問では、警察が行ったいわゆる街頭防犯カメラによる不特定の者の撮影（録画およびモニタリング）がプライバシーの侵害を構成するか否か、撮影が許容されるとすればその要件は何か、を問う。本問の街頭防犯カメラシステムの概要およびその運用要綱は 2002 年から運用が開始された東京都新宿区歌舞伎町地区の街頭防犯カメラシステムをモデルにしているが、類似のシステムはすでに全国で導入されている。警察による街頭防犯カメラの設置およびそれによる撮影そのものの合憲性について最高裁はいまだ判断を下していないが、関連事例は複数存在する。そのため、学説や関連事例における下級審を含む裁判所の判断等を参考にしつつ、自分なりの見解を導くことが必要となる。

　(2)　とりあげる項目
　　►街頭防犯カメラをめぐる法状況
　　►プライバシーの権利
　　►許容性の判断
　　►権利救済の方法

2 …………街頭防犯カメラをめぐる法状況

　(1)　根拠規定および規制の原理
　現行法上、警察に街頭防犯カメラによる撮影の権限を直接認める規定は存在しない。写真撮影に関しては刑事訴訟法 218 条 3 項が身体の拘束を受けている被疑者の写真撮影に関する規定を置くのみである。そのため、まずは、警察の行った街頭防犯カメラによるモニタリングおよび録画が適正手続の点で違法か否かが問題となる。

　この点、写真撮影は強制処分にあたるとして個別の根拠規定が必要だとする説もあるが、実務では必ずしもそうは解されていない。裁判所を含む行政実務においては、写真撮影の強制性は撮影の態様（私的空間か公共空間か、など）によって異なるため強制処分か任意処分かの二分法には

そぐわないとしたうえで、犯罪防止のための警ら活動や情報収集は警察官の職務を遂行する前提となる行為として警察法や警察官職務執行法（以下「警職法」という）の当然予定するものであり、公共空間における街頭防犯カメラの設置およびその使用もその範疇に含まれるため、特別な根拠規定は必要としないと解するのが一般的である（任意処分）。実際に現在警察によって設置されている多くの街頭防犯カメラは、本問と同様に、警察の内規である運用要綱等のみを明文の根拠として運用されている。したがって、この点のみをもって違法とするのはやや説得力に乏しい。

　しかし、だからといって街頭防犯カメラの設置および利用の一切が警察の裁量に委ねられていると解するべきではない。その裁量にも自ずと限界は存在する（任意処分の限界）。第1に、警察活動一般に関する裁量の統制原理が働く。憲法の保障する権利および自由は、第一義的には、国家による侵害から保障されるものと解するのが一般的である。国家権力が正当な目的のためにこれらを制約することはありうるが、それは必要な限りにおいて行われるべきと考えられる。また、個人の私的生活に侵入するものである警察活動には特に警察比例の原則が働く。警察比例の原則とは、目的達成のために複数の手段が考えられる場合であっても、警察権の発動は目的達成の障害の程度と比例する限度においてなされるべきとする考え方であり（芦部225頁）、近代国家において広く受け入れられている。日本では、警職法1条2項が同法の規定する手段を用いるにあたっては「目的のため必要な最小の限度」においてなされるべきと定めるが、これは事実行為にも及ぶものと解されている。これらの警察活動に対する裁量統制の原理は、本問のような街頭防犯カメラの設置および使用についても当然に妥当する（この点につき、比例原則で分析する枠組みを提示するものとして、宍戸20〜21頁）。

　第2に、街頭防犯カメラという手法の特性を考慮する必要がある。たしかに、街頭で警ら中の警察官が人物認知をすることの延長線上に街頭防犯カメラによる認知を位置づけることも不可能ではない。しかし、街頭防犯カメラによって得られる情報は、人間の認知能力に頼って得られ

る情報とは、質的にも量的にも圧倒的な違いがある。また、今日導入されている街頭防犯カメラの多くがデジタル・ビデオであることも考慮する必要がある。デジタル情報は劣化しない・記録が容易である・検索性が高いなどの特性をもっており、顔貌認証など他のデータベースとのマッチングによる人物識別システムとの親和性も高く（小谷・後掲参考文献201〜202頁）、目的外使用の可能性は格段に高まる。さらに、街頭防犯カメラの場合には、監視対象者の側が監視を行っている側の態様を確認する手段がないため、使用方法の逸脱濫用の危険性を無視できないことも指摘されている。

　そのため、街頭防犯カメラの設置および使用の適法性を検討するにあたっては、それによって侵害される権利および自由の性質および侵害の程度を明らかにしたうえで、当該街頭防犯カメラの設置の目的の正当性、必要性、設置状況や使用方法の妥当性、設置によりもたらされる効果などを個別具体的にみていかなくてはならない。

　(2)　**裁判例**

　警察による写真撮影に関しては、これまで様々な場面で訴訟が提起されている。最初に写真撮影の許容性が争われたのは、京都府学連事件（最大判昭 44・12・24 刑集 23-12-1625）である。警察官が、学生デモ隊が公安条例にもとづくデモの許可条件に違反したことを確認したうえでその違法な行進の状況および違反者を確認するために先頭部分の行進者を令状なしに撮影したことについて、最高裁は、「個人の私生活上の自由の 1 つとして、何人も、その承諾なしに、みだりにその容ぼう・姿態……を撮影されない自由を有する」としたうえで、警察が正当な理由なく個人の容ぼう等を撮影することは憲法 13 条の趣旨に反するとした。しかし同時に、この自由も「公共の福祉のため必要のある場合には相当の制限を受ける」とし、具体的には「現に犯罪が行なわれもしくは行なわれたのち間がないと認められる場合であつて、しかも証拠保全の必要性および緊急性があり、かつその撮影が一般的に許容される限度をこえない相当な方法をもつて行なわれるとき」のような場合には、撮影される本人の同意がなく裁判官による令状がなくとも撮影は許容されるとした。

　これは一般に、みだりに容ぼう等を撮影されない自由を認めた判決であると解されるが、同時に、警察による写真撮影が許容される場合があることを認めたものでもある。しかも、撮影対象の中に「犯人のみならず第三者である個人の容ぼう等が含まれても、これが許容される場合がありうる」としていた。

　しかし、撮影の許容性は、撮影の態様や必要性によって異なりうる。京都府学連事件で問題とされた撮影行為は、違法行為を確認した後に当該行為者を個別に撮影する現行犯・準現行犯的状況における個別撮影型であった。これに対して本問が対象としている街頭防犯カメラはあらかじめカメラを設置して撮影を行うものであり、撮影対象は網羅的で、現行犯・準現行犯的状況のみに限るものではない。

	個別撮影型	事前設置型
現行犯・準現行犯的状況	京都府学連事件 （最大判昭 44·12·24）	オービス （最判昭 61·2·14）
その他	ビデオ撮影事件 （最決平 20·4·15）	N システム （東京地判平 13·2·6） 街頭防犯カメラ （大阪地判平 6·4·27）

　㈡　**事前設置型の許容性**　　あらかじめカメラを設置して行う事前設置型の撮影の違法性が争われた事案としては、自動速度違反取締装置（通称「オービス」）のように特定の違法行為の撮影を予定したカメラの設置を問題するケース（最判昭 61·2·14 刑集 40-1-48）と、対象を特定せずすべての通過車両のナンバーを記録する自動車ナンバー自動読取装置（通称「N システム」）のケースや防犯目的で設置された街頭カメラの違法性が争われたケース等とを区別する必要がある。

　前者であるオービスによる撮影については、最高裁は現行犯的状況であることに加え、緊急の証拠保全の必要性と方法の相当性とを肯定したうえで、先述の京都府学連事件を引用して簡単にその憲法適合性を認めている。しかし、後者の問題群は撮影の対象が特定されておらず、現行犯・準現行犯的状況でもない。

　後者の撮影対象を特定しない問題群のうち、N システムは原則として車両ナンバーを記録するシステムである点が本問とは異なる。N システムのケースにおいて原告はプライバシー権、より具体的には肖像権、自由に移動する権利および自己情報コントロール権の侵害を主張したが、被告（国）は N システムが車両ナンバーのみを記録するものであるから肖像権の侵害はなく、また、自由に移動する権利および自己情報コントロール権は法的保護に値する利益とは認められないと反論した。一審（東京地判平 13・2・6 判時 1748-144）は N システムが搭乗者の容ぼう等の画像を記録・保存しているとは認められないことを前提として、N システムによる情報収集は収集する情報の性質、収集の目的、利用の方法等に照らして原告らの利益を侵害するものではないと判断した。二審（東京高判平 13・9・19 裁判所ウェブサイト）も同旨である。ただし、自己情報コントロール権そのものの権利性は否定していない。

　本問と同様の街頭防犯カメラの設置および使用の適法性が争われた事案としては、東京都台東区山谷地区に設置されていた防犯カメラにより撮影されたビデオテープの証拠能力が争われた山谷地区監視カメラ訴訟（東京高判昭 63・4・1 判時 1278-152）や大阪市西成区あいりん地区の街頭防犯カメラの撤去等を求めた釜ヶ崎監視カメラ訴訟（大阪地判平 6・4・27 判時 1515-116）がある。いずれも下級審判決であるが、前者の山谷地区監視カメラ訴訟では裁判所は、京都府学連事件判決は具体的事案に即しての要件を述べたにとどまり、この要件を具備しない限り犯罪捜査のための写真撮影が許容されないとの趣旨をも含むものではないとしたうえで、「当該現場において犯罪が発生する相当高度の蓋然性が認められる場合であり、あらかじめ証拠保全の手段、方法をとっておく必要性及び緊急性があり、かつ、その撮影、録画が社会通念に照らして相当と認められる方法でもって行われるときには、現に犯罪が行われる時点以前から犯罪の発生が予測される場所を継続的、自動的に撮影、録画することも許されると解すべき」としてビデオカメラの設置および使用に違法性はないと判断した。これに対し釜ヶ崎監視カメラ訴訟では、情報活動の一環としてテレビカメラを利用することは基本的には警察の裁量によるもの

であるが、警察権の限界およびテレビカメラによる監視の特質にも配慮すべきであるとしたうえで、街頭防犯カメラの設置および使用にあたっては目的の正当性、客観的・具体的必要性、設置状況の妥当性、設置・使用の有効性、使用方法の妥当性などが検討されるべきである、とした。なお、同事件では、裁判所は結論として同地区に設置された15台のカメラのうち1台について設置の必要性が失われており、原告らのプライバシーの利益を侵害するおそれがあるため、設置の利益よりも侵害されるプライバシーの利益が上回るとしてカメラの撤去を相当と認めている（ただし、録画を伴わない事案であった点が本問とは異なる）。

　(イ) 現行犯・準現行犯的状況以外における撮影の許容性　　これに対し、現行犯・準現行犯的状況ではないが特定の目的のために特定の人間を個別に撮影した事案としては、犯罪捜査のために公道上を歩く被疑者の容ぼう等をビデオカメラで撮影したことの違法性が争われた事件（最決平20・4・15刑集62-5-1398）がある。この判決は、京都府学連事件につき「警察官による人の容ぼう等の撮影が、現に犯罪が行われ又は行われた後間がないと認められる場合のほかは許されないという趣旨まで判示したものではない」としたうえで、犯人特定のための重要な判断に必要な証拠資料を入手するために必要な限度において、通常、人が他人から容ぼう等を観察されること自体は受忍せざるをえない場所において撮影したものであって、当該ビデオ撮影は捜査目的を達成するため必要な範囲内において、相当な方法によって行われたものであり、適法な捜査活動である、としている。これによれば、最高裁は写真撮影等が許容される場合を必ずしも現行犯・準現行犯的状況に限定していない。

3 ………プライバシーの権利

(1) プライバシーの権利

　(ア) 学　説　　写真撮影に関する裁判例においては、写真撮影によって得られる利益と失われる利益（被侵害利益）との比較衡量によって、具体的に違法性の有無が判定されている。この点、本問では原告挾子は被侵害利益としてプライバシーの権利を主張している。プライバシーの

権利は日本国憲法に明記された人権ではないが、13条に根拠づけるの
が一般的である（13条解釈については、**4. かわいいは正義**を参照）。だが、そ
の内容・外延は明らかでない。そこで、プライバシーの権利の性質およ
び本問における侵害の程度を明らかにすることが必要となる。

　日本におけるプライバシーの権利の理解は、アメリカの議論から多大
な影響を受けている。アメリカにおいては、プライバシーの権利は古く
は「ひとりでそっとしておいてもらう権利」と捉えられ、私事の公開・
私生活への侵入からの自由を中心とする消極的自由権と位置づけられて
きた。しかし、情報化社会の進展に伴い、プライバシー権の射程は拡大、
その概念が不明確になっていった。そうした中で有力となってきたのが、
プライバシーを「自己の情報に対するコントロールの権利」と捉え直す
見解である。今日、日本でも学説の多くはプライバシーの権利を自己情
報コントロール権、すなわち自己に関する情報の収集・保管・利用・公
開というそれぞれの段階を自らコントロールする権利として捉えている。

　だが、いかなる情報がそこに含まれるかは論者によって異なる。自己
情報を人の道徳的自律の存在に関わる情報に限定する説（佐藤182頁）に
よれば、プライバシー固有情報として公権力が意に反して取得・利用・
開示することが原則的に禁止されるのは、思想・信条・精神・身体に関
する基本情報、重大な社会的差別の原因となる情報といったいわゆるセ
ンシティヴ情報に限られる。道徳的自律と直接関わらない外的事項に関
する情報は公権力が正当な目的のために収集・保有しても直ちにプライ
バシーの侵害とはならないが、悪用または集積され効率的利用の対象と
されると道徳的自律の存在としての個人を脅かす契機をはらむため、プ
ライバシー外延情報として保護される（樋口ほか・注解285頁〔佐藤幸治〕）。
これに対し、自己情報を自己の私的な情報と捉え、そこに古典的な私
事・私生活、前科情報、容ぼう等を含めて説明する説（長谷部147～152
頁ほか）も存在する。また、プライバシーの権利を自己情報コントロー
ル権とは捉えないものとしては、「他者による評価からの自由」として
プライバシーを定義する説（阪本昌成『憲法理論II』〔成文堂・1993年〕240
頁）や「多様な自己イメージを使い分ける自由」と定義する説（棟居快行

『人権論の新構成』〔信山社・1992 年〕173 頁）などが唱えられている。前者については、情報の収集それ自体ではなく、それが公表されることによって社会的評価が低下することがプライバシーの侵害とされる。後者については、情報そのものではなく、それを含む人間関係によって形作られる自己イメージをコントロールの対象とするところに特徴がある。

　　（イ）　判　例　　実務では、『宴のあと』事件（東京地判昭 39・9・28 判時 385-12）において私法上の権利として「私生活をみだりに公開されないという法的保障ないし権利」が最初に認められた。そこではプライバシーの 3 要件として①私生活上の事実または私生活上の事実らしく受け取られるおそれのある事柄であること（私事性）、②一般人の感受性を基準として公開を欲しないであろうと認められる事柄、③一般の人々にいまだ知られていない事柄（非公知性）があげられた。これは古典的なプライバシー理解に立ったものと解される。

　しかし、その後の『逆転』事件（東京高判平元・9・5 判時 1323-37）では、いったん公表された犯罪や刑事裁判に関する事実も事柄の性質によっては時間の経過によりプライバシーとして保護の対象になるとして、ノンフィクション作品で実名を使用し約 12 年前の前科を公表することは人格権を不当に侵害するものであると判じた。ここでは、私事性や非公知性の要請は前科が人格の尊厳に関わることおよび時の経過によって希釈されている。

　こうした権利ないし自由が憲法上のものとして判例上初めて認められたのは、前掲の京都府学連事件である。ただし、最高裁は「プライバシーの権利」という文言を使ってこれを認めたわけではない。前掲の京都府学連事件において、最高裁は、憲法 13 条は警察権等の国家権力の行使に対しても「私生活上の自由」が保護されるべきことを定めたものであるとしたうえで、その 1 つとしてみだりに容ぼう等を撮影されない自由を認めた。同じく私生活上の自由として「みだりに指紋の押なつを強制されない自由」を認めた例もある（最判平 7・12・15 刑集 49-10-842）。また、私生活上の自由以外のものに関しては、前科照会事件（最判昭 56・4・14 民集 35-3-620）が前科等を人の名誉・信用に直接関わる事項であって「み

だりに公開されないという法律上の保護に値する利益を有する」としている。江沢民講演会名簿提出事件（最判平15・9・12民集57-8-973）では、学籍番号・氏名・住所・電話番号のような個人情報についても「プライバシーに係る情報として法的保護の対象となる」として本人の意思にもとづかずにみだりにこれを他者に開示することは許されないとした。用語法はさておき、最高裁においてもプライバシーは憲法上保護されるべきものと解されており、プライバシーの内容としては私生活上の自由に加え、センシティヴ情報以外のものを含む個人情報一般をみだりに収集・開示されないことが含まれるものと解される。これは一見学説のいう「自己情報コントロール権」を採用したものともみえる。

　しかし、住基ネットの合憲性が争われた一連の裁判において、下級審は基本4情報（氏名・生年月日・性別・住所）からなる住民の本人確認情報が住民票コードにより収集・管理・利用されることについて「一般的には秘匿の必要性の高くない4情報や数字の羅列にすぎない住民票コードについても、その取扱い方によっては、情報主体たる個人の合理的期待に反してその私生活上の自由を脅かす危険を生ずることがある」（大阪高判平18・11・30判時1962-11）としたうえでこれをプライバシーにかかる情報として自己情報コントロール権に含まれると判断したが、最高裁はこれを否定した。最高裁は京都府学連事件を引用したうえで、4情報が個人の内面に関わるような秘匿性の高い情報ではないこと、および、システム上の欠陥等により本人確認情報が容易に漏洩する具体的危険性がないことを理由に、住基ネットによる本人確認情報の管理・利用は「個人に関する情報をみだりに第三者に開示又は公表するものということはできず」憲法13条の保障する私生活上の自由を害するものではない、としている（最判平20・3・6民集62-3-665）。4情報の秘匿性が高くないことに言及してはいるものの、江沢民講演会名簿提出事件とあわせて考えるならば、最高裁は「漏えいの具体的危険性がない」ことを主たる理由としてプライバシー侵害の成立を認めなかったものと考えられる。すなわち、最高裁は「もっぱら情報『開示』の危険という観点からの審査に限局し、『開示』のみに止まらない情報『管理』全般に亘る住基ネットの問題性

を軽んじて」（蟻川・後掲参考文献81頁）おり、最高裁は、みだりに情報収集されないこと等一定の場面では情報のコントロールをもプライバシーに含めるとしても、それは学説のいう「自己情報コントロール権」よりも狭い意味で捉えられているといえよう。無令状でのGPS捜査の違法性が争われた事件（前掲最大判平29·3·15）において、当該捜査手法が個人の行動を継続的・網羅的に把握することを必然的に伴うがゆえにプライバシーを侵害しうるとしつつ、それをもって私的領域に侵入することを重要な法益侵害としたことも、同様に解することができる。

　(ウ) 本問への当てはめ　本問での争点は街頭防犯カメラによるモニタリングおよび録画である。公表ではなく情報収集が問題とされている事案であり、そこで収集されている情報は容ぼうおよび公道上における行動（例として、異性と腕を組んで帰宅することがあげられていた）である。

　録画に関しては、京都府学連事件の類推からプライバシー権の侵害を認めることができるだろう。ただし、保存期間が1週間と限定されているため、写真撮影の場合と同一視はできない。なお、釜ヶ崎監視カメラ訴訟では録画をしているとは認められなかったため、肖像権の侵害は否定されている。他方、モニタリングに関しては、プライバシーの権利を古典的な「私生活をみだりに公開されないという法的保障ないし権利」と捉えた場合、権利侵害を認めることは難しい。モニタリングは情報を収集するものであって公開するものではないからである。他方で、自己情報コントロール権として捉えた場合には、情報を収集・管理されないことそれ自体を保護の対象に含みうる。

　ただし、その場合には自己情報の範囲が問題となる。自己情報を広く捉える場合には特段の考慮は必要ないが、人の道徳的自律の存在に関わる情報に限定する説に立てば、容ぼうは収集が原則禁じられるプライバシー固有情報には含まれない。そのためプライバシー外延情報としてどの程度の保護が及ぶかが問題となる。また、公道上における行動については、それが把握されることにより個人の思想・信条が明らかになることがありうる。その場合にはプライバシー固有情報と構成することも可能となろう。

　プライバシーの権利を「多様な自己イメージを使い分ける自由」と捉える場合であっても、警察による情報収集が問題となっている本問についてはプライバシーの権利と構成することに支障はない。逆に、「他者による評価からの自由」と捉えた場合には、公表が前提とされていない街頭防犯カメラの設置それ自体に侵害性を認めることは難しい。しかし、本問では例外的にモニタリング等を通じて異性と腕を組んで帰宅したことが特定の少数者に知られたことで他者による評価が低下したと捉えることも不可能ではない。

(2)　公共空間におけるプライバシー

　さらに、街頭防犯カメラによるモニタリングおよび録画については、それが他者の目に触れる公共空間においてなされた行為に対するものであることをいかに評価するかが論点となる。人の公共空間における行動は、通常他人の目に触れることを前提として意識的になされるものであり、発信される自己情報はすでにコントロールされたものである。そのため、それを見られることにより影響されるプライバシーは私的空間におけるそれより縮小される。

　しかし、人が公共空間にあるときには一切のプライバシーを放棄していると捉えることは相当でない。けだし、偶然かつ一過性の人の目によって収集される情報の量と街頭防犯カメラシステムにより多数かつ高性能なカメラが継続的に収集する情報の量には圧倒的な違いがあり、後者の場合には本人の意図しない情報まで含まれる危険が高まるからである。

　また、街頭防犯カメラの設置場所によっては、プライバシー侵害の危険性が高まることもある。病院や宗教施設、政治団体等、個人の思想・信条や健康状態等とかかわり合いの深い場所の付近に設置される場合には、個人のセンシティヴ情報が明らかになるおそれが生じる。ただし、本問は自宅前に設置されたカメラを問題としており、こうしたケースにはあたらない。とはいえ、自宅前にカメラが設置されている場合には、それが他者の目から自由になれる私的空間に近接しているがゆえに他の場所以上に圧迫感や不快感を覚えることも想定され、それ自体がプライバシーの利益を損なうおそれがあるとの見方もできる。実際に、釜ヶ崎

監視カメラ訴訟では、裁判所はこのおそれを認めている。

4 ………許容性の判断

　前述 **2**・**3** を前提とすれば、本問におけるモニタリングおよび録画の許容性は、具体的な街頭防犯カメラの設置および使用の目的の正当性、必要性、設置状況や使用方法の妥当性、設置によりもたらされる効果に照らして判断されることとなる。街頭防犯カメラは防犯目的のための警ら活動や情報収集の一環と位置づけられており、これは警察法および警職法上認められた正当な目的といいうる。また、運用要綱には濫用を防ぐ一応の仕組みが含まれている。したがって、特に問題となるのは必要性、設置場所の妥当性、および効果である。

　必要性については、街頭防犯カメラ設置区域における治安状況が 1 つの目安となる。たとえば、東京都新宿区歌舞伎町地区の街頭防犯カメラシステムの導入にあたっては、同地区における刑法犯認知件数の高さが理由としてあげられた。釜ヶ崎監視カメラ訴訟でも、大阪市西成区あいりん地区における集団不法事案の多さを他の地域にはみられない特徴としたうえでカメラ設置の必要性を認めている。本問における N 三丁目地区の刑法犯認知件数が県内の平均の約 40 倍、凶悪犯認知件数は約 200 倍というのは決して低い数字とはいえないであろう。

　設置場所の妥当性については、自宅前という位置をどう評価するかが問題となる。特に、キャバクラ等の客引きへの排除のためにモニタリングをするという目的に対し、自宅マンション 1 階部分で風俗営業店の営業が行われていた 1 年前とそれが撤退した現在とでカメラ設置の妥当性をそれぞれ検討する必要がある。なお、釜ヶ崎監視カメラ訴訟で撤去相当とされたカメラは、労働運動等の団体事務所のある解放会館前に設置されていたものである。裁判所は、設置当初においては過激な行動を繰り返していた人物が頻繁に出入りしていたことから監視の必要がなかったとはいえないが、現在では平穏な活動を行っており監視を継続する正当な事由はないとした。

　設置の効果を評価することは困難だが、目的が犯罪防止である以上、

それに応じた成果が求められる。本問では、刑法犯認知件数をあげ、設置後数年は微減傾向にあったが現在では元の水準に戻ったとしている。なお、釜ヶ崎監視カメラ訴訟では、逮捕等犯罪捜査に役立った件数が一定数存在すること、刑法犯認知件数が減少していること、および集団不法事案が発生しなくなったことなどをあげ、これを認めている。

5 ⋯⋯⋯⋯権利救済の方法

　最後に、権利救済の方法について触れておく。プライバシーの侵害態様は公表型と情報収集型とに分けられるが、金銭賠償が救済の中心となる公表型に対して、情報収集型の場合にはより権利の性質に応じた救済を考える必要が出てくる。自己情報コントロール権の具体化といわれる行政機関個人情報保護法が自己を本人とする保有個人情報の開示請求権（12条）、訂正請求権（27条）および利用停止請求権（36条）を認めているのも、こうした権利の特性に対応したものと考えられる。

　本問で原告挾子が求めているのは被った損害の賠償ではなく当該カメラの撤去である。個別撮影型の場合とは異なり、街頭防犯カメラの場合には継続的なプライバシーの侵害が問題となるため、特に損害が算定しにくく、また、根本的な救済のためにはカメラの撤去が不可欠となる。

　なお、釜ヶ崎監視カメラ訴訟において、原告は監視カメラ15台の撤去および慰謝料の支払いを求めた。すでに述べたように、裁判所はカメラ15台のうちの1台の撤去を認めたが、慰謝料については、監視の必要性が失われた時期が明確でないことおよび監視によって失われる利益がさほど大きいとはいえないことを理由として不法行為の成立を認めず、請求に理由はないとした。

解答例

問❶
1. 「私」の主張の要旨
　A県が挟子の自宅前公道上に設置した街頭防犯カメラによりモニタリングおよび録画を行ったことは、憲法13条の保障する挟子のプライバシーの権利を侵害する行為であり、違憲である。
2. 録画について
　⑴　憲法13条は、警察権等に対しても私生活上の自由が保障されることを定めたものであり、みだりに容ぼう等を撮影されない自由に対して憲法上の保障が及ぶことは判例（京都府学連事件）により確立されている。ここでいう私生活上の自由は、一般にプライバシーの権利と呼ばれるものに相当する。したがって、本件街頭防犯カメラによりみだりに容ぼうを撮影されない自由は、憲法13条の保障するプライバシー権に含まれる。
　⑵　裁判所の令状なく警察が写真撮影を行うことは、正当な理由がない限り許されない。ここでいう正当な理由とは、現行犯的状況にあり、証拠保全の必要性・緊急性があり、撮影が一般的に許容される相当な方法をもって行われるときに限られると解すべきである。
　しかし、本件では、公道上にあらかじめ設置した街頭防犯カメラによって、一般的・網羅的にモニタリングおよび録画が行われている。たしかに設置地区においては刑法犯認知件数が他の地区に比して高く、犯罪発生の可能性が高いことが認められるが、現行犯的状況ではなく、証拠保全の必要性もない。
　仮に、犯罪防止のための情報収集という設置目的が正当と認められるとしても、そのための手段は、目的のため必要最小限度でなければならない。しかし、カメラの設置場所付近にあった風俗営業店は現在では撤退しており、撮影の必要性は低下している。また、同地区における犯罪認知件数は一時は減少したものの現在は設置前の水準に戻っており、犯罪防止という目的を達成するための手段としての有効性にも疑問がある。したがって、A県が挟子の自宅前公道上に設置した街頭防犯カメラにより録画を行ったことは、犯罪防止という目的のための最小限度ということはできず、違法である。

3. モニタリングについて

(1) 憲法 13 条が保障するプライバシーの権利は、かつては「私生活をみだりに公開されないという法的保障ないし権利」（『宴のあと』事件）と考えられていたが、今日では自己に関する情報の収集・保管・利用・公開というそれぞれの段階を自らコントロールする情報コントロール権と理解されている。ここでいう自己に関する情報については、人の道徳的自律の存在に関わる情報に限定すべきという説もあるが、何が道徳的自律に関わるかは不明確であり、より広く自己情報を自己の私的な情報と捉え「容ぼう」や私的な交友関係等も含むものと解すべきである。

本件街頭防犯カメラによるモニタリングは、公共空間において「容ぼう」および私的な交友関係という個人に関する情報を収集するものである。公共空間は他者の目に晒されることが前提とされているためそもそもプライバシーを観念しえないとの見方があるが、人が公共空間にあるときには常に一切のプライバシーを放棄していると捉えることは相当でない。けだし、偶然かつ一過性の人の目によって収集される情報の量と街頭防犯カメラにより継続的に収集される情報の量には圧倒的な違いがあり、本人が公開を意図しない情報まで含まれる危険が高まるからである。よって、挟子は、本件モニタリングに対してもプライバシー権を主張することができる。

(2) 2.の(2)で述べたように、少なくとも本件モニタリングが許容されるためには、それが犯罪防止という目的のため必要最小限度でなければならない。しかし、同カメラの設置の必要性および有効性は高くない。

加えて、本件ではカメラが自宅前という私的空間に近接した場所に設置されている。それによって実際に私的な交友関係が把握され、他の人間関係に深刻な影響を与えた。また、そうした事情がなくとも自宅前に設置されたカメラは他の場所以上に圧迫感や不快感を与え、自由なふるまいを萎縮させ、プライバシーの利益を侵害する。本件カメラによるプライバシーの侵害は甚大である。

したがって、A 県が挟子の自宅前公道上に設置した街頭防犯カメラによりモニタリングを行ったことは、犯罪防止という目的のための最小限度ということはできず、違法である。

問❷

1．A県の反論のポイント

A県の反論のポイントは以下の3点である。

(1) 憲法13条がプライバシーの権利を保障することは同意するが、その内容は「私生活をみだりに公表されない権利」であり、自己に関する情報をコントロールする権利を広く意味するものではない。よって該当防犯カメラでモニタリングされない自由はプライバシーの権利には含まれない。また、本件街頭防犯カメラによって録画された映像は1週間という限られた期間一時的に保存されるだけであり、写真撮影が問題となった判例（京都府学連事件）とは事案を異にする。録画されない自由を保障する必要性は写真撮影の事例よりも低い。

(2) 警察が写真撮影を行うことが許されるのは現行犯的状況に限られない。警察による街頭防犯カメラによるモニタリングおよび録画は犯罪防止のための情報収集活動であり、個別法によらずとも、警察法および警職法の当然予定するものとしてこれにもとづいて行うことができる。

(3) 本件街頭防犯カメラの設置目的には合理性があり、N三丁目地区は刑法犯認知件数が多く設置場所として妥当である。客引きが減少していないこと、客引きは必ずしも店舗の前で行われるとは限らないことから、設置の必要性も減少していない。また、当該街頭防犯カメラに関しては運用要綱が定められており、これに従って適切な運用が行われている。

2．私見

(1) A県の反論1（1.(1)）について

原告挟子がいうように、街頭防犯カメラによってみだりに容ぼう等を録画されない自由も、私生活上の自由に含まれる。ただし、本件街頭防犯カメラによる録画は、通常、人が他人から容ぼう等を観察されること自体は受忍せざるをえない場所においてなされるものである。また、そのデータは原則として1週間後に消去され、写真のように永続的に残るものではない。したがって、正当な目的を達成するため必要な範囲内において、相当な方法によって行われたものであれば、録画は許容される。

また、原告挟子のいうように、憲法13条が保障するプライバシーの権利は「私生活をみだりに公表されない権利」ではなく自己情

報コントロール権と捉えるべきである。現代社会における情報の質的・量的拡大およびその重要性にかんがみた場合、Ａ県が主張するように「私生活をみだりに公表されない」ことにプライバシーの範囲を限定するのは狭きに失する。しかし、個人に関する情報には多種多様なものが含まれるため、プライバシー固有情報として保護される自己情報は人の道徳的自律の存在に関わる情報、いわゆるセンシティヴ情報に限るべきである。「容ぼう」および私的な交友関係もプライバシー外延情報として保護の対象となるが、政府が正当な目的のために収集することは許される。

　(2)　Ａ県の反論２（1.(2)）について

　Ａ県がいうように犯罪防止のための情報収集活動は警察法および警職法の当然予定するものであって、公共空間における警察による写真撮影は、警察比例の原則に則り、目的のため必要最小限度においてなされる限りにおいて違法とはいえない。

　しかし、街頭防犯カメラによって得られる情報は質的にも量的にもきわめて豊富であるため、人間の認知能力に頼った情報収集と同一視すべきでない。そのため、目的のため必要最小限度といえるかどうかが慎重に判断されねばならない。

　(3)　Ａ県の反論３（1.(3)）について

　Ａ県がいうように、当該防犯カメラの設置目的は犯罪防止のためと認められる。その設置目的は警察法および警職法に照らして正当であり、また、当該カメラは刑法犯認知件数が多く犯罪防止の必要性が高い地区に設置されていることから、必要性も高いといえる。具体的な設置場所は挟子の自宅前の公道上であるが、そこには設置当時風俗営業店が存在しており、カメラの設置目的の１つである違法な客引きの排除という観点からは一定の合理性が認められる。原告挟子は風俗営業店が撤退したことにより撮影の必要性が低下したと主張するが、Ａ県がいうように客引きは減少しておらず、設置の必要性は失われていない。

　他方で、刑法犯認知件数がカメラ設置前の水準と変わらないことから、原告挟子が主張するようにカメラの有効性に関する疑義は否定しえない。しかし、カメラの設置場所は専門的・裁量的判断によるものと解すべきであり、犯罪防止目的を超えて特定個人（挟子）の行動をことさらに監視するために設置していたとすればプライバシーを侵害するおそれがあるが、本件ではそうした要綱に反する運

用はなされていない。

　また、原告挟子が主張するように、本件では街頭防犯カメラが自宅前という私的空間に近接した場所に設置されており、他の場所以上に圧迫感や不快感を覚えることが想定される。しかし、街頭防犯カメラによって収集されているのはプライバシー外延情報であり、それが過度に集積されたりデータベース・マッチングなど検索性が高められたりしない限り、直ちに違法とはいえない。本件では、運用要綱によってデータの保存期間は1週間に限定されており、過度の集積の危険性には配慮がなされている。よって、A県が挟子の自宅前公道上に設置した街頭防犯カメラによりモニタリングおよび録画を行ったことは、挟子のプライバシーの権利を違憲に侵害する行為であるとはいえない。

関連問題

1．肖像権とプライバシーの権利の異同

　本問において、挟子が妨害排除請求権の根拠として肖像権を根拠とした場合はどうなるか。モニタリングと録画とに分けて論じよ。

（参考、棟居快行「監視カメラとプライバシー」映像メディア学会誌57巻9号〔2003年〕1076頁以下）

2．Nシステムの合憲性

　現行のNシステムの撮影範囲および運用要綱を変更し、車両ナンバーとともに運転手および助手席搭乗者の容ぼうも撮影できるようにしたうえで、その画像を、当該システムを所管する都道府県警察において一定期間記録・保存するものとした場合、いかなる憲法上の問題が生じると考えられるか。なお、この新システムは全国の高速道路上に一律に設置されるものとする。

（参考、蟻川・後掲参考文献86〜88頁）

3．マイナンバーの合憲性

　個人番号（マイナンバー）制度の合憲性をめぐる一連の訴訟において、下級審では、個人番号制度における法制度上の仕組みまたはシステム技

術上の措置に不備がないことを理由に同制度を合憲とする判決が下されている（横浜地判令元・9・26 裁判所ウェブサイト、名古屋地判令元・12・27、東京地判令2・2・25 判例集等未登載）。しかし、個人番号と住基ネットにおける本人確認情報（基本4情報）との情報の質の異同については、各裁判所の評価は一律ではない。この点をどう考えるべきか。また、上記下級審判決では、これまでに現に生じた個人番号の漏洩の事例を、もっぱら人為的なミスまたは不正に起因するもので、システム技術上の措置に不備があったことにより生じたとはいえないとしているが、今後、漏洩事例がさらに増加した場合には判断に変化は生じると考えられるか。

参 | 考 | 文 | 献

蟻川恒正「プライヴァシーと思想の自由」樋口陽一＝山内敏弘＝辻村みよ子＝蟻川恒正『新版 憲法判例を読みなおす――下級審判決からのアプローチ』（日本評論社・2011年）78頁以下

小谷洋之「急増する警察の監視カメラ――その現状と運用上の問題点」田島泰彦＝斎藤貴男＝山本博編『住基ネットと監視社会』（日本評論社・2003年）192頁以下

山本龍彦「プライバシーの権利」ジュリスト1412号（2010年）80頁以下

（大河内美紀）

6. 二十二の春の悲劇

設問

　Ｘには夢があった。弁護士になって困っている人たちを助けたい、という夢だ。

　Ｘがこの夢を抱くようになったきっかけは、大学２年の時に教養教育科目として履修した基礎ゼミだった。"Access to Justice" をテーマとするそのゼミでは、司法へのアクセスに関わる様々な問題を取り扱っていた。そこでＸはいわゆる「ゼロワン問題」に関する報告を担当することになったのだ。

　ゼロワン問題、それは、弁護士の偏在・過疎の問題である。地方裁判所の支部単位で弁護士登録がゼロないし１人というゼロワン地域が、1990 年代前半には 70 か所以上も存在した。日本弁護士連合会の積極的な取り組みもあって 2000 年代にはほぼ解消されたのだが、その後の急激な人口減少の進行等で 20XX 年頃にはまた島嶼部を中心にゼロワン問題が生じていたのである。

　Ｘはゼロワン地域を抱えるＹ県のＹ県立大学法学部の公認サークル「法律相談部」が当地でボランティアの法律相談を行っているのを知ると、県外からわざわざＹ県立大学まで足を運んだ。そして法律相談部の面々とともにゼロワン地域となっている島々を訪れて実情を見聞きし、ゼミではそれを基に見事な報告を行った。のみならず、その後も長期休暇には法律相談部のメンバーと一緒にボランティアに励んだ。そんな熱い日々の中で、将来は自分が弁護士となってＹ県の人たちの助けになりたいとの決意を抱くに至ったのである。

　ところで、このＹ県立大学法学部にはＡという学生が在籍していた。Ｙ県島嶼部で生まれ育った生粋のＹ県人であるＡは、深く考えず偏差値だけでＹ県立大学法学部を選び、単位のとりやすい科目を選んで履修をし、将来を真剣に見据えることなく大学４年の春を迎えた。就職戦線は厳しかった。「手は抜けるだけ抜け」をモットーとするＡがいまだかつて経験したことがないほど厳しかった。周囲が

1 1 1

　次々に内定を決めていく中、連敗記録を更新し続ける A の目にとまったのが Y 県立大学法科大学院の 20XX 年度募集要項（法学未修者入試）である。そこには次のような記載があった。

【地域枠コースについて】		
		Y 県立大学法科大学院では、学生の多様性を確保し、Y 県における近年の弁護士の偏在・過疎問題を解消するため、地域枠コースとして学生募集を行っています。
		地域枠コースに入学した場合、在学期間中、大学から奨学金（入学料・授業料相当額および生活費に相当する額）が貸与されます。この奨学金は、所定の課程を修了し法曹資格取得後に 5 年間大学が指定する地域内において弁護士登録をすれば、返還を免除されます。
		地域枠コースは一般コースと併願可能です。
	選抜方法	書類審査（大学〔学部〕成績証明書および外国語能力の証明書）を総合的に判断して行う（小論文試験は一般コースとの共通試験である。）。書類審査と小論文試験の配点は 50：50 とする。
	募集人員	5 名（定員 30 名のうち 5 名を地域枠コースに振り分ける。）
	出願資格	次の①～③のいずれにも該当する者で、かつ、書類審査の得点が下位 15 パーセントに相当する得点を上回っている者。 ①ゼロワン地域における弁護士業務等に従事する明確な意思をもった者 ② Y 県立大学法科大学院一般入学試験の資格要件を満たした上で、次の㋐または㋑のいずれかの条件を満たす者 　㋐　Y 県島嶼部の小学校、中学校又は高等学校のいずれかを卒業した者 　㋑　大学院入試出願時に Y 県島嶼部に住所を有する者（「住所を有する」とは居住実態があることを指す。） ③合格した場合には必ず入学することを確約できる者

　入試で別枠があり、奨学金までもらえて、卒業後 5 年間の「お勤め」さえ果たせば後は晴れて自由の身。こんなおいしい話はない。
　（これだ！）
　A は迷わず飛びついた。
　さてその頃、X もまた、自身の夢をかなえるべく Y 県立大学法科大学院（法学未修者入試）を受験していた。ただし一般コースを、である。Y 県外で生まれ育った X には地域枠コースの受験資格がなか

ったのだ。だが、意気込みすぎたのが悪かったのか、実力の半分も出せなかったXはあえなく不合格、22歳の春に滂沱の涙を流した。

しかし、Xはまだ前を向いていた。補欠合格（3位）には入っていたのだ、あと一息だったということだ。来年に向けて自身の足りなかった点を見直そうとY県立大学に成績開示請求を行い、自分の小論文試験の点数が50点満点中35点だったことを知った（書類審査との合計点は65点）。ちなみに、一般コースの合格者の小論文の最低点は36点であった（合計点は66点）。

（1点差か……）

これはきっと一回り成長するための試練だ、来年こそ頑張ろう。そう決意も新たに机に向かったXの目に飛び込んできたのは、某インターネット掲示板のこんな書き込みだった。

『Y県大ロー楽勝www　小論文32点だったけど合格した　しかも奨学金つき』

数日後、Xは、地域枠コースは違憲でありY県立大学にはXを入学させる義務があるとして、Y県立大学に対し、入学不許可決定の無効確認および入学許可の義務づけを求める訴えを起こした。なお、地域枠コース合格者の小論文の最低点はAの記録した32点であった（合計点は62点）。Aは来春、Y県立大学法科大学院に進学する予定である。

問❶　Xはどのような憲法上の主張をすることができるか、述べなさい。

問❷　問❶における憲法上の主張に関するあなた自身の見解を、想定されるY県立大学の反論を簡潔に論じたうえで、述べなさい。

解　説

1 ………概　観

(1) 設問のねらい

人種差別や性差別など、過去の社会的・構造的差別によって社会的・経済的に様々な不利益を被っている人々に対し、公権力が一定の優遇措

置をとることによって実質的平等を回復しようとするアファーマティヴ・アクション（アファーマティヴ・アクションという言葉は主に北米やオーストラリアで用いられており、ヨーロッパや国際機関ではポジティヴ・アクションと呼ぶことが多い）は、欧米では1970年代頃から導入されるようになった。今日では、多くの国や国際機関がこれを事実上の平等を目指した一時的な特別の措置として広く活用を推進している。日本でも、1999年に制定された男女共同参画社会基本法に「積極的改善措置」（8条）の文言が盛り込まれ、「男女間の格差を改善するため必要な範囲内において、男女のいずれか一方に対し、当該機会を積極的に提供すること」（2条2号）が推進すべき施策に含まれることが明記された。

　しかし、アファーマティヴ・アクションには様々な問題も含まれる。優遇されない者に対する逆差別になる、マイノリティ間の格差を生み出す、優遇の対象となる者に「劣勢のスティグマ」を与える、などの問題である。特に欧米では、強制力を伴うアファーマティヴ・アクションに関してはこれまでに平等原理等との関わりで数多くの訴訟が提起され、社会的な論議を巻き起こしている。

　これに対し日本では、今日まで、アファーマティヴ・アクションの合憲性について最高裁が正面から判断を下したことはない。というのも、日本ではこれまで欧米で議論になってきたようなハードな措置はとられてこなかったからである。しかし、これが理論的に詰めておくべき論点であることはいうまでもない。また、2008年度以降医学部で医師不足対策のための定員増が「地域枠」（卒業後に地元で一定期間働くことを求めるとともに、在学中は地元自治体が奨学金を支給する。地元出身者以外にも開放されているものもある）を中心に行われたり、理系学部に女子学生を増やすため割当制の導入を検討する大学が現れるなど、新たな動きもみられる。本問は、近い将来起こるかもしれない事案に対し、これまで学説・実務上構築されてきた憲法14条解釈を基礎としつつ、アファーマティヴ・アクションに関する学説や諸外国での議論の成果などを踏まえたうえで、自分なりの見解を示すことを求めるものである（なお、性別に関するアファーマティヴ・アクションについては、**3. オトコもつらいよ**を参照）。

⑵　とりあげる項目
►アファーマティヴ・アクションと憲法 14 条
►アファーマティヴ・アクションの態様
►違憲審査基準
►政策目的としての地域格差の是正
►その他の論点

2 ………… アファーマティヴ・アクションと憲法 14 条

⑴　憲法 14 条の保障する「平等」

　先述のように、アファーマティヴ・アクションは一般に、過去の社会
的・構造的差別により社会的・経済的に様々な不利益を被っている人々
に対し、公権力が一定の優遇措置をとることによって実質的平等を確保
する施策のことを指す。そのため、これが日本国憲法のもとで保障され
ている「平等」といかなる関係に立つのかがまずは問題となる。

　憲法 14 条が、法適用の平等のみならず法内容の平等をも含意し、絶
対的・機械的平等ではなく相対的平等を保障したものと解されることに
ついては、今日ではほぼ異論はない。相対的平等とは「等しいものは等
しく、異なるものは異なるように」取り扱うこと、すなわち、人が各々
性別、年齢、能力、財産などにおいて事実的・実質的差異を有すること
を前提として、権利のうえでも義務のうえでも同一の事情と条件のもと
では同一に取り扱うことを意味する。したがって、異なる取扱いがなさ
れる場合であっても、それが事実的・実質的差異にもとづく合理的なも
のであれば、本条に違反するものとはならない（合理的区別）。憲法 14 条
との抵触が問題となるのは、当該取扱いが合理的とはいえない場合であ
る（不合理な差別）。

　なお、憲法 14 条 1 項の後段は「人種、信条、性別、社会的身分又は
門地により……差別されない」として 5 つの差別禁止事由を列挙してい
る。これらは差別の禁止される事由を限定的に列挙したもの（限定列挙
説）ではなく、歴史的にしばしば差別の対象となってきた事由を例示的
に示したものと解する（例示列挙説）のが一般的である。したがって、居

住地などによって異なる取扱いを行っている本問のようなケースも、直ちに憲法14条の保障範囲から外れることにはならない。しかし今日では、5つの列挙事由については民主主義の理念に照らし原則的に不合理なものであるため、それらにもとづいて異なる取扱いがなされている場合には他の場合よりもさらに厳格に違憲審査を行うべきという考え方が広く受け入れられている。この立場に立つならば本問のような場合にはいかなる審査基準を用いるべきかが1つの論点となるが、これについては **4** で論じる。

(2) アファーマティヴ・アクションと「平等」

アファーマティヴ・アクションは特定の人々を優遇することにより差別を是正しようとするものであり、実質的平等への志向性をもつ。これに対し、日本国憲法の保障する平等は形式的平等（機会の平等）であって実質的平等（結果の平等）ではないのではないか、という議論がある。たしかに、主要な憲法学説は、実質的平等を実現する国の法的義務は社会権の保障に関わる問題であり平等原則との関係では国は政治的義務を負うにとどまる（芦部128頁）と説いており、憲法14条から実質的平等の実現を求める権利までを導くことはできないと捉える見方が通説的といえよう。しかし、憲法14条を実質的平等を保障するものと捉える見解もなくはない（阿部照哉＝野中俊彦『現代憲法大系3 平等の権利』〔法律文化社・1984年〕76頁）。また、通説的見解に依拠したとしても、近代初期とは異なり現代においては実質的平等を重視しなくてはならないことは共有されており、合理的区別か不合理な差別かの判断にあたっては実質的平等の趣旨が最大限考慮されなくてはらない（芦部128〜129頁）とされている。

本問は、アファーマティヴ・アクションの実施を公権力に義務づけることができるか否かを問うものではなく、あくまでもY県立大学が実施した施策の合憲性を問うものである。その限りにおいて、Y県立大学が採用した施策が合理的な範囲にとどまるかを憲法14条に照らして審査すれば足りる。

3 ………アファーマティヴ・アクションの態様

(1) アファーマティヴ・アクションの多様性

一口にアファーマティヴ・アクションといっても、そこには主体や態様、強制性の有無などの点で様々なものが含まれる。これらは、特にその態様に応じて厳格・中庸・穏健の3つに分類して説明されることが多い。厳格なものとしては、特定のカテゴリーの者に一定枠を割り当てるクオータ制・パリテ（交互名簿方式、ツイン方式、別立て割当制など）、中庸なものとしては、目標値を定めその達成を促進するゴール・アンド・タイムテーブル方式やプラス要素方式など、穏健なものとしては、家事・育児両立支援や環境整備などがあげられる。ただし、いずれも法的強制の有無等によって、厳格度に幅が生じる（辻村みよ子「政治・行政とポジティブ・アクション」田村＝金井編・後掲参考文献 129 頁）。

このうち、穏健なアファーマティヴ・アクションについては憲法適合性の問題はほぼ生じないといえるだろう。中庸なアファーマティヴ・アクションに対しては判断が難しくなり、ジェンダーをプラス・ファクターとする優遇措置と EU（EC）指令との適合性が問題になったドイツのケースで、一切の留保なく能力が同等な場合に機械的に女性を優遇する措置が指令に反するとされたことがある。逆に、ゴール・アンド・タイムテーブル方式については、目標値の設定がかえって「ガラスの天井」になるという問題点も指摘されるが、暫定的な措置であることをもって正当化が可能であるとする見方もある（辻村・後掲参考文献 59 頁）。

これに対し、本問において Y 県立大学が採用しているのは、定員 30名のうち 5 名を地域枠コースに振り分ける一種のクオータ制である。厳格なアファーマティヴ・アクションであるクオータ制については、これまで多くの国でその合憲性に疑問が呈されてきた。

(2) クオータ制の合憲性

ところで、今日では女性の政治参画を促進するために国の議会選挙においてクオータ制を導入している国が少なくない。この動きはヨーロッパのみならず、アジア・アフリカにも広がっている（ただし、具体的な割当の割合は 5 パーセントから 50 パーセントまで幅がある）。

　クオータ制の合憲性が問題となったために、フランスやインドなどでは憲法を改正してこれを導入した。他方で、強制力をもたせないことによって問題を回避しようとしている国もある。候補者を立てる政党が自発的に内規等によって行う型であり、北欧諸国やイギリスがその例である。また、法律によって強制的なクオータ制を導入している国もある。韓国やアルゼンチン、ブラジルなどである。もっとも、法律による強制クオータ制を違憲とする判決が出されている国も少なくない（フランス、イタリアなど）。

　議会選挙における法律による強制クオータ制の問題性としては、同制度が志向する「結果の平等」が憲法の保障する平等の枠を超えるのではないかという疑義のほかに、政党の自由、あるいは主権の普遍性や単一不可分性といった選挙固有の問題も指摘される。日本でもこうした制度を導入することは違憲とする学説があるが（君塚正臣「欧米各国における積極的差別是正とその示唆するもの」関西大学法学論集 51 巻 7 号〔2001 年〕88～89頁）、日本の最高裁がこれまで選挙制度に広汎な立法裁量を認めてきたことなどから違憲の判断を下す可能性は低いのではないかとの見立ても示されている（辻村・後掲参考文献 61 頁）。なお、2018 年に制定された「政治分野における男女共同参画の推進に関する法律」（政治分野男女共同参画推進法）は、政党等に数値目標を定める努力義務を課すにとどまっている。

　しかし、本問は選挙ではなく法科大学院の入試に関するものである。そのため議会選挙における強制クオータ制に関する議論がそのまま妥当するわけではなく、考慮すべき要因も当然に変化する。

(3)　高等教育機関の入学試験に関するアメリカの事例

　(ア)　リーディング・ケース——バッキ判決　　この点、日本の 14 条解釈が大きな影響を受けているアメリカ合衆国での議論が参考になるだろう。アメリカではこれまで大学入試におけるアファーマティヴ・アクションをめぐって数多くの訴訟が提起されてきた。

　リーディング・ケースであるバッキ判決（Regents of University of California v. Bakke, 438 U.S. 265〔1978〕）は、カリフォルニア大学デービス校医科大

学院が一般入学プログラムと並行してマイノリティを優先的に入学させるための特別入学プログラムによる選抜を行い定員 100 名のうち 16 名をその特別選考の枠とする一種のクオータ制を採用していたところ、一般入学プログラムに応募して不合格となった白人の入学希望者であるバッキが、自身の総合評価点が特別入学プログラムの平均点よりも高いにもかかわらず不合格となったのはこの特別入学プログラムゆえであるとして、同プログラムをアメリカ合衆国憲法修正 14 条の平等保護条項等に違反するとして訴えた事件である。この事件に対する連邦最高裁裁判官の判断は分かれたが（判決は相対多数によって下され、裁判官の過半数の賛成を得た法廷意見は存在しない）、キャスティング・ボードを握ったパウエル裁判官は、①優遇措置の場合であっても人種による差別の事案として「疑わしい分類」に用いられる厳格審査が妥当するとしたうえで、②学生集団の多様性を確保するために人種を考慮すること自体は正当化されるが、③当該プログラム（クオータ制）はこの目標を実現するために必要とはいえず違憲である、との判断を示した。

　バッキ判決は、高等教育機関の入学試験におけるアファーマティヴ・アクションが抱える逆差別の問題を浮き彫りにした。アメリカの多くの高等教育機関の入学者選抜は必ずしも学業成績のみによるものではなく個人の多様な特性を反映できるよう工夫されているが、マイノリティ集団への帰属を考慮要素とすることは、マイノリティ集団に帰属しない学生にとっては自らの個人の業績が等しく評価されないという事態を引き起こすからである。バッキ判決はカリフォルニア大学デービス校医科大学院が採用していたクオータ制を違憲と判断したが、しかし同時に、学生集団の多様性の確保を政府の正当な目的であると認め、入学者選抜において人種に配慮すること自体は否定されなかった。そのため、バッキ判決以降も多くの高等教育機関でアファーマティヴ・アクションは継続され、バック・ラッシュの動きとも相まって、いかなるアファーマティヴ・アクションであれば合憲とされるのかが様々に争われることとなった。

　㈡　バッキ判決以降の展開　　このうち、グルッター判決（Grutter v.

Bollinger, 539 U.S. 306〔2003〕）およびグラッツ判決（Gratz v. Bollinger, 539 U.S. 244〔2003〕）は、アファーマティヴ・アクションの態様による合憲・違憲の線引きの指標となりうるだろう。2つの判決はいずれもミシガン大学の入学試験に関するもので、グルッター判決はロースクールの、グラッツ判決は文学・科学・芸術学部（LSA）の「十分に代表されていないマイノリティ」の学生を入学させるための入学プログラムがそれぞれ問題となった。前者は大学において人種的マイノリティを「有意な数」入学させることが法律家育成にとって必要な多様性の確保につながるとして人種という要素を考慮に入れるとしつつも、それをいわゆる柔軟変数（他には出願者の経歴や出身学部の質、推薦書など様々な要素がある）の1つとして扱い、総合的に判定するものである。後者も、高校の成績に加えて、出身高校の質、個人の活動、人種等複数の要素を加味して審査するものであったが、ポイント方式が採用されており、最高合計点が150点となるところ、人種的・民族的マイノリティの応募者にはほぼ自動的に20点が加算されていた（なお、大学入学に必要な点数は100点である）。

　この2種類の入学プログラムに対し、連邦最高裁は前者を合憲、後者を違憲と判断した（ただし、いずれも反対意見が付されている）。判断を分けたのは、ロースクールの入学プログラムが人種を柔軟に考慮しうる1つのプラス要素として取り扱っているのに対し、LSAのプログラムでは個別の考慮をする前に自動的に一律の加点を与えるものとなっていたことである。しかも、その加点の割合は入学に必要な点数の5分の1に相当するものだった。これに対し、ロースクールのプログラムはより柔軟で、実際にマイノリティの志願者よりも学業成績の低い白人の志願者が選抜されてもいた。

(4)　本問への当てはめ

　アメリカの事例をみる限り、クオータ制であるY県立大学法科大学院の地域枠コースはその制度上の硬直性が問題視される可能性がきわめて高い。地域枠コースに割り当てられる5名は定員30名の約17パーセントにあたり（バッキ判決におけるカリフォルニア大学デービス校医科大学院の割当枠は16パーセントである）その割合も決して少ないものではない。

120

　しかし、だからといって直ちに違憲の結論が導かれるわけではない。上記３つの判決と本事例とでは何にもとづいて異なる取扱いがなされているか、そして、その取扱いをすべき目的が異なるからである。

4 ⋯⋯⋯⋯違憲審査基準

(1)　14条後段列挙事由と違憲審査基準

　　(ア)　比較法的示唆および学説　　何にもとづいて異なる取扱いがなされているかという点は、違憲審査基準の選択に関わってくる。アメリカでは、日本の憲法14条に相当する連邦憲法の平等保護条項が奴隷制廃止の過程で制定されたという経緯から、アフリカ系アメリカ人に対する差別の禁止こそが平等保護条項の核心であると考えられてきた。そのため、異なる取扱いが行われる事由に着目をし、人種を典型とする「疑わしい区分」と他の場合とを区別し、異なる基準を用いて審査が行われることとなった。

　アメリカでは今日、判例上、厳格審査・中間的審査・緩やかな審査の３つの区分で審査が行われている。「疑わしい区分」および選挙権などの基本的権利に関する区分については、当該区分がやむにやまれぬ政府利益を達成するために必要不可欠でなければならないとする厳格審査が行われる。これは、従来ほとんどの場合で区分が違憲とされてきたきわめて厳しい基準である。経済社会立法については合憲性の推定が働く緩やかな審査が行われるとされる。緩やかな審査が行われる場合、当該区分が正当な立法目的と合理的な関連性を有していれば足りる。そして、性差別の事案には中間的審査が行われる。この場合には、重要な政府目的を促進し、目的との実質的関連性を有していることが、その区分には求められる。

　日本でもこうした区分に示唆を受け、また憲法14条の文言に着目をして、14条後段に列挙された差別禁止事由にもとづく異なる取扱いの場合とその他の場合とでは異なる審査基準を用いるべきとの学説が唱えられ、広く支持されている。通説的見解によれば、14条後段列挙事由に関しては厳格な審査基準を、その他の事項については緩やかな審査基

準である合理性の基準を適用すべきとされる（野中ほかⅠ 289〜290 頁）。

　（イ）判　例　　この区分は、学説のみならず実務にも一定程度受け入れられている。下級審判決や最高裁の個別意見には、この考え方に依拠したと思われるものが登場してきている（例として、最大決平 7·7·5 民集 49-7-1789 中島敏次郎裁判官ほか反対意見、最大判平 20·6·4 民集 62-6-1367 泉徳治裁判官補足意見など）。

　しかし、最高裁は 14 条後段列挙事由に解釈上特別の意味をもたせるとの考え方を採用しておらず、基本的には単なる例示列挙と捉えている（待命処分無効確認訴訟判決〔最大判昭 39·5·27 民集 18-4-676〕）。したがって、当該区分が後段列挙事由に該当するか否かにかかわらず、それが合理的理由のない差別にあたるかどうかを立法理由の合理性と、手段とその目的との関連性において判断してきている（尊属殺重罰規定違憲判決〔最大判昭 48·4·4 刑集 27-3-265〕など。ただし、直近の婚外子法定相続分差別違憲決定〔最大決平 25·9·4 民集 67-6-1320〕ではこの枠組みに触れていない）。

　だが、最高裁はこの枠組みの中で実質的に審査密度に差を設けているようにもみえる。社会権（堀木訴訟判決〔最大判昭 57·7·7 民集 36-7-1235〕。遺族補償年金の支給にあたり、妻について一定の年齢に達していることを支給要件としないことは合理的な理由を欠くものとはいえないとした判決〔最判平 29·3·21 集民 255-55〕も同様である）や租税制度（サラリーマン税金訴訟判決〔最大判昭 60·3·27 民集 39-2-247〕）については広汎な立法裁量を認めて緩やかな審査を行ったが、投票価値の平等が問題となった議員定数不均衡訴訟（最大判昭 51·4·14 民集 30-3-223）では、選挙権に関しては「国民はすべて政治的価値において平等であるべきとする徹底した平等化を志向する」としつつも、選挙制度の仕組みの具体的決定における国会の裁量を広く認め、投票価値の不平等は「国会が正当に考慮することのできる重要な政策的目的ないしは理由に基づく結果として合理的に是認することができるもの」でなくてはならないとした。国籍法違憲判決（前掲最大判平 20·6·4）では嫡出の有無を「子にとっては自らの意思や努力によっては変えることのできない父母の身分行為に係る事柄」であるとしたうえで、国籍が「重要な法的地位」であることから区別の合理性については「慎重に検

討すること」が必要だとしている。

　なお、違憲審査基準を使い分ける立場に立った場合であっても、厳格な審査基準をどのケースにまで適用すべきかについては異なる見解が存在する（後段列挙事由以外にも基本的人権の重大な制限を伴う場合や、生まれに着目して重大な社会的差別観と結びつく場合には厳格な審査基準を適用すべきとの見解など。佐藤209頁）。だが、本問は居住地・居住歴によって異なる取扱いが行われている事案である。後段列挙事由との関わりでは、あえていえばこれが社会的身分に該当するかが問題となりうるが、社会的身分は広義にとったとしても「人が社会において占める継続的な地位」（待命処分無効確認訴訟判決〔前掲最大判昭39・5・27〕）と解されており、また、後段列挙事由に特別の意味をもたせる説においてはより狭く「人が社会において後天的に占める地位であって、一定の社会的評価を伴うもの」（田畑忍「法の下の平等」公法研究18号〔1958年〕13頁）または「出生によって決定される社会的な地位または身分」（宮沢俊義『憲法II 基本的人権〔新版改訂〕』〔有斐閣・1974年〕284頁）と解するのが一般的であるから、必ずしも継続性を有しない居住地をこれに含ませることは難しい。また、歴史的・社会的背景を伴う特別な場合を除き、一般的に居住地が重大な社会的差別観と結びつくとも言い難いため、いずれにせよ厳格審査基準は排除されることとなろう。

(2) アファーマティヴ・アクションと違憲審査基準

　また、仮に「疑わしい区分」または14条後段列挙事由に厳格な審査基準を用いることとしたとして、それをアファーマティヴ・アクションの場合にも適用すべきかは別途検討を要する。アファーマティヴ・アクションは現実の不平等を是正することを目的とした特別措置であるが、これに厳格な審査を適用することは、特にアメリカのように厳格な審査基準がクリアすることのきわめて難しい基準である場合、制度の目的を果たしえないことになる可能性が高いからである。

　バッキ判決ではこの点につき法廷意見が示されず、パウエル裁判官は厳格審査基準をとるとしたが、4名の裁判官がアフリカ系アメリカ人に対する優遇措置の場合は「疑わしい区分」とはいえず中間審査基準で足

りるとする意見を述べたため、アメリカではその後も論争が続いた。し
かしアダランド判決（Adarand v. Constructors, Inc. v. Pene, 515 U.S. 200〔1995〕）
によって、たとえ優遇措置であっても、人種にもとづく場合には厳格審
査基準を用いることが示されている。ただし、バッキ判決パウエル意見
は、厳格審査基準を適用するものの人種を入学者選考の際の1つとして
判断要素とすることは許容する「やや緩やかな判断」（大沢秀介「判批」
憲法訴訟研究会＝戸松秀典編『続・アメリカ憲法判例』〔有斐閣・2014 年〕224 頁）
であり、この枠組みはグルッター判決でも踏襲されていることには注意
が必要である。

　しかしこれに対しては、少数者に不利益を課す立法と異なり、少数者
を優遇する立法であるアファーマティヴ・アクションは多数派が民主的
政治過程を通じて是正することが容易であるため、最も厳格な審査を行
うべき理由がないとする指摘もある（長谷部 173 頁）。日本では、アファ
ーマティヴ・アクションの場合には 14 条後段列挙事由に該当する事例
であっても、最も厳格な審査基準ではなく中間的な審査を行うべきとす
る説が有力である。

5⋯⋯⋯⋯政策目的としての地域格差の是正

　4 で述べたように日本の最高裁は合理的理由のない差別にあたるかど
うかを、立法理由の合理性と、手段とその目的との関連性において審査
しているが、その際、立法理由の合理性は比較的容易に認定してきた
（例として、前掲最大判昭 48・4・4、前掲最大判平 20・6・4 など）。したがって、立
法目的に合理性がないとされる可能性は高くないとも考えられる。しか
し、本件事案においてはとられている手段がクオータ制という厳格なも
のである。よって、その合憲性を主張するためには立法理由の合理性を
特に強く訴える必要があるだろう。

　Y 県立大学が地域枠を導入した目的は、弁護士の偏在・過疎問題の
解消および学生の多様性を確保することである。実際に、司法過疎の問
題を解消する必要性は広く認識されており、総合法律支援法（平成 16 年
6 月 2 日法律 74 号）にもとづいて司法過疎地域では法テラスの地域事務所

が設置されるなど様々な施策がとられている。また同法は、地方公共団体にも総合法律支援の実施のため必要な措置を講ずる責務を課している（9条）。Y県がゼロワン地域を抱えていることから、同県には現実に司法過疎の問題が存在していたといえる。また、司法へのアクセスは裁判を受ける権利を定める憲法32条の保障するところでもある。

　公立の高等教育機関において地域住民であることをプラスのファクターとして取り扱う例は外国にもみられる。グラッツ判決で問題とされたミシガン大学 LSA の入試プログラムにおいては、州の住民であることが2～10点の範囲で加点の対象とされていた。

　しかし、もしアメリカ流の厳格審査基準で判断するのであれば、地域格差の是正という目的が厳格審査に耐えうる「やむにやまれぬ政府利益」とまでいえるかどうかは疑わしい。というのも、そもそもアファーマティヴ・アクションは人種差別や性差別など、過去の社会的・構造的差別によって社会的・経済的に様々な不利益を被っている人々に対する施策であり、地域格差がこれらに比肩する社会的・構造的差別とつながっているかは疑問だからである（ただし、地域ごとの格差が単なる格差を超えて構造的と呼びうる不利益構造をもたらしていることが歴史的・社会的に実証されれば、話は別である。日本における地域間格差の構造性を実証的に分析するものとして、橘木俊詔＝浦川邦夫『日本の地域間格差』〔日本評論社・2012年〕）。

　この点についてバッキ判決パウエル意見およびグルッター判決法廷意見では「学生集団の多様性」を「やむにやまれぬ政府利益」と認めた（バッキ判決においては、大学は「マイノリティのための医療サービスの提供」も目的の1つとしたが、パウエル意見はその目的と手段との関連性を否定した）。クロソン判決（City of Richmond v. Croson Co., 488 U.S. 469〔1989〕）では「過去の差別を救済することが、人種にもとづく政府の行為にとって唯一の認められる正当化理由」との言及がなされたが、グルッター判決ではバッキ判決パウエル意見を再確認し、高等教育の場面においてはその限りでないことを示した恰好になっている。そこでは、有意な数のマイノリティの学生が存在することで、学生の多様性が確保され、それが教育上の便益を現実にもたらすという認識が示されている。グルッター判決では、特

にロースクールにはそれが当てはまると強調している。

　この論旨にもとづくならば、「過去の差別の救済」とは言い難い地域格差の是正のための地域枠も、それが教育上の便益をもたらす学生の多様性確保のためといえるのであれば、「やむにやまれぬ政府利益」と構成できるかもしれない。しかし、学生の多様性とは文化や思想、考え方の多様性のことであり、人種とそれらとの連関と比べたとき、居住地の異なる学生を集めることが多様性を生み出すというためにはさらなる理由づけが必要であろう。また、グルッター判決はアファーマティヴ・アクションが存在しなければマイノリティ学生が「有意な数」入学しえないことを前提としているが、Y県立大学が現にY県島嶼部に居住する学生に特別枠を設けることがそれと同じとは通常考え難い。

　結局のところ、問題は、こうした政策目的と手段との合理的関連性となる。Y県立大学のプログラムは、入学時のクオータ制に加え、奨学金の返還免除というインセンティヴによって法曹資格取得後5年間Y県において弁護士登録をすることを紐づけており、効果的に弁護士過疎を解消するための手段となっている。しかし、将来的にY県で弁護士登録をしたいと考える人材とY県島嶼部居住者・居住歴をもつ者とは必ずしも一致しない。また、クオータ制以外の方法で同様の効果を得ることはできなかったのかの検討も必要である。

6……………その他の論点

　その他の論点としては、アファーマティヴ・アクションをとることによって、その対象となるカテゴリーに属する学生が優遇措置の恩恵で入学したという「劣勢のスティグマ」を受けるおそれがあること、Y県立大学のプログラムが法曹資格取得後5年間の弁護士登録を求めていることから職業選択の自由の制約となる可能性があることなどが考えられる。

解答例

問❶

1．Xの主張の要旨

　Y県立大学による本件選考は、居住地による差別にあたり、憲法14条に違反する。

2．平等

　憲法14条は人種・信条・性別・社会的身分または門地による差別を禁止し、平等を保障している。ここでいう平等とは相対的平等を意味し、合理的ではない異なる取扱い（不合理な差別）のみが禁止の対象となる。また、判例（待命処分無効確認訴訟判決）のいうように、憲法14条1項の後段列挙事由は例示的なものであって、必ずしもそれに限るものでないと解するのが相当である。

　Y県立大学による本件選考は、地域枠コースの出願資格としてY県島嶼部の小・中・高等学校のいずれかを卒業したことまたはY県島嶼部に住所を有することを求めている。これはY県島嶼部での就学歴をもたず現に居住していない者から出願の機会を奪うものであり、不合理な差別にあたる。

3．アファーマティヴ・アクションとしての合理性

　Y県立大学は、弁護士の偏在・過疎問題を解消するための一種のアファーマティヴ・アクションとして同施策をとったと主張するであろう。しかし、アファーマティヴ・アクションは、過去の社会的・構造的差別により社会的・経済的に様々な不利益を被っている人々に対し公権力が一定の優遇措置をとることによって実質的平等を確保する施策であり、あくまで過去の社会的・構造的差別により不利益を被っている人々に対する暫定的な措置に限定して用いられるべきである。

　これに対し、特定の地域で就学した者および特定の地域に居住している者が、集団として過去に社会的・構造的差別を受けていたとはいえない。よって、これらはそもそもアファーマティヴ・アクションの対象とすべき集団ではなく、Y県立大学のとった施策はアファーマティヴ・アクションとしても合理性を欠く。

4．特定地域の居住者等に対し別異取扱いを行う合理性

1．で述べたように14条後段列挙事由はあくまで例示にすぎないため、特定の地域での就学歴がないまたは居住していないことを理由に異なる取扱いをされないこともまた、憲法14条の保障範囲に含まれる。その取扱いが法の下の平等に合致するか否かを審査するにあたっては、立法目的の合理性と、その目的を達成する手段との合理的関連性の有無によって審査されるべきである。

本件の場合、学生の多様性確保および弁護士の偏在・過疎問題を解消するためという地域枠導入の目的自体には、一定の合理性を認めることができる。しかし、その目的を達成するための手段として定員30名のうち5名を地域枠コースに振り分ける一種のクオータ制を採用することは、目的との間に合理的な関連性があるとは言い難い。高等教育機関の入学試験におけるクオータ制についてはアメリカ連邦最高裁が、学生集団の多様性を確保するために人種を考慮すること自体は正当化されるが、クオータ制はこの目標を実現するために必要とはいえず違憲である、との判断を示したことがある（バッキ判決）。この判断は厳格審査基準にもとづくものであり、本件で採用すべき審査基準によるものではないが、その背後にある法理は参照に値する。

本件においてY県立大学はクオータ制という硬直的な手段を採用しているが、それ以外の手段（たとえば、Y県島嶼部での就学歴を面接等で考慮しうる要素の1つとすること、など）によって同様の目的を達成することも不可能ではない。また、本件事例が示すように硬直的なクオータ制の運用はY県立大学が本来選抜したい学生（ゼロワン地域における弁護士業務等に従事する明確な意思をもった者）と受験資格（Y県島嶼部の小・中学校または高等学校のいずれかを卒業した者または出願時にY県島嶼部に住所を有する者）との間の齟齬をもたらすこともある。よって、Y県立大学による本件選考は目的を達成する手段としての合理性を欠き、違憲である。

問❷

1．Y県立大学の反論

(1) 憲法14条の解釈

憲法14条にいう平等が相対的平等を意味し、14条後段列挙事由が差別禁止事由を限定列挙したものでないことには同意する。しか

し、その違憲審査にあたっては、後段列挙事由にあたるものについては厳格な審査基準を、その他のものについては緩やかな審査基準を用いるべきである。本件は就学歴・居住地による異なる取扱いの事例であり、目的が正当であって、かつ、当該区分が目的との関連で著しく不合理であることが明らかでない限り、不合理な差別とはならない。

(2) アファーマティヴ・アクションとしての合理性

当該地域枠コースは、Y県における弁護士の偏在・過疎問題を解消するための積極的改善策である。Y県内のゼロワン地域において住民が裁判を受ける権利（憲法32条）を充分に保障されていないという不平等を是正し、実質的平等を回復するための暫定的措置である。

(3) 特定地域の居住者等に対し別異取扱いを行う合理性

弁護士の偏在・過疎は重要な問題である。また、高等教育機関において学生の多様性が確保されることは教育の質の向上に資するものであり、「ゼロワン地域における弁護士業務に従事する明確な意思がある者」が含まれることも評価すべき多様性である。よって、地域枠コースの設置目的には合理性がある。

定員30名のうち5名を地域枠コースに振り分けることは、多様な学生を確実に確保するために有効であり、目的との関連で著しく不合理であることが明らかとはいえない。

2．私見

(1) 憲法14条の解釈

Y県立大学のいうように、憲法14条は相対的平等を定めたもので、また14条後段列挙事由は差別禁止事由を例示したものである。その審査にあたっては14条後段列挙事由には厳格な審査基準を、その他については合理性の基準を用いるべきである。不合理な差別か否かを合理性の有無で柔軟に判断することは平等保障を過度に相対化するものであって適切ではない。憲法14条後段は歴史的・社会的に差別の対象となってきたカテゴリーを列挙したものであり、その趣旨を汲み、14条後段列挙事由には厳格な審査基準を、その他については立法目的の合理性とその目的を達成する手段との合理的関連性の有無を判断する合理性の基準によるべきである。

本件は就学歴・居住地による異なる取扱いの事例である。これは人が社会において占める継続的な地位とはいえないため、憲法14

条後段にいう社会的身分にはあたらない。よって、本件は 14 条後段列挙事由に関する事案とはいえず、合理性の基準によって審査されるべきである。

(2)　アファーマティヴ・アクションとしての合理性

アファーマティヴ・アクションには多様な態様のものがあり、その是非を一律に論じるのは適切でない。アファーマティヴ・アクションは人種や性差別に関連して用いられることが多いが、必ずしもそれらに限る必要はない。それぞれの措置の目的や態様に応じて、個別にその合理性を判断すれば足りる。

(3)　特定地域の居住者等に対し別異取扱いを行う合理性

本件地域枠コースの目的について、Y 県立大学は弁護士の偏在・過疎問題の解消および学生の多様性の確保をあげている。Y 県立大学のいうように、地域住民に司法アクセスを保障することに対し県は実質的利益を有する。本件地域枠コースは、卒業後一定期間地域内において弁護士登録をすることをインセンティヴによって方向づけており、目的との関連性も認められる。また、高等教育機関における学生の多様性の確保も正当な目的と認められる。

他方、クオータ制という手段が硬直的であることは否定できない。特定のカテゴリーに属する者に自動的に特別枠を割り当てることは、それが 14 条後段列挙事由による場合には許容されるものではない。

しかし、先に述べたように本件は就学歴・居住地による異なる取扱いの事例であり、合理性の基準で判断されるべきである。先述のように弁護士の偏在・過疎問題の解消および学生の多様性確保という本件地域枠コースの設置の目的はいずれも正当であり、手段との合理的関連性もないとはいえない。よって、Y 県立大学による本件選考は憲法 14 条の禁止する不合理な差別にはあたらない。

関連問題

1. 男女比率を是正するための積極的改善措置

本問は「弁護士の偏在・過疎問題」を解決するために「地域枠」を設けることの問題性を問うものであったが、これがもし「理系学部における女子学生比率の低さ」を解決するために「女子学生枠」を設けたので

あったならば憲法判断にどのような違いが生じるか。なお、2018年度において日本の大学学部学生全体に占める女子学生の比率が45.0パーセントであったのに対し、理学部では27.8パーセント、工学部では15.0パーセントにとどまっている（文部科学省・平成30年度学校基本調査より）。

（参考、木下智史＝村田尚紀＝渡辺康行編『事例研究 憲法［第2版］』〔日本評論社・2013年〕286頁以下〔愛敬浩二〕）

2．「日本版パリテ法」の合憲性

2019年末における日本の国会における女性議員（衆議院）の比率は10.11パーセントであり、世界平均の24.5パーセントを大きく下回っている（Inter-Parliamentary Union調べ）。2018年に制定された政治分野男女共同参画推進法の趣旨にかんがみ、こうした状況を是正するため、A党は次に実施される衆議院議員総選挙において、党の自主的な施策として、党所属議員が現在議席を有している小選挙区のうち半分について、女性のみを候補者とする制度を導入することとした。この制度のもつ憲法上の問題点を論じなさい。

また、政治分野男女共同参画推進法の制定にもかかわらず一向に状況が改善されないことをうけ、20XX年に同法は改正され、「日本版パリテ」が導入されることとなった。これは、ツイン方式（隣り合った2つの選挙区でペアをつくり、一方には女性、他方には男性の候補者を選抜する方式）等の手段を講じることで、各政党に、衆議院小選挙区における全候補者に占める女性候補者の割合が25パーセントを下回らないようにすることを義務づけ、この数値を達成した政党には政党助成金を追加支給することを定める法律であった。この法律のもつ憲法上の問題点について論じなさい。

（参考、辻村・後掲参考文献57～61頁）

参 | 考 | 文 | 献

田村哲樹 = 金井篤子編『ポジティブ・アクションの可能性——男女共同参画社会の制度デザインのために』(ナカニシヤ出版・2007 年)

辻村みよ子「世界各国の男女共同参画政策とポジティヴ・アクション」『ジェンダーと法［第 2 版]』(不磨書房・2010 年) 41 頁以下

吉田仁美「第 II 部 アファーマティブ・アクションと平等保護のパラドクス」『平等権のパラドクス』(ナカニシヤ出版・2015 年) 36 頁以下

（大河内美紀）

7. 出たかった卒業式

設問　政令指定都市であるＹ市は、市立学校における卒業式や入学式などの行事（以下「式典」という）において、職務命令に従わず、国歌斉唱の際に起立しなかったり、斉唱を拒否したりする教職員に対して、「Ｙ市の施設における教職員による国歌の斉唱等に関する条例」（以下「国旗国歌条例」という。【参考資料１】）にもとづき、厳しい対応をとってきた。その効果もあって、Ｙ市でのここ数年の式典における教職員の起立斉唱率は、ほぼ100パーセントであった。しかし近年、式典に参加した保護者から、式典で「来賓者が国歌斉唱時に起立しなかった」といった苦情が多数寄せられるようになってきた。一般に来賓席は、児童・生徒からよく見える位置に設置される。そこで、Ｙ市議会は、国旗国歌条例の目的を達成するためには、来賓者の不起立にも対応する必要があるとして、条例を改正し、国歌斉唱時に起立することを誓約する文書を提出しない者を来賓として招待しない権限を校長に認めた（国旗国歌条例５条２項）。

　Ｘは、Ｙ市の元教員である。Ｘは現職時代から、「日の丸」「君が代」は戦前の日本の軍国主義やアジア諸国への侵略戦争のシンボルであり、敬意を表明すべき対象ではないという強固な歴史観ないし世界観を有しており、式典での不起立を理由に懲戒処分を受けた経験もある。そのＸのもとに、退職時に勤めていたＹ市立Ｓ高等学校から、かつてＸが担任していた生徒たちが卒業を迎えたので、来賓として招待したいとの連絡が届いた。しかし、その招待状には、「国歌斉唱時に起立していただけない場合、来賓としてご招待致しかねますのでご了承ください」と記されており、起立することを誓約する文書（以下「誓約書」という）が同封されていた（【参考資料２】）。出欠の返信に際して、必要事項を記入した当該誓約書を同封するように、とのことであった。

　Ｘは、国歌斉唱時に起立しなければ式典への参加を認めないとい

うのは、自分の思想・信条を否定することに等しいと感じ、憤りを覚えた。S 高等学校の校長 W に抗議したところ、「誓約書の提出は、条例にもとづいて、来賓の全員にお願いしている。来賓が国歌斉唱時に起立することは社会儀礼上の常識であり、厳かな雰囲気で式典を進行するために不可欠な要請である。また、S 高等学校校長としての職務の適切な行使であって、抗議されるいわれはない」との応答がなされた。

　X は誓約書を提出しなかったため、卒業式に来賓として招待されず、結局、卒業式に参加できなかった。この出来事に強い憤りを感じている X は、訴訟を提起してこの問題の是非を裁判で争いたいと考えた。

　（なお、Y 市における個人情報保護条例上の問題は検討しなくてよい）

問❶　X は Y 市に対して国家賠償請求訴訟を提起することにしたとする。あなたが X の代理人となった場合、そこでいかなる憲法上の主張をするか。

問❷　Y 市の反論についてポイントのみを簡潔に述べたうえで、あなた自身の見解を述べなさい。

【参考資料 1】Y 市の施設における教職員による国歌の斉唱等に関する条例＊
（目的）
第 1 条　この条例は、国旗及び国歌に関する法律（平成 11 年法律第 127 号）、教育基本法（平成 18 年法律第 120 号）及び学校教育法（昭和 22 年法律第 26 号）に基づいて文部科学大臣が公示する学習指導要領の趣旨を実現するため、市立学校における服務規律の厳格化を図り、行事を厳かな雰囲気のもとで適切に遂行することで、児童・生徒に国旗及び国歌に対して一層正しい認識をもたせ、それらを尊重する態度を育み、もって国家及び社会の形成者として必要な資質を養うことを目的とする。
（定義）
第 2 条　この条例において「市の施設」とは、市の教育委員会の所管に属する学校の施設その他の市の事務又は事業の用に供している施設（市以外の者の所有する建物に所在する施設及び市の職員の在勤する公署でない施設を除く。）をいう。
　2　この条例において「教職員」とは、学校教育法（昭和 22 年法律第 26 号）第 1 条に規定する小学校、中学校、高等学校及び特別支援学校に勤務する校長、教員その他の者をいう。
（国歌の斉唱）
第 3 条　市立学校の入学式、卒業式等の行事において行われる国歌の斉唱にあっては、教職員は起立により斉唱をしなければならない。ただし、身体上の障がい、負傷又は疾病により起立、若しくは斉唱するのに支障があると校長が認める者に

ついては、この限りでない。
（校長の責務）
第5条　校長は、第3条の規定による国歌の斉唱について、教職員に対して、国歌斉唱の職務命令に従わない場合には、服務上の責任を問われる旨の周知徹底を図らなければならない。
2　校長は、次の各号のいずれかに該当する者について、市立学校の入学式、卒業式等の行事への参加を認めないことができる。ただし、校長が第3条ただし書に定める事由を有していると認める者については、この限りではない。
一　来賓として招待する者が、国歌斉唱時に起立することを誓約する文書を提出しないとき
〔2号以下略〕

【参考資料2】誓約書

誓約書

○○高等学校長　○○殿

　私は、○○高等学校卒業式への出席にあたり、下記の事項を遵守することを誓約いたします。

記

1. 卒業式の円滑な遂行を妨げないこと
2. 国歌斉唱時に起立すること

以上

20XX年＿＿月＿＿日

　　　住所
　　　氏名　　　　　　　　　　印

解　説

1 ………… 概　観

(1) 設問のねらい

　本問は、式典での国歌斉唱時に起立することの誓約書提出が求められ、その提出を拒んだために式典に来賓として招待されなかったXが、国家賠償請求訴訟を提起したという事案であり、一読して明らかなように——そしてX自身も感じているように——、思想・良心の自由（以下「思想の自由」という）に関係する問題である。

　思想の自由に関する重要判例としては、君が代ピアノ伴奏拒否事件（最判平 19・2・27 民集 61-1-291）および一連の国歌斉唱時不起立訴訟（最判平 23・5・30 民集 65-4-1780、最判平 23・6・6 民集 65-4-1855、最判平 23・6・14 民集 65-4-2148 など。以下、まとめて「不起立訴訟」という）が存在している。本問も、国歌斉唱時の起立に関わる事案であるという点では、この一連の不起立訴訟の系譜に属するようにも見受けられるが、①Xが現職の教員ではない点、②誓約書の提出が求められている点、そして①、②と関連して、③誓約書の不提出が懲戒処分には結びついておらず、式典への招待拒否という事実上の不利益にとどまっているという点などが、不起立訴訟とは異なっている。

　本問で問われているのは、この相違点をどこまで解答に反映させることができるか、である。より具体的にいえば、本問では、いかなる意味でXの思想の自由が問題となるのか、そして、いかなる意味で思想の自由の「制限」を構成しているのか、という段階での考察を丁寧にできるかが問われている。「①保護領域→②制限→③正当化」という、いわゆる「三段階審査」の枠組みに沿って別言すれば、本問は主として、①と②の段階での検討に焦点を当てられるかを考えてもらうために作成したものである。

(2) とりあげる項目

- ▶思想の自由の保障対象と具体例
- ▶国歌斉唱時不起立訴訟の論理構造

► 思想の自由に対する間接的制約と違憲審査基準

► 沈黙の自由の制約と違憲審査基準

2 ……… 思想・良心の自由

(1) 保障対象

　憲法の教科書を紐解くと、憲法 19 条が保障する思想の自由は、①特定の思想を有するように強制されず、内心において自由に世界観、主義主張を抱くまたは抱かない自由（以下「内心の自由」という）、②思想・信条のみにもとづいて不利益に取り扱われない自由（以下「不利益取扱いの禁止」という）、③公権力が、個人の内心を告白するように強制したり、または思想調査などを実施してそれを推知したりすることの禁止（以下「沈黙の自由」という）、が保障されると説明される（芦部 155〜156 頁、佐藤 218 頁、駒村 147 頁など）。そして近年では、④思想・信条に反する外部的行為を強制されない自由もまた、憲法 19 条により保障されると説明されることも多い（以下「外部的行為強制の禁止」という）。

(2) 具体例

　①「内心の自由」侵害の例としてあげられるのは、明治憲法下での天皇制教育や天皇崇拝の強制などであり、今日では、このようなあからさまな仕方での侵害はほとんどみられない。②「不利益取扱いの禁止」に関する事例として、共産党員、その同調者の追放を求めたマッカーサー書簡による解雇の合憲性が争点となったレッドパージ事件（最大決昭 27・4・2 民集 6-4-387、最大決昭 35・4・18 民集 14-6-905 など）があるが、①と同様、今日では、このようなあからさまな仕方で思想・信条を理由とした不利益取扱いをすることは稀である。③「沈黙の自由」に関する事例としては、麹町中学校内申書事件（最判昭 63・7・15 判時 1287-65）がある。この事件は、内申書の「備考欄及び特記事項欄」に、「校内において麹町中全共闘を名乗り、機関紙『砦』を発行した。学校文化祭の際、文化祭粉砕を叫んで他校生徒と共に校内に乱入し、ビラまきを行った。大学生 ML 派の集会に参加している。学校側の指導説得をきかないで、ビラを配ったり、落書をした。」等の記載がなされ、また、「欠席の主な理由欄」に

は「風邪、発熱、集会又はデモに参加して疲労のため」という趣旨の記載がされていたため、この内申書の作成・提出行為が思想・信条の自由を侵害するとして提起された訴訟である。最高裁は、これらの記載は思想・信条そのものを記載したものではなく、また、記載された外部的行為から思想・信条を了知しうるものではなく、さらに、思想・信条自体を高等学校の入学者選抜資料に供したものとは解することができないとして、そもそも侵害を認めなかった。

　今日、問題となることが多いのは、④「外部的行為強制の禁止」である。これに関する代表的な事例が、冒頭で言及した不起立訴訟である。内心にとどまる限り、どのような主義主張、世界観を抱くのも自由であるが、内心にもとづいてなされる外部的行為は、他者と不可避的に関係する。外部的行為の強制が内心を否定するために行われ、直接それに結びつく場合——たとえば、信教の自由に関係する例であるが、キリスト教徒に対する絵踏など——は、思想の自由に対する直接的な制約であって許されないことに異論はないだろうが、問題となるのは、課される不利益が、一般に適用される法令の適用の結果の場合である。本問においても、これが問題となっているといえよう。

3 …………外部的行為強制の禁止と不起立訴訟の論理構造

　思想の自由の保障内容をみてきたが、本件事案では、①から④のうち、どの意味で思想の自由が問題となっていると構成するべきだろうか。不起立訴訟での争点は、④「外部的行為強制の禁止」であったが、本件事案においても、この筋でＸの主張を説得的に組み立てることができるだろうか。まず、不起立訴訟における最高裁の論理構造を確認しておきたい。最高裁判決は、おおむね、次のように議論を展開した（以下、傍点および番号は引用者による）。

(1)　思想の自由の「制約」

　最高裁は、当該歴史観・世界観が憲法19条によって保障されることを前提に、国歌斉唱時の起立斉唱行為を求める職務命令は、当該個人の思想の自由を制限するか否かという検討に多くを費やし、それを直ちに

制約するものと認めることはできないとした。その理由は、(a)公立学校の式典において国旗掲揚、国歌斉唱が広く行われていることは周知の事実であって、一般的、客観的にみて、これらの式典における慣例上の儀礼的な所作としての性質を有し、かつ、そのようなものとして外部からも認識される。(b)「したがって、上記国歌斉唱の際の起立斉唱行為は、その性質の点から見て、上告人らの有する歴史観ないし世界観を否定することと不可分に結び付くものとはいえず」（前掲最判平23·6·6）、職務命令が上記の歴史観ないし世界観それ自体を否定するものということはできない。(c)また、国歌斉唱時の起立斉唱行為が特定の思想またはこれに反対する思想の表明として外部から認識されるものと評価することは困難であり、職務命令に従って行われる場合にはなおさら困難である。(d)本件各職務命令も、特定の思想をもつことを強制したり、これに反対する思想をもつことを禁止したりするものではなく、特定の思想の有無について告白することを強要するものということもできない、というものである。

　もっともこれで検討は終了せず、最高裁は次のように議論を進める。(e)国歌斉唱の際の起立斉唱行為は、「一般的、客観的にみても、国旗及び国歌に対する敬意の表明の要素を含む行為であるということができる」。(f)そうすると、自らの歴史観ないし世界観との関係で「日の丸」や「君が代」に敬意を表明することには応じ難いと考える者が、「これらに対する敬意の表明の要素を含む行為を求められることは、その行為が個人の歴史観ないし世界観に反する特定の思想の表明に係る行為そのものではないとはいえ、個人の歴史観ないし世界観に由来する行動（敬意の表明の拒否）と異なる外部的行動（敬意の表明の要素を含む行為）を求められることとなる限りにおいて、その者の思想及び良心の自由についての間接的な制約となる面があることは否定し難い」。

(2)　合憲性の判断枠組み

　こうして最高裁は、思想の自由に対する「間接的な制約」であることを認めたうえで、事案を処理するための判断枠組みを構築する。すなわち、(g)個人の歴史観ないし世界観が内心にとどまらず、「それに由来す

る行動の実行又は拒否という外部的行動として現れ、社会一般の規範等と抵触する場面において、当該外部的行動に対する制限が必要かつ合理的なものである場合には、その制限によってもたらされる上記の間接的な制約も許容され得るものというべきである」。(h)「このような間接的な制約が許容されるか否かは、職務命令の目的及び内容並びにこれによってもたらされる上記の制約の態様等を総合的に較量して、当該職務命令に上記の制約を許容し得る程度の必要性及び合理性が認められるか否かという観点から判断するのが相当である」。

(3) 間接的制約の正当化

　そして、思想の自由に対する間接的な制約を正当化する論拠として、(i)「学校の卒業式や入学式等という教育上の特に重要な節目となる儀式的行事においては、生徒等への配慮を含め、教育上の行事にふさわしい秩序を確保して式典の円滑な進行を図ることが必要であるといえる。法令等においても、学校教育法は、高等学校教育の目標として国家の現状と伝統についての正しい理解と国際協調の精神の涵養を掲げ……高等学校学習指導要領も、学校の儀式的行事の意義を踏まえて国旗国歌条項を定めているところであり、また、国旗及び国歌に関する法律は、従来の慣習を法文化して」いる。(j)そして、地方公務員の地位の性質およびその職務の公共性にかんがみ、「上告人らは、法令等及び職務上の命令に従わなければならない立場にあり、地方公務員法に基づき、高等学校学習指導要領に沿った式典の実施の指針を示した本件通達を踏まえて、その勤務する当該学校の各校長から学校行事である卒業式等の式典に関して本件各職務命令を受けたものである」。

　こうして、次の結論に至る。(k)「以上の諸事情を踏まえると、本件各職務命令については、前記のように上告人らの思想及び良心の自由についての間接的な制約となる面はあるものの、職務命令の目的及び内容並びにこれによってもたらされる上記の制約の態様等を総合的に較量すれば、上記の制約を許容し得る程度の必要性及び合理性が認められるものというべきである」。

(4) 本件事案の場合

以上、若干詳細に不起立訴訟の論理構造をみてきた。上記の(a)から(f)までの議論、すなわち、式典における国歌斉唱時の起立斉唱行為は、日の丸・君が代に否定的な歴史観・世界観を有する者の思想の自由に対する直接的制約ではないが間接的制約となりうる、という部分は、本件事案でも共通して論じることが可能である。しかし、本件事案においては、Xはそもそも公務員ではないし、職務命令違反に対する懲戒処分が問題となった不起立訴訟とは異なり、そうした法的な意味での不利益が伴うものではない。そしてXには卒業式に参加する法的権利が保障されているわけではないから、被る不利益はやはり事実上のものにとどまる。そのため、Y市の反論として、間接的な制約すら存在していない、との主張が想定される。少なくとも制約の程度は、不起立訴訟に比べると低いといわざるをえない。

思想の自由に対する「制約」の程度の低さは、法令の合憲性を審査する際の判断枠組みに影響を及ぼす。すなわち、不起立訴訟では、(h)で述べられたように、間接的な制約の許容性の判断につき、相関的・総合的な比較衡量によって判断するという枠組みが提示されたわけであるが、制約の程度が低いということは、「制約」の必要性・合理性の程度もそれに応じて低くなるということを意味する。

そうだとすると、原告側の主張が退けられた不起立訴訟よりも制限の程度が低いと考えられる本件事案において、同じ判断枠組みを用いたうえで違憲判断を勝ち取るのは、相当に困難であると思われる。

4 ⋯⋯⋯⋯本件事案における原告の主張を考える

(1) ①から③の主張可能性

それでは、④「外部的行為強制の禁止」以外に、どのような主張が可能であろうか。

まず、Xは特定の歴史観・世界観を抱くことが禁止されたわけではないため、①の「内心の自由」が侵害されたという主張は難しい。そうすると候補になるのは、②式典における国歌斉唱時の起立を拒否すると

いう「思想」を理由に、式典への来賓としての出席を拒否されるという「不利益」を受けた事案としてXの主張を構成することである。この場合に重要となるのは、本件事案における「不利益」をどのように主張立証するかである。先にも述べたように、本件事案での「不利益」は、刑事罰でもなければ、不起立訴訟で問題となったような懲戒処分でもなく事実上のものにとどまるし、自分が担任をした児童・生徒がいた学校の式典に来賓として招待される期待権が保障される、という論理構成も——問題文からはそうした慣習があったといった事情が読み取れないこともあって——容易ではないからである。

　残る候補は③の「沈黙の自由」であるが、これはどうだろうか。式典への来賓として参加するに際して誓約書の提出を求められることにより、国歌斉唱時の起立を拒否するという「思想」の有無を明らかにするように強制され、「沈黙の自由」が侵害された事案という構成になるだろう。「沈黙の自由」は、不利益処分と結びつく場合もあるが、結びつかない場合であっても、そうした調査を行うこと自体が思想の自由を侵害する（芦部155〜156頁、樋口ほか・注解382頁〔浦部法穂〕など）。本問における誓約書の提出は、思想調査を直接の目的としたものではないが、思想・信条に関する外部的行動に関する事実を申告させることは、思想調査になりうる。たとえば、三菱樹脂事件判決（最大判昭48·12·12民集27-11-1536）では、企業が労働者に対して団体加入や学生運動参加の事実の有無について申告を求めることは、「直接その思想、信条そのものの開示を求めるものではないが、さればといつて、その事実がその者の思想、信条と全く関係のないものであるとすることは相当でない。元来、人の思想、信条とその者の外部的行動との間には密接な関係があり、ことに本件において問題とされている学生運動への参加のごとき行動は、必ずしも常に特定の思想、信条に結びつくものとはいえないとしても、多くの場合、なんらかの思想、信条とのつながりをもっていることを否定することができないのである」などとしており、参考になる（三菱樹脂事件については、3. **オトコもつらいよ**を参照）。

⑵　Y市の主張

　他方、Y市の反論では、当然のことながら、Xの論証の弱点を衝くことになる。

　まず、式典における国歌斉唱時の起立拒否は、必ずしも日の丸・君が代に否定的な世界観・歴史観にもとづくものとは限られず——たとえば、いかなるものであれ偶像崇拝すること自体が納得できないとか、強制されることそれ自体への反発などが想定されるが、この点は君が代ピアノ伴奏拒否事件の藤田宙靖裁判官反対意見を参照——、起立することの誓約を求めているだけにすぎないから、誓約書提出は「思想」の露顕を求める思想調査とは異なるという反論が考えられる。そして、この主張を補強するために、麴町中学校内申書事件、あるいは謝罪広告事件（最大判昭31·7·4民集10-7-785）なども参照して、外形的行為としての起立行為と思想との切断をはかることになろう。

　さらに、そもそも誓約書提出は強制されていないこと（罰則や懲戒を背景にしていないこと）、そして、「不利益」が事実上のものにとどまることなどから、権利侵害の不存在、あるいは存在するにしてもその弱さを強調して議論を組み立てるのが反論の骨子となろう。

　以上、要するに本問では、そもそもXの思想の自由の「何が」、どのように「制限」されている事案と構成するのか、という段階での考察がきわめて重要となる。そして、私見を述べる箇所では、原告側、被告側の主張を踏まえながら、入り口段階での権利侵害の論証を慎重に行っていくことが必要となる。

5 ⋯⋯⋯⋯攻撃対象と審査基準の設定

⑴　問題の所在

　何らかの工夫を凝らしてXの思想の自由が制約されていることを論証したとき、そのXの憲法上の権利は、何によって制約されていると主張すればよいだろうか。そしてその制約に対して、どのような判断基準を導き出すことができるだろうか。

　学校での式典における起立斉唱に関する法制度を整理すれば、次の通

りである。まず憲法および教育基本法によって教育理念が決定され、文部科学大臣が学校の教育課程に関する事項を定めると規定する学校教育法にもとづき、文部科学大臣が教育課程の基準として同法施行規則によって学習指導要領を制定・公示し、その学習指導要領で入学式等における国旗掲揚と国歌斉唱を指導するように定められている（国旗国歌条例1条の目的規定にその旨が触れられている）。そして本問では、国旗国歌条例によりその徹底がはかられ、当該条例5条2項1号にもとづいて、Wから誓約書提出が要求されている。

　Xが憲法上の主張を展開するにあたり、このうちの何に照準を当てて検討を進めるか、というのがここで問われている問題である。

(2) 法令か適用か

　まず、式典等において国歌斉唱をすること自体が違憲であるという信念を有している者も少なくないかもしれないが、この主張は、一連の不起立訴訟の結論を踏まえるのであれば、裁判において認められる可能性はほとんどない。採点実感等において、弁護人側の主張では違憲となる可能性の高い効果的な主張を行うべきである旨の指摘がなされていることからも、このような主張を展開することは、少なくとも本問の解答としては妥当であるとはいえないだろう。

　したがって本問では、誓約書提出の要求の直接的な根拠規定である国旗国歌条例5条2項1号に照準を当てて、その違憲性を主張するというのがオーソドックスであると考えられる。その場合、法令の規定全体の違憲性を主張する法令違憲と、法令の規定の一部（本件事案における校長Wの行為を根拠づけている法令部分）の違憲性を主張する適用違憲（およびその違憲な法令部分を解釈によって除去するという合憲限定解釈）がありうる。

　両者の区別方法であるが、一般論としては、全農林警職法事件判決（最大判昭48・4・25刑集27-4-547）の田中二郎ら5裁判官意見が述べたように、「基本的人権の侵害にあたる場合がむしろ例外で、原則としては、その大部分が合憲的な制限、禁止の範囲に属するようなものである場合には、当該規定自体を全面的に無効とすることなく、できるかぎり解釈によつて規定内容を合憲の範囲にとどめる方法（合憲的制限解釈）、また

はこれが困難な場合には、具体的な場合における当該法規の適用を憲法に違反するものとして拒否する方法（適用違憲）によってことを処理するのが妥当な処置というべき」であるといえる。

この考え方に照らすと、本件事案における誓約書提出の要求は、国旗国歌条例5条2項1号が想定する典型的な適用場面であるから、当該規定の「原則」部分が人権を侵害する場合に該当する。そうすると、本件事案において誓約書の提出を基礎づけている法令部分の違憲性のみを主張するという適用違憲（および合憲限定解釈）によって法令自体を救済する必要性は乏しい。したがって、法令違憲の主張を展開するのが妥当なラインではないだろうか。

(3) 審査基準の設定

XはWから、国旗国歌条例5条2項1号にもとづいて国歌斉唱時の起立斉唱をすることを誓約する文書の提出を求められたことにより、「沈黙の自由」が侵害され、また、教え子の卒業式への来賓としての参加を認められないという（事実上の）不利益を被った事案、というように本件事案を捉えたとき、かかるXの憲法上の権利の侵害が憲法上許容されるかを審査する基準をどのようにして設定すればよいだろうか。

教科書等では、思想の自由の保障は内心にとどまる限り「絶対的」であるとしている（芦部155頁、佐藤218～219頁など）。そのため、①から③の侵害に該当すると判断されたら、違憲審査基準を設定して正当化のステップに進むまでもなく、違憲ということになる（はずである）（駒村148頁、毛利透＝小泉良幸＝淺野博宣＝松本哲治『憲法Ⅱ［第2版］』〔有斐閣・2017年〕143～144頁など）。仮にそうだとすると、本問において、②「不利益取扱いの禁止」、③「沈黙の自由」の保障、という意味でのXの思想の自由が制約されていることを論証しさえすれば、それで検討は終了となる（はずである）。

しかし、本問のように、Xの思想の自由に対する「間接的」な制約であり、かつ、②、③の想定する典型的場面とは異なっている場合においては、さらなる論証が必要となる。したがって、Xとしては、本件事案は②、③の想定する典型的場面とは異なるけれども、絶対的に禁止

145

される②、③の意味での思想の自由の侵害に類するものであるから、思想の自由の核心部分が強度に制約されている等と論じて、厳格審査ないし高い審査密度によって正当化が求められるなどと主張することになろう。

(4) Y市の反論

逆にY市の主張は、そもそも本問ではXの思想の自由を「制限」していない、という主張になるだろうから、違憲審査基準を設定し、正当化のステップに進むまでもなく、合憲となるはずである。もっとも、それにとどまらず、「仮に思想の自由を制限に該当するとしても」と論を進め、誓約書の提出は思想そのものを調査する目的でなされているわけではなく、そのような効果も有するものではないから、思想の自由の核心部分を制限するものとは評価できず、また、事実上の「不利益」にすぎないことを強調しながら制限の程度の低さを主張するなどして、厳格審査までは要求されないことを主張し、その合理性の論証を行ってもよいだろう。

6 ………おわりに

後掲の解答例では、問❶のXの主張の局面では、以上に述べてきたことを踏まえて、④の「外部的行為強制の禁止」ではなく、③の「沈黙の自由」をメインにしながら、②の「不利益取扱いの禁止」も踏まえつつ、思想の自由に対する強度の制限であることの論証を試みて厳格な審査基準を導き、法令違憲の主張をした。問❷のY市の反論では、権利の制約の存在自体を否定する主張をさせ、正当化に進むまでもなく合憲であるとしている。そして私見では、誓約書の提出は、③の「沈黙の自由」が保障する思想調査の禁止そのものではないにせよ、それに類するものであることを強調して間接的な制約を認めつつ、②の課される不利益が事実上のものにとどまっているということから、権利侵害の程度は弱いために緩やかな審査で十分であるとして、結論として合憲判断を導いた。

ここで読者には別の道筋での議論について、次の3点について考察し

てみてほしい。第1に、国旗国歌条例5条2項1号の合憲性を前提としたうえで、Wの裁量を統制する処分審査である。解答例ではこの点について触れなかったが、処分審査は本件事案において妥当な主張になりうるだろうか。第2に、「国家が行う非強制的な『思想調査』の多くは、思想の自由の問題となるよりは、むしろプライバシーの権利の問題となろう」（高橋188頁）とか、「第三者などを通じてその種の情報を取得収集すること（いわゆる『思想調査』）は、むしろ……13条のプライバシーの権利の侵害の問題であると解される」（佐藤220頁）という指摘である。本件事案をプライバシーの権利の侵害の事案として構成する場合、どのように論理構成すればよいだろうか（プライバシーの権利については、5. 見ないで⁉を参照）。またそれは、憲法19条による場合と比べて、どのようなメリットまたはデメリットがあるだろうか。第3に、本件事案を憲法14条1項の平等の問題で処理する論理構成である。本件事案を憲法19条ではなく14条1項で処理する場合、その意義はどこにあるのか。これについては、木村草太「表現内容規制と平等条項」ジュリスト1400号（2010年）96頁以下を参考に、各自で考えてみてもらいたい。

解答例

問❶

　Xの代理人として、卒業式への来賓として参加する際に、国歌斉唱時に起立することの誓約書提出を定める「Y市の施設における教職員による国歌の斉唱等に関する条例」（以下「国旗国歌条例」という）5条2項1号は、Xの思想・良心の自由（憲法19条。以下「思想の自由」という）を侵害する違憲なものであるから、被告Y市は、Xに損害賠償をしなければならない、と主張する。

1. 憲法19条が保障する思想・良心とは、人の内心における考え方ないし見方であり、世界観、歴史観、人生観、主義主張などが含まれると解される。そして憲法19条は、特定の思想・良心を有していることを理由に、公権力が不利益に取り扱うことを禁止すると

ともに、公権力が人の内心にある思想を強制的に告白させたり、これを推知できるような思想調査のような行為を行うことの禁止を、その内容に含むものである。

２．本件でXは、卒業式に来賓として招待される際に、国旗国歌条例5条2項1号にもとづき、Wから、国歌斉唱時に起立することの誓約書の提出を求められている。国歌斉唱時の不起立が、必ずしも常に特定の思想、信条に結びつくものとはいえないとしても、多くの場合に特定の思想、すなわち、「日の丸」「君が代」を否定的に評価する歴史観ないし世界観と結びついていることは周知の事実であるから、誓約書の提出の有無によって当該思想を推知されることは明らかである（三菱樹脂事件参照）。しかもXは、誓約書提出を拒んだために、自分が担任をした生徒らの晴れ舞台たる卒業式に来賓として招待されないという不利益を被っている。したがって、誓約書の提出を求めることは、憲法19条が禁止する思想の強制的な告白ないし推知に該当する。しかも、提出を拒否したことを理由に式典に招待しないという対応は、思想を理由とした不利益取扱いにも該当する。

３．思想の自由が内面的な精神活動の根本であり、絶対的な保障を受ける権利であることに照らせば、「沈黙の自由」を制約する思想調査に等しい誓約書の提出を求めることは、正当化を待つまでもなく違憲である。仮に正当化できるとしても、きわめて重要な利益を達成するために必要不可欠である場合に限って、これを制限することが例外的に正当化されると解される。

４．国旗国歌条例5条2項1号は、その制定経緯に照らすと、来賓の不起立により、式典の「厳かな雰囲気」（同条例1条）が損なわれるため、そのような来賓が式典に参加することをあらかじめ阻止するための規定であると解される。しかし、来賓が式典の前後や最中に積極的に不起立を呼びかけたりするなど、式典の円滑な遂行を妨げたりするのであればともかく、来賓が単に起立しなかったことにより、直ちに式典の厳かな雰囲気が損なわれるとはいえない。さらに、来賓の不起立によって、児童・生徒に国旗国歌に対する正しい認識とこれを尊重する態度を育むという国旗国歌条例の目的（1条）が害されるとは必ずしもいえない。そうだとすると、仮に国旗国歌条例5条2項1号の目的の重要性を認めたとしても、当該目的を達成するために式典での起立を誓約するという、思想を推知させるよ

うな文書の提出を求めることは、目的達成のための必要不可欠な方法とは評価できない。

5. 以上より、国旗国歌条例5条2項1号は憲法19条に違反する。したがってY市は、憲法19条に違反する当該規定にもとづいてXに誓約書の提出を求め、これを拒否したことを理由にXを来賓として式典に招待しなかったことにつき、損害賠償責任を負う。

問❷

Xの主張に対するY市の反論として、次のような主張が想定される。

式典での国歌斉唱時に起立することは、一般的、客観的にみて、慣例上の儀礼的な所作としての性格を有するにすぎない（一連の国歌斉唱時不起立訴訟を参照）。また、誓約書提出は、特定の歴史観ないし世界観と不可分に結びつくものではなく、起立するか否かという外形的行為に関する調査であって、思想を調査するものとは評価できないから、思想の自由を侵害するものではない（麹町中学校内申書事件、さらに謝罪広告事件も参照）。さらに、式典等に参加する権利がXに保障されているわけではないから、Xを来賓として招待しなかったことにより、何らXに法的な不利益が生じたと評価することはできない。したがって、そもそも本件においてXの思想の自由の侵害は存在しない。事実上の不利益があったとしても、国旗国歌条例5条2項の制定過程やその意義についてのWの説明のとおり、合理性が認められる。

これに対する私見は次の通りである。

1. Xの「君が代」に敬意を表明すべきではないという歴史観ないし世界観は、憲法19条によって保障されることは明らかであるが、本件での問題は、国旗国歌条例5条2項1号にもとづいて誓約書提出を求め、その提出を拒否したことを理由にXを来賓として招待しなかったことが、憲法19条が保障する思想の自由を侵害するか否かである。

2. まず、誓約書の提出を求めることが、憲法19条によって禁止される思想の強制的な告白ないし推知の禁止に該当するかについて検討する。

(1) 式典における国歌斉唱時に起立することを拒否する理由は、「君が代」に否定的な世界観ないし歴史観にもとづくものとは限ら

れない。たとえば、偶像を崇拝すること自体に否定的な信条を有している場合や、起立を強制されるということそれ自体への反発などを理由として起立しないということも想定される。また、国旗国歌条例5条2項1号は、「来賓が国歌斉唱時に起立しなかった」といった市民の苦情が多く寄せられるようになったことを受けて制定されたものであり、児童・生徒からよく見える位置に設置された来賓席にいる来賓が起立しないとなると、国旗国歌条例の目的である、「行事を厳かな雰囲気のもとで適切に遂行する」ことが困難であるとしたY市議会の判断には合理性が認められる。以上から、誓約書の提出について定める国旗国歌条例5条2項1号は、必ずしも直接的にXに思想の告白を強いるものではなく、また、Xの思想の推知を目的とする規定ではないと評価できる。

　(2)　もっとも一般的、客観的にみて、国歌斉唱時の不起立は、「日の丸」「君が代」に対する否定的な世界観ないし歴史観にもとづくものと受け取られる可能性が少なくないことから、誓約書の提出が、間接的に思想を推知させるものであることは否定できない（一連の国歌斉唱時不起立訴訟を参照）。したがって、誓約書の提出を求めることそれ自体が直ちに憲法19条が禁止する思想調査に該当し、Xの沈黙の自由を侵害するとはいえないものの、仮に誓約書の提出を拒否したことによって不利益が課されるような場合には、Xの思想の自由を侵害すると解される。

３．本件の場合、誓約書を提出しなくても、刑事罰や懲戒処分が科されるわけではなく、法的な意味での強制が存在しているわけではない。Xは、かつての教え子の卒業式に出席できないという不利益を受けていることはたしかであるが、教え子の卒業式に出席するという既得権が保障されていたとはいえず、被る不利益も事実上のものにとどまる。したがって、誓約書提出を拒否したことを理由にWが来賓としてXを招待しなかったことは、思想を理由に不利益を課したものとは評価できない。

４．仮にXが主張するように、誓約書の提出がXの思想の自由の制限に該当するとしても、２．で述べたように、誓約書の提出は思想そのものを調査する目的でなされているわけではなく、そのような効果を有するものでもないから、思想の自由の核心部分を制限するものとは評価できず、また、３．で述べたように、Xが被る不利益は、事実上のものにすぎないことに照らすと、規制目的に合理性

が認められ、その目的を達成するための手段との間で合理的な関連
性が認められれば、当該制限を正当化できると解される。

5．この点、2．で述べたように、国旗国歌条例5条2項1号は、
式典において来賓が起立しなかったという事実を受けて、それが国
旗国歌条例1条の目的を阻害するという判断にもとづいて制定され
た規定であり、不合理とはいえない。そして、来賓の不起立を防ぐ
ためにとられた手段は、刑事罰を科すなどといった不利益を課すも
のではなく、来賓として招待しないという程度にとどまるものであ
り、必要最小限度の制約であると解される。

6．以上より、国旗国歌条例5条2項1号は、憲法19条に反する
とはいえないと解するのが相当であるから、Y市はXに対して、
損害賠償責任を負わないと解される。

関連問題

教職員の組合活動等の調査

設問で登場したY市では、Y市の国旗国歌条例に強く反対してきた
Y市教職員組合が、Y市議会議員選挙において、組合ぐるみで勤務時
間内に職場の施設や備品を用いて、この条例の廃止を主張する政党の候
補者を応援する活動を行っていたことや、組合員に対して積極的に不起
立を呼びかける内部文書を作成していたことなどが、次々と明るみに出
た。そこでY市長のZは、上記の活動に関係した職員を懲戒処分にし
たうえで、教職員組合の活動実態の全容把握のため、市の教職員全員に
対して、次のようなアンケート調査を行おうと考えた。

あなたがZから相談を受けた法律家甲であるとした場合、本アンケ
ート案の憲法上の問題点について、どのような意見を述べるか。本条例
案のどの部分が、いかなる憲法上の権利との関係で問題になりうるのか
を明確にしたうえで、参考とすべき判例や想定される反論を踏まえて論
じなさい。

（参考、大阪市職員アンケート調査国賠事件〔大阪高判平28・3・25裁判所ウェブサ
イト〕）

Ｙ市教職員組合に関するアンケート調査

　このアンケート調査は、任意の調査ではありません。市長の業務命令として、全教職員に、真実を正確に回答していただくことを求めます。匿名での回答は認めません。正確な回答がなされない場合には処分の対象となりえます。このアンケートへの回答で、自らの違法行為について、真実を報告した場合、懲戒処分の標準的な量定を軽減し、特に悪質な事案を除いて免職とすることはありません。以上を踏まえ、真実を正確に回答してください。

Ｙ市長Ｚ

Q1　あなたは、組合に加入していますか。過去の加入歴、加入した理由、しない理由などを含めて、できる限り詳細に記入してください。

Q2　あなたは、これまでＹ市教職員組合が行う労働条件に関する組合活動に参加したことがありますか。誘われた経験や誘った人、その状況なども含め、できる限り詳細に記入してください。なお、現在組合に加入していない方も、過去の経験につき回答してください。

Q3　あなたは、この２年間、特定の政治家を応援する活動（求めに応じて、知人の住所等を知らせたり、街頭演説を聞いたりする活動も含む。）に参加したことがありますか。組合加入の有無を問わず全員が、誘われた経験や誘った人、その状況などを含め、できる限り詳細に記入して下さい。

〔以下略〕

参 ｜ 考 ｜ 文 ｜ 献

渡辺康行「『内心の自由』の法理」（岩波書店・2019 年）第 2 部

木下智史「思想及び良心の自由をめぐる実践と理論の課題——国歌斉唱匡正事件を素材として」毛利透＝木下智史＝小山剛＝棟居快行『憲法訴訟の実践と理論』（判例時報社・2019 年）223 頁以下

小山剛「思想および良心の自由(1)(2)」法学セミナー 58 巻 10 号（2013 年）43 頁以下、11 号（2013 年）41 頁以下

樋口陽一＝佐藤幸治＝中村睦男＝浦部法穂『注解法律学全集 1 憲法 I』（青林書院・1994 年）374〜385 頁〔浦部〕

（横大道聡）

8. テロの記憶

設問 　A県B市は、首都圏に位置する多民族都市である。B市内には、古くから寺社や教会が存在していたが、20X0年代に、世界各国からの移民が急増し、それに伴い、イスラム教、ヒンズー教、ユダヤ教などの礼拝施設も建設された。また、B市C町には、20X1年ごろに突然現れた新興宗教集団D教団の本部ビルがあった。「世界の終末は近い」と唱道するD教団は、芸術新興団体、ヨガ教室、大学のサークルなどを装って、それらの名のもとに催された集会に訪れた者を、D教団へと誘導することで、信者数を増加させていった。20X2年ごろには、D教団の詐欺的で強引な勧誘手法が、深刻な社会問題となり、D教団の信者の中からは、詐欺罪や強要罪等で逮捕される者も出た。

　20X3年5月、清掃業者を装った男たちが、D教団本部ビルに侵入した。彼らは、詐欺的な勧誘によって家族をD教団に奪われた恨みから、本部ビルでのテロを企てたのである。男たちは、日本刀を振り回しD教団関係者数名を殺傷した後、自らの体に巻き付けたTNT爆弾を爆発させた。D教団本部ビル爆弾テロ事件の死傷者は、100名にのぼった。この20X3年テロ以降、D教団はその規模を縮小し、勧誘も目立った形では行われなくなった。しかし、D教団は、その後も、B市を拠点に活動を継続している。D教団は公安調査庁の監視対象になっており、公安調査庁の手による『20X5年版　内外情勢の回顧と展望』は、D教団を「特異集団」と位置づけ、D教団が「公衆の危機感や不安感を煽ったうえで、現状でも勢力拡大を企図しており、その特異な言動には、一般市民への危険をもたらすおそれのあるものとして、引き続き注目を要する」、と記述する。

　20X5年10月、B市市長を長年務めたEの市長引退に伴い、市長選が行われた。当時、B市の政策課題としては、①B駅西口地域を中心に居住する貧困者の生活改善、とりわけ、B駅西口公園に多数

居住するホームレスの生命の保護、② B 駅北口地域を中心に居住する移民との共生、とりわけ、移民の信仰する多様な宗教との共生、③比較的生活水準の高い住民の居住する B 駅東口地域の再開発と、それと一体となる東口市庁舎の建て替え、などがあった。

　市長選では、多様な宗教との共生を主たる政策課題として掲げる G と、東口再開発を通じた B 市全体の経済発展を重視する H が争い、結果として、H が当選した。H の選挙コンサルタントの分析によれば、① B 市内の宗教は多様であるが、各種宗教の熱心な信者は B 市の総有権者数に比して相対的に少数で、組織化されず、選挙において信頼しうる利益集団を形成していなかったこと、② 20X3 年テロの記憶はいまだに B 市市民の中に鮮明で、宗教は危険の源であるという偏見が B 市市民の間で根強いこと、などの理由から、G の主張は有権者に受け入れられなかった。

　20X6 年 4 月、B 市市長 H は、公約であった B 駅東口再開発計画の中心となる新市庁舎複合ビルの建設に着手した。新市庁舎複合ビルは、1 階から 30 階が百貨店などの商業施設、31 階から 39 階が市庁舎、41 階から 70 階が分譲マンション、71 階が展望台、となっている。40 階部分には、マンション住民のためのコンシェルジュ・デスク、最大100 名収容可能なパーティー・ルーム、有名シェフやパティシエを抱えるバー・レストラン（予約制でマンション住民以外も利用できる）、などが併設されることになっていた。なお、展望台に入場したい市民は、40 階に設置された展望台入場受付でチケットを購入し、40 階から 71 階まで直行するエレベーターに乗り込むことになる。他方、マンション住民は、40 階でエレベーターを乗り換え、コンシェルジュ・デスク脇の静脈認証式ゲートを通過した後、顔認証式の住民専用エレベーターを利用して、自室に向かうことになる。

　新市庁舎複合ビル内の分譲マンションは、その利便性や高セキュリティ性がうけ、同ビル完成前に完売した。分譲マンション販売の際、40 階パーティー・ルームについては、マンション住民が 50 パーセント、B 市が 50 パーセントの所有権を有することとされ、パーティー・ルームの利用方法については、マンション住民と B 市との間で、以下のような協定が結ばれた。「①月曜日〜金曜日の 17 時〜24 時および土曜日・日曜日の 7 時〜17 時について、パーティー・ルームは、

マンション住民が、これを専用利用する。この時間帯のパーティー・ルームの管理に関する事項については、マンション管理組合の規約で、これを定める。②月曜日〜金曜日の9時〜17時について、市は、パーティー・ルームを、公の施設として運用し、B市内に居住している者およびB市内に事務所を有する団体に、その文化、教養の向上をはかり、あわせて集会等の用に供する目的で、利用させることができる。この時間帯のパーティー・ルームの管理に関する事項については、条例で、これを定める」。

20X6年10月、B市議会は、パーティー・ルーム管理条例を制定した。管理条例は、パーティー・ルームの開放日時を月曜日〜金曜日の9時〜17時とするとともに、パーティー・ルームを利用しようとする者は市長の許可を受けなければならないこととした。条例においては、市長がパーティー・ルームの利用を許可しない場合として、以下の3項目が列挙されている。すなわち、「1号：法令に違反するおそれがある場合」、「2号：公の秩序を乱すおそれがある場合」および「3号：その他施設の管理運営上支障がある場合」、である。

20X8年4月、当初の予定通り、新市庁舎複合ビルが完成した。71階展望台や、40階バー・レストランには、連日、多数の来客があった。他方、40階パーティー・ルームも、パーティー・ルーム管理条例にもとづいて、B市市民らに開放された。パーティー・ルームの利用については、市の広報不足もあり、盛況とはいえなかったが、開放後1年の間に、評判となった講演もいくつか催された。その中でも、20X8年8月に行われたA県立大学理学部教授I氏の講演には、多くの市民が参加した。I氏は著名な動物行動学者、進化生物学者であるが、同時に、無神論者、宗教批判者としても知られている。講演会は、「神は妄想である」との表題で行われ、宗教が社会に対して与える害悪や、I氏が無神論を信奉するに至った理由などを、ウィットに富んだ語り口で聞かせるものであった。

20X9年4月10日、B市宗派連絡協議会（B City Interfaith Association。以下「BIFA」という）が、パーティー・ルームの利用許可を申請した。BIFAは、20X6年6月にB市内で結成され、B市内の仏教徒、キリスト教徒、イスラム教徒、ヒンズー教徒、ユダヤ教徒およびD教団信者を中心に構成されているが、それ以外の宗教団体信

者にも広く協議会会員資格の門戸を開いている。BIFA の定款は、BIFA の目的として、「B 市内における宗教者の密接な交流を通じて、B 市における宗教の発展を図ること」を掲げる。かかる目的を達成するため、BIFA は、①宗教者による宗派・宗旨を越えた交流、②各宗派の調和的かつ効果的な布教施策についての意見交換、③ B 駅西口公園居住のホームレスなど、身寄りなく貧困のうちに亡くなった市民への、宗派を越えた慰霊、といった事業を行う。BIFA は、パーティー・ルームを利用して、①②③のすべての活動を行おうと考えている。なお、パーティー・ルームでの BIFA の集会には、D 教団関係者も参加する。

　20X9 年 4 月 12 日に開催された定例のマンション理事会において、B 市総務部職員 J は、BIFA からパーティー・ルーム利用申請が出された旨の情報提供をした。これに対して、マンション住民理事 K は、公安調査庁がその危険性を指摘する D 教団が BIFA の構成団体となっていることを問題視し、D 教団信者がパーティー・ルームに出入りすれば、マンション住民や一般の 40 階利用者の生命・身体・財産に対する具体的な危険が生じる蓋然性がある、と主張した。他方、マンション住民理事 L は、BIFA へのパーティー・ルームの供用が憲法の政教分離条項に違反する、と主張した。理事会は、K と L の意見を、理事会の意見として決議し、B 市市長 H に対して、BIFA にパーティー・ルームを利用させないようにされたい旨の要望書を提出した。

　本件申請の許否の専決権者である B 市総務部長 M は、マンション理事会からの要望に理由があると考え、BIFA によるパーティー・ルームの利用が、条例中同施設の利用を許可してはならない事由を定めている条項の 1 号および 2 号に該当すると判断し、20X9 年 4 月 20 日、B 市市長 H の名で、本件申請を不許可とする処分（以下「本件不許可処分」という）をした。これに対して、BIFA は、本件不許可処分が違憲、違法であると主張して、国家賠償請求訴訟（以下「本件訴訟」という）を提起した。

問❶　本件訴訟において、BIFA のとりうる、憲法上の主張を論じなさい。なお、パーティー・ルーム管理条例における条文の漠然性および過度の広汎性の問題は検討しなくてよい。

> 問❷　問❶における憲法上の主張について、B市の反論を論じたう
> えで、あなたの見解を論じなさい。

解　説

1 ⋯⋯⋯概　観

(1)　設問のねらい

　本問の最大の論点は、政府による公共的任務の遂行を限界づける政教
分離原則と、信教の自由などの基本的人権との関係である。従来の通説
にとって、政教分離の主題は、政府と神道の関係の規律にあった。そし
て、通説は、レモン・テストに依拠して、両者の厳格な分離を主張した。
これに対して、本問では、政治的共同体の中で疎外された宗教に対する
政府のかかわり合いが問題となっている。このように、本問の出題意図
には通説の問題意識との離齬があるため、通説に依拠した議論だけでは、
本問での妥当な結論を導くことができない。

　他方、判例の目的効果基準に依拠して事案を分析すると、形式的には、
本問における妥当な結論を導くことができるであろう。目的効果基準は、
宗教と政府のかかわり合いを広く承認するような形で運用できるからで
ある。しかし、判例も、政教分離と基本的人権の関係といった問題を明
確に意識して、目的効果基準を展開してきたわけではない。そのため、
判例法理を形式的に適用するだけでは、本問の出題意図に肉迫できない
（林・後掲参考文献 132〜135 頁、林知更「『国家教会法』と『宗教憲法』の間」ジュ
リスト 1400 号〔2010 年〕95 頁参照）。

　この点、政府と少数派宗教とのかかわり合いという問題意識によく対
応する議論を提供するのが、エンドースメント・テストである（エンド
ースメント・テストの説明については、芦部 172〜173 頁、高橋 199 頁、佐藤 236 頁
参照）。司法試験において政府と少数派宗教の関係が問われた場合には、
同テストにもとづいた議論も、答案作成の際の有力な選択肢となりうる
であろう。そこで、本解説では、まず、レモン・テスト（後述 2）とエ
ンドースメント・テスト（後述 3）の概要を説明した後で、判例を基調

とした本問の分析方法を示し（後述 **4** ）、最後に、エンドースメント・テストにもとづく答案作成の方法を解説する（後述 **5** ）。

　なお、本問では、付随的に、パブリック・フォーラム論と泉佐野市民会館事件判決（最判平 7・3・7 民集 49-3-687。以下「泉佐野判決」という）の理解も問われている。本問の舞台は、泉佐野判決を念頭に、そのいくつかの重要な要素を変更して、作成された。パブリック・フォーラム論一般についての解説は、**9. 芸術の名において**に譲り、ここでは、主として、同判決の射程について議論する（後述 **6** ）。

　⑵　**とりあげる項目**

　▶レモン・テストとエンドースメント・テスト

　▶目的効果基準の意義と射程

　▶二重の基準論と政教分離

　▶泉佐野市民会館事件判決の射程

　▶信教の自由に基づく義務免除

2 ………… 従来の通説 ── レモン・テスト

　従来の通説は、アメリカのレモン・テストに引き付けて日本の目的効果基準を再構築し、政府行為の政教分離違反を判定すべきである、と主張してきた（芦部 165〜167 頁）。レモン・テストは、分離主義の要請を具体化したもので、①目的の世俗性、②効果の宗教促進性・抑制性、③政府と宗教の過度のかかわり合い、の 3 分枝を、個別に検討する基準である。しかし、レモン・テストには、以下の 2 つの問題点がある（その他の問題点については、野坂・後掲参考文献 302〜306 頁などを参照）。

　第 1 に、目的の世俗性要件を厳格に適用すると、宗教者が世俗社会において被る不利益の調整が、およそ許されなくなる可能性がある。宗教者──とりわけ少数派の宗教者──の従う宗教上の義務は、時に、世俗社会の規範と衝突する。この場合、政府は、宗教者の信仰を保護するために、一定の義務を免除すべきことがある。しかし、宗教者の信仰の保護という目的は宗教性が強いため、宗教者への義務免除は、レモン・テストの目的分枝から許されない、と解されることになる（野坂泰司「公教

育の宗教的中立性と信教の自由」立教法学 37 号〔1992 年〕27 頁）。

第 2 に、効果の宗教促進性要件を厳格に理解すると、福祉国家が公共的な政策目的から行う援助が、宗教的団体に対してのみ、およそ許されなくなる可能性がある。たとえば、学校に通学する生徒の通学費を、宗教系私立学校、非宗教系私立学校、および公立学校に援助する、という事例を考えた場合、レモン・テストを前提とすると、宗教系私立学校に対する援助のみが、禁止されることになる。宗教系私立学校の生徒の通学費の援助は、財政的側面において、宗教系私立学校の負担軽減につながり、宗教を促進する効果を有するからである（安西・後掲参考文献 100 頁）。

3 ……………近時の有力説——エンドースメント・テスト

(1) エンドースメント・テストの意義

これに対して、近時の有力説は、アメリカの政教分離判例において展開されているエンドースメント・テストを参考にしながら、日本の目的効果基準を再構成すべきであると考える（たとえば、高橋 198〜202 頁）。エンドースメント・テストとは、政府行為が宗教の是認・否認のメッセージを発するような目的・効果を有する場合、当該政府行為は違憲となる、という基準である。ここで、是認・否認とは、ある宗教の信者・非信者に、政治的共同体の正規の構成員でない、あるいは厚遇される構成員である、というメッセージを伝えることである（芦部 172〜173 頁）。以下では、エンドースメント・テストについて、簡潔に説明する。

(2) エンドースメント・テストと政治的平等

エンドースメント・テストの主唱者であるオコナー裁判官は、政教分離条項の趣旨を、以下のように説明する。「政教分離条項は、いかなる方法であれ、ある人の政治的共同体における地位に関連する方法で、政府が宗教を支持することを禁じている」（リンチ判決〔Lynch v. Donnelly, 465 U.S. 668〔1984〕〕におけるオコナー同意意見）。すなわち、オコナーによれば、政教分離条項の趣旨は、市民の政治的地位の平等の確保にある。そして、市民の政治的平等を確保するため、同条項は、政府が、市民を、政治的共同体の中で宗教に応じて優遇したり冷遇したりすることを、禁じる。

　換言すれば、政府は、市民の政治的平等を侵害するような形で、宗教に対する是認・否認のメッセージを送ってはならない（このような理解に関連して、安西・後掲参考文献 101 頁）。

　では、なぜ、オコナーは、政治的平等を政教分離条項解釈の中心にすえたのか。オコナーの立論は、アメリカで強い影響力をもつ判例・学説の延長線上に位置づけられる。

　第1に、エンドースメント・テストは、ブラウン判決（Brown v. Board of Education, 347 U.S. 483〔1954〕）を横目で見ながら構成されたものであると推察される。ブラウン判決は、公立学校における人種分離政策によって、黒人よりも白人が優れている、すなわち白人が政治的共同体の厚遇されるメンバーである、という政府メッセージが発信されているとして、同政策の平等保護条項違反を認定した。このようなブラウン判決の説示に対応する形で、オコナーは、政教分離解釈を再構成したのであろう（この点に関連して、安西・後掲参考文献 85〜86 頁）。

　第2に、エンドースメント・テストは、二重の基準論と整合的である。二重の基準論の理解には複数のバージョンがあるが、1つの説得的な理解は、司法審査の主要な役割を民主的政治過程の維持に求め、裁判所の介入が正当化されるのは、民主政の過程が傷つけられている場合である、とするものである。二重の基準論を前提とすると、政府の宗教的行為を裁判所が無効とすべき場合は、当該行為によって民主政の過程が傷つけられる場合である、ということになる。すなわち、政府が、ある宗教を信仰しない市民が政治的共同体における二級市民であると刻印づけるようなメッセージを発信し、当該市民の政治参加が不当に妨害される場合に、裁判所は、政府の当該宗教行為を違憲とすることになる。

(3) 少数派宗教に対する配慮

　エンドースメント・テストの最大の長所は、二重の基準論的な発想によって、世俗的義務を受容しない少数派宗教への裁判所による配慮を、憲法上、許容する点にある。すなわち、本来、世俗的な義務と宗教上の義務との調整は、民主的な政治過程を通じて行われるべきである。しかし、政治的共同体の中に存在する宗教的少数者への偏見によって、政治

過程における義務の調整が適正になされない場合がある。そのような場合に、裁判所は、少数者の信教の自由を実現すべく、一般法上の義務を免除する（論点探究156〜157頁〔小泉良幸〕参照）。

しかし、エンドースメント・テストには、以下のような問題点もある。

第1に、少数派宗教に対する配慮を可能にするエンドースメント・テストの論理は、同時に、政治と宗教の分離の原則をなし崩しにする論理を伴う。すなわち、市民の政治的平等の実現という政教分離条項の趣旨を強調すると、各宗教および無神論を公平に取り扱う限り、政府の宗教活動が無限定に許容されかねない。たとえば、政府が、無神論の宣伝施設、神社、仏閣、教会、その他の宗教の施設を同時に建設することは、エンドースメント・テストからは、許容されるようにも思われる。しかし、「国立神社」や「国立教会」の設置には、問題がある。

第2に、さらに進んで、エンドースメント・テストは、宗教的少数者へのアファーマティヴ・アクションを許容、あるいは要請しかねない。たとえば、公立大学における宗教的少数者に対する特別入学枠の設定は、偏見に晒された宗教的少数者の政治的平等を回復するために、望ましいとも評価できる。しかし、宗教的少数者に対するアファーマティヴ・アクションといった発想は、政治と宗教の分離という政教分離条項の出発点から、乖離しすぎている。

4 ⋯⋯⋯⋯設問の分析──日本の政教分離判例との関係で

(1) 空知太神社事件判決

判例を用いて本問の解答を作成する場合には、まず、目的効果基準の射程を押さえておく必要がある。すなわち、空知太神社事件判決（最大判平22・1・20民集64-1-1。以下「空知太判決」という）が目的効果基準を明示的には用いなかったため、本問に目的効果基準を適用できるかを、空知太判決の射程との関係で検討しなければならない。

空知太判決は、憲法89条と20条1項後段を援用して、宗教団体の宗教的施設に対する国公有地の無償提供の政教分離違反を認定した。本問でも、公の施設の提供が問題となっているため、そこに空知太判決の射

程を及ぼすことも、完全に不可能というわけではない。

(2) 箕面忠魂碑事件判決

　しかし、箕面忠魂碑事件判決（最判平5・2・16民集47-3-1687。以下「箕面判決」という）は、憲法89条の「宗教上の組織若しくは団体」および20条1項後段の「宗教団体」を、「特定の宗教の信仰、礼拝又は普及等の宗教的活動を行うことを本来の目的とする組織ないし団体」と定義する。この点、本問のBIFAは、複数の宗教団体の集合体であり、「特定の宗教」を信仰するものではない。また、「宗教者の密接な交流」というBIFAの「本来の目的」を、「宗教的活動」と評価できるかには、疑問がある。したがって、非「宗教団体」のBIFAに対する援助は、判例上、憲法89条および20条1項後段の規律対象ではなく、両条項の解釈論を展開した空知太判決の射程を及ぼすのは難しい。

　他方で、箕面判決は、「宗教団体」に該当しない団体への援助であっても、憲法20条3項の規律する政府の「宗教的活動」に該当するか、という形で政教分離違反の有無を問えると考えた。そして、同判決は、津地鎮祭事件判決（最大判昭52・7・13民集31-4-533。以下「津地鎮祭判決」という）の目的効果基準を引用して、遺族会に対する国公有地の提供等の政教分離違反の有無を判断した。したがって、本問においても、箕面判決の目的効果基準の枠組みによって、BIFAへのパーティー・ルーム提供の憲法適合性を判断することになるであろう。

　この点、箕面判決は、①目的判断として、一定の公共的な政策目的の実現が企図されているか、②効果判断として、かかわり合いの態様とその対象の宗教性が希薄といえるか、を検討する（林・後掲参考文献134頁）。そして、①遺族会への国公有地の提供等は小学校の校舎建て替えに起因するものであり、②遺族会は宗教的活動を主たる目的とする団体ではなく、慰霊祭等の事業も単一の宗教の方式によるものではない、といった点を指摘し、原告による政教分離違反の主張を退けた。

　これと同様に、本問では、①パーティー・ルームの提供には、市民の文化、教養の向上や集会の用に供するという公共的な政策目的がある。また、②BIFAは宗教的活動を主たる目的とする団体ではない。そし

て、パーティー・ルーム内で行われる宗教者交流、布教方法の意見交換といった行為の宗教性は希薄で、慰霊行為も単一の宗教の方式によるものではない。したがって、箕面判決に従えば、本問におけるパーティー・ルームの供用は憲法20条3項に違反しない、と考えることができるであろう。

(3) エホバの証人剣道受講拒否事件判決

もっとも、箕面判決は、政教分離条項に違反しないとの政府の判断を、裁判所が追認する、という構造の事例である。これに対して、本問では、政教分離条項に違反するという政府の判断を、裁判所が覆せるか、が問題となっている。そのため、箕面判決の規範が、そのまま本問に適用できるかについては、なお検討を要する。

政府による政教分離違反の判断を裁判所が覆した事例としては、エホバの証人剣道受講拒否事件判決（最判平8・3・8民集50-3-469。以下「エホバの証人判決」という）が知られている。この点、エホバの証人判決は、何らの留保もなく、津地鎮祭判決（政府による政教分離に違反しないとの判断を裁判所が追認した事例）を先例として引用した。したがって、判例は、本問と箕面判決・津地鎮祭判決との構造の差異を重視しない趣旨であるようにも思われる。そのため、後掲の解答例においては、箕面判決を本問の先例として、解答を作成した。

もっとも、本問と箕面判決との構造の違いを重視し、エホバの証人判決に依拠して解答を作成することも、不可能ではない。しかし、その場合には、以下の2点において、エホバの証人判決と本問が区別されうる点に注意する必要がある。

第1に、エホバの証人判決では、剣道受講という義務・不利益の免除が問題になっていたが、本問では、パーティー・ルームの利用という特権・利益の付与が問題となっている。もっとも、このような区別の成否は、どこからが義務で、どこからが特権なのか、という問題と関わる。仮に、パーティー・ルームが指定的パブリック・フォーラムであるとして、市民がそれを自由に利用できる状態を憲法上のベース・ラインに設定すれば、本問でも、エホバの証人判決と同様、パーティー・ルームを

自由に利用できないという不利益の免除が問題になっている、と考えることもできる。

　第2に、エホバの証人判決では、「信仰上の真しな理由」が義務免除の背景にあったが、本問では、信教の自由の核心部分に対する侵害を認定するのは難しい。BIFAは、特定の宗教を信仰する団体でもなければ、宗教的活動を主たる目的とする団体でもないからである。エホバの証人判決が政府の判断を覆した理由の1つとして、信教の自由の核心部分を保護するという配慮もあった、と理解すると、本問の先例として、エホバの証人判決は不適切である、ということになる。

5 ………… 設問の分析──学説の問題意識を踏まえて

⑴　レモン・テスト

　パーティー・ルーム供用の政教分離違反を導くために、最も簡便な議論は、レモン・テストである。

　本問において、たしかに、パーティー・ルーム提供の目的は、市民の文化、教養の向上といった世俗的なものである。しかし、パーティー・ルームを利用してBIFAの慰霊事業等が行われれば、BIFAは代替的民間施設を利用する場合に必要となる費用の支出を免れる。そこで余った費用は、B市における宗教の発展というBIFAの目的を達成するために用いられ、B市内の諸宗教は、その勢力を増すであろう。本問のような公の施設の提供が、物的・財政的な側面において、宗教促進効果をもつことは否定できない。

⑵　エンドースメント・テスト

　エンドースメント・テストを用いて答案を作成する場合には、その日本国憲法解釈への導入可能性を、簡潔に論じておく必要がある。この点、愛媛玉串料事件判決（最大判平9・4・2民集51-4-1673）がエンドースメント・テストを採用した、とする見解もある。しかし、かかる理解に対しては、判例の客観的な読解として、疑問の声も強い（たとえば、野坂泰司『憲法基本判例を読み直す［第2版］』〔有斐閣・2019年〕195頁）。そこで、後掲の解答例では、愛媛玉串料事件判決には言及せず、エンドースメント・

テストの背後にある普遍的原理を強調して、同テストが日本国憲法の解釈としても妥当することを、簡潔に論述した。

　すなわち、エンドースメント・テストは、市民の政治的平等という観点から政教分離解釈を再構築するものであった。換言すれば、それは、「公共空間における市民としての基本的な平等性を保持しようとする近代立憲主義の根源的な目的意識と底でつながっている」（鼎談「愛媛玉串料訴訟最高裁大法廷判決をめぐって」ジュリスト1114号〔1997年〕25頁〔長谷部恭男発言〕）。エンドースメント・テストを解釈論として展開する際には、前提として、このような背景原理の普遍性に言及するのがよいのではないだろうか。

　では、エンドースメント・テストによれば、本問はどのように分析されるか。

　まず、B市内において、宗教の熱心な信者は、ごく少数にとどまる。したがって、B市の宗教者は、数的な意味で、少数者の地位に置かれている。しかし、数的少数者が民主的政治過程において敗北するのは、単なる多数決原理の帰結であり、やむをえない。エンドースメント・テスト、あるいは二重の基準論が救済しようとするのは、このような数的少数者ではなく、「隔絶され孤立させられた少数者」である。すなわち、政治的共同体に広まった少数者に対する偏見が、少数者の政治参加を妨害している場合、裁判所は、偏見に晒された少数者を救済すべく、民主的政治過程に介入する。この点、本問では、20X3年テロに起因する宗教への偏見が、宗教との共生という政策課題の民主的政治過程における実現を阻害した。したがって、B市の宗教者は「隔絶され孤立させられた少数者」の地位に置かれている、と認定することができる。

　次に、B市の政治的共同体の状況を前提に、本件不許可処分は、どのようなメッセージを発しているであろうか。この点、パーティー・ルームは、宗教の害悪を主張する無神論者の大学教授I氏の講演に利用されたという実績がある。それにもかかわらず、宗教団体の協議会であるBIFAの利用許可申請が拒絶されれば、それは、B市が、宗教に対する無関心を越え、敵意のメッセージを表明している、と評価できるのでは

ないか。本問において、政教分離を理由とした利用申請の拒否は、政治的共同体における平等の実現という政教分離の趣旨と、正面から対立する。

6 ‥‥‥‥‥泉佐野市民会館事件判決

(1) 意義と射程

本問で問われているもう1つの問題は、BIFA の集会の自由もしくは信教の自由のための場の提供が、政府に義務づけられるかどうか、である。この点、表現の自由は、政府に対して表現者への助成を義務づけるものではない、と理解されてきた（詳細は、9. 芸術の名においてを参照）。政教分離条項の存在を考えると、このような理解は、信教の自由についても妥当する。

しかし、集会の自由の文脈において、泉佐野判決は、市民「会館の使用を拒否することによって憲法の保障する集会の自由を実質的に否定することになる」場合がある、と説示したうえで、市民会館条例に定められた「公の秩序をみだすおそれがある場合」という利用不許可条件を、「明らかな差し迫った危険の発生が具体的に予見される」場合、に限定解釈した（詳細は、9. 芸術の名においてを参照）。

では、本問は、泉佐野判決の射程内か。泉佐野判決の射程の理解には、複数の可能性がある。

第1の理解は、地方自治法244条にいう「公の施設」については、およそすべて、「明らかな差し迫った危険の発生が具体的に予見される」場合でなければ、その利用を拒否できない、とするものである。しかし、表現の自由は政府の助成を義務づけない、という理解を前提にすると、なぜ住民に対する「公の施設」の利用拒否が集会の自由の実質的な否定につながることがあるのかを説明する論理が、別途必要になる。

第2の理解は、その説明の論理として、パブリック・フォーラム論を持ち出す。すなわち、泉佐野判決は、パブリック・フォーラムについて、「明らかな差し迫った危険」の要件を要求したものである、と理解される。この理解によれば、問題となっている施設のパブリック・フォーラム該当性が、泉佐野判決の射程を決するにあたって、重要となる。

　パブリック・フォーラム性の認定をめぐる争点の１つは、私的な場所についても、それを認定できるか、というものである。この点、アメリカにおけるパブリック・フォーラム論は、私的な場所を射程外とする理論として展開されてきた。しかし、日本では、吉祥寺駅構内ビラ配布事件判決（最判昭 59・12・18 刑集 38-12-3026）の伊藤正己裁判官補足意見が、「表現のための場として役立つ」という機能を備えた「一般公衆が自由に出入りできる場所」をパブリック・フォーラムと定義し、かかる定義に該当すれば、たとえ私的な場所であっても、パブリック・フォーラム性が認定される可能性を示唆した。

　第３の理解は、パブリック・フォーラムの中でも、一般利用との兼ね合いが問題となる公園等の屋外施設と、それが問題にならない屋内施設とを区別し、「明らかな差し迫った危険」の基準が妥当する領域を、後者に限定する、というものである（中林暁生「憲法判例を読みなおす余地はあるか」辻村みよ子＝長谷部恭男編『憲法理論の再創造』〔日本評論社・2011 年〕84 頁参照）。この点、日比谷公園反原発デモ事件決定（東京地決平 24・11・2 判自 377-28）は、公園内での他の一般利用との競合がある場合については、「明らかな差し迫った危険」の基準を採用すべきでなく、「公共の福祉が損なわれるという具体的危険が生じる蓋然性がある場合」には、公園の利用を不許可にできるとした。

⑵　設問の分析

　では、本問に、泉佐野判決の射程は及ぶか。

　泉佐野判決の適用可能性を判断するにあたっては、第１に、BIFA が行おうとしている、①宗教者の交流、②布教施策についての意見交換、③市民の宗派を越えた慰霊、といった各行為が、集会の自由で保護されるのか、信教の自由で保護されるのか、を検討する必要がある。

　この点、①〜③の各行為が信教の自由によって保障されると理解すると、集会の自由についての先例である泉佐野判決の射程は、遮断されるようにも思われる。そのため、BIFA としては、①〜③の各行為の宗教性が希薄であることを指摘し、本件事案を集会の自由の問題として構成するのがよいであろう。これに対して、B 市は、②については布教の準

備行為と理解し、③については霊的な存在を前提とする行為として、信教の自由の保護対象とすることになろうか。

　もっとも、泉佐野判決の射程を信教の自由の事案に及ぼすべきではないとする実質的な理由は、政教分離条項にあるだろう。そのため、先決問題として、政教分離条項が①～③の各行為への政府援助を禁じていないと解釈できる場合には、世俗的な集会（集会の自由）と宗教的な集会（信教の自由）との間で、泉佐野判決の適用の可否を区別する必要はないようにも思われる。

　泉佐野判決の適用可能性を左右する第2の点は、本件パーティー・ルームが、①官民共有で、②一般人やマンション住民の利用との兼ね合いが問題となる、③屋内施設である、という特徴を有する点である。これらの点をどのように考察すべきかについては、解答例の中で詳述した。

　最後に、「明らかな差し迫った危険」の基準と「具体的危険が生じる蓋然性」の基準のいずれを採用するとしても、危険性の認定においては、以下の2点を検討する必要がある。

　第1は、敵対的聴衆の法理である（敵対的聴衆の法理については、**10. 基地のある街**も参照）。泉佐野判決は、一方で、集会妨害者の存在を理由に公の施設の利用を拒むことは許されないとしたが、他方で、集会申請者の側に反対集団の暴力的介入を招く責任の一端がある場合、これを危険判断の際に考慮できるとした。本問では、たしかに、BIFAの集会に参加するD教団は、自らの詐欺的で強引な勧誘によって、市民からテロの対象となるまでの恨みを買った。しかし、D教団へのテロの責任がD教団自身にあるとして、BIFAのパーティー・ルーム利用を認めないのは、過剰な反応のようにも思われる。

　第2は、本問における危険性判断の基礎に置かれている公安調査庁の認定を、どの程度信頼すべきか、という問題である。この点、現実の社会において、公安調査庁の危険性の認定がどの程度信頼に足るものかについては、様々な意見があるであろう。しかし、本問の前提とする社会は、宗教に対する偏見に満ちた社会である。このような社会においては、公安調査庁の判断も、政治的共同体の多数派の偏見を反映したものにな

るおそれがある。

7 ………… 信教の自由に基づく義務免除 ── 関連問題を解くヒント

　上記 **4**(3)で説明したように、本問の先例として、エホバの証人判決は必ずしも適切ではない。同判決が先例性を有するのは、章末の関連問題のように、「信仰上の真しな理由」に基づく義務・不利益の免除が主題となる事案である。

　関連問題は、教員の完食指導によって信教の自由が制約された事案である。学校教育法 11 条によれば、「教員は、教育上必要があると認めるときは、……児童……に懲戒を加えることができる。ただし、体罰を加えることはできない」。関連問題では、教員の完食指導が、「懲戒」の範囲を超えて、信教の自由を違法に制限する「体罰」といえるかどうかが問題となる。エホバの証人判決を参考にすると、①完食義務免除を要求する「信仰上の真しな理由」の有無、②完食指導の合理性・必要性、③完食指導のもたらす不利益の態様・程度、④完食義務免除措置の政教分離違反性といった諸要素を総合考量したうえで、教諭 Y の指導が社会観念上著しく妥当を欠くものであるかを基準に、本件の違法性が判断されることになる。

　関連問題では、①完食義務免除の根拠は「B 教の経典の中心の 1 つである『創成記』に由来する「信仰上の真しな」ものである。次に、②「食品ロスに対する児童の自覚を高める」という指導目的自体は一応正当といえるが、そのために画一的な完食指導が必要であるかは疑問であり、また、教諭 Y には「表彰制度」で顕彰されたいという利己的動機もあった。さらに、③指導は「肉体的苦痛を伴う」ものではなく、X の精神的苦痛の直接の原因は「クラスの児童たち」の同調圧力にあるものの、Y の指導に起因して X が重大な不利益を被っていると評価できる。最後に、④完食義務免除が信仰上の理由に基づくものかどうかは外形的事情の調査によって明らかにできるし、信仰上の理由に仮託して完食義務免除を受けようとする者が多数にのぼるとも考え難く、義務免除が政教分離条項違反につながるともいえない。関連問題においては、以

上のような諸点を考慮することになるであろう。

解答例

問❶

1. パーティー・ルーム（以下「本件施設」という）供用（以下「本件供用」という）は、政教分離条項に違反しない。

(1) 憲法89条、20条1項は「宗教団体」等への公の財産の供用等を禁じる。この点、箕面忠魂碑事件判決は、「宗教団体」等を、「特定の宗教の信仰等の宗教的活動を行うことを本来の目的とする団体」、と定義した。本件において、BIFA は、「特定の宗教」を信仰する団体ではなく、憲法89条、20条1項の規律対象でない。

(2) 憲法20条3項は政府の宗教的活動を禁じる。この点、箕面判決は、「宗教団体」に該当しない団体への政府援助が憲法20条3項によって規律されると考えた。そのため、本件供用についても、その憲法20条3項適合性を検討すべきである。

憲法20条3項は、政治と宗教の分離を通じて、信教の自由を間接的に保障するものであり、宗教とのかかわり合いをもたらす政府行為の目的および効果にかんがみ、相当とされる限度を超える政治と宗教のかかわり合いを禁じる。そして、かかわり合いの相当性は、①一定の公共的政策目的の実現が企図されているか（目的分枝）、②かかわり合いの対象・態様の宗教性が希薄か（効果分枝）、を総合的に検討することによって判定される。

本件において、①本件供用には、市民の集会の場の提供といった公共的政策目的がある。他方、②BIFA は特定の宗教を信仰する団体ではなく、また、宗教者の交流や布教施策の意見交換の宗教性は希薄であり、慰霊行為も単一の宗教方式によるものではない。したがって、本件供用は、相当な程度のかかわり合いにとどまり、憲法20条3項に違反しない。

(3) 以上より、本件供用は、政教分離条項に違反しない。

2. 本件では、生命・身体・財産への明らかな差し迫った危険の発生が予見されない。

(1) 本件施設を利用した宗教者交流、意見交換、慰霊は、宗教性

が希薄であり、信教の自由ではなく集会の自由として保護される。

　(2)　集会の自由は、自己の人格を発展させ、相互に意見を伝達するために、不可欠な自由である。そして、集会は多数人が集会する場所を前提とする表現活動であるため、集会の自由の実質化には、政府等による集会に適した場の提供が必要となる。

　この点、泉佐野市民会館事件判決は、地方自治法244条の「公の施設」にあたる市民会館の利用申請不許可条件を、生命・身体・財産への明らかな差し迫った危険の発生が具体的に予見される場合に限定した。したがって、「公の施設」として運用されている本件施設の利用不許可条件も、明らかな差し迫った危険の予見される場合に限定されるべきである。

　(3)　本件では、たしかに、BIFAの集会に参加するD教団の布教活動はテロの誘因となり、現在でも、D教団に恨みをもつ市民が集会を妨害する可能性は否定できない。しかし、泉佐野判決は、集会妨害者の存在を理由に公の施設の利用を拒むことは許されない、とするところ、本件でも、不許可処分を正当化する明らかな差し迫った危険は存在しない。

3. 以上より、本件不許可処分には理由がなく、国家賠償法上、違法となる。

問❷

1.　B市の反論

　(1)　本件供用は、憲法20条3項に違反する。

　政教分離原則は、政治空間の無宗教性を確保し、非合理な宗教による政治空間の歪曲を阻止するところに、その本質がある。したがって、憲法20条3項は、宗教への不介入の原則に軸足を置いて解釈されるべきであり、同項違反の成否は、目的の世俗性と効果の宗教促進性の有無を、独立に、かつ厳格に、判断することで、決せられる。

　本件では、目的の世俗性は一応肯定できるが、効果の宗教促進性は否定できない。本件供用は、実質的には、代替的民間施設を利用する際にかかる諸費用の政府による助成を意味する。すなわち、本件供用によって、BIFAは物的・財政的な恩恵を受け、ひいては、BIFAの主要目的である「宗教の発展」が促進されることになる。したがって、本件供用は、憲法20条3項に違反する。

(2) 本件では、生命・身体・財産への具体的な危険を生じる蓋然性がある。

本件施設の利用行為のうち、宗教者交流は、相互に意見を伝達する行為として、集会の自由の一応の保護を受ける。しかし、これは、集会の自由の核心部分にある政治的意見の表明とは、異なる。他方、布教施策についての意見交換は布教の準備行為であり、慰霊行為は霊的な存在を前提とする行為であるため、信教の自由の一応の保護を受ける。しかし、これらも、信教の自由の核心部分にある布教そのものや、特定の宗教方式による慰霊とは、異なる。

BIFAの引用する泉佐野判決は、①市が単独で所有し、②同一施設内での利用の競合が生じない場所で行われる、③政治的意見の表明を目的とした集会について、不許可処分が正当となる場合の判断基準を定立した。

他方、本件では、まず、信教の自由の保護領域（布教準備、慰霊）に、泉佐野判決の射程は及ばない。次に、本件宗教者交流は、①官民共有で、②同一フロア内で一般利用との競合がある施設において、③政治的意見の表明を目的とせずに、行われる。すなわち、本件では、①伝統的な政府単独所有形態をとらず、②危険への予防的配慮が必要とされる場所での、③憲法的価値の低い権利が、問題となっている。したがって、泉佐野判決の射程は本件に及ばず、生命・身体・財産への具体的な危険の生じる蓋然性があれば、不許可処分は正当となる。

本件において、D教団は、自らの強引な勧誘の結果として、大規模テロを招いた過去がある。この点、本件よりも厳しい基準を採用した泉佐野判決は、集会申請者の側に反対集団の暴力的介入を招く責任の一端がある場合、反対者の暴力的介入の可能性を危険判断の際に考慮できるとした。したがって、D教団を構成員とするBIFAへの本件供用には、具体的な危険を生じる蓋然性があると評価できる。

(3) 以上より、本件不許可処分には理由があり、国家賠償法上、違法とならない。

２．私見

(1) 本件供用は、憲法20条3項に違反しない。

近代立憲主義の根源的な目的意識は、政治的共同体における市民の平等にある。かかる目的意識に立脚すれば、憲法20条3項の趣

旨も、市民の政治的平等の確保にあると解される。したがって、憲法20条3項適合性の判断は、政府行為が、ある宗教の信者に対して、政治的共同体の正規の構成員でない、あるいは優遇された構成員である、とのメッセージを伝達するか、を基準になされるべきである。

　本件では、まず、B市内の熱心な宗教者は、数的に少数である。さらに、B市市民は、宗教勧誘トラブルに起因するテロの記憶から、宗教者に根強い偏見を抱いている。したがって、B市内の宗教者は、隔絶され孤立させられている。次に、本件施設は無神論者の講演に利用された実績がある。それにもかかわらず、B市が本件供用を拒否すれば、B市は宗教に対する敵意あるメッセージを発信することになる。他方、B市が本件供用を許可しても、宗教を優遇するメッセージが発信されることにはならない。したがって、本件供用は、憲法20条3項に違反しない。

　(2)　本件では、生命・身体・財産への明らかな差し迫った危険の発生が予見されない。

　B市は、①本件施設が官民共有であること、②同一施設内での利用競合があること、③政治的意見の表明を目的としない低価値集会であること、④集会に信教の自由の行使の側面があること、を理由として、本件と泉佐野判決の事案とを区別する。

　しかし、①私的な場所としての側面があるという一事をもって、表現の場へのアクセスを閉ざすのは妥当でない。また、②構造上利用の競合が不可避的に生じる公園等の屋外施設については別論としても、屋内施設については、設計段階において利用の競合が生じないよう配慮することが可能であった。さらに、③BIFAの集会は、宗教者の政治的共同体における地位の回復を究極的には意図している。最後に、④信教の自由と集会の自由の事例で供用条件を区別すべき理由は、政教分離条項にあるが、2.(1)で論じた通り、本件供用は政教分離条項に違反しない。したがって、本件では、泉佐野判決と同様、明らかな差し迫った危険の存在を、不許可条件とすべきである。

　本件において、B市は、公安調査庁によるD教団の危険性認定を根拠に、BIFAを構成するD教団の本件施設立入りを危険と判断した。しかし、D教団等の宗教への偏見が広がっている社会状況を考慮すると、公安調査庁の判断も、政治的共同体における多数

者の偏見を反映しているおそれがある。したがって、本件で、明らかな差し迫った危険が存在すると考える根拠は、薄弱である。
　(3)　以上より、本件不許可処分には理由がなく、国家賠償法上、違法となる。

関連問題

信教の自由に基づく義務免除

　Xは、A市立小学校に通学する10歳の児童である。Xの両親は、B教の熱心な信者であり、Xも、両親の影響をうけて、B教を信仰していた。B教は、その戒律として、魚食の禁止を定めている。B教の経典の中心の1つである『創成記』によれば、世界のはじまりのころ、海を統治していた巨大な魚は、人間たちが勝手に海の魚を採っていることに激怒し、人間たちを次々に飲み込んでいったため、人間たちは、二度と海の魚を採らないという盟約を巨大な魚と結ぶことで、その怒りを鎮め、それ以来、人間は、魚を食してはならないことになった、とされている。

　A市立小学校では、食品ロスに対する児童の自覚を高めるため、全学年の給食を調理する給食室が、クラスごとの給食の残飯量を確認して、「よく食べたで賞」、「もっとがんばりま賞」といったクラス表彰をしていた。表彰制度を意識して、Xのクラス担任Yは、給食を完食するまで児童を教室内に着席させ続けるという指導法を採用することにしたが、食事を児童の口にむりやり押し込むといった肉体的苦痛を伴う指導は行わなかった。

　Xの両親は、教諭Yに対して、宗教上の理由に基づき、給食での魚食を免除してほしい旨の意向を伝え、理解を求めた。しかし、Yは、特定の宗教の信者のみを有利に取り扱うことはできないとして、両親の申入れを拒否した。やがてXのクラスメイトは、Xに対して、「食べるの遅いんだよ」、「なんで残すんだよ」といった言葉を投げつけるようになった。クラスメイトの非難の言葉に強いストレスを覚えたXは、人

前で食事をすると強い不安を感じて吐き気などを催す社交不安障害を発症し、学校に行くこともできなくなった。そこでXは、教諭Yの体罰による精神的苦痛に対する損害賠償を求める訴訟を提起した。以上の事例に含まれる、憲法上の問題点について論じなさい。

（参考、解説7）

参　考　文　献

野坂泰司「いわゆる目的効果基準について――政教分離原則違反の判断基準に関する一考察」高橋和之先生古稀記念『現代立憲主義の諸相㊦』（有斐閣・2013年）281頁以下

林知更「政教分離原則の構造」高見勝利＝岡田信弘＝常本照樹編『日本国憲法解釈の再検討』（有斐閣・2004年）114頁以下

安西文雄「平等保護および政教分離の領域における『メッセージの害悪』」立教法学44号（1996年）81頁以下

（村山健太郎）

9. 芸術の名において

設問　　A県内有数の集客数を誇るY市立美術館は、Y市立美術館条例（以下「条例」という）にもとづき、講堂、スタジオ、公募展示室等の貸出も行っている。このうちの公募展示室は、一定の条件を満たした団体（以下「使用適格団体」という）に限って使用申請を認め、使用申請の不許可、使用許可の取消し等につき、条例の定めを置いている（【参考資料1】参照）。

　　Xは、性的タブーに挑戦し、人々の不快感を煽りつつも、その背後にある常識に揺さぶりをかける作品を手掛けてきた芸術家で、ファンも少なくない。20XX年、Xは、使用適格団体である「前衛アート協会」（以下「協会」という）が毎年Y市立美術館の公募展示室を借りて開催している展覧会に、「ニッポン・シャカイの群像」と題する連作のアニメ・イラスト作品を出品した。この作品には、裸の少女が擬人化された動物や昆虫と性行為をしている場面などがリアルに描かれていた。本展覧会では、Xのこの作品のほかにも物議を醸しそうな作品の展示を予定していたため、協会は、本展覧会の開催に先立ち、Xの作品を含む展示作品が、刑法175条のわいせつ物に該当するか否か、「児童買春、児童ポルノに係る行為等の規制及び処罰並びに児童の保護等に関する法律」2条3項の「児童ポルノ」に該当する否かを警察に照会し、いずれも「該当しない」との回答を得ていた。

　　展覧会の初日、複数の来館者から、Xの作品に対して、「児童ポルノを市の美術館に飾るのはおかしい」、「子どもがショックを受けた」、「女性を蔑視していて不愉快だ」、といった旨の苦情を受けた。翌日には、「古き良き日本を守る会」、「女性の尊厳を守る会」などの団体からの抗議や、作品撤去の申し入れがなされるなどしたため、事態を重くみたY市立美術館館長（以下「館長」という）は、即日、協会に対して、「条例10条1号及び4号並びに同11条1号に基づいてX氏の作品の撤去を命ずる」との通知を行った（以下「本件撤去命令」と

いう）。協会とXは、撤去以外の対応策の検討を求めたが、館長はこれを拒否し、「撤去命令に応じなければ、展覧会自体の中止も検討せざるを得ない」と応じたため、協会はやむなくXの作品を撤去した。

Xは、協会の対応は致し方ないと思う一方、この館長の対応には納得できない。そこで、Y市を相手に国家賠償請求訴訟を提起することにした。

問❶　あなたがXの代理人となった場合、どのような憲法上の主張を展開するか。
問❷　Y市の反論についてポイントのみを簡潔に述べたうえで、あなた自身の見解を述べなさい。

【参考資料1】Y市立美術館条例*
（設置及び目的）
第1条　地方自治法（昭和22年法律第67号）第244条第1項及び博物館法（昭和26年法律第285号）第18条の規定に基づき、文化芸術基本法（平成13年法律第148号）の趣旨に則って美術作品その他の美術に関する資料の収集、保管及び展示並びにその調査研究及び普及活動を行い、市民の文化と教養の向上及び学術の発展に寄与するため、Y市立美術館（以下「美術館」という。）を設置する。
（美術館の使用）
第9条　第1条の目的に資する展覧会、講演会、研究会等（以下「展覧会等」という。）のために美術館の施設（以下「施設」という。）を使用しようとする者は、Y市立美術館館長（以下「館長」という。）の許可を受けなければならない。
2　施設のうち公募展示室の使用の申請は、次の各号のいずれかに該当する団体として館長より認められた団体に限り、認められるものとする。
　一　全国又は全国的な規模で、創作美術品の一般公募展を主催する団体で、次のアからウまでの要件を満たす団体
　　ア　団体主催の公募展覧会を実施した実績があること。
　　イ　団体の意思決定や運営に関する規則が明確であること。
　　ウ　団体の活動又は事業が、第1条に掲げる美術館の目的に合致したものであること。
　二　館長が特に認める団体
（使用の不許可）
第10条　次の各号のいずれかに該当するときは、館長は、施設の使用を許可してはならない。
　一　展覧会等ないしその展示物が、公序良俗に反するおそれがあると認められるとき。
　二　建物、設備又は展示品等を損傷するおそれがあると認められるとき。
　三　展覧会等ないしその展示物が、特定の政党・宗教を支持し、又はこれに反対するためのものと認められるとき。
　四　その他美術館の管理上支障が生じるおそれがあると認められるとき。

9. 芸術の名において

（使用許可の取消等）
第11条　次の各号のいずれかに該当するときは、館長は、施設の使用の許可を取り消し、その使用の全部若しくは一部を制限し、若しくは停止し、又は退館を命ずることができる。
　　一　前条各号に定める事由が発生したとき。
　　二　不正の手段により第9条の許可を受けたとき。
　　三　その他館長が特に必要と認めたとき。

【参考資料2】関係法令
○地方自治法
（公の施設）
第244条　普通地方公共団体は、住民の福祉を増進する目的をもつてその利用に供するための施設（これを公の施設という。）を設けるものとする。
　〔2項・3項略〕
○博物館法
（この法律の目的）
第1条　この法律は、社会教育法（昭和24年法律第207号）の精神に基き、博物館の設置及び運営に関して必要な事項を定め、その健全な発達を図り、もつて国民の教育、学術及び文化の発展に寄与することを目的とする。
（設置）
第18条　公立博物館の設置に関する事項は、当該博物館を設置する地方公共団体の条例で定めなければならない。
○文化芸術基本法
（目的）
第1条　この法律は、文化芸術が人間に多くの恵沢をもたらすものであることに鑑み、文化芸術に関する施策に関し、基本理念を定め、並びに国及び地方公共団体の責務等を明らかにするとともに、文化芸術に関する施策の基本となる事項を定めることにより、文化芸術に関する活動（以下「文化芸術活動」という。）を行う者（文化芸術活動を行う団体を含む。以下同じ。）の自主的な活動の促進を旨として、文化芸術に関する施策の総合的かつ計画的な推進を図り、もって心豊かな国民生活及び活力ある社会の実現に寄与することを目的とする。
（基本理念）
第2条　文化芸術に関する施策の推進に当たっては、文化芸術活動を行う者の自主性が十分に尊重されなければならない。
2　文化芸術に関する施策の推進に当たっては、文化芸術活動を行う者の創造性が十分に尊重されるとともに、その地位の向上が図られ、その能力が十分に発揮されるよう考慮されなければならない。
3　文化芸術に関する施策の推進に当たっては、文化芸術を創造し、享受することが人々の生まれながらの権利であることに鑑み、国民がその年齢、障害の有無、経済的な状況又は居住する地域にかかわらず等しく、文化芸術を鑑賞し、これに参加し、又はこれを創造することができるような環境の整備が図られなければならない。
4　文化芸術に関する施策の推進に当たっては、我が国及び世界において、文化芸術活動が活発に行われるような環境を醸成することを旨として文化芸術の発展が図られるよう考慮されなければならない。
　〔以下略〕

1 7 8

解　説

1 ………… 概　観

(1)　設問のねらい

　本問を一読すれば、直ちに X の表現の自由が問題になりそうな事案であるとの印象を抱くことだろう。しかし、本件事案において X は、Y 市（公権力）によって芸術表現を行うことを「禁止」されたわけではない。美術館以外の場所や機会を利用して、まったく同じ内容の芸術表現を「自由」に行うことが可能である。X は、単に美術館という「表現の場」を通じた表現の機会提供を否定されただけであって、しかもそれは、直接的には本件撤去命令を受けた協会によって行われている。

　そうだとすると、本問で X の代理人となったあなたは、どのような「憲法上の主張」を展開すればよいのだろうか。本問のねらいは、「自由」の「制約」とは直ちには構成しにくい事実関係において、いかにして憲法上の主張を組み立てていくか、である。

(2)　とりあげる項目

　► 憲法判断の対象の選択方法

　► 表現の自由と助成

　► パブリック・フォーラム法理の内容と機能

　► 行政裁量の統制

2 ………… 憲法判断の対象

(1)　事実関係の整理

　本問では、「何を」憲法判断の対象にするべきだろうか。事実関係を整理すれば、本問では、「館長が、来館者や団体から苦情が寄せられたことを理由に、X の作品の展示は条例 10 条 1 号〔公序良俗〕および 4 号〔管理上の支障〕に該当すると判断して同条例 11 条 1 号にもとづいて撤去命令を出し、それを受けた協会が展覧会から X の作品を撤去した行為」が問題となっている。X の作品を撤去したのは協会であるが、その行為に至る決定的な理由となったのは館長の本件撤去命令であるし、X

は協会を被告とした訴訟を想定していないから、館長の本件撤去命令が主たる憲法判断の対象となる。

　それでは、本件撤去命令の「何を」憲法判断の対象にするべきなのだろうか。命令の根拠となった条例の規定か、それとも命令それ自体（処分）か。1(1)で述べた設問のねらいに関連する論点——Xの「何が」制限されたのか——を解説するのに先立ち、この点を明確にしておくことが有益であろう。

(2)　文面審査か適用審査か

　まず、条例の「文面」を対象とする「文面審査」がある。これをX側からいえば、本件撤去命令の根拠となった条例規定の「文面」が違憲であるという主張になる。この主張であれば、法令の文言のみに着目した審査がなされるため、Xの「自由」の「制約」の有無とは一応独立に展開できる。しかし、本条例のような一般的な規定が文面違憲とされる可能性は、現実にはほとんどありえないため、Xの代理人の主張として、妥当な主張であるとは思われない。

　そうすると、本問では、条例規定の「適用」を対象とした「適用審査」の方がベターである。これをX側からいえば、①当該条例規定の「適用」を根拠づけている条例部分の違憲性の主張（適用違憲）と、②当該条例の適用「行為」（＝処分）の違法・違憲性の主張（処分違法・処分違憲）とが可能である。それでは、本件事案においては、①と②のどちらの主張を展開すればよいだろうか。

(3)　適用違憲か

　近年の学界における用語法（宍戸297頁以下、駒村37〜38頁、論点教室32頁以下〔山本龍彦〕など）に従えば、適用違憲とは、「法令の合憲限定解釈が不可能である場合、すなわち合憲的に適用できる部分と違憲的に適用される可能性のある部分とが不可分の関係にある場合に、違憲的適用の場合を含むような広い解釈に基づいて法令を当該事件に適用するのは違憲である」（芦部399〜400頁。傍点は原文による）とする判断手法をいう。適用違憲は、当該事案に適用される限りで「法令」を違憲とする手法であること、つまり、法令審査の一種（法令の一部違憲）であるということ

に注意が必要である（最大判昭 49・11・6 刑集 28-9-393〔猿払事件判決〕）。

　さて、この説明によれば、合憲限定解釈の可否が、適用違憲の主張の妥当性にとって重要な要素となっている。合憲限定解釈とは、「字義通りに解釈すれば違憲になるかも知れない広汎な法文の意味を限定し、違憲となる可能性を排除することによって、法令の効力を救済する解釈」（芦部 394 頁。傍点は引用者による）である。本問の場合、Y 市の処分の根拠となった条例 10 条 1 号および 4 号の文言——「公序良俗に反するおそれがあると認められるとき」、「管理上支障が生じるおそれがあると認められるとき」——において不確定（法）概念が用いられており、法令の執行者に裁量の余地を広く認めている。この種の規定は、一般的にみられる立法方法であり、合憲限定解釈に馴染みやすいものである。したがって、適用違憲の主張は必ずしも妥当ではないということになりそうである。

⑷　処分違法か処分違憲か

　法令にもとづく「処分」を照準に憲法論を組み立てる場合、上述のように、処分違法と処分違憲の主張がありうる（駒村 38 頁）。両者の違いであるが、これもまた近年の学界の用語法によれば、処分違法は、「法令の合憲限定解釈が可能であるにもかかわらず、法令の執行者が合憲的適用の場合に限定する解釈を行わず、違憲的に適用した、その適用行為は違憲である」とするものであり、処分違憲は、「法令そのものは合憲でも、その執行者が人権を侵害するような形で解釈適用した場合に、その解釈適用行為が違憲である」とするものである（芦部 400 頁。傍点は原文による）。

　この説明をみると、両手法とも、被処分者に何らかの憲法上の権利侵害が生じていることが前提とされている。すなわち、処分違法という手法は、処分権者による法令の解釈適用行為が、被処分者の憲法上の権利を侵害する場合（＝違憲的に適用した場合）に用いられる手法であり、処分違憲という手法も、合憲の法令を処分権者が「人権を侵害するような形で解釈適用した場合」に用いられる手法とされている。

　そうだとすると、処分違法または処分違憲の主張を組み立てていくた

めには、まず前提として、Xのいかなる憲法上の権利が制約されているかを明らかにする必要がありそうである。

3⋯⋯⋯⋯「自由」の「制約」?

それでは本問では、Xのいかなる憲法上の権利が制約されているだろうか。冒頭でも述べたように、直ちに思い浮かぶのは、Xの表現の自由の制約であろう。

(1) 表現の自由

表現の自由は、口頭・文章による表現のみならず、「一切の表現」――絵画・彫刻・音楽・演劇・映画・放送等々――を含むものであり、芸術上の表現活動もまた、当然にその保護範囲に含まれる（佐藤248頁）。人々に不快感を与えるような表現であったとしても、原則として表現の自由の保護の範囲に含まれるのであり、Xの表現が、憲法21条1項によって保護されるということは多言を要しない。

しかし、本問では、Xの芸術表現そのものは制約されておらず、せいぜい、本件撤去命令によって「美術館で芸術作品を展示され閲覧に供される自由」が制限されたにすぎない――上述の通り、厳密には、Xの作品を撤去したのは協会であるが、館長の本件撤去命令がなければ協会による作品撤去はなかったのであるから、本件撤去命令によってXのこの自由が制限されたといってよい。

それでは、この自由は、果たして憲法21条1項によって保障される憲法上の権利といえるだろうか。

(2) 表現の自由と作為義務

表現の自由条項は、国家に対して、表現のための機会や場の提供を義務づけるものではないというのが、一般的な理解であり裁判所の立場でもある。天皇コラージュ事件（名古屋高金沢支判平12・2・16判時1726-111）は、この点について次のように述べている。「表現の自由の保障とは、情報収集―情報提供―情報受領という情報の流通過程のうち、情報提供の過程においては、情報提供に関わる国民の諸活動が公権力によって妨げられないことを意味し、公権力に対し、国民が自己の有する情報を提供す

るための作為を求めることができることまで意味しないものと解するのが相当である。これを芸術上の表現活動の自由についていえば、芸術家が作品を制作して発表することについて公権力がこれを妨げることは許されないが、公権力に対し、芸術家が自己の制作した作品を発表するための作為、たとえば、展覧会での展示、美術館による購入等を求める憲法上の権利を有するものではないといわなければならない」（同様の立場を示した裁判例として、京都市タウンミーティング事件〔京都地判平 20·12·8 判時 2032-104、大阪高判平 21·9·17 判時 2068-65〕も参照）。

(3) 法令上の助成義務

さらに本問においては、法令上の助成義務を導き出すことも困難である。まず、条例の中に、そうした作為を義務づける規定は置かれていない。また、【参考資料 2】にあげられている文化芸術基本法は、積極的な芸術振興を求める法律ではあるが、公権力に対して芸術助成を行う法的義務を課すものとは言い難い。同法 2 条 3 項には、「文化芸術を創造し、享受することが人々の生まれながらの権利である」と規定されているものの、この権利は、芸術的活動を行うことや、それを鑑賞・享受することを公権力から妨げられないということを意味するにとどまり、助成を受ける具体的な権利をも保障していると解することは難しい。

以上からすると、本件事案を、「美術館で芸術作品を展示され閲覧に供される自由」が制約された事例として把握する場合、その自由は憲法 21 条 1 項によって保障されているとは言い難いため、憲法上の権利の制限がみられず、それゆえに館長には、美術館の運営管理の責任者として、本件撤去命令を出す際に広汎な裁量権が認められ、本件撤去命令は裁量の範囲内での処分であり適法である、ということになりそうである。

(4) 政府言論

なお、一般的に公権力は、自身もまた表現の主体として、直接または間接に様々な表現活動を行っている。そのような政府の表現活動も憲法 21 条 1 項が保障する表現の自由によって保障されるというわけではない。しかし、公権力の立場を国民が十分に理解するためにも、そうした表現が民主政に対して有する意義は大きい。よって、表現を規制する場

合に求められる内容中立の要請などは、ここでは働かないとされる。学説はこの考え方を「政府言論」と呼ぶが、政府言論に該当する場合、表現の自由による統制を原則として受けないとされる。

　仮に本問で、Y市立美術館という公権力が、自らが正しいと信じる価値観を市民にアピールするために、作品を選定し場所を使わせるという援助を行った事案であったのならば、それは政府言論として、表現の自由の制約を受けない可能性がある。しかし本問では、「前衛アート協会」の表現に対する援助を行っているにすぎず、Y市美術館の表現のためではなかった。また、いわゆる「場所貸し」をしているだけであり、そこでの表現内容に対する全面的な支持の表明とはいえないだろう。したがって本問においては、政府言論の論点が前面に出てくることはないと考えられるが、表現活動への助成が論点となっているときには、この論点の存在にも意識を向けるようにしたい。

4 ………… パブリック・フォーラム──「自由」の「制約」にこだわる

　それではXの弁護人としては、何を主張すればよいのだろうか。その候補の1つが、「美術館で芸術作品を展示され閲覧に供される自由」とは異なる憲法上の権利ないし自由が「制約」されていることを論証することである。

(1)　パブリック・フォーラム論

　この主張を構成していく際の手がかりとなるのは、パブリック・フォーラム論である（論点教室133頁以下〔中林暁生〕、横大道・後掲参考文献）。パブリック・フォーラム論とは、表現活動のために公共の場所（施設）を利用する権利を保障することで、所有者たる政府の管理権を統制していこうとする議論であり、アメリカの判例法理の中で展開してきた考え方である。

　日本の判例において、パブリック・フォーラム論を明示的に導入して議論を展開したものは見当たらない。吉祥寺駅構内ビラ配布事件（最判昭59・12・18刑集38-12-3026）の伊藤正己裁判官補足意見や、大分県屋外広告物条例事件（最判昭62・3・3刑集41-2-15）の同じく伊藤補足意見で触れ

られたことはあるが、その内容は、一般公衆が自由に出入りできる場所
は表現のための場として役立つから、それが表現のために用いられた際
には、可能な限り表現の自由に配慮すべきだという内容であり、アメリ
カの判例法理のパブリック・フォーラムとは異なる（木下昌彦編集代表
『精読憲法判例〔人権編〕』（弘文堂・2018 年）422 頁〔横大道聡〕）。むしろそれに
近いのは、パブリック・フォーラムという言葉は用いていないものの、
泉佐野市民会館事件（最判平 7·3·7 民集 49-3-687）である（小山 195 頁）。同
事件の調査官解説も、「本判決がパブリック・フォーラムの法理を念頭
に置いていることは疑いがない」と断言している（近藤崇晴・最判解民事
篇平成 7 年度㊤295 頁）。

　この事件では、集会のための場所（市民会館）の利用が拒否されたに
すぎない。そのため、集会の自由の「制約」と直ちには構成しにくい事
案であった。それにもかかわらず、最高裁は、「地方自治法 244 条にい
う普通地方公共団体の公の施設として、本件会館のように集会の用に供
する施設が設けられている場合、住民は、その施設の設置目的に反しな
い限りその利用を原則的に認められることになるので、管理者が正当な
理由なくその利用を拒否するときは、憲法の保障する集会の自由の不当
な制限につながるおそれが生ずることになる。したがって、本件条例
……を解釈適用するに当たっては、本件会館の使用を拒否することによ
って憲法の保障する集会の自由を実質的に否定することにならないかど
うかを検討すべきである」と述べて、集会のための使用を拒否すること
を、「自由」の「制約」の問題と構成したのである（小山 21〜23 頁、195
頁、駒村 299 頁）。

(2)　自由の制約から条例の限定解釈へ

　さらに最高裁は、次のように論を進める。集会のための使用拒否が集
会の「自由」の「制約」となりうるがゆえに、「集会の用に供される公
共施設の管理者」には、「公共施設としての使命を十分達成せしめるよ
う適正にその管理権を行使すべき」義務が課される。そして、施設利用
を拒否できるのは、利用希望競合などのほか、原則として、「施設をそ
の集会のために利用させることによって、他の基本的人権が侵害され、

公共の福祉が損なわれる危険がある場合に限られ」る。さらにそのような場合でも、「その危険を回避し、防止するために、その施設における集会の開催が必要かつ合理的な範囲で制限」することのみが認められるのであり、条例の定める不許可事由に該当するには、「明らかな差し迫った危険の発生が具体的に予見されることが必要」などとして、合憲限定解釈を施す――具体的には、条例のいう「公の秩序をみだすおそれがある場合」を、「許可権者の主観により予測されるだけではなく、客観的な事実に照らして」、「人の生命、身体又は財産が侵害され、公共の安全が損なわれる危険」が、「明らか〔に〕差し迫っ」て発生することが「具体的に予見される」場合に限定――。最後に、裁判所が自ら、このようにして限定解釈された条例の規定に本件事実関係を当てはめ、不許可処分の適否を判断して、合憲判断を下したのである（なお、類似した論理構成の上尾市福祉会館事件判決〔最判平 8・3・15 民集 50-3-549〕も参照）。

(3) 本件事案の場合

　本件事案においても、このような考え方は X の主張を組み立てる参考になる。すなわち、①【参考資料 2】にあげられた関係法令の解釈などを通じて、正当な理由なく芸術作品の展示内容に管理者が介入し、撤去を命令することは、X の表現の自由の不当な制限につながるおそれがあると論じ（「自由」の「制限」との構成）、②条例 10 条 1 号および 4 号（11 条 1 号）に定める使用許可の取消等が認められる場面を、表現の自由の不当な制限につながることがないように、その重要性を踏まえて限定解釈する必要性を論じて（合憲限定解釈ないし憲法適合解釈）、③かく限定解釈された条例に本件事実を当てはめ、処分の違法性を論証していく、という主張である。これは、2 の整理によれば、合憲限定解釈＋処分違法の主張ということになる。

5 ………… 行政裁量の統制

　3、4 では、X の憲法上の権利の「制限」にこだわって議論を組み立てる筋道をみてきた。しかしながら、原告側が自身の憲法上の権利が制限されたことを論証しなければ勝訴できない、というわけではない。

行政権の行使に何らかの違法があったことを論証しさえすれば、勝機を見出せるからであり、そのための方法の1つが、行政裁量審査である。

(1) 行政裁量審査

憲法判例として扱われている著名判例の中には、「人権制限が問題であるように見えるにもかかわらず、明示的に憲法何条（違反）と挙げることなく、行政裁量の踰越・濫用の枠組みで事案を処理した一連の判例が存在」している（宍戸・後掲参考文献100頁）。たとえば、家永教科書検定第一次訴訟（最判平5·3·16民集47-5-3483）、同第三次訴訟（最判平9·8·29民集51-7-2921）、エホバの証人剣道受講拒否事件（最判平8·3·8民集50-3-469）、呉市教研集会事件（最判平18·2·7民集60-2-401）などがこれに該当する。そして、「憲法上の権利が侵害されたかが争点とされた事案において行政裁量審査の枠組みによって判断された例は、……特別権力関係に属するとされてきた領域や、給付行政のような、受益処分の性格をもつ領域に多い。これは、裁判所が事案を憲法上の権利論で決着をつけにくい領域において、それを行政裁量論の次元で補っている場合がある、ということを示している」とされるが（渡辺・後掲参考文献342頁）、そうだとすれば、本問の場合に行政裁量審査を使わない手はない。

(2) 判断過程審査

行政裁量審査のうち、行政の「裁量を認めざるをえないが、同時に『人権』にも配慮しなければならないような場面で、有用な審査手法」（論点教室51頁〔山本〕）とされるのが、判断過程審査である。判断過程審査とは、行為（処分）に至るまでの判断の過程を審査する手法であり、判断過程の合理性の有無、考慮すべき事情を考慮したか、考慮すべき要素をどれだけ適切に重みづけを行って考慮したか等を審査することを通じて行政裁量の統制を試みようという手法である（詳細は、村上・後掲参考文献を参照）。前述(1)で触れた最高裁判例はいずれも、判断過程審査を採用した判決である。

(3) 判断過程審査における憲法上の権利の意義

しかし、本問で求められているのは、「憲法上の主張」である。それでは判断過程審査の局面において、憲法上の権利は、どのような意味を

もつのだろうか。まず、憲法上の権利が関わってくる場合——直接的に「制約」されている必要は必ずしもないことに注意したい——には、少なくとも判断過程において考慮すべき要素の1つになるし、考慮すべき要素の重みづけに関しても一定の役割を果たすと主張することができる（宍戸・後掲参考文献106頁等）。その典型とされるエホバの証人剣道受講拒否事件では、信教の自由が考慮要素の1つとなるとともに、退学処分によって受ける学生の不利益に「重み」を付与し、代替措置の有無を考慮しなかった校長の判断過程が違法とされる理由の1つとなっている（と解釈できる）。また、呉市教研集会事件は、憲法上の権利への言及はないものの、「①集会の自由が本来的に保障されない——〈権利—制限〉を観念できない——非パブリックフォーラム（学校施設）での集会許否の判断が管理者の裁量に委ねられることを認めつつも、②本件では、この裁量権行使が集会の自由の実現（給付的・助成的側面）にかかわっており、管理者はこの裁量権を適切に行使する義務を負っていると解される限り、③裁判所としては、この裁量権行使の態様が適正なものであったかを審査すべきであると考え、本件の集会拒否の判断につき判断過程審査を行ったもの」と解することができる（論点教室55頁〔山本〕）。

このように判断過程審査では、必ずしも憲法上の権利の「制約」の存在が必要とされていないように見受けられるが、それは、判断過程審査が、処分の結果（内容）に着目する実体的審査とは異なり、処分に至る判断過程を審査するものであり、適正な判断過程を経さえすれば、同じ内容の処分が可能であるということ、そして、憲法上の権利の侵害を前提としなくても、行政法の一般原則である比例原則や平等原則による統制を及ぼすことが可能であること、などが関係していると思われる。

(4) 本件事案の場合

以上を踏まえたうえで、本問において行政裁量審査による主張を組み立てれば、①【参考資料2】にあげられた関係法令の解釈などを通じて、条例11条柱書にもとづく処分に関する裁量権には一定の限界があることを示し、②またそれが憲法の保障する表現の自由にも関わっていることを強調しながら、判断に至るまでに適正な過程を経る必要があること

を論じ、③事実関係の中から、条例10条1号および4号に該当するという判断を基礎づける事情の不在を論じて、処分に至る判断過程における問題点を明らかにする、という主張になろう。**2**の整理によれば、これは処分違憲の主張ということになる。

6 ……… おわりに

解答例では、問**❶**のXの主張の局面では、**4**のパブリック・フォーラム論の考え方を参考にした主張をさせた。問**❷**のY市の反論では、前述**3**で論じた権利の制約の存在自体を否定し裁量を広く認める主張をさせている。そして私見では、前述**5**でみた行政裁量の統制の筋道での主張を展開し、本件処分は違法であるとの結論を導いている。

「憲法上の主張」といったとき、違憲審査基準の適用や、法令違憲や適用違憲等々の華々しい議論を想定するかもしれない。しかし、前述**5**の議論を踏まえて作成した解答例の「私見」で示したように、必ずしも憲法上の権利の制約にこだわらず、行政裁量の統制という枠組みの中で憲法上の価値を盛り込むことを通じて、行政裁量に何らかの限定をかけていくという、一見すると地味な議論もまた、立派な憲法上の主張であって、追究に値する論理構成である。これが、本問の裏のねらいでもあった。

解答例

問❶

Xの代理人として、Y市立美術館館長（以下「館長」という）が、Y市立美術館条例（以下「条例」という）10条1号および4号ならびに11条1号にもとづき、前衛アート協会（以下「協会」という）に対してXの作品の撤去を求め（以下「本件撤去命令」という）、Xの作品を撤去させたことは、Xの表現の自由を侵害する違法な行為であるから、Y市はXに対して損害賠償責任を負うと主張する。

1．本件条例が、美術館の公募展示室を、芸術活動実績を主たる判断基準として使用適格団体にのみ使用させる旨を定めたのは（条例9条2項）、そうすることが文化芸術活動を行う者の自主性や創造性の尊重（文化芸術基本法1条、2条1項・2項）、そして「市民の文化と教養の向上及び学術の発展に寄与」（条例1条）につながるという理解にもとづくものと解される（地方自治法244条1項、博物館法1条も参照）。そうだとすれば、本件公募展示室のような施設の利用に関して、使用適格団体は、原則的に自由に展示作品を選別し展示することが認められるのであって、管理者が正当な理由もなく施設の利用を拒否したり、展示作品の撤去を求めたりした場合には、団体および展示作品の制作者の表現の自由を不当に制限するおそれが生じるといえる。

したがって、憲法が保障する表現の自由を実質的に否定することにならないように、公募展示室の使用許可の取消しに関して、条例10条1号にいう「公序良俗に反するおそれがあると認められるとき」という規定は、刑罰法令に抵触することが明らかである場合や、他者の権利を侵害する蓋然性が高いような場合に限定されるべきである。同様に、条例10条4号にいう「美術館の管理上支障が生じるおそれがあると認められるとき」という規定も、客観的な事実に照らして、具体的に当該支障が明らかに予測される場合に限定されると解すべきである。

2．本件事案の場合、Xの作品は、協会が事前に警察に確認した通り刑罰法令に抵触するものではなく、アニメ・イラスト作品であるから他者の権利を侵害する内容のものでもない。また、Xの作品に対して来館者等からの苦情や批判が寄せられた事実は認められるが、それらの抗議等によって美術館の運営や管理が妨げられたといった事情は存在せず、将来生じる蓋然性も認められない。したがって、Xの作品の展示が条例10条1号および4号に該当するとして、11条1号にもとづいて出した本件撤去命令は、本件条例の解釈適用を誤った違法なものというべきであるから、Y市は、Xに対して、その損害を賠償しなければならない。

問❷

1．Y市の想定される反論

Xの1の主張に対しては、本件撤去要請によって、Xの作品の

制作・発表が妨げられたわけではないから、Xの表現の自由が侵害される事態はそもそも生じていない。また館長は、Xの作品の撤去を協会に命じたにすぎず、これを受け入れた協会の判断で撤去されたにすぎないから、Y市がXの表現の自由を侵害したとはいえない。したがって、館長は美術館の運営管理の責任者として、条例10条1号および4号に該当するか否か、ならびにその場合に11条にもとづく命令を出すか否かについて、広い裁量権が認められる、との反論が予想される。

これを前提に、Xの2の主張に対する反論として、Xの作品が性的に露骨なものであることからすれば、館長が条例10条1号にいう「公序良俗に反するおそれがある」場合に該当すると判断したことは裁量権の範囲内である。また、多くの来館者や複数の団体から苦情や批判を招いたことからすれば、館長が条例10条4号にいう「美術館の管理上支障が生じるおそれがある」場合に該当するとの判断も裁量権の範囲内のものである。したがって、条例11条にもとづいてXの作品の撤去命令をしたことには合理性が認められるから適法である、と主張されることが予想される。

2．私見

(1) Y市立美術館は、地方自治法244条1項の「公の施設」として、博物館法18条にもとづいて設立された、「市民の文化と教養の向上及び学術の発展に寄与する」ことを目的とした施設であり、その目的を達成するために、文化芸術基本法の趣旨に則って運営等がなされることが要請されている（条例1条）。そして文化芸術基本法では、文化芸術の振興に際して、文化芸術活動を行う者の自主的な活動の促進（1条）や、自主性を十分に尊重すること（2条1項）、その地位の向上をはかり、その能力が十分に発揮されるように配慮すること、創造性に十分に配慮すること（同条2項）などがうたわれている。

このようなY市立美術館の条例上の位置づけ、芸術作品を制作・発表等することが憲法21条1項の保障する表現の自由の行使であること、そして、それらの芸術作品を創造することおよびそれを享受することが「人々の生まれながらの権利」（文化芸術基本法2条3項）と法令上位置づけられていること等を踏まえるならば、館長は、条例の解釈・適用にあたり、文化芸術活動を行う者の自主性、創造性等に十分配慮しなければならない義務を負うと解される。そ

してこの義務に照らして、館長には、条例 11 条柱書にもとづく処
分にあたってある程度の裁量権が認められるとしても、いったん使
用適格団体に施設の利用を許可した後に、その展示作品の表現内容
を理由として、使用許可の取消しや作品の撤去等を求めるような場
合には、表現内容規制としての側面を有しているとも評価しうるも
のであるから、とりわけ芸術作品の制作者の表現の自由への配慮を
することが要請されると解される。

　したがって、条例 11 条柱書にもとづく処分がそうした配慮や必
要な考慮を怠り、または考慮すべきではないことを考慮してなされ
たような場合には、当該義務に違反した裁量権の逸脱または濫用が
あったとして、国家賠償法上違法となると解される。

　(2)　Y 市が述べるように、X の作品が女性を性の対象として露
骨に扱っており、来館者からの多くの苦情を招いていることに照ら
すと、館長が、X の作品は条例 10 条 1 号にいう「公序良俗に反す
るおそれがある」場合に該当すると判断したことに理由がないわけ
ではない。しかしながら、そもそも芸術は必ずしも万人に受け入れ
られるものではなくその時代の常識に揺さぶりをかけることも少な
くないこと、X の作品は、協会を通じて警察が確認しているように
法令に抵触するものではないこと、使用適格団体は、Y 市立美
術館の目的に合致する活動を行う団体に限られ（条例 9 条 2 項 1 号
ウ）、かつ、実績のある芸術団体に限定されていること（同号ア）な
どからして、使用適格団体が行う展示会は美術館の設置目的に合致
するという推定が働くと解されることなどといった諸般の事情に照
らせば、原則的に使用適格団体が行う展示会における展示は「公序
良俗に反しない」と解すべきである。慎重な考慮の結果、この原則
を覆すに足りる十分な理由があると判断される場合もありうるが、
本件事案の場合、そうした考慮がなされたとは言い難い。

　条例 10 条 4 号にいう「美術館の管理上支障が生じるおそれがあ
る」場合に該当するかの判断に際しても、当該「おそれ」が現実化
する可能性を慎重に考慮する必要があるところ、本件事案の場合、
館長は、複数の団体からの抗議を受け、即日に本件撤去命令をして
おり、かような慎重な判断がなされたとは言い難い。

　さらに、本件撤去命令に際して、より制限的でない対応、たとえ
ば、未成年者等の閲覧制限をしたり、注意書きを付け加えるなどの
配慮をしたうえで展示を継続したりすることが可能であったにもか

かわらず、そうした可能性の検討を怠り、協会に対して命令の遵守を迫り、公募展覧会自体の中止を示唆しながら、協会にXの作品を撤去せざるをえない状況に追い込んでいる。

(3) 以上により、館長による協会に対する本件撤去命令は、条例10条1号および4号ならびに11条1号の要件に該当するか否かの決定に際して必要な考慮を怠ってなされた違法な処分である。そして、本件撤去命令がなければ協会はXの作品を撤去することはなかったのであるから、Y市はXに対して国家賠償責任を負わなければならない。

関連問題

芸術展での展示と公権力の関与

設問の事件から数年後、Y市美術館を含むY市内の施設を会場にして、国際芸術展「Y市トリエンナーレ」が開催された。Y市トリエンナーレを開催・運営するのは、トリエンナーレ実行委員会（以下「実行委員会」という）である。その委員長であるY市長は、実行委員会としての意思決定を行う際の運営会議議長も務める、トリエンナーレの運営管理部門の最高責任者である。他方、芸術作品の選定等を担う芸術部門は、そこから独立した芸術監督が最高責任を担うという仕組みとなっていた。なお事務局の業務は、Y市役所の職員が行っていた。

芸術監督に選出されたTは、これまで美術館等で展示が認められなかった作品を集めて「不自由な表現展」を開催することを思い立ち、かつてそのような企画展を開催した経験があるXらを構成員とする「企画委員会」との間で、作品の選定・展示等の業務委託契約を結んだ。「企画委員会」は、設問の事件でY市を相手に国家賠償請求訴訟を提起したXの作品のほか、Y市政や政府批判を行う作品など、合計23点を展示することにした。

Y市トリエンナーレ開幕後、この「不自由な表現展」をめぐって、次のような事態が生じた。

①「不自由な表現展」の内容に対する抗議が殺到し、事務局は対応に追われ、他の業務を行うことができなくなった。また、放火予告や殺人予告のFAXが届くなどしたため、運営会議議長としてY市長は、Tと相談のうえ、「不自由な表現展」の展示中止を決めた。

②放火予告や殺人予告をした者が逮捕されたため、Y市長は運営会議議長として、セキュリティ強化や入場制限を設けたうえでの展示再開を専決処分で決定した。それに対して、実行委員会の副委員長で運営会議副議長でもあるA県知事は、展示作品の一部に強い反発を示したうえで、「公金を用いて行われた今回の展示は、市や県としてその内容に賛成している、正しいという裏書きを与えているに等しい。いわば市・県の表現なのだから、自分たちでその内容をコントロールできるのは当然だ」と主張して、展示再開に反対した。それにもかかわらず、展示が再開されたため、Y県の負担金（約3000万円）の支払いを拒否した。

③Y市トリエンナーレは、文化庁の補助事業として採択されていたが、Y市が「不自由な表現展」により会場の安全や事業の円滑な運営を脅かすような事態が生じうるという重大な事実を認識していたにもかかわらず、文化庁に一切申告しなかったため、文化庁は、補助事業採択の審査の視点において重要となる、(1)実現可能な内容になっているか、(2)事業の継続が見込まれるか、の2点において適正な審査を行うことができなかったとして、補助金全額（約8000万円）の不交付を決定した。

　以上の①〜③の各々について、どのような憲法上の問題があるかを指摘したうえで、あなたの立場を論じなさい。

（参考、解説 **3** 〜 **5**、横大道・後掲および杉原周治「国家による芸術助成と表現の自由──『あいちトリエンナーレ2019』問題を素材として」法学教室472号〔2020年〕49頁以下等）

参 | 考 | 文 | 献

宍戸常寿「裁量論と人権論」公法研究 71 号（2009 年）100 頁以下

藤井樹也「違憲性と違法性」公法研究 71 号（2009 年）112 頁以下

村上裕章「判断過程審査の現状と課題」法律時報 85 巻 2 号（2013 年）10 頁以下

横大道聡『現代国家における表現の自由——言論市場への国家の積極的関与とその憲法的統制』（弘文堂・2013 年）第 2 部

渡辺康行「憲法上の権利と行政裁量審査——判例状況の分析と今後の方向性」高橋和之先生古稀記念『現代立憲主義の諸相(上)』（有斐閣・2013 年）325 頁以下

ポルノ被害と性暴力を考える会編『森美術館問題と性暴力表現』（不磨書房・2013 年）

（横大道聡）

10. 基地のある街

設問　20X0 年代、日本の政治・社会状況は混迷を深め、過激な社会改革を主張する街頭行進が頻発した。同時に、わが国の経済・財政状況は悪化の一途をたどり、国・地方財政の健全化のための行政費用の大幅な削減が、急務となっていた（ただし、物価は 2020 年と同水準にあるものとする）。そこで、政府は、抜本的な国・地方財政再建のための諸施策の立案に着手した。立案の過程で、警察庁は、街頭行進の際に要する警察活動費用の急増が警察庁および各都道府県警察の予算を圧迫していることを問題視し、街頭行進に伴う警察活動費用の一部を街頭行進主催者に負担させるよう、強く要求した。

　20X5 年、国会は、諸省庁から提出された行政費用削減案を踏まえ、国・地方財政の再建を立法目的とする包括的な「財政健全化法案」を審議、可決し、これを同年 4 月から施行した。財政健全化法（以下「健全化法」という。【参考資料】参照）には、警察庁の上記要求を反映した 1 章も設けられた。すなわち、健全化法施行後、「車道」（道路交通法 2 条 1 項 3 号の定義による）におけるすべての街頭行進について、当該街頭行進に伴う警察活動費用の一部（1 日あたり 20 万円を上限とする）が、街頭行進主催者から徴収される。徴収される警察活動費用は、各都道府県給与条例に定める警察職員の平均給与額にもとづき、健全化法 144 条 1 項の定める計算式によって、算出される。

　なお、健全化法施行後も、街頭行進が「車道」以外の「歩道」（道路交通法 2 条 1 項 2 号の定義による）で行われる場合には、道路使用許可申請手数料（20X4 年度全国平均 2000 円）のみが徴収される。また、健全化法の立法過程では、警察活動費用を支弁できない貧困層に対する費用徴収免除措置の導入も検討されたが、申請者の財産状況の調査に要する行政コストが問題視されたため、当該免除措置の導入は見送られた。

　A 県 B 市では、その土地の約 3 分の 2 が、在日米軍基地として利

用されている。20X1年、国家財政の悪化から、B市に対する基地交付金交付額が大幅に削減されたため、B市の財政は逼迫し、B市在住の日本人の多くも、貧困に苦しむことになった。他方で、B市C町には、在日米軍軍人とその家族が居住する豪壮な住宅地が広がっている。

B市C町にある在日米軍家族向けのアメリカン・スクールでは、毎年、全校生徒とその保護者約300名がマーチング・バンドを結成し、C町内の米軍向け住宅地内の車道を利用して、アメリカン・パレードを催していた。20X5年7月4日に行われた2時間のパレードも、車道の交通整理のために配備された警察官20名、街頭行進者および公衆の安全を確保するために配備された警察官1名が見守る中、無事に終了した。なお、アメリカン・スクールは、街頭行進に伴う警察活動費用として、街頭行進許可申請の際、約4万円を納付した。

Dは、B市在住の日本人である。Dは、B市の厳しい雇用環境の中で定職に就くことができず、多額の借金にまみれて生活していた。金策に追われる苦しい毎日の中で、Dの胸には、豊かな生活を送る在日アメリカ人に対する怒りが鬱積していった。そこで、Dは、Dと同様に貧困に苦しむ日本人の友人とともに、在日アメリカ人の特権的境遇を糾弾すべく、20X2年、「在日アメリカ人の特権を滅する市民の会」（以下「在滅会」という）を結成した。20X2年以降、在滅会は、C町の米軍住宅地内の路上で、たびたび反米街頭行進を行ってきた。在滅会の街頭行進は、住宅地内を自主的に巡回警備する米国軍人やその他の観衆から激しい投石を受けるなど、騒然とした雰囲気の中で行われるのが常であった。

20X5年8月、Dは、在滅会の会員や賛同者約300名とともに、C町の米軍向け住宅地内の車道を利用した、2時間の反米街頭行進を計画した。在滅会の街頭行進の予定ルートは、同年7月4日に行われたアメリカン・パレードと、完全に同じものであった。在滅会のルート選択には、アメリカ人の豊かさを象徴するアメリカン・パレードと、貧困にあえぐ日本人の反米街頭行進とを、鮮明に対比させるねらいがあったのである。在滅会の会員たちは、「アメリカの豚は自分の国に帰れ」、「穢れた血の流れる不逞アメリカ人に神罰を」、などの思い思いのメッセージを記載したプラカードを作成し、街頭行進の準備を進

めた。

　20X5 年 9 月 10 日、在滅会は、同年 10 月 14 日を決行日として、反米街頭行進を実行に移すべく、道路交通法および健全化法にもとづく車道利用の許可を申請した（以下「本件申請」という）。なお、A 県 B 市では、公安条例は制定されていない。所轄警察署の署長 E は、在滅会からの本件申請にもとづき、車道の交通整理のために、交通部門に所属する警察官 20 名を配備する計画を立てた。さらに、警察署長 E は、街頭行進者および公衆の安全を確保するために、警備部門に所属する警察官 40 名を配備することにした。そして、同年 9 月 20 日、健全化法にもとづき、約 12 万円の警察活動費用を納付するよう、在滅会に通知した。

　同年 9 月 21 日、約 12 万円という高額の納付通知に驚愕した D は、所轄警察署を訪問した。D は、対応した警察官に対して、「アメリカ人のように豊かな住民にとっては、12 万円など取るに足らない金額かもしれないが、在滅会の会員たる日本人は皆貧しく、12 万円もの大金を納付することはできない」、と説明した。これに対して、応対した警察官は、①街頭行進が予定される C 町米軍住宅地内には、在滅会の活動に対して敵対的な聴衆が多く居住しているため、安全確保のために必要とされる費用が多額になるのはやむをえない、と説明したうえで、②健全化法のもとでも、歩道における街頭行進については警察活動費用が徴収されないため、代替的情報伝達経路として、歩道を利用した街頭行進を行ったらどうか、と提案した。しかし、D は、在滅会の街頭行進は C 町内の車道を利用してこそ意味があると考え、街頭行進の計画変更を拒否し、警察活動費用の納付も拒絶したため、同年 9 月 23 日、警察署長 E は、健全化法 143 条 2 項にもとづいて、在滅会による本件申請を不許可とする処分（以下「本件不許可処分」という）をした。これに対して、在滅会は、本件不許可処分が違憲、違法であると主張して、国家賠償請求訴訟（以下「本件訴訟」という）を提起した。

問❶　本件訴訟において、在滅会のとりうる、憲法上の主張を論じなさい。なお、道路交通法に関する問題は検討しなくてよい。
問❷　問❶における憲法上の主張について、A 県の反論を論じたう

えで、あなたの見解を論じなさい。

【参考資料】財政健全化法*
第9章　車道における街頭行進許可申請の際の警察活動費用の徴収
第143条　車道を利用した街頭行進の秩序維持のために必要な費用を確保するため、当該街頭行進に係る警察活動費用は、許可申請者の負担とする。
2　前項に定める費用が納付されない場合、所轄警察署長は、車道の利用を許可してはならない。
第144条　許可申請者が納付すべき警察活動費用は、第1号に掲げる金額に第2号に掲げる金額を加えた額とする。ただし、第1号に掲げる金額に第2号に掲げる金額を加えた額が日額20万円を超えるときは、納付すべき警察活動費用は、日額20万円とする。
　　一　車道の交通整理のために必要とされる費用　　各都道府県給与条例に定める警察職員1時間あたりの平均給与額に交通整理のために必要とされる警察職員の人数を乗じ、これに街頭行進の予定時間数を乗じて算出した金額
　　二　街頭行進者及び公衆の安全を確保するために必要とされる費用　　各都道府県給与条例に定める警察職員1時間あたりの平均給与額に街頭行進者及び公衆の安全を確保するために必要とされる警察職員の人数を乗じ、これに街頭行進の予定時間数を乗じて算出した金額
2　前項に定める交通整理のために必要とされる警察職員の人数並びに街頭行進者及び公衆の安全を確保するために必要とされる警察職員の人数は、所轄警察署長が、これを定める。
3　第1項に定める街頭行進の予定時間数は、許可申請者の申請に基づいて、これを定める。

解　説

1 ………… 概　観

(1)　設問のねらい

　本問の第1の主題は、内容規制と内容中立規制の区別である。規制二分論理解の難所の1つは、内容規制性の認定方法にある（芦部197頁、佐藤261頁参照）。この点、受験生の多くは、文面上、特定表現が規制されていれば内容規制であり、時・所・方法が規制されていれば内容中立規制である、といった区別の手法を、直観的に、採用しているようにも思われる。しかし、このような分析手法のみでは、規制二分論の根拠を踏まえた説得的な議論を展開できない場合もある。そこで、本解説では、内容規制性の認定をめぐる学説の議論を、規制二分論の根拠と関連づけながら整理したうえで（後述2）、健全化法における安全確保費用と交通

整理費用の徴収が、各々、内容規制と内容中立規制のいずれとして理解されるべきなのか、を分析する（後述 **4** ⑴）。

　本問の第 2 の主題は、規制二分論を、日本の判例に引き付けて、どのように論じるべきか、という問題である。この点、集団行進を含む集会の事前許可制が問題となる場合には、新潟県公安条例事件判決（最大判昭 29・11・24 刑集 8-11-1866。以下「新潟県判決」という）を媒介として、規制二分論の趣旨を踏まえた議論を展開できる（蟻川恒正「2013 年司法試験公法系第 1 問」法学教室 394 号〔2013 年〕112～113 頁）。そこで、本解説では、新潟県判決の意味を確定したうえで（後述 **3**）、同判決を利用した分析の可能性を探る（後述 **4** ⑵）。

⑵　とりあげる項目

- ►内容規制と内容中立規制
- ►規制の内容差別効果と代替的情報伝達経路
- ►表現の伝達的効果と敵対的聴衆の法理
- ►新潟県公安条例事件判決の意義
- ►覆面デモ禁止法の合憲性

2 …………学説──内容規制と内容中立規制

⑴　規制二分論の根拠と定義

　規制二分論とは、表現の自由の規制類型を内容規制と内容中立規制とに二分し、内容規制には厳格な基準、内容中立規制には緩和された基準を適用する、という考え方である。すなわち、一方で、内容規制が合憲となるためには、①やむにやまれぬ政府利益が存在し、②当該目的達成のために規制手段が厳密に定められていること、が必要とされる（芦部・後掲参考文献 411～412 頁）。他方で、内容中立規制の合憲性判断基準には様々なものがあるが、代表的な基準は、①重要な政府利益を達成するために役立つものであり、②情報伝達のための十分な他の選びうる経路が開かれていること、を要求する（芦部・後掲参考文献 436～437 頁。なお、内容規制・内容中立規制の合憲性判断基準が多様に展開している点について、橋本基弘『表現の自由』〔中央大学出版部・2014 年〕209～250 頁）。

　内容規制に内容中立規制よりも厳格な基準が適用される根拠としては、①思想市場の歪曲効果の重大性の推定、②特定の表現内容に対する不承認という不当な規制動機の推定、③伝達的効果、すなわち、表現者の発言に表現受領者がいかに反応するかについてのおそれへの着目、があげられる（芦部・後掲参考文献 404 頁）。

　内容規制の定義の可能性としては、複数のものが存在する（市川・後掲参考文献 152 頁）。まず、①' 内容差別効果型の定義は、特定の表現内容の伝達に有利・不利な効果をもたらすことで思想市場を歪曲する効果を有するような規制が内容規制である、とする。次に、②' 内容差別意図型の定義は、特定の表現内容に対する同意・不同意を動機とした規制が内容規制である、とする。そして、③' 伝達的効果抑制型の定義は、特定の表現内容の伝達的効果を理由にした規制が内容規制である、とする。最後に、④' 文面区別型の定義は、法文上、特定の表現内容に対して異なった取扱いがなされている場合が内容規制である、とする。④' の定義は、法令の文面を形式的に観察して、表現内容に対する差別的取扱いの有無を検討するものである。これに対して、①'〜③' の定義は、規制二分論の根拠①〜③の実質的な検討を通じて、内容規制性を特定しようとする。

　通説は、③' の伝達的効果抑制型の定義を採用している（芦部 203〜206頁）。しかし、④' の文面区別型の定義を暗黙の前提にしていると思われる学説も少なくない（たとえば、長谷部・後掲参考文献 235 頁）。さらに、近時は、①' 内容差別的な効果を有する規制を「内容規制と同視する」ことなどを主張し、内容差別効果型の定義を加味した内容規制性の特定を提案する学説もある（駒村 249 頁）。さらに、②' 内容差別的意図が定型的にうかがわれる規制について、「法令の文言上、内容規制と判断しうる規制を内容中立規制として取り扱うことには、慎重でなければならない」として、文面区別型の定義に内容差別意図型の定義を加味した分析の必要性を示唆する論考もある（長谷部・後掲参考文献 242 頁）。

　このような学説状況を考慮すると、内容規制と内容中立規制の分類の考察順序としては、以下のようなものが適切であると思われる。まず、

①多くの学説が暗黙の前提にしていると思われる文面区別型の定義に従い、法令の文言を形式的に検討して、内容規制性を特定する。次に、②通説の定義を踏まえ、法令の文言上は内容区別がなされていない場合でも、伝達的効果を理由とした規制は、内容規制と考える。そのうえで、③出題された問題文において、内容差別的な効果や意図の存在が明確に記述されている場合は、文面区別型や伝達的効果抑制型の定義から内容規制性が認定できなくても、当該規制を内容規制と同視する、あるいは内容中立規制であるとしても比較的厳しい審査を行う。以下、その趣旨を敷衍する。

(2) 内容差別意図

　規制二分論の中心的な趣旨は、特定の表現内容に対する不承認という不当な動機にもとづく規制の排除にある。では、内容規制性の認定に際して、不当な動機の有無を直接探求すればよいのだろうか。この問いへの解答は、文面区別型分析を省略して内容差別意図型分析を直接行うのは適切でない、というものである。立法動機の直接的探求は困難であり、文面区別型分析は、その代替手法として導入されたものだからである（長谷部・後掲参考文献 239 頁注 16 参照）。

　たしかに、国会の審議記録や立法の背景事情などを客観的に観察することで、不当な立法動機を合理的に認定できる場合もある。しかし、不当な動機の直接的な探求が成功するのは、例外的な事態である。まず、賢明な立法者は、特定のメッセージを嫌悪しているがゆえにそれを規制したいと考えても、公の場では、正当な動機にもとづいて規制を導入すると発言するであろう。さらに、軽率な立法者が、特定のメッセージへの嫌悪を公の場で表明したとしても、それが複数の立法者の集合体である国会の意思決定にどのように影響したのかを特定するのは容易でない（この点に関連して、時國康夫『憲法訴訟とその判断の手法』〔第一法規・1996 年〕275〜307 頁、市川・後掲参考文献 233〜260 頁）。

　そこで、かかる立法動機の直接的探求の困難性を踏まえ、文面区別型分析は、形式的な文言の検討を通じて、不当な立法動機をあぶり出そうとする。すなわち、法文上、特定の表現内容が規制対象として切り出さ

れている場合には、定型的に、当該表現内容に対する不同意という不当
な立法動機が推定される。したがって、政府が不当な立法動機の存在を
強力に反証しない限り、すなわち、当該規制がやむにやまれぬ政府利益
を達成するために厳密に定められた規制であることを立証しない限りは、
規制は不当なものとされる。他方で、法文の形式上、特定の表現内容が
規制対象として切り出されていない場合には、定型的に、政府の不当な
動機が推定されるわけではない。しかし、内容中立規制であっても、重
要な政府利益を達成するために役立つ手段が採用されていなければ、不
当な立法動機の存在を疑うべきである。内容区別型分析は、このように
して、不当な規制動機をあぶり出す。

(3) 内容差別効果

　動機の直接的探求が困難であるのと同様に、思想市場の歪曲効果の直
接的探求も困難なことが多い。文面区別型分析は、その一応の代替的探
求手法になると考えられている（長谷部 210 頁参照）。

　たしかに、思想市場に対する歪曲効果が直観的に予測できるような規
制も存在するであろう。しかし、そもそも、歪曲されていない理想的な
思想市場の状態を特定するのは容易ではない。さらに、理想的な思想市
場の状態についての一応の同意が得られたとしても、特定の規制が思想
市場に及ぼす歪曲効果の判定には、効果判定者の偏見が介在しやすい。
すなわち、特定の表現内容を好む判定者は、当該表現への規制の影響を
大きく見積もり、逆に、自らが嫌悪する表現への規制の影響は小さく見
積もるであろう。

　そこで、文面区別型分析は、文面上の内容区別の有無に着目し、内容
規制が、内容中立規制よりも、定型的に、深刻な市場歪曲効果をもつ、
と推定する。特定の表現内容の規制は、表現の量的規制のみでなく、質
的規制をも伴うからである（長谷部・後掲参考文献 237〜238 頁、安西文雄「表
現の自由の保障構造」安西文雄ほか『憲法学の現代的論点［第2版］』〔有斐閣・
2009 年〕386〜387 頁）。他方、内容中立規制においては、法文上、表現の
質的な不平等取扱いは行われないため、歪曲効果が相対的に低いと推定
される。

　しかし、内容中立規制においても、思想市場の歪曲効果が看過できない場合がある。それは、規制の対象とされた表現が思想市場に到達するための十分な代替的情報伝達経路を有していない場合である。そこで、内容中立規制の合憲性審査においては、代替的情報伝達経路の有無が検討されることになる。このように、文面区別型分析は、内容差別効果の大小を定型的に推定した後で、代替的情報伝達経路の有無を付加的に検討し、歪曲効果の大きい内容中立規制をも排除しようとする。

(4) 伝達的効果の抑制と敵対的聴衆の法理

　通説は、伝達的効果を抑制する規制が内容規制である、と定義する（芦部 203～206 頁）。通説が、内容区別型定義と伝達的効果抑制型定義との関係をどのように把握しているのかについては、不明確な部分もある。しかし、通説の定義に忠実であろうとすれば、文面上の内容区別がなされていない場合でも、伝達的効果を抑制する規制は内容規制である、と理解されることになるであろう。

　伝達的効果にもとづく規制の典型例は、敵対的聴衆の暴力的介入の可能性にもとづく規制である（敵対的聴衆の法理について、佐藤 287 頁、長谷部 227～228 頁）。このような規制は、内容中立規制と位置づけることもできる。そこでは、公衆の安全の確保という、表現内容と直接関係しない理由にもとづいて、規制が発動されるからである。しかし、伝達的効果抑制型の定義を前提にすると、敵対的聴衆の介入可能性にもとづく規制は、内容規制と評価される。聴衆の暴力的介入は聴衆の当該表現内容への不快感に由来する。したがって、聴衆の暴力的介入を防止するために表現を禁止すれば、それは、当該表現が聴衆にもたらす不快感、すなわち、伝達的効果にもとづいて規制を発動することになるからである。

　では、なぜ、通説は、伝達的効果にもとづく規制は、原則として、許されないとするのか。その理由の第 1 は、伝達的効果にもとづく規制が思想市場の質的な歪曲効果を有する点にある。第 2 の理由は、それが政府の表現内容への不同意という不当な動機にもとづく規制と同視できる点にある。以下、敵対的聴衆の事例を念頭に、敷衍する。

　第 1 に、敵対的聴衆の介入可能性の高い表現は、論争的で攻撃的なも

のである。したがって、敵対的聴衆の暴力的介入の存在を理由とした規制は、大衆に受容された穏和な表現を優遇し、大衆の嫌悪する過激な表現を抑圧することで、思想市場を質的に歪曲する。

第2に、敵対的聴衆の介入可能性の高さを理由とした規制は、公衆が当該表現を不快に思う可能性の高さを根拠にした規制である。そして、政府が敵対的聴衆の存在を理由に表現を規制すれば、それは、公衆の抱く当該表現に対する不快感を、政府が是認したことになる。したがって、敵対的聴衆の存在を理由とした政府規制は、特定表現に対する敵意の政府による是認という不当な動機にもとづくと評価されるのである。

このように、伝達的効果抑制型の定義の根拠は、思想市場歪曲効果と政府の不当な動機という規制二分論の2つの根拠に還元して理解することができる。

3 ⋯⋯⋯⋯判例──新潟県公安条例事件判決

(1) 判 旨

新潟県公安条例は、集団行進等を行うために公安委員会の許可を要求するが、集団行進等が「公安を害する虞がないと認める場合」には、公安委員会の許可を義務づけていた。同条例の法令審査を行うに際して、新潟県判決は、以下のように論旨を展開した。まず、新潟県判決は、集団行進等が「本来国民の自由とするところである」ことを前提に、一般的許可制は憲法上許されないとする。そして、一般的許可制にあたらないとされる条件として、許可制が、①「公共の秩序を保持し、又は公共の福祉が著しく侵されることを防止する」目的で、②集団行進等を「特定の場所又は方法につき」制限するものであり、③「合理的かつ明確な基準の下に」規定されていること、を要求する。そして、④危険発生の可能性として、「公共の安全に対し明らかな差迫つた危険を及ぼすことが予見される」ことが必要であるとする。

(2) 正当とされる規制目的

新潟県判決の解釈として問題となる第1の点は、集団行進等の事前許可制が許されるために必要とされる立法目的の解釈である。「公共の秩

序を保持し、又は公共の福祉が著しく侵されることを防止する」という
説示は、どのような意味をもつのか。

　第1の読み方は、新潟県判決の「公共の秩序」や「公共の福祉」とい
った文言を限定的に解し、集会の自由を制約できる正当な規制目的は、
人の生命、身体、財産の侵害の防止に限定される、と理解するものであ
る。

　新潟県判決を引用する泉佐野市民会館事件判決（最判平7・3・7民集
49-3-687。以下「泉佐野判決」という）は、市民会館の使用不許可を正当化
できる目的を、「他の基本的人権が侵害され、公共の福祉が損なわれる
危険」を防止する場合、すなわち、「人の生命、身体又は財産が侵害さ
れ、公共の安全が損なわれる危険を回避し、防止する」場合に限定した。
したがって、泉佐野判決は、新潟県判決を、第1の線で読み解いたもの
と思われる。

　第2の読み方は、新潟県判決の「公共の秩序」や「公共の福祉」とい
った文言は、社会的・国家的法益の実現を目的とした集会の自由の制約
を排除しない、と理解するものである。

　広島市暴走族追放条例事件判決（最判平19・9・18刑集61-6-601。以下「広
島市判決」という）は、集会の自由の事後規制の事案であり、新潟県判決
の解釈の直接の参考となるものではない。しかし、広島市判決は、「市
民生活や少年の健全育成」、「国際平和文化都市の印象」、「市民生活の安
全と安心が確保される地域社会の実現」といった広汎な規制目的を掲げ
る条例を、「公衆の平穏」の保持という抽象的な立法目的のもとに理解
し、正当化した。そのため、少なくとも、判例上、集会の自由の事後規
制については、広汎な立法目的が許容されるのであろう。

　では、集会の自由の事前規制については、第1の読み方と第2の読み
方の、いずれが妥当か。この点、集会の自由の有する憲法的価値の重み
を真剣に受け止めれば、人の生命・身体・財産の侵害の防止のみに、正
当な立法目的を限定すべきようにも思われる。しかし、新潟県判決や泉
佐野判決の主題は、「公安」や「公の秩序」の保持を目的として掲げる
条例の分析にあった。そのため、両判決は、公安の保持という目的の憲

法適合性が問題となる事案に限定して、その目的の意味を、人の生命・身体・財産の保護に限定したと理解することもできる。このように考えると、両判決のおよそ想定していなかったような目的による集会の自由の規制が問題となる場合、その目的の合憲性判断の帰結は開かれているように思われる。

(3) 時・所・方法の規制と内容規制

新潟県判決の解釈として問題となる第2の点は、集団行進等を「特定の場所又は方法につき」制限する、という合憲性判定要件の趣旨である。第1の可能性としては、集団行進の全面的規制に該当しなければ内容規制が許される余地もある、という意味で、この文言を読むことが考えられる。他方、第2の読み方は、集団行進の内容規制は許されないとの趣旨が表明されている、と理解するものである。

いずれの読み方が妥当かを検討する前提として、まず、内容規制、内容中立規制、時・所・方法の規制、全面的規制の相互関係を整理しておく必要がある。

正確に分析すると、時・所・方法の規制の反対概念は全面的規制であり、内容規制の反対概念は内容中立規制である。全面的規制と時・所・方法の規制の区別は、内容規制と内容中立規制の区別とは観点を異にしており、時・所・方法の規制には内容規制と内容中立規制の両者が存在しうる（新・争点119頁〔佐々木弘通〕）。

しかし、このような概念理解は、確立されたものではない。実際、アメリカ合衆国において規制二分論のリーディング・ケースとされるモスレイ判決（Police Department v. Mosley, 408 U.S. 92〔1972〕）は、時・所・方法の規制を内容規制の反対概念として用いた。モスレイ判決では、学校の建物から150フィート以内で行われる授業時間中のピケットを労働争議関連のピケットを除いて禁止する条例の合憲性が問題とされた。本条例は、労働争議関連のピケットとそれ以外のピケットを区別する内容（主題）規制であるが、同時に、一定の地域・時間のみを規制する時・所・方法の規制でもある。しかし、合衆国最高裁は、「この条例は、ピケットの時・所・方法の規制……ではなく、主題に関する規制であり決して

許されない」と判示した（芦部・後掲参考文献405頁）。すなわち、モスレイ判決においては、時・所・方法の規制の反対概念は内容規制である、と理解されたのである。

　では、新潟県判決の「特定の場所又は方法につき」制限するという説示は、全面的規制のみを排除するという意味なのか、それに加えて内容規制も排除するという意味なのか。

　この点、新潟県判決は、「特定の場所又は方法につき」制限する規制でなければ許されない旨を宣言した直後の一文において、「特定の場所又は方法につき」制限するという趣旨は、「行動を一般に制限する」ものではないということである、と言い換えている。したがって、内容規制であったとしても、全面的規制でなければ、集会に対する事前許可制が許される可能性は残されている、というのが判旨の素直な読み方かもしれない。しかし、集会の内容にもとづいて、その開催の是非を事前に審査するような許可制は、集会の自由に対する重大な制約となる。集団行進等が「本来国民の自由とするところである」ことが新潟県判決の議論の出発点にあった点を踏まえると、判旨は、時・所・方法の規制であっても、内容規制は許さない趣旨である、と理解すべきように思われる。

4 ………… 設問の分析

(1)　法令審査──学説を踏まえた分析

　健全化法は、集会の自由を、交通整理費用（144条1項1号）と安全確保費用（同項2号）の徴収、という方法で制約する。では、両費用の徴収は、各々、内容規制と内容中立規制のいずれに該当するのであろうか。

　まず、安全確保費用の徴収は、内容規制か、内容中立規制か。

　この点、文面区別型の定義に依拠した場合、安全確保費用の徴収は内容中立規制と評価される。健全化法は、法文上、表現の内容にもとづく区別をしていないからである。

　しかし、伝達的効果抑制型の定義にもとづくと、安全確保費用の徴収は、内容規制と評価される。本問において、アメリカン・パレードと在滅会の反米デモを比較した場合、後者において徴収される安全確保費用

は前者の40倍になっている（アメリカン・パレードで公衆の安全を確保するために配備された警察官が1名であるのに対して、反米デモで配備された警察官は40名である）。これは、在滅会の反米デモによって、C町在住の在日アメリカ人の不快感が誘発され、彼らの暴力的介入の危険性が高まるためである。したがって、安全確保費用の徴収は、伝達的効果を基準として、表現の自由により重い負荷を課す規制であり、内容規制と評価される。

さらに、内容差別効果型および内容差別意図型の定義からも、安全確保費用の徴収は、内容規制と評価される。すなわち、第1に、安全確保費用の徴収は、論争的で攻撃的な表現内容に対して重い負荷を課し、穏健な表現内容を優遇するという規制効果を有し、第2に、敵対的聴衆の存在にもとづいて重い負荷を課すことは、公衆による特定の表現内容に対する不快感を政府が是認することを意味するからである。

他方で、交通整理費用の徴収は、内容規制か、内容中立規制か。

第1に、文面区別型の定義からは、安全確保費用の徴収と同様に、交通整理費用の徴収も、内容中立規制と評価される。第2に、伝達的効果抑制型の定義からも、同費用の徴収は内容中立規制になる。アメリカン・パレードと在滅会の反米デモとでは、その表現内容が異なっているにもかかわらず、徴収される交通整理費用は同額である。これは、交通整理費用が、街頭行進の時間、道順、参加者数といった、表現の伝達的効果と関係しない要素にもとづいて決せられたことの帰結である。第3に、内容差別意図型の定義からも、同費用の徴収は内容中立規制とされるであろう。

交通整理費用徴収の内容規制性の認定において問題となるのは、内容差別効果型の定義である。たしかに、アメリカン・パレードと在滅会の反米デモにおいて徴収される交通整理費用は同額である。しかし、同一の金額が車道使用料として徴収される場合でも、富める者と貧しい者とでは、その負担の大きさが異なる。したがって、交通整理費用の徴収は、貧困層に不同等な衝撃（disparate impact）を与えているようにも思われる。

では、本問での貧困層に対する不同等な衝撃は、内容差別効果型分析において問題とされる差別的効果と評価できるのであろうか（表現の自

由と差別の関係について、木村草太「表現内容規制と平等条項」ジュリスト1400号
〔2010年〕96〜102頁）。

　第1の問題は、表現の自由条項の問題にする差別が、人ではなく、思
想に対する差別である、という点である。しかし、人の差別と思想の差
別の相違を過度に強調することには問題がある。表現の自由論の前提に
は、すべての個人が、その人なりの思想をもっているとの想定があり、
ある人に対する差別は、ある思想に対する差別と同視できるからである。

　第2の問題は、貧困層に対する不同等な衝撃の深刻さである。すなわ
ち、仮に、健全化法の規制のもとでも、貧困層に十分な代替的情報伝達
経路が残されているのであれば、貧困層への不同等な衝撃は深刻なもの
ではないと評価しうる。

　この点、健全化法は、歩道で行われる街頭行進を、規制の対象として
いない。そのため、歩道における街頭行進が、車道における街頭行進の
十分な代替的情報伝達経路であると評価できれば、健全化法が貧困層に
与える衝撃は深刻ではないと評価できる。しかし、歩道における街頭行
進が車道における街頭行進の十分な代替的情報伝達経路であるとは考え
られない。まず、車道における街頭行進は、大規模な交通規制を伴い、
交通の流れを大きく遮断する。しかし、だからこそ、車道における街頭
行進は、多くの公衆の注目を集める。次に、横一列に並んだ街頭行進者
が車道を占拠すれば、それは、街頭行進者相互の連帯を強く印象づける
であろう。他方で、歩道における、縦にか細く伸びる街頭行進は、公衆
の関心をひかず、街頭行進者間の連帯の不在を印象づける。

　したがって、歩道における街頭行進は車道における街頭行進の十分な
代替的情報伝達経路とはいえず、健全化法が貧困層に与える不同等な衝
撃は深刻なものである。そのため、内容差別効果型の定義に依拠すれば、
交通整理費用の徴収も内容規制と評価できる。

(2) 法令審査──判例を踏まえた分析

　新潟県判決は、集団行進の許可制が許容される条件として、①「公共
の秩序を保持し、又は公共の福祉が著しく侵されることを防止するた
め」、②「特定の場所又は方法につき」、③「合理的かつ明確な基準の下

に」、許可条件が定められる必要があるとした。では、新潟県判決にもとづくと、健全化法はどのように分析されるか（なお、東京都公安条例事件判決〔最大判昭35·7·20刑集14-9-1243〕の先例性も問題となるが、同判決の基礎にある集団暴徒化論が本問の事案に妥当するかは疑問である）。

　まず、①の要件について、在滅会は、泉佐野判決を参照しつつ、新潟県判決は、集会の自由を規制できる立法目的を、人の生命・身体・財産の保護に限定している、と主張できる。これに対して、A県は、広島市判決を参照しつつ、集会規制を正当化する立法目的には、広汎な法益が含まれる、と主張することになろう。私見においては、一方で、広島市判決は集会の自由の事後規制の事案であり、事前許可制を定める健全化法を規律しないが、他方で、新潟県判決や泉佐野判決も、そこでまったく想定されていない財政健全化といった規制目的の合憲性判断を拘束するものではない、と立論できるように思われる。

　次に、②の要件について、在滅会は、新潟県判決の「特定の場所又は方法につき」との文言が、内容規制の禁止を意味していると解釈する。そして、安全確保費用の徴収は、伝達的効果抑制型の定義から内容規制と評価され、交通整理費用の徴収は、内容差別効果型の定義から内容規制と評価される、と立論することになろう。他方、A県は、新潟県判決は全面的規制を禁止するにとどまり、内容規制を禁止する趣旨ではない、と主張する。さらに、仮に新潟県判決が内容規制を禁止しているとしても、文面区別型の定義によれば、健全化法は内容規制にならない、と主張できるであろう。私見においては、まず、新潟県判決の議論の出発点が集会の自由の価値の承認にあることを指摘し、同判決が内容規制を禁止していると解釈する。そして、安全確保費用の徴収は、内容差別意図型および内容差別効果型の定義からも、内容規制と評価できる、と論じる。他方、交通整理費用の徴収については、貧困者に対する不同等な衝撃が、代替的情報伝達経路の不在という観点からも看過できないことを論じればよいのではないか。

　最後に、③の要件について、在滅会は、費用算出の際に考慮すべき事情が具体的に規定されていない点を捉え、基準の不明確性を攻撃できる

であろう。これに対して、Ａ県は、人件費の時間単価が条例で明示されている点を捉え、基準が不明確とまではいえない、と主張できる。私見では、安全確保費用や交通整理費用の算定については、地域の実情に精通した所轄警察署長の裁量的判断が不可欠であるとして、条例の基準が不明確ゆえに違憲とまではいえない、と論じることができるであろう。

(3) 適用審査

最後に、適用審査の手順を簡単に説明する。

在滅会としては、本件事案で規制される表現行為は政治的表現であり、かつ原告たる在滅会のメンバーは貧困層であるため、憲法上価値の高い政治的表現行為について、貧困層ゆえに重い制限が課されており、健全化法の本件事案への適用は違憲になる、と主張できる。

これに対して、Ａ県は、本件表現行為を憎悪表現と理解し、憲法上価値の高い政治的表現の規制についてはともかく、本件規制は、低価値表現に対する規制として正当化される、と主張できよう。さらに、Ａ県は、本件憎悪表現規制については憲法上の問題が生じないため、原告たる在滅会には、健全化法が政治的表現をも規制している点を捉えて法令違憲の主張をする適格がない、とも主張できるであろう。

もっとも、憎悪表現は、本来、黒人のような隔絶され孤立させられた少数者や、ユダヤ人のような歴史的迫害を受けてきた民族に対して向けられる表現行為に関わるものである。したがって、在滅会のデモのように、社会的弱者が社会的強者に対して投げつける憎悪表現については、成熟した言論とはいえないが、政治社会の中で疎外された人々の政治的抵抗の表明として、通常の政治的表現と同様の取扱いをすべきであるように思われる。

5⋯⋯⋯⋯**覆面デモ禁止法の合憲性**──**関連問題を解くヒント**

関連問題は、街頭行進の際の覆面の着用を禁止する法律案の合憲性を取り扱うものである。アメリカにおいては、KKK（Ku Klux Klan：白人至上主義を掲げるアメリカの秘密結社）の規制を念頭に置いた覆面禁止法の合衆国憲法第1修正適合性が問題となっている（小谷順子「アメリカ合衆国憲

法修正 1 条と覆面禁止法」静岡大学法政研究 14 巻 3=4 号 35 頁以下参照）。また、2019 年の香港デモでは、香港政府がデモ参加者の覆面を禁じる条例を制定したことが話題となった。

　街頭行進の際の覆面着用の制限が、街頭行進自体の制限と同視できるのであれば、覆面デモ禁止法案は新潟県判決によって規律される。①本件法案は匿名表現を規制するが、匿名表現は顔をさらすことで多数派から迫害を受けるおそれのある少数派にとって重要な表現である、②覆面着用は覆面によって一定の表現内容を象徴的に表現するものであり、象徴的表現を構成する不可欠の表現的要素であるといった議論は、覆面着用の制限を街頭行進自体の制限と同視する根拠となる。本件法案が新潟県判決によって規律されるとすれば、「公共の安全に対し明らかな差迫った危険を及ぼすことが予見されるとき」に覆面着用の制限が可能になるが、覆面着用が一般に犯罪行為に直結するとはいえないであろう。

　他方、①本件法案は「表現そのもの」を規制するものではなく、覆面着用という「表現の手段」を規制している、②覆面着用は一定の表現内容を象徴的に表現するものではなく、公衆を威嚇するための脅迫行為であるといった議論を強調すれば、本件法案は新潟県判決の射程外となり、緩和された基準で審査されることになる。もっとも、本件法案の起草動機として「自らの退陣を求める覆面デモを規制したいという A の意向」の存在が疑われる点を、表現内容規制性の認定に際してどの程度重視すべきかについては、判断が分かれるところであろう。

解答例

問❶
1．財政健全化法（以下「本法」という）143 条・144 条は、憲法 21 条 1 項に違反し、法令違憲となる。
　(1)　本法は、集団行進の事前許可制を定める。この点、新潟県公安条例事件判決は、集団行進の事前許可制が許容される条件として、

①公共の秩序を保持し、または公共の福祉が著しく侵されることを防止するため、②特定の場所または方法につき、③合理的かつ明確な基準のもとに許可条件が定められていること、をあげた。本法の事前許可制は、①②③のいずれの要件も満たさない。

(2)　本法は、目的違憲である。

泉佐野市民会館事件判決は、新潟県判決を参照し、集団行進を含む集会の事前許可制が許容される規制目的を、人の生命・身体・財産の保護に限定した。しかし、本法の立法目的は、財政の健全化である。したがって、本法の立法目的は正当でなく、本法は目的違憲となる。

(3)　本法は、内容規制として許されない。

新潟県判決は、時・所・方法について規制する内容中立規制のみを許容し、内容規制を許容していない。ここで、内容規制とは、伝達的効果、すなわち、表現者の発言に受領者がいかに反応するかについてのおそれ、を根拠とした規制を意味する。

本件において、在滅会デモの安全確保費用は、アメリカン・パレードの 40 倍である。すなわち、本件では、C 町の敵対的聴衆が在滅会デモに暴力的に反応することへのおそれを根拠として、表現に重い負荷が課されている。したがって、同費用の徴収は、伝達的効果にもとづく規制であり、内容規制と評価される。

他方、在滅会デモの交通整理費用は、アメリカン・パレードと同額である。これは、同費用が、所要時間、道順、参加者数といった、表現の伝達的効果とは無関係な要素から算出されたためである。したがって、同費用の徴収は内容規制ではない、とも考えられる。しかし、内容規制原則禁止の趣旨は、思想市場への歪曲効果の防止と規制者の不当な動機の排除にある。しかるに、交通整理費用の徴収は、貧困層に対してのみ不同等な衝撃を与えることで、貧困層を思想市場から構造的に排除する規制である。したがって、本法による思想市場の歪曲効果は看過できず、同費用の徴収も内容規制と評価されるべきである。

以上より、両費用の徴収は内容規制であり、本法は違憲となる。

(4)　本法は、合理的かつ明確な基準を定めていない。

本法は、費用算出の際に考慮されるべき事情を列挙しておらず、費用算出の明確な基準は存在しない。したがって、本法は漠然不明確ゆえに無効となる。

(5) 以上より、本法は法令違憲となる。

2．仮に、本法が法令違憲でないとしても、本法の本件への適用は違憲となる。

在滅会の表現は、在日アメリカ人の不当な特権を糾弾する政治的表現である。そして、貧困にあえぐ在滅会会員にとって、12万円の徴収は、重大な制約である。したがって、本件への本法の適用は、憲法的価値の高い行為への深刻な制限をもたらし、違憲となる。

3．以上より、本件不許可処分には理由がなく、国家賠償法上、違法となる。

問❷

1．A県の反論

(1) 本法は、憲法21条1項に照らして、法令違憲とならない。

ア　本法は、表現に対する間接的規制であり、法令違憲にはならない。

猿払事件判決は、表現に対する間接的規制を原則として許容した。本法も、警察活動費用の削減を目的とした間接的規制である。したがって、本法も、憲法上許容される。

イ　本法は、目的違憲とならない。

広島市暴走族追放条例事件判決は、市民の安心や生活の平穏などの漠然とした法益による集会の自由の制約を許容した。したがって、本法の目的も、正当と評価される。

ウ　本法は、全面的規制でも内容規制でもない。

仮に、新潟県判決の射程が本件に及ぶとしても、新潟県判決が排除するのは、全面的規制である。時・所・方法の規制の反対概念は、内容規制ではなく、全面的規制だからである。本法は、車道の街頭行進のみを制約し、街頭行進を全面的に規制してはいない。

仮に、新潟県判決が内容規制を排除しているとしても、本法は内容中立規制として許容される。内容規制とは、法令の文面上、特定の表現内容が区別される規制である。本法は文面上特定の表現内容を区別しておらず、内容中立規制である。

エ　本法は、合理的かつ明確な基準を定めている。

本法は、費用算定の際に、条例に定められた警察職員の平均給与額という合理的かつ明確な基準に基礎を置いている。

オ　以上より、本法は法令違憲とならない。

(2) 本法の本件への適用も違憲とならず、在滅会には法令違憲の主張適格がない。

本件において、在滅会は、在日アメリカ人に対する民族的憎悪を表明しようとしている。この点、いわゆる憎悪表現は、豊かな公共討論の発展に貢献しない低価値表現である。したがって、在滅会のデモは低価値表現であり、本法の本件への適用は違憲とならない。さらに、在滅会には、第三者の政治的表現行為の制約を理由とした法令違憲の主張適格がない。

(3) 以上より、本件不許可処分には理由があり、国家賠償法上、違法ではない。

2．私見

(1) 本法は、憲法 21 条 1 項に違反し、法令違憲となる。

ア 猿払事件判決や広島市判決は、表現の自由の事後規制の事例である。これに対して、本法は事前規制であるため、本法に両判決の射程は及ばない。また、東京都公安条例事件判決は、いわゆる集団暴徒化論を基礎に置くものであるが、本件において暴徒と化すおそれがあるのは、聴衆であり、デモ参加者ではない。したがって、東京都判決の射程も本件に及ばず、本件は、原則として、新潟県判決によって規律される。

イ 本法は、目的違憲とならない。

たしかに、新潟県判決や泉佐野判決は、集会の自由の価値を重く受け止め、その規制を正当化する立法目的を限定した。しかし、両判決は、公の秩序の維持が目的として掲げられた規制の合憲性判断を行ったものである。そのため、財政健全化といった、両判決の想定しない立法目的を掲げる本法の目的審査について、両判決の規制目的解釈の射程は及ばない。したがって、財政健全化という目的は、一応正当なものと評価でき、それ自体として、目的違憲を導くものではない。

ウ 本法は、内容規制として許されない。

たしかに、A 県の主張の通り、時・所・方法の規制の反対概念は、全面的規制であり、内容規制ではない。しかし、新潟県判決の出発点には、集会の自由の価値の承認がある。それゆえ、同判決が、表現の自由に対して深刻な侵害をもたらす事前内容規制を許容しているとは考え難い。したがって、同判決は、内容規制を排除していると解するべきである。

　まず、在滅会の主張の通り、安全確保費用の徴収は、内容規制と評価される。敵対的聴衆の存在を理由とした規制は、穏健な思想と比べて急進的な思想を選別的に排除する思想市場歪曲効果を有し、同時に、大衆の特定思想に対する敵意を政府が是認するという意味で、政府自身の不当な動機にもとづく規制と同視されるからである。

　次に、在滅会の主張の通り、交通整理費用の徴収は、貧困層に対する不同等な衝撃を与える。もっとも、貧困層に十分な代替的情報伝達経路が残されている場合には、不同等な衝撃は致命的ではない。この点、本法施行下では、歩道におけるデモが、貧困層にとっての代替的情報伝達経路である。しかし、歩道におけるデモは、車道におけるデモを十分には代替しない。横一列で車道を占拠する車道デモの発する連帯のメッセージは、か細く伸びる歩道デモの何倍もの力強い印象を、聴衆に与えるからである。したがって、交通整理費用の徴収が貧困層に与える不同等な衝撃は致命的であり、交通整理費用の徴収は内容規制と評価される。

　以上より、両費用の徴収は内容規制であり、本法は法令違憲となる。

　エ　本法は、合理的かつ明確な基準を定めている。

　デモ警備に必要とされる人員数の判断は、各地域特有の事情に精通した所轄警察署長の経験的判断に依存する部分が大きく、その考慮要素を法令で列挙するのは困難である。したがって、本法の不明確性は、それ自体として、法令違憲を導くものではない。

　オ　以上より、ウで論じた理由から、本法は法令違憲となる。

　(2)　仮に、本法が法令違憲ではないとしても、本法の本件への適用は違憲となる。

　憎悪表現とは、隔絶され孤立させられた少数者に対して投げつけられる差別的表現である。しかし、本件では、社会的弱者が社会的強者に向ける憎悪が問題となっている。そして、社会的弱者の表明する憎悪表現は、成熟した言論ではないが、政治的抵抗の意思表明として、通常の政治的表現と同様の価値を与えられるべきである。したがって、重要な権利に対する深刻な制約が生起している本件では、本法の本件への適用も違憲となる。

　(3)　以上より、本件不許可処分には理由がなく、国家賠償法上、違法である。

関連問題

覆面デモ禁止法の合憲性

Ａは6年間にわたって内閣総理大臣を務めてきたが、Ａの収賄疑惑をマスコミがスクープしたことを契機に、国会や首相官邸周辺において、Ａの退陣を求める大規模なデモが行われるようになった。デモを主導する団体Ｂは、Ａの容貌を醜悪に描いた覆面を大量に配布し、デモ参加者の多くも、この覆面を着用してデモに参加した。

Ａは、日ごろからツイッターで自らの意見を発信しており、「フェイク・ニュースに踊らされて私の政権を転覆しようとする連中は処罰されなければならない」、「過激派組織をまねてマスクをかぶり私を批判するような輩は公共の安寧を害する」などと発言し、国会等周辺の覆面デモに対する不快感を表明した。

自らの退陣を求める覆面デモを規制したいというＡの意向をくみとった関係省庁は、「街頭行進の際の覆面等の着用を禁止する法律案」（「覆面デモ禁止法案」）を起草し、覆面デモ一般を規制することにした。同法案は、1条において、「この法律は、街頭行進の際の覆面等の着用が犯罪を助長し事案の解明を困難にしていることに鑑み、街頭行進の際の覆面等の着用を禁止することで、国民の安全を確保することを目的とする」と定めたうえで、2条において、「街頭行進の際、正当な理由がなくて、覆面、仮面その他顔面を覆う物を着用した者は、これを拘留又は科料に処する」としている。この法律案に含まれる、憲法上の問題点について論じなさい。

（参考、解説5）

参 考 文 献

芦部信喜「表現の自由の限界」『憲法学Ⅲ　人権各論(1)［増補版］』（有斐閣・

2000年）358頁以下

市川正人「表現内容の規制・内容中立的規制二分論」『表現の自由の法理』
　（日本評論社・2003年）73頁以下

長谷部恭男「表現活動の間接的・付随的制約」『憲法の円環』（岩波書店・
　2013年）235頁以下

　　　　　　　　　　　　　　　　　　　　　　　　　　　（村山健太郎）

11. 弱き者、汝の名は男なり

設問　20XX年、日本とロシアは、北方領土4島のうち色丹島、歯舞群島の2島のみを日本に返還することで合意し、平和条約を締結した。本条約の趣旨について、国会は、外務大臣から「北方領土の4島はいずれも日本固有の領土であるが、このたびの平和条約において、まず2島のみを先行して返還を受け、残りの2島に関しては、今後引き続きロシアに返還を要求していく」との説明を受け、この条件のもとで国会は本条約の締結を承認した。

　ところが、女性新聞記者Aは、この日露平和条約の裏で、日本政府は、ロシアと、今後残りの2島の返還は一切要求しないという「北方領土の2島返還・2島放棄の密約」を締結したという情報を得た。そこで、Aは、この密約に関する情報を外務省男性職員Bから得るために、札幌市ススキノにあるBの行きつけのガールズ・バーにホステスとして潜入し、Bに近づき、密約に関する情報を得ようと何度か執拗に質問を繰り返した。その際、Aは、「国後島には私のおばあちゃんのお墓がある。いつかきっと、おばあちゃんのお墓にお花を供えてあげたいが、残りの2島も近いうちに返還されるのだろうか」など、Bの同情をひくような嘘をつき、あたかももっぱら個人的な事情で日露平和条約について関心を有しているだけであるかのようなそぶりをして、自分が新聞記者であるということを秘匿していた。

　はじめ、Bは、「この情報は特定秘密に指定された情報であり、これを漏示することは守秘義務に背くことになり許されない」と述べ、Aの質問に答えることを拒否していたが、何度かAのもとに通っているうちに、BはAに対して特別な情を抱くに至り、「自分と懇意になれば、お前にだけは真実を教えてやらんでもない」といって、Aに迫った。AはBに対して何ら好意を抱いていなかったが、密約の情報を入手するためだけに、Bが妻子のある身であるということを知りつつ、Aと情を通じた。ほどなくして、BはAに「絶対に口外

しない」と固く約束させたうえで、この密約について記した文書の写しを手渡した。しかし、Aは、翌日の朝、あっさりとその約束を反故にし、その情報を新聞紙上に公表した。

　この密約に関する情報（以下「本件情報」という）は、外務大臣によって特定秘密保護法3条にいう特定秘密に指定された情報であり、また、Bはその特定秘密情報の取扱業務従事者であったため、Aは特定秘密の漏えいの教唆罪で起訴された。これに対して、Aは無罪を主張している。

問❶　本件訴訟において、Aはどのような憲法上の主張をすることができるか。

問❷　問❶における憲法上の主張について、検察官の反論を論じたうえで、あなた自身の見解を述べなさい。

【参考資料】特定秘密の保護に関する法律（特定秘密保護法）
（目的）
第1条　この法律は、国際情勢の複雑化に伴い我が国及び国民の安全の確保に係る情報の重要性が増大するとともに、高度情報通信ネットワーク社会の発展に伴いその漏えいの危険性が懸念される中で、我が国の安全保障（国の存立に関わる外部からの侵略等に対して国家及び国民の安全を保障することをいう。以下同じ。）に関する情報のうち特に秘匿することが必要であるものについて、これを適確に保護する体制を確立した上で収集し、整理し、及び活用することが重要であることに鑑み、当該情報の保護に関し、特定秘密の指定及び取扱者の制限その他の必要な事項を定めることにより、その漏えいの防止を図り、もって我が国及び国民の安全の確保に資することを目的とする。
（特定秘密の指定）
第3条　行政機関の長（当該行政機関が合議制の機関である場合にあっては当該行政機関をいい、前条第4号及び第5号の政令で定める機関（合議制の機関を除く。）にあってはその機関ごとに政令で定める者をいう。第11条第1号を除き、以下同じ。）は、当該行政機関の所掌事務に係る別表に掲げる事項に関する情報であって、公になっていないもののうち、その漏えいが我が国の安全保障に著しい支障を与えるおそれがあるため、特に秘匿することが必要であるもの（日米相互防衛援助協定等に伴う秘密保護法（昭和29年法律第166号）第1条第3項に規定する特別防衛秘密に該当するものを除く。）を特定秘密として指定するものとする。ただし、内閣総理大臣が第18条第2項に規定する者の意見を聴いて政令で定める行政機関の長については、この限りでない。〔以下略〕
（この法律の解釈適用）
第22条　この法律の適用に当たっては、これを拡張して解釈して、国民の基本的人権を不当に侵害するようなことがあってはならず、国民の知る権利の保障に資する報道又は取材の自由に十分に配慮しなければならない。
2　出版又は報道の業務に従事する者の取材行為については、専ら公益を図る目的

を有し、かつ、法令違反又は著しく不当な方法によるものと認められない限りは、これを正当な業務による行為とするものとする。

第23条　特定秘密の取扱いの業務に従事する者がその業務により知得した特定秘密を漏らしたときは、10年以下の懲役に処し、又は情状により10年以下の懲役及び1000万円以下の罰金に処する。特定秘密の取扱いの業務に従事しなくなった後においても、同様とする。

第25条　第23条第1項又は前条第1項に規定する行為の遂行を共謀し、教唆し、又は煽動した者は、5年以下の懲役に処する。

〔2項略〕

別表（第3条、第5条〜第9条関係）

一　防衛に関する事項

〔略〕

二　外交に関する事項

イ　外国の政府又は国際機関との交渉又は協力の方針又は内容のうち、国民の生命及び身体の保護、領域の保全その他の安全保障に関する重要なもの

ロ　安全保障のために我が国が実施する貨物の輸出若しくは輸入の禁止その他の措置又はその方針（第1号イ若しくは2、第3号イ又は第4号イに掲げるものを除く。）

ハ　安全保障に関し収集した条約その他の国際約束に基づき保護することが必要な情報その他の重要な情報（第1号ロ、第3号ロ又は第4号ロに掲げるものを除く。）

ニ　ハに掲げる情報の収集整理又はその能力

ホ　外務省本省と在外公館との間の通信その他の外交の用に供する暗号

三　特定有害活動の防止に関する事項

〔略〕

四　テロリズムの防止に関する事項

〔略〕

解　説

1 …………概　観

(1)　設問のねらい

　答案を作成するにあたっては、まず、類似の事件として西山記者事件決定（最決昭53・5・31刑集32-3-457）を念頭に置く必要があるが、それと同時に、同決定と本問との相違にも留意しなければならない。すなわち、①民主主義社会における「報道の自由」や「取材の自由」の意義、②公務員に対する取材行為と秘密漏えい教唆罪の成立の可否などについては、西山記者事件決定（やそこで引用されている博多駅テレビフィルム事件決定〔最大決昭44・11・26刑集23-11-1490〕）などを参照しつつ論じることになろうが、

その一方で、本問に特殊な事情として、③本問においては特定秘密の指定の違法性が問題となりうること、また、④本問においては特定秘密指定制度における秘密漏えいの教唆罪成立の可否が問われており、公務員に対する一般的な漏えい教唆が問題となった西山記者事件決定よりも厳格な「当てはめ」が要求される可能性があることなども考慮する必要がある。

(2)　とりあげる項目
- ►特定秘密指定の違法性
- ►教唆罪成立の要件

2 ………… 特定秘密保護法の概要

　2014年12月、「特定秘密の保護に関する法律」（特定秘密保護法。以下、適宜「本法」とし、条文を引用する際は法令名を省略する）が施行された。この法律は、1条において、その目的を「国際情勢の複雑化に伴い我が国及び国民の安全の確保に係る情報の重要性が増大するとともに、高度情報通信ネットワーク社会の発展に伴いその漏えいの危険性が懸念される中で、我が国の安全保障（国の存立に関わる外部からの侵略等に対して国家及び国民の安全を保障することをいう。以下同じ。）に関する情報のうち特に秘匿することが必要であるものについて……その漏えいの防止を図り、もって我が国及び国民の安全の確保に資することを目的とする」と定めている。この目的規定について、内閣官房は、「我が国の安全保障に関する情報は、我が国が講ずる措置等の手の内に関する情報や、我が国が有する能力等に関する情報を含むところ、これらの情報を入手することができれば、その間隙をついたり、対抗措置を講じたりして我が国が効果的な措置を講ずることができなくすることができることから、我が国に脅威となり得る外国やテロ組織等が入手を図ろうとする情報であり、常に漏えいの危険に晒されている。また、仮に一般の秘密と同程度の管理しか行われない状態が続けば、我が国が友好国等から安全保障に関する情報を得ることが困難となり、安全保障を確保するための我が国自身の能力が低下するばかりでなく、国際的な協力・連携が阻害されることによって

我が国と友好国に共通して脅威となり得る国家やテロ組織を利すること
となり、我が国の安全保障に大きな影響をもたらすことになる」と説明
している（内閣官房特定秘密保護法施行準備室「特定秘密の保護に関する法律逐条
解説」6〜7頁〔平成 26 年 12 月 9 日〕）。また、本条においては、「我が国の
安全保障」とは、「国の存立に関わる外部からの侵略等に対して国家及
び国民の安全を保障すること」を意味するとされており、一般的な意義
における安全保障よりも限定的なものとして理解されている（衆議院に
おける与野党協議により、1 条において「国の存立にかかわる」との文言を付加され、
「安全保障」の意義を限定的なものとする修正が行われた。同逐条解説 7 頁）。そし
て、「我が国の安全保障」に関する情報としての特定秘密の指定が無限
定になされることがないように、その対象とする情報を「防衛に関する
事項」、「外交に関する事項」、「特定有害活動の防止に関する事項」、「テ
ロリズムの防止に関する事項」の 4 分野に絞り、別表に列挙することと
している（3 条 1 項、別表 1〜4 号）。

　特定秘密の指定を行うのは、その秘密に関する事務を所掌する行政機
関の長である（ただし、施行令 3 条において指定をしない行政機関の長を定めた
結果、特定秘密を指定する権限を有する行政機関の長は、内閣官房、防衛省、警察
庁、公安調査庁、外務省など 19 の行政機関の長に絞り込まれることとなった）。行
政機関の長は、3 条所定の要件を満たす場合に（**3** で後述）、それを特定
秘密として指定することとなっており、また、他の行政機関がわが国の
安全保障に関する事務を遂行するために当該特定秘密を利用する必要が
あると認められたときは、当該特定秘密を提供することもできる（6 条）。
本法による特定秘密指定の有効期間は原則として 30 年以内であり、内
閣の承認を得てさらに延長したとしても原則として通じて 60 年を超え
ることができないとされている（4 条 3 項・4 項）。

　また、本法には、特定秘密指定などの実施状況についての国会への報
告・公表を義務づける制度などが置かれているほか（19 条）、政令によ
り内閣に内閣保全監視委員会を、内閣府訓令により内閣府に独立公文書
管理監および情報保全監察室を重層的に置き、本法の適正な運営の確保
がはかられている。

　さらに、特定秘密の取扱いの業務は、原則として、適性評価において特定秘密の取扱いの業務を行った場合にこれを漏らすおそれがないと認められた者でなければ行ってはならないこととなっており（12〜17条）、特定秘密の取扱いの業務に従事する者がその業務により知得した特定秘密を漏らしたとき（23条1項）や、暴行・脅迫などにより特定秘密を取得したとき（24条1項）などの罰則規定も設けられている。

3 ……特定秘密指定の違法性

　本法では、行政機関の長が特定秘密を指定するにあたっては、①当該行政機関の所掌事務にかかる特定秘密保護法別表に掲げる事項に関する情報であること（別表該当性）、②現に不特定多数の人に知られていないこと（非公知性）、③漏えいにより、わが国に対する攻撃が容易になったり、外国との信頼関係が失われ協力が滞るなど、わが国の安全保障に著しい支障を与える事態が生じるおそれがあること（特段の秘匿の必要性）の3要件を充足することを要求している（3条）。これは行政機関の長による指定の裁量の幅を狭めるための制度であって、①類型的に秘匿の必要性が高いと認められる事項を限定列挙した別表各号に該当する情報に指定の対象を絞ったうえで、②実質秘のうち、③特段の秘匿の必要性があるもののみにさらに絞り込んで、特定秘密に指定するという仕組みがとられている（内閣官房「特定秘密の指定及びその解除並びに適性評価の実施に関し統一的な運用を図るための基準（以下「運用基準」という）」〔平成26年10月14日〕閣議決定）。

　では、仮に違法な特定秘密指定がなされた場合、それを訴訟で争うことはできるであろうか。可能性として考えられるのは、主として以下の3つである。まず第1に、特定秘密指定の取消しの訴えである。しかし、これが認められるためには特定秘密指定に処分性が認められ、かつ、その訴訟において原告適格が認められなければならず、これらの条件がクリアされるのにはかなりの困難を伴うと思われる。第2に、本問のような刑事事件の場合に、その前提として特定秘密指定の違法性を争うという方法である。第3に、情報公開請求訴訟である。特定秘密に指定され

た情報を記録する行政文書にも公文書管理法や情報公開法が当然適用されるので、特定秘密にかかる部分について開示・不開示の決定を行う際は、裁判所が不開示情報に該当するか否かを判断することとなるが、不開示部分を開示することとなった場合には、特定秘密の指定を解除することとされている。しかし、現行制度においては、情報公開訴訟におけるインカメラ手続が認められていないので、裁判官は特定秘密の中身を見ずに不開示情報に該当するか否かを判断することとなり、裁判所は行政側の特定秘密指定を尊重し形式的な判断に終始してしまうのではないかとの懸念も示されている（岡田俊宏「秘密保護法と公務労働者の権利・義務」法と民主主義 487 号〔2014 年〕3 頁、山田健太「国民の知る権利と特定秘密保護法」同 37 頁）。

　では、どのような場合に特定秘密の指定が違法とされるのであろうか。特定秘密指定が違法となるのは上記 3 条所定の要件を満たしていない場合であるが、たとえば以下のようなケースで問題となりうる。まず第 1 に、3 条の別表該当性を判断する際にはその解釈基準として 1 条の目的規定を参照することになるが、1 条の目的（1 で前述）に照らして 3 条の別表に掲げられた情報には該当しないと判断される場合、特定秘密指定は違法となりうる。たとえば、「我が国の安全保障（国の存立に関わる外部からの侵略等に対して国家及び国民の安全を保障すること……）に関する情報」ではなく、単なる外交的・経済的国益の観点から秘匿する必要性があると政府が思料する情報が特定秘密として指定された場合などにおいては、当該特定秘密指定が 1 条に規定された目的から逸脱したものであるとして違法と評価されることもあろう。第 2 に、行政機関が自らの違法行為を隠ぺいするような特定秘密指定も違法となる。最高裁も、西山記者事件決定において、「電信文案中に含まれている……対米請求権問題の財源については、日米双方の交渉担当者において、円滑な交渉妥結をはかるため、それぞれの対内関係の考慮上秘匿することを必要としたもののようであるが、わが国においては早晩国会における政府の政治責任として討議批判されるべきであつたもので、政府が右のいわゆる密約によつて憲法秩序に抵触するとまでいえるような行動をしたものではないので

あつて、違法秘密といわれるべきものではなく、この点も外交交渉の一部をなすものとして実質的に秘密として保護するに値するものである」と述べているが、ここではいわゆる「違法秘密」は、実質的に秘密として保護に値しないということが前提となっている。ちなみに、内閣官房が作成した運用基準においても、特定秘密の指定をするにあたって行政の長が特に遵守しなければならない事項の１つとして、「公益通報の通報対象事実その他の行政機関による法令違反の事実を指定し、又はその隠蔽を目的として、指定してはならない」ということがあげられている。

4 ………… 特定秘密漏えいの教唆罪成立の要件

　本法は、25条１項で特定秘密の漏えいを共謀し、教唆し、または煽動した者は、5年以下の懲役に処すると規定している。「教唆」とは、「漏えい行為等を実行させる目的をもって、人に対して、当該行為を実行する決意を新たに生じさせるに足る慫慂行為をすることをいう」（逐条解説140頁）。ここでいう「教唆」とは、独立教唆であり、被教唆者による漏えい行為などの実行の着手を要しない。また、教唆行為、すなわち、人に漏えい行為を実行する決意を生ぜしめるに適した行為があれば、それだけで独立犯としての教唆が成立し、その教唆の結果、被教唆者が漏えい行為等を実行する決意を抱くに至ったことも要しない。

　では、報道機関が特定秘密情報の取扱業務従事者に対して報道目的で取材活動をした場合、いかなる取材活動が「教唆」として25条１項によって処罰されるのであろうか。元来、報道機関の国政に関する取材活動は、その性質上、しばしば公務員に対する誘導・唆誘的性質を伴う。したがって、報道機関が取材の目的で公務員に対し秘密を漏示するようにそそのかしたからといって、直ちに当該行為の違法性が推定されるとすれば、取材の自由に対する過度で重大な制約になってしまう。

　この点に関して、最高裁は、類似の事件（西山記者事件）において、「報道機関が公務員に対し根気強く執拗に説得ないし要請を続けることは、それが真に報道の目的からでたものであり、その手段・方法が法秩序全体の精神に照らし相当なものとして社会観念上是認されるものであ

る限りは、実質的に違法性を欠き正当な業務行為というべきである」と
し、正当業務行為として一定の範囲で違法性阻却を認める説を展開した。
この考え方によれば、報道機関の取材活動は、たとえ形式上構成要件た
る「そそのかし」に該当したとしても、原則として違法性が推定されな
い。そして、①取材の手段・方法が一般の刑罰法令に触れる行為を伴う
場合や、②一般の刑罰法令に触れない場合であっても、取材対象者の個
人としての人格の尊厳を著しく蹂躙するなど法秩序全体の精神に照らし
社会観念上是認することのできない態様のものである場合には、例外的
に正当業務行為性が認められず違法となる。

　本法 22 条は、1 項において「〔本法〕の適用に当たっては、これを拡
張して解釈して、国民の基本的人権を不当に侵害するようなことがあっ
てはならず、国民の知る権利の保障に資する報道又は取材の自由に十分
に配慮しなければならない」こと、2 項において、「出版又は報道の業
務に従事する者」（ここでいう「出版又は報道の業務に従事する者」とは、不特
定かつ多数の者に対して客観的事実を事実として知らせることや、これにもとづい
て意見または見解を述べることを職業その他社会生活上の地位にもとづき、継続し
て行う者をいい、フリーのジャーナリストも含まれる。前掲逐条解説 123 頁）の取
材行為については、「専ら公益を図る目的を有し、かつ、法令違反又は
著しく不当な方法によるものと認められない限りは、これを正当な業務
による行為とする」ことを定めており、教唆罪成立の一般的な要件につ
いては基本的には先例の考え方を踏襲しているといえる。

　ただ、本問のような特定秘密指定制度において「法令違反又は著しく
不当な方法によるものと認められ」るか否かを判断する際には、西山記
者事件よりも、さらにいっそう厳格に「当てはめ」をする必要があろう。
なぜならば、特定秘密指定の制度は、その制度自体が国民にとってきわ
めて重要な情報を国民に公表しないようにするというものである点で、
当初より国民の知る権利と対立・拮抗する性質を内在するものであり、
そのような意味で民主主義の前提となる表現の自由に対して特に大きな
脅威をはらむものであるからである。したがって、特定秘密指定制度の
もとで報道機関の取材活動について教唆罪が成立するか否か、すなわち

正当業務行為性が認められるか否かについては、通常の公務員に対する秘密漏えいの教唆の場合よりも厳格に判断しなければならないということになろう。

5 ……… 裁判所による事前差止めの可否──関連問題１.を解くヒント

　では、報道機関が違法でも著しく不当でもない手段で特定秘密に関わる情報を入手した場合、公権力がその報道を発表前に差し止めるような法律を制定することは憲法上許されるだろうか。一般に、公権力による表現行為に対する事前抑制は、事後抑制に比して、表現の自由に対する大きな脅威となると考えられている。その理由について、判例（「北方ジャーナル」事件〔最大判昭 61・6・11 民集 40-4-872〕）は、「事前抑制は、新聞、雑誌その他の出版物や放送等の表現物がその自由市場に出る前に抑止してその内容を読者ないし聴視者の側に到達させる途を閉ざし又はその到達を遅らせてその意義を失わせ、公の批判の機会を減少させるものであり、また、事前抑制たることの性質上、予測に基づくものとならざるをえないこと等から事後制裁の場合よりも広汎にわたり易く、濫用の虞があるうえ、実際上の抑止的効果が事後制裁の場合より大きいと考えられる」と説明している。

　まず、行政機関が特定秘密に関わる情報の公表を事前に差し止めるような法律は、判例の立場に従えば、憲法 21 条 2 項が禁止する「検閲」にあたり許されない。判例は、憲法 21 条 2 項前段にいう「検閲」について、「行政権が主体となつて、思想内容等の表現物を対象とし、その全部又は一部の発表の禁止を目的として、対象とされる一定の表現物につき網羅的一般的に、発表前にその内容を審査したうえ、不適当と認めるものの発表を禁止することを、その特質として備えるものを指す」と定義したうえで、このような「検閲」は憲法上絶対に禁止されるとしている（ちなみに、アメリカでは、ニューヨーク・タイムズがベトナム戦争に関するアメリカの最高機密──軍事作戦や外交交渉などインドシナ政策の詳細が記された国防省の報告書の抜粋──を紙上で公表したことを受けて、アメリカ政府が同紙に対してその記事のさらなる発行を禁じた事例〔ペンタゴン・ペーパー事件〕で、連

邦最高裁は、「表現物に対して事前抑制をしようとする場合、政府は当該規制の憲法上の正当性につき重い立証責任を負うことになるが、本件において政府はこうした重い立証責任を果たしていない」として、発行の差止めを違憲と判示した。New York Times Co. v. United States, 403 U.S. 713〔1971〕)。

　一方、表現物に対する裁判所の仮処分による事前差止めについては、最高裁は、「北方ジャーナル」事件において、憲法21条2項によって禁止されている「検閲」にはあたらないが、本条の趣旨に照らして「厳格かつ明確な要件のもとにおいてのみ許容されうる」としている。そして、特にその対象が「公務員又は公職選挙の候補者に対する評価、批判等……の表現行為である場合には……、表現行為に対する事前差止めは、原則として許されない」が、「その表現内容が真実でないか、又は専ら公益を図る目的のものではないことが明白であり、かつ、被害者が重大にして著しく回復困難な損害を被る虞があるとき」は例外的に許容され得ると判示している。

　では、後掲の関連問題で示されているような法律についてはどのように考えるべきであろうか。まず、こうした表現の事前差止めが憲法21条2項で禁止されている「検閲」にあたるかが問題となる。これは、国民の生命や財産に明らかで差し迫った危険が生じた場合に、行政機関の長の請求により、裁判所が特定秘密を開示する表現物の公表を事前に差し止めるというものであり、「北方ジャーナル」事件で問題となったような「個別的な私人間の紛争について、司法裁判所が当事者の申請に基づき……私法上の被保全権利の存否、保全の必要性の有無を審理判断」する手続とは、①その目的——国民の生命や財産の保護など公益を目的としているのか、私人の私法上の権利の保全を目的としているのか——および、②手続開始の要件——行政機関の長の請求により開始されるのか、紛争当事者の申請にもとづいて開始されるのか——という点で異なっており、前者は後者に比して、より「検閲」に近い性質を帯有していると考えられる。また、本問における裁判所の審査は、表現の外面上の点のみならず、その内容そのものにも及び、この点では、表現物を「容易に判定し得る限りにおいて審査しようとするものにすぎ」ないと判断

された税関による輸入品の検査（税関検査事件判決〔最大判昭59・12・12民集
38-12-1308〕）に比べても、「検閲」に近い要素をもっている。

　しかしながら、その一方で、「検閲」の大きな特徴を、「一般的包括的
に一定の表現を事前の規制の枠のうちにとりこみ、手続上も概して密行
的に処理され、原則として処分の理由も示されず、この処分を法的に争
う手段が存在しないか又はきわめて乏しい」という点に求めるのであれ
ば（「北方ジャーナル」事件判決の伊藤正己裁判官補足意見）、関連問題の手続は、
裁判所が、行政機関の長の請求により、「国民の生命や財産に明らかで
差し迫った危険が生じている」か否かに照らして、個別に差止めの必要
性を判断するものであって、行政機関によって表現物の内容の網羅的一
般的な審査にもとづく事前規制がそれ自体を目的として行われる純然た
る「検閲」とも異なっている。したがって、もしこの裁判所の判断が、
「北方ジャーナル」事件において問題となったような簡略的な手続（口
頭弁論ないし債務者の審尋を必要的とせず、立証についても疎明で足りるとされて
いるなど簡略な手続）によるものではなく、通常の裁判手続と同様の厳格
な手続を通じて行われるのであれば、憲法21条2項で禁止される「検
閲」には該当しないと解される余地もあろう。

　しかし、このように解したとしても、以下の2点について留意すべき
である。まず第1に、表現に対する事前抑制を正当化しうる根拠（対抗
利益）は単なる抽象的な社会的利益では足りない。事前抑制が正当化さ
れるためには、人の生命、身体または財産など他の重要な基本的人権が
侵害される危険が生じていることが必要となる。それは、言い換えれば、
当該秘密に関わる情報を公表することが、「表現」というよりはむしろ
犯罪「行為」の一部とみなすことができるような場合――たとえばその
情報を公表することによって大量殺戮やテロを容易ならしめるような、
いわば犯罪の幇助「行為」と評価できるような場合――であり、民主主
義における表現の自由の重要性を考慮してもなお他の基本的人権を保護
する必要があるような場合にのみ、例外的に許容されるということにな
ろう（このような意味で、違憲審査基準としては、煽動的表現の規制が認められる
か否かを判断する際に通常使われるべきとされている「明白かつ現在の危険のテス

ト」が有用であると思われる）。そして、第2に、事前抑制の必要性や手段
としての相当性に関しては、行政機関の長は重い立証責任を負わなけれ
ばならない。特に特定秘密指定の制度は、前述のように、その制度自体
が国民にとってきわめて重要な情報を国民に公表しないようにするとい
うものである点で、当初より国民の知る権利と対立・拮抗する性質を内
在するものであり、そのような意味で民主主義の前提となる表現の自由
に対して特に大きな脅威をはらむものである。したがって、事前抑制の
合憲性を判断する審査基準としては、きわめて厳格なものが要求される
ということになる。

　こう考えると、後掲の関連問題で示しているような事前抑制が許容さ
れるのは、表現の自由を保障することの重要性よりも、表現が公表され
ることによって人の生命、身体または財産が侵害される危険を回避し、
防止することの必要性が優越する場合のみに限定されるのであり、その
危険性の程度としては、単に危険な事態を生ずる蓋然性があるというだ
けでは足りず、明らかな差し迫った危険の発生が具体的に予見されるこ
とを、行政機関の長が立証しなければならない、ということになろう。

6……………国政調査権と特定秘密保護法──関連問題2.を解くヒント

　国政調査権とは、各議院が、広く国政に、特に行政に対する監督・統
制の権限を実効的に行使するために必要な調査を行う権限である（憲法
62条）。具体的には、議院は、証人の出頭や証言を求めたり記録の提出
等を要求したりすることができる。

　国会は国の唯一の立法機関として広汎な立法権を有しており、また、
議院内閣制の下では行政に対する監督・統制権が認められていることか
ら、行政権の作用については、その合法性と妥当性との両方に関して、
全面的に国政調査の対象となると解されてきたが、近年では、単に議院
の諸権能を実効的に行使するという観点のみからではなく、国民主権の
実質化という観点からも国政調査権の重要性が指摘されるようになって
きている。すなわち、現代の行政国家の下では、議会が行政権をコント
ロールする仕組みに加えて、国民が直接行政権をコントロールしうるよ

うなシステムを確立することが望ましいが、そのような観点からも、国会が国政調査権を用いて、国民に情報を提供したり、争点を提起したりすることは重要な意味を持つと考えられるようになってきているのである（野中俊彦ほか『憲法II［第5版］』〔有斐閣・2012年〕144～145頁）。

　では、この国政調査権は公務員の職務上の秘密に関わる事項についてどこまで及ぶのであろうか。この点、国会法104条には、議院または委員会が、審査・調査のために内閣や官公署等に対して報告や記録の提出を求めた場合は、内閣や官公署等はその求めに応じなければならないと規定されている（1項）。しかし、その一方で、内閣や官公署等は、上記の求めに応じられないときにはその理由を疎明し、かつ、その理由が議院または委員会において受諾されれば、その報告や記録を提出する必要がないとも定められている（2項）。さらに、議院または委員会が上記の理由を受諾することができない場合であっても、その報告や記録の提出が国家の重大な利益に悪影響を及ぼす旨の内閣の声明が出された場合には、内閣や官公署は、その報告や記録を提出する必要がないとも規定されている（3項）。このため、「その漏えいが我が国の安全保障に著しい支障を与えるおそれがあるため、特に秘匿することが必要であるもの」（特定秘密保護法3条1項）として特定秘密に指定された事項は、すべて「国家の重大な利益に悪影響を及ぼす」ものと判断されてしまい、常に国会への報告・提出が拒否されてしまうことになってしまうのではないかとも懸念されている。これでは、国会や国民による行政権へのコントロールを実効的なものとすることはできなくなってしまうであろう。

　なお、特定秘密制度の運用を常時監視するために、各議院に情報監視審査会が設けられている。これは、特定秘密の指定やその解除ならびに適性評価の実施の状況について調査したり、議院または委員会等による特定秘密の提出の要求に対する行政機関の長の判断の適否等を審査したりするための機関である（国会法102条の13）。

7 ………… 設問を解くための手がかり

(1) 特定秘密指定の違法性

　まず、刑事事件の前提問題として、本件特定秘密の指定が違法であったか否かが問題となる。具体的には、①特定秘密指定に関する行政機関の長の裁量をどこまで認めるか、②特定秘密の指定が1条に掲げる目的に適合しない場合や、行政機関の違法行為を隠ぺいするような場合の秘密指定は違法となりうるかなどが問題となる。

(2) 教唆罪成立の可否

　仮に特定秘密指定が適法であるとした場合、本問において教唆罪が成立するか。具体的には、Aの行為が、本法22条2項の「正当な業務による行為」にあたるかが問題となる。この場合、「専ら公益を図る目的を有し」ていたことは問題なく認められるので、主として「法令違反又は著しく不当な方法によるものと認められ」るか否かが問題となる。

解答例

問❶

1．特定秘密指定の違法性

　まず、Aは、本件情報について特定秘密の指定をしたことの違法性を主張しうる。

　特定秘密の指定が適法であると認められるためには、特定秘密保護法3条の規定する①別表該当性、②非公知性、③特段の秘匿の必要性の3要件をすべて満たさなければならない。このうち、①別表該当性を判断するに際しては、その解釈基準として特定秘密保護法1条の目的規定を参照することができるが、1条の目的に照らしてみたときに同法3条の別表に掲げられた情報には該当しないと判断される場合、違法となりうる。

　特定秘密保護法は、1条において、その目的を「我が国の安全保障（国の存立に関わる外部からの侵略等に対して国家及び国民の安全を保障することをいう。以下同じ。）に関する情報のうち特に秘匿する

ことが必要であるものについて……その漏えいの防止を図り、もって我が国及び国民の安全の確保に資すること」と規定している。すなわち、特定秘密保護法においては、日本が有する能力等に関する情報（防衛に関する事項）や国民の安全を脅かす活動に関する情報（テロリズムの防止に関する事項）など「我が国の安全保障」に関する情報が、日本にとって脅威となりうる外国やテロ組織等に漏えいすることを防ぐことが目的とされていると考えられる。そして、行政機関の長が特定秘密として指定しうるのは、このような「国の存立に関わる外部からの侵略等に対して国家及び国民の安全を保障すること」に関わる情報のうち、別表に掲げられているもののみである（3条）。

　これに照らして考えると、本件情報は、2島返還交渉の過程で日本とロシアの間でどのような条件のもとで合意するかということに関する情報であり、「国の存立に関わる外部からの侵略等に対して国家及び国民の安全を保障すること」に関わる情報にはあたらない。したがって、このような情報を特定秘密に指定することは、特定秘密保護法の目的からみて想定されておらず、違法である。

　また、仮に、本件情報が上記の「我が国の安全保障」に関する情報に該当するとしても、本件秘密指定は、行政機関が行った違法な行為を隠ぺいするものであり、違法である。外務省は、条約締結に際して国会に2島返還交渉の過程で提示された合意の条件について真実を明らかにせず、あえて虚偽の説明をしており、このような行為は違法と評価しうるが、本件のような秘密指定がなされてしまうと、こうした行政機関の違法行為が国民や国会のいっさい了知しえないところに置かれることとなる。すなわち、もし本件特定秘密の指定が適法であると認められてしまうと、行政に対して国民や国会の監視が及ばないこととなり、日本国憲法に規定する国民主権や民主主義の根幹を揺るがすことになってしまう。

2．教唆罪成立の可否

　次に、Aは、仮に本件特定秘密の指定が適法であるとしても本件においては教唆罪は成立しないと主張しうる。

　特定秘密保護法では、22条2項において、「出版又は報道の業務に従事する者の取材行為については、専ら公益を図る目的を有し、かつ、法令違反又は著しく不当な方法によるものと認められない限りは、これを正当な業務による行為とするものとする」と規定され

ているが、報道の業に携わる A が密約の内容を新聞に公表した行為は、報道目的から出たものであり、国民の知る権利に資するものであって、「専ら公益を図る目的を有し」ていたことは明らかである。

また、A が B に対して密約に関する情報を得ようと何度か執拗に質問を繰り返したことは、「法令違反又は著しく不当な方法によるもの」とも認められない。この点に関して、最高裁は、類似の事件（西山記者事件）において、新聞記者の取材行為を取材対象者の「個人としての人格の尊厳を著しく蹂躙したもの」として正当業務行為性を否定しているが、そこでは、新聞記者は専ら秘密文書を入手するための手段として利用する意図で取材対象者と肉体関係をもったという事実が認定されていた。これに対して、本件は、B が自らの意思で積極的に A に関係を迫ったのであり、B の人格の尊厳を蹂躙したとはいえず、西山記者事件とは事案が大きく異なっている。

問❷
1. 検察官の反論
（1）特定秘密指定の違法性について

まず、特定秘密を指定する行政機関の長には、秘密の指定に関して広い裁量が認められるべきである。なぜならば、ある情報が「我が国の安全保障」に関するものとして別表に掲げられた情報に該当するのか否かや、その情報が国や国民の安全を保障するために特段の秘匿を必要とするものであるか否かを判断するにあたっては、その事務に関する専門的・技術的知見を要するからである。したがって、特定秘密の指定の判断に関しては、当該情報に関する事務を所掌する行政機関の長の裁量に委ねるべきであり、裁判所が特定秘密の指定の適法性を審査するにあたっては、行政機関の長と同一の立場に立って当該処分をすべきであったかどうか等について判断し、その結果と当該処分とを比較してその適否や軽重等を論ずべきものではなく、行政機関の長の裁量権の行使としての処分が、まったく事実の基礎を欠くかまたは社会観念上著しく妥当性を欠き、裁量権の範囲を超えまたは裁量権を濫用してされたと認められる場合に限り、違法であると判断すべきである。

これを前提とすると、本件においては、2 島返還に際しての日本

とロシアとの間の合意の条件についての情報が特定秘密として指定されているが、一般に、条約や協定の締結を目的とする外交交渉の過程で行われる会談の具体的内容については、当事国が公開しないという国際的外交慣行が存在するのであり、これが漏示されると相手国ばかりでなく第三国の不信をも招き、当該外交交渉のみならず、将来における外交交渉の効果的遂行が阻害される危険性があるのであるから、これを、別表2号イに該当する情報であり、かつ特に秘匿することが必要であるものとした外務大臣の判断には、その裁量権の範囲を超えまたは濫用したとみなされるべき点はない。

　なお、外務省は条約締結に際して国会に虚偽の説明を行っており、たしかにこのこと自体は違法と評価しうるが、これは単に条約締結上の瑕疵にすぎず、本件秘密指定の適法性の判断に何ら影響を与えるものではない。

　(2)　教唆罪成立の可否について

　Aは、本件情報が特定秘密に指定されているということおよびBがそれを漏えいすることは違法であるということを知っていながら、Bに対して秘密漏示行為を実行させる目的をもって執拗にその情報の漏えいをもちかけており、このようなAの行為は、特定秘密保護法25条1項の「教唆」に該当する。加えて、Aは、本件情報を入手するためだけに妻子あるBと情を通じたのであり、このようなAの行為は「法令違反又は著しく不当な方法によるもの」と認められるので、同法22条2項にいう「正当な業務による行為」とは認められない。

2．私見

　(1)　特定秘密指定の違法性について

　まず、民主主義の前提として、政府が保有する情報は国民に開示されるのが原則であり、非開示はきわめて例外的な場合に限られなければならない。なぜならば、そうでなければ、国民は政府に対して監視・コントロールを及ぼすことができなくなり、国民自らが自らを統治するという民主主義のあり方を揺るがすことになってしまうからである。これにかんがみれば、秘密指定をする行政機関の長の裁量については、情報の別表該当性や秘匿の必要性の判断にあたってその事務に関する専門的・技術的知見が要求されることからまったく裁量の余地が認められないわけではないが、それを純然たる自由裁量と解してしまうことはできない。すなわち、情報の別表該

当性や秘匿の必要性についての行政機関の長の判断が、特定秘密保護法の目的と関係のない目的や動機にもとづいてされた場合や、同法や日本国憲法の趣旨に照らして合理性をもつものとして許容される限度を超えた場合には、裁量権の行使を誤ったものとして違法となると考えるべきである。

　以上を前提とすると、特定秘密保護法3条の別表該当性を判断するに際して同法1条の目的規定を参照してみれば、同条は「我が国の安全保障（国の存立に関わる外部からの侵略等に対して国家及び国民の安全を保障すること……）に関する情報」の漏えいを防ぎ、もってわが国および国民の安全の確保に資することを目的としているところ、本件情報は「我が国の安全保障……に関する情報」ではなく、単なる外交的・経済的国益の観点から秘匿する必要性があると政府が思料する情報が秘密として指定された情報にすぎないと考えられ、特定秘密保護法の目的とは関係のない目的にもとづいてなされたものであり、裁量権の行使を誤ったものとして違法となると考えられる。

　また、外務省は、国会に対して2島返還交渉過程における日本とロシアの合意条件につき虚偽の説明をしており、合意条件についての真の情報を特定秘密として指定しているが、もし仮にこのような特定秘密の指定が適法であるとされてしまうのであれば、条約締結に際して内閣に国会のコントロールを及ぼそうとした憲法73条3号の意義を失わせることになってしまう。また、外務省が国会に対し虚偽の答弁をしたといったような行政機関による違法行為を隠ぺいすることにもなり、行政に対する国民の監視を損ねることにもなる。特定秘密保護法を、憲法73条3号の規定や国民主権の原理と抵触することなく合憲的に解釈しようとするのであれば、本件のような秘密指定を違法と評価するほかない。

　(2)　教唆罪成立の可否

　報道機関の報道は、民主主義社会において、国民が国政に関与するにつき、重要な判断の資料を提供し、国民の「知る権利」に奉仕するものであり、表現の自由を規定した憲法21条の保障のもとにある。また報道のための取材の自由も、憲法21条の精神に照らし、十分尊重に値する（博多駅テレビフィルム事件決定）。

　そして、元来、報道機関の国政に関する取材活動は、その性質上、しばしば公務員に対する誘導・唆誘的性質を伴う。したがって、報

道機関が取材の目的で公務員などに対し秘密を漏示するようにそそのかしたからといって、直ちに当該行為の違法性が推定されるとすれば、取材の自由に対する過度で重大な制約になってしまう（西山記者事件決定）。特に、特定秘密指定の制度は、その制度自体が国民の安全にとってきわめて重要な情報を国民に公表しないようにするというものである点で、当初より国民の知る権利と対立・拮抗する性質を内在するものであり、そのような意味で、民主主義の前提となる表現の自由に対して特に大きな脅威をはらむものである。したがって、特定秘密指定制度のもとで報道機関の取材活動について教唆罪が成立するか否か、すなわち正当業務行為性が認められるか否かについては、通常の公務員に対する秘密漏えいの教唆の場合よりも、厳格に判断しなければならない。

　このように考えれば、本件においては、Ａは本件情報を入手するためだけに妻子あるＢと情を通じたのであるが、結局はＢ自らが自分の意思で積極的にＡに関係を迫ったのであり、Ｂの人格の尊厳を蹂躙したものではない。したがって特定秘密保護法22条2項にいう「法令違反又は著しく不当な方法によるもの」とまではいえず、教唆罪は成立しないと考えられる。

関連問題

１．裁判所による事前差止めの可否

　この事件を機に、国会では、以下のような条文を付加するよう特定秘密保護法を改正すべきだとの議論が生じたとする。この条文の憲法上の問題点を指摘しなさい。

　「裁判所は、特定秘密保護法第3条で指定された特定秘密を開示しようとする表現物があり、かつそれが開示されることによって国民の生命や財産に明らかで差し迫った危険が生じる時には、当該指定をした行政機関の長の請求により、その表現物の公表を事前に差し止めることができる。」

（参考、解説5）

２．国政調査権と特定秘密保護法

　本問の事件の後、国会では日ロ間で締結された密約をめぐって議論が紛糾し、各議院にこれについて調査する委員会が立ち上げられることとなった。この委員会は、外務省および内閣に対して密約に関わるすべての資料・情報を委員会に提出・報告するよう要求したが、内閣は、この情報・資料が「国家の重大な利益に悪影響を及ぼす」との声明を発表し、委員会への提出を拒んだ。ここに含まれる憲法上の問題点を指摘しなさい。

　（参考、解説 **6**）

参 考 文 献

青井未帆ほか『逐条解説　特定秘密保護法』（日本評論社・2015 年）20〜27 頁
　〔青井〕、214〜225 頁〔田島泰彦〕
奥平康弘『なぜ「表現の自由」か』（東京大学出版会・1988 年）83 頁以下
平野龍一＝松尾浩也編『刑法判例百選 I 総論［第 2 版］』（有斐閣・1984 年）
　64 頁〔田宮裕〕

（齊藤　愛）

12. 逃亡の果てに

設問 A県では、「暴力団員による不当な行為の防止等に関する法律」（暴力団対策法）にいう「暴力団」に指定されていない組織（いわゆる「半グレ集団」）同士の抗争が活発化し、地域社会に深刻な恐怖感を与えるなど公衆の平穏を害するとともに、かかる組織が未成年者を仲間に引き入れ各種違法行為を行わせることによって青少年の健全育成にも悪影響を与えることなどが懸念された。そこでA県議会は、そのような「半グレ集団」のうち一定の要件を満たすものを「準暴力団」と定義し、かつ、その中でもA県公安委員会が「特定抗争準暴力団」に指定したものについては、その「構成員」による集合行為に対して公安委員会が中止命令を発し、それに従わなかった場合には罰則を適用できるように、「A県暴力団排除条例」（以下「本件条例」という）を改正した（【参考資料1】）。もっとも、「構成員」の名簿が作成されているといわれる指定暴力団とは異なり、「半グレ集団」にはそのようなものは存在しない。

A県B市の高等学校1年生であるXは、裕福ながらしつけの厳しい家族への反発から市内の繁華街にあるクラブに出入りしていたところ、芸能事務所スカウトを名乗るYから「自分が経営している事務所に入って、アイドルにならないか」との誘いを受けた。退屈な毎日に飽き飽きしていたXは、新しい人生が開けるのではないかとC芸能事務所に入り芸能活動に励んだが、1年が過ぎても一向に仕事が増える気配はない。Yは、事務所とは別にDガールズバーを経営して所属タレントをアルバイトとして雇っており、Xもそこでアルバイトをしながら、事務所が紹介する小さい仕事をこなす日々であった。

その日もXがDで接客していると、いきなり数人の男が押しかけ店の経営者にボトルで襲いかかり、それに対する店側の反撃と相まって店内は騒乱状態になった。実は、Yは地元の愚連隊であるE連合のリーダーでもあり、このDガールズバーにもスタッフとして多く

のE連合のメンバーが関わっていた。そこへ、E連合と長年抗争関係にあったF会のメンバーが殴り込みをかけてきたのである。一般客に死傷者が出る事態となったことを受けて、A県公安委員会はB市全域を「警戒区域」と定め、E連合とF会を「特定抗争準暴力団」に指定した。さらに、その後も抗争が続いたことによって、C芸能事務所とDガールズバーは解散・閉店に追い込まれ、それと同時にE連合の活動も事実上停止状態に陥った。

　この状況を何とか打開したいと考えたYは、芸能事務所に入ったことで家族とは絶縁状態になっており、高校も中退していたため行き場を失っていたXに芸能活動を行わせることによって、金を稼ぐことを思いつく。そこでYは、行き場のない他の所属タレントとともに、芸能事務所社長として培ったコネクションを頼りに、Xを地下アイドルとしてデビューさせた。すると、後がないXらによる精力的な活動が実って順調にファンも増えていき、B市内ではそれなりに知られた存在となったことから、B市の中心部にあるライブ会場（200人収容）でライブを行うことになった。その際、F会の襲撃を恐れたYはこれに備えるべく、E連合に所属していた中心メンバー20人ほどに声をかけ、警備員として会場の至る所に配置することとした。

　このような状況の中で当日を迎えたのであるが、恐れていたF会からの襲撃はなく、満員の盛況となったライブ会場において、ライブは無事に進行していった。ところが、クライマックスを迎えたころに、突如、A県公安委員会の権限を代行する県職員が多数の警察官を引き連れて姿を現した。そして県職員は、拡声器を用いて、ライブの開催が本件条例の禁止行為で中止命令等の対象にあたり、命令に従わなかった場合は処罰される旨を告げたうえで、公安委員会名で中止・退去命令を発した。しかし、会場を埋めたファンだけでなく警備についていたE連合のメンバーからも「ステージを邪魔するな！」、「もう1曲聴かせろ！」などという声が相次いで上がり、Xらもステージを去ろうとはしなかった。そのため、XやYを含むE連合のメンバーたちが警察官によって本件条例違反により現行犯逮捕され、後に起訴されることとなった。

問❶ Ｙの弁護人としては、裁判において、どのような憲法上の主張を行うことができるか。

問❷ 問❶における主張に関するあなた自身の見解を、検察官からの反論を想定しつつ、述べなさい。

【参考資料１】関係法令
○暴力団員による不当な行為の防止等に関する法律（暴力団対策法）
（目的）
第１条　この法律は、暴力団員の行う暴力的要求行為等について必要な規制を行い、及び暴力団の対立抗争等による市民生活に対する危険を防止するために必要な措置を講ずるとともに、暴力団員の活動による被害の予防等に資するための民間の公益的団体の活動を促進する措置等を講ずることにより、市民生活の安全と平穏の確保を図り、もって国民の自由と権利を保護することを目的とする。
（定義）
第２条　この法律において、次の各号に掲げる用語の意義は、それぞれ当該各号に定めるところによる。
　　〔１号略〕
　　二　暴力団　　その団体の構成員（その団体の構成団体の構成員を含む。）が集団的に又は常習的に暴力的不法行為等を行うことを助長するおそれがある団体をいう。
（特定抗争指定暴力団等の指定）
第15条の２　指定暴力団等の相互間に対立が生じ、対立抗争が発生した場合において、当該対立抗争に係る凶器を使用した暴力行為が人の生命又は身体に重大な危害を加える方法によるものであり、かつ、当該対立抗争に係る暴力行為により更に人の生命又は身体に重大な危害が加えられるおそれがあると認めるときは、公安委員会は、３月以内の期間及び当該暴力行為により人の生命又は身体に重大な危害が加えられることを防止するため特に警戒を要する区域（以下この条及び次条において「警戒区域」という。）を定めて、当該対立抗争に係る指定暴力団等を特定抗争指定暴力団等として指定するものとする。
　　〔２項以下略〕
（特定抗争指定暴力団等の指定暴力団員等の禁止行為）
第15条の３　特定抗争指定暴力団等の指定暴力団員は、警戒区域において、次に掲げる行為をしてはならない。
　　〔１号・２号略〕
　　三　多数で集合することその他当該対立抗争又は内部抗争に係る暴力行為を誘発するおそれがあるものとして政令で定める行為を行うこと。
第46条　次の各号のいずれかに該当する者は、３年以下の懲役若しくは500万円以下の罰金に処し、又はこれを併科する。
　　〔１号略〕
　　二　第15条の３の規定に違反した者
　　〔３号略〕

○Ａ県暴力団排除条例*
（目的）
第１条　この条例は、Ａ県（以下「県」という。）における暴力団排除活動に関し、

基本理念を定め、県及び県民等の責務を明らかにするとともに、暴力団排除活動を推進するための措置、暴力団排除活動に支障を及ぼすおそれのある行為に対する規制等を定め、もって県民の安全で平穏な生活を確保し、及び事業活動の健全な発展に寄与することを目的とする。

（定義）

第2条　この条例において、次の各号に掲げる用語の意義は、それぞれ当該各号に定めるところによる。

　　〔1号～3号略〕

　四　準暴力団　暴力団と同程度の明確な組織性はないものの、構成員が集団で常習的に暴力的な不法行為をしている集団

（特定抗争準暴力団等の指定）

第25条　準暴力団等の相互間に対立が生じ、対立抗争が発生した場合において、当該対立抗争に係る凶器を使用した暴力行為が人の生命又は身体に重大な危害を加える方法によるものであり、かつ、当該対立抗争に係る暴力行為により更に人の生命又は身体に重大な危害が加えられるおそれがあると認めるときは、公安委員会は、3月以内の期間及び当該暴力行為により人の生命又は身体に重大な危害が加えられることを防止するため特に警戒を要する区域（以下「警戒区域」という。）を定めて、当該対立抗争に係る集団等を特定抗争準暴力団等として指定するものとする。

　　〔2項略〕

3　特定抗争準暴力団等の構成員は、警戒区域において、次に掲げる行為をしてはならない。

　　〔1号・2号略〕

　三　多数で集合することその他当該対立抗争又は内部抗争に係る暴力行為を誘発するおそれがある行為を行うこと。

4　前項各号の行為が行われたときは、公安委員会は、当該行為者に対し、当該行為の中止を命ずることができる。

（罰則）

第33条　〔1項略〕

2　第25条4項の規定による公安委員会の命令に違反した者は、3年以下の懲役若しくは500万円以下の罰金に処し、又はこれを併科する。

【参考資料2】警察庁設置の「暴力団対策に関する有識者会議報告書」（抜粋）

ア　対立抗争に伴う市民への危害を防止するための規制の強化

　　〔(ｱ)略〕

　(ｲ)　警戒区域における禁止行為

　警戒区域において対立の相手方である指定暴力団等の指定暴力団員につきまとい、その居宅等の付近をうろつくこと、多数で集合すること等の対立抗争を誘発するおそれがある行為を罰則をもって禁止することについては、一般人が行っても問題のない行為ではあるが、危険な状況下で、特定の者が行う特定の行為を規制しているものであることから、その趣旨を一概に否定はできないものの、場合によっては規制対象が広すぎるという判断もできなくはないので、立法目的に適合する範囲で正確に記述する必要があるといった意見や、明確性の原則に照らして適当か検討すべきであるなどといった意見が出された。

　これに対し事務局からは、本規制については、過度の規制とならないよう、指定暴力団の中でも、対立抗争状態にあるものを特定抗争指定暴力団として指定することで、その主体を特に危険なものに限定した上、特に危険と認められる地域及び期

間に限って特定の行為を禁止することとしたこと、また、本規定で禁止行為としている……「多数で集合」については、他の法令においても用例があり、その意義・適用範囲も十分に明確であると考えられることから、立法目的に適合する範囲内での適切な規制となっているものと考えられるが、いずれにせよ、施行に当たっては、その用語の意義を含めて都道府県警察を指導して、その適切な運用に努める旨の説明があった。これに対し委員から、……「多数で集合」については、その適用の前提となる他の要件による限定の趣旨と併せて十分に都道府県警察に指導を徹底し、適切な運用に努めていただきたいとの要望があった。〔後略〕

解 説

1 ………… 概 観

(1) 設問のねらい

　本問は「集会・結社の自由」と「地方自治」を主たるテーマとする設題であり、押さえておくべき主たる関連判例としては、徳島市公安条例事件判決（最大判昭 50·9·10 刑集 29-8-489。以下「徳島最判」という）と広島市暴走族追放条例事件判決（最判平 19·9·18 刑集 61-6-601。以下「広島最判」という）とをあげることができよう。なお、本件事案は無論架空のものであるが、警察庁が「半グレ集団」を「準暴力団」と位置づけて取締りの対象としたことは事実であり（朝日新聞 2013 年 3 月 7 日付夕刊 11 面等）、本問はそのような事象から着想を得た。

　さて、本件においては、「特定抗争準暴力団等」の「構成員」が「多数で集合」しているか否かについて、適用違憲や合憲限定解釈によってYの無罪を導くという手法も考えられる。もっとも、YらがE連合の「構成員」であったことは明らかであり、また彼らが「多数で集合」をしている以上、少なくともYが本件条例の「核心的部分」に違反している疑いは否定できないと思われる。それゆえYについては、適用違憲を模索するだけではなく、条例自体の違憲性ないし違法性をも主張していく必要があるだろう。さらに、Yについて仮に条例の「核心的部分」に反するとした場合、違憲主張適格の有無を問う必要もある。このように、Yの逮捕・起訴を問題とすることによって、憲法判断の方法についての理解を深めることが本問のねらいである。

(2) とりあげる項目
- ►法律と条例
- ►明確性の理論
- ►集会の自由
- ►適用違憲と合憲限定解釈

2 ………本件条例の合憲性(1)──法律と条例

(1) 判例の確認

　Y の弁護人が A 県暴力団排除条例（以下「本件条例」という）自体の違憲性ないし違法性を主張するにあたっては、まず法律との抵触の有無について論じるべきであろう。

　周知の通り、徳島最判が示した判断枠組みは「条例が国の法令に違反するかどうかは、両者の対象事項と規定文言を対比するのみでなく、それぞれの趣旨、目的、内容及び効果を比較し、両者の間に矛盾牴触があるかどうかによってこれを決しなければならない」というものであり、具体的には、「①ある事項について国の法令中にこれを規律する明文の規定がない場合でも、当該法令全体からみて、右規定の欠如が特に当該事項についていかなる規制をも施すことなく放置すべきものとする趣旨であると解されるときは、これについて規律を設ける条例の規定は国の法令に違反することとなりうるし、逆に、②特定事項についてこれを規律する国の法令と条例とが併存する場合でも、(a)後者が前者とは別の目的に基づく規律を意図するものであり、その適用によつて前者の規定の意図する目的と効果をなんら阻害することがないときや、(b)両者が同一の目的に出たものであつても、国の法令が必ずしもその規定によって全国的に一律に同一内容の規制を施す趣旨ではなく、それぞれの普通地方公共団体において、その地方の実情に応じて、別段の規制を施すことを容認する趣旨であると解されるときは、国の法令と条例との間にはなんらの矛盾牴触はなく、条例が国の法令に違反する問題は生じえない」とされていた（引用中の①②、および(a)(b)は引用者による）。

　もっとも同判決については、かかる規範定立の部分だけを取り出せば

「法律先占論」とさしたる違いはないようにも読めるが、その後に続く当てはめにおいて「条例における重複規制がそれ自体としての特別の意義と効果を有し、かつ、その合理性が肯定される場合には、道路交通法による規制は、このような条例による規制を否定、排除する趣旨ではなく、条例の規制の及ばない範囲においてのみ適用される趣旨のものと解するのが相当であ〔る〕」と論じていることから、地方公共団体の条例制定権を重視するものとして再読すべきであるという契機も高まっている（山本・後掲参考文献参照）。たしかに、たとえば神奈川県臨時特例企業税条例事件判決（最判平25・3・21民集67-3-438）のように、徳島最判を引用しつつ「法律先占論」的な発想にもとづいて議論を展開している最高裁判決もあるが、条例の合法性を弁証しようとする際には、徳島最判が示した「特別意義論」に着目することも有益であるように思われる。

(2) 本件事案への適用

たしかに、「暴力団排除条例は、地方公共団体、住民、事業者等が暴力団排除のためになすべきことを主な内容としているのに対して、暴力団対策法は、暴力団員の不当な行為による被害を防止するため、暴力団員を直接的に規制することを主な内容として〔いる〕」（「暴力団対策に関する有識者会議報告書」警察学論集65巻11号〔2012年〕46頁）ため、厳密にいえば、両者の規律事項が同一であるとは言い難い。とはいえ、両者はともに暴力団の活動を規制するものであり、しかも、本件条例25条の3第3号等（以下「本件規定」という）は、暴力団対策法（以下「暴対法」という）上の「特定抗争指定暴力団等」に対するのと同様の規制を、「特定抗争準暴力団等」へと拡大するものであった。したがって、暴対法と本件条例の規律事項および目的が同一であることは、検察としても認めざるをえないのではないかと思われる。そうだとすれば、本問は徳島最判における②(b)が妥当する局面であり、それゆえ暴対法における「特定抗争指定暴力団等」に対する規制が「それぞれの普通地方公共団体において、その地方の実情に応じて、別段の規制を施すことを容認する趣旨である」かどうかが争点となるだろう。したがって、弁護人としては、暴対法の当該規制が指定暴力団等以外への規制を否定する趣旨であると主張

しなければならない。

　この点、「特定抗争指定暴力団等」の指定が導入された 2012 年暴対法改正時の議論をみると、「過度の規制とならないよう、指定暴力団の中でも、対立抗争状態にあるものを特定抗争指定暴力団として指定することで、その主体を特に危険なものに限定した」（【参考資料 2】「暴力団対策に関する有識者会議報告書」）ことが強調されていることは、同法が指定暴力団等に規制を限定する趣旨であると解する根拠になると思われる。それに対し、暴対法が「まず規制対象となるべき者を切り分けるために暴力団を指定し、指定された暴力団の暴力団員に対して必要な規制を行うこと等を、その基本構造としている」（阿久津正好「法令解説」時の法令 1920 号〔2012 年〕28 頁）ことからすれば、同法は指定暴力団等以外の反社会的組織については何も語っていないと解することもできよう。実際、本件で問題となっている「半グレ集団」のような場合には暴対法が適用されず、警察が対応に苦慮しているという現実があるようである（溝口敦『暴力団』〔新潮社・2011 年〕155 頁以下参照）。そうであるとすれば、指定暴力団等以外の反社会的組織に対して地方自治体が新たに規制を課すことは可能である、という筋道にも十分に説得力があろう。

3 ……… 本件条例の合憲性(2)──文面審査

(1) 明確性の理論

　もし、本件条例が法律に抵触していないとすれば、弁護人としては条例自体の合憲性を検討することになるが、この点については形式的な側面から検討していくのが筋であろう。そこでまず、本件条例の文面上の合憲性を検討する。

　さて、本件規定においては「特定抗争準暴力団等」の「構成員」が「多数で集合する」という行為それ自体が中止命令の対象となっており、かかる中止命令違反が処罰の対象となっている。そこで、本件規定については、「特定抗争準暴力団等」の「構成員」の外延が漠然不明確ではないか、あるいは、彼らが「多数で集合」することの禁止が過度に広汎な規制ではないか、といった点が問題となるだろう。もっとも、後者に

ついては適用違憲ないし合憲限定解釈によってYを救済するという手法を採用する方が、より適切であると思われる（芦部・後掲参考文献395頁以下参照）。そのため、こちらについては後で扱うことにして（後述**5**）、ここでは前者について論じることとしたい。

　この点、先ほどの徳島最判は刑罰法規の明確性という論点についてのリーディングケースでもあるが、それによれば「ある刑罰法規があいまい不明確のゆえに憲法31条に違反するものと認めるべきかどうかは、通常の判断能力を有する一般人の理解において、具体的場合に当該行為がその適用を受けるものかどうかの判断を可能ならしめるような基準が読みとれるかどうかによつてこれを決定すべきである」とされていた。これを本問についてみると、YやE連合の中心メンバーたちが「特定抗争準暴力団」に指定されたE連合の「構成員」であることは、「通常の判断能力を有する一般人」にも十分に判断可能であろう。しかし他方で、準暴力団については構成員名簿が作成されておらず、実際に本問においてはXまでが「構成員」に含まれるとして逮捕・起訴されていることからすれば、本件規定が漠然不明確であるという主張にも一理あるように思われる。

(2) 第三者の違憲主張適格

　もっとも、仮に本件規定が「通常の判断能力を有する一般人」からみて不明確であるといいうるとしても、もし本件においてYが法令の「核心的部分」に違反しているとすると、そのような者に当該法令の違憲主張適格があるか否かが問題となる。

　この論点に関して学説上は、当該法令が自己の行為に対して合憲的に適用されることが明らかである場合には第三者の違憲主張適格は認められないが、それが表現の自由を制約するものである場合には、萎縮効果を早期に解消する必要があるために第三者にも違憲主張適格が認められるなどと解されてきた（渋谷702頁）。そうであるとすれば、Yの弁護人としては、本件において問題となっているのが憲法21条によって保障されている集会の自由の制約であるという点を強調することによって、Yの違憲主張適格を肯定すべきであろう。もっとも、憲法21条1項で

保障される利益に対する規制には特別な配慮が必要であるという憲法学説の主張に対しては、他分野の研究者からの批判もある（宍戸＝島田・後掲参考文献〔島田〕）。実際、徳島最判の判断基準によれば、「漠然性のゆえに文面上違憲との判断が下されるのは、当該法令があまりにも不明確であって適用されうるいかなる場合においても行動の指針を示すことができないようなきわめて例外的な場合に限られる」（長谷部207～208頁）ようにもみえる。検察側としては、そのような見解を参考にしつつ、本問においても一般の刑罰法規と同様にＹの主張適格は認められないという主張を行っておくべきであろう。

　他方で判例の立場をどのように理解するかについては、広島最判をどのように解釈するかによって異なってくる。すなわち、同最判に付された堀籠幸男裁判官の補足意見によれば、「被告人の本件行為は、本条例が公共の平穏を維持するために規制しようとしていた典型的な行為であり、本条例についてどのような解釈を採ろうとも、本件行為が本条例に違反することは明らかであり、被告人に保障されている憲法上の正当な権利が侵害されることはない」とされていることから、主張適格が否定されているようにみえる。それに対し、同最判の調査官解説は「被告人の本件行為が、後に限定解釈される処罰対象の核心部分にあることを前提にしつつ、過度の広汎性を指摘する違憲主張に応答しており、その主張適格を認めた」と多数意見を評しており（最判解刑事篇平成19年度395頁〔前田巌〕）、かかる見解に従えば、「憲法上の争点の主張適格という論点は、適格を認めるという形で判例上は既に解決済み」ということになろう（渡辺・後掲参考文献172頁）。このような考え方は、「被告人が処罰根拠規定の違憲無効を訴訟上主張するに当たって、主張し得る違憲事由の範囲に制約があるわけではな〔い〕」として主張適格を肯定する藤田宙靖裁判官の反対意見とも整合的であるように思われる。

4 ………本件条例の合憲性(3)──集会の自由

　仮に本件規定が漠然不明確ではないとしても、「特定抗争準暴力団等」の「構成員」が「多数で集合すること」を禁じることは、憲法21条1

項が保障する集会の自由に対する過度の制約であり違憲ではないかが問題となる（集会の自由については、**10. 基地のある街**も参照）。

　この点、判例も集会の自由の意義を認めるにやぶさかではない。すなわち、成田新法事件判決（最大判平 4・7・1 民集 46-5-437）は、「現代民主主義社会においては、集会は、国民が様々な意見や情報等に接することにより自己の思想や人格を形成、発展させ、また、相互に意見や情報等を伝達、交流する場として必要であり、さらに、対外的に意見を表明するための有効な手段であるから、憲法 21 条 1 項の保障する集会の自由は、民主主義社会における重要な基本的人権の 1 つとして特に尊重されなければならないものである」と述べており、泉佐野市民会館事件判決（最判平 7・3・7 民集 49-3-687）は「集会の自由の制約は、基本的人権のうち精神的自由を制約するものであるから、経済的自由の制約における以上に厳格な基準の下にされなければならない」として「厳格な基準」を併用していたのである。したがって、弁護人としてもこのように集会の自由の意義を高唱することによって、本件条例の違憲性を主張していくことになるだろう。

　しかし、同じく集会の自由が問題となった広島最判は、緩やかな合憲性判断基準と評される「猿払基準」を援用していた。もっとも、同最判はその際、「このように限定的に解釈すれば」と前置きしたうえで「猿払基準」を援用していたのであり、そのような限定解釈を行った時点ですでに合憲であることがみえていたという事情があったように思われる。実際、当該事案で規制されているのが「公衆に不安若しくは恐怖を覚えさせるような集会を行うことの自由」にすぎないとすれば（前田・前掲406 頁）、「厳格な基準」を併用する必要性は認められないとの判断も理解できよう（なお蟻川・後掲参考文献は、同最判が「集会の自由」という表現を用いていないことに注意を促している）。

　これを本問についてみると、暴対法においては「特定抗争指定暴力団等」の構成員が「多数で集合すること」が禁じられているところ、実務はもちろん学説においてもこれを違憲と解する見解は見当たらないようである。したがって、「特定抗争指定暴力団等」の構成員による「集会」

と「特定抗争準暴力団等」の構成員によるそれとを価値において同視することができれば、本件規定を合憲と解するのが自然であるようにも思われる。そのような判断に際しては、暴対法が直罰規定となっているのとは異なり、本件条例が広島最判でも合憲判断のポイントの１つとされていた事後的・段階的規制になっているという事情もプラスに働こう。けれども、「特定抗争指定暴力団等」に係る制度を導入する際には、有識者から「場合によっては規制対象が広すぎるという判断もできなくはない」とか「明確性の原則に照らして適当か検討すべきである」といった意見が出され、それに対して警察庁の事務局が「本規制については、過度の規制とならないよう」主体を限定しているなどと回答していた（【参考資料2】「暴力団対策に関する有識者会議報告書」）ことは、前述の通りである。そうであるとすれば、暴対法の規制は集会の自由に対する制約としていわばストライクゾーンぎりぎりであると解することもできるため、それを超える「準暴力団」に対する規制は憲法上許されない過剰な規制であると主張することもできるように思われる。

5⋯⋯⋯⋯適用違憲と合憲限定解釈

　仮に本件条例が合憲であるとしても、事例に即してＹの無罪を勝ち取るための方法としては、まず、本件規定は設問の事例に適用する限りにおいて違憲であるとする適用違憲の主張が考えられよう。具体的には、たしかに本件では「特定抗争準暴力団」の「構成員」が「多数で集合」しているようにみえるものの、彼らはライブ会場の警備をするために「集合」しているにすぎず、実際にＦ会からの襲撃もなかった。したがって、集会の自由を制約しうる「明白かつ現在の危険」があるとはいえないため、これを禁じることは憲法21条１項に反するといった主張が考えられるように思われる。それに対して検察としては、特定抗争準暴力団に指定されていることからＥ連合とＦ会との抗争はいまだ続いているとみるべきであって、一方当事者であるＥ連合の構成員が多数で集合している以上、人の生命または身体に重大な危害が加えられる危険性は高いと主張することになるだろう。

　また、本件規定の合憲限定解釈を試みることによってYを救済するという手法も考えられよう。すなわち、本件規定が「多数で集合すること」と並んで「その他当該対立抗争又は内部抗争に係る暴力行為を誘発するおそれがある行為を行うこと」を禁じているということは、集会の自由との関係にかんがみると、「多数で集合すること」もまたそれに準じるような行為を禁じるものであると解すべきことになるのではないか。そしてそうだとすれば、ライブのために「集合」した行為にまで本件規定を適用することはできないのではないか。このようにいえば本件規定の構成要件該当性が否定され、その結果として、Yも無罪になるはずである。

　なお、適用違憲や合憲限定解釈とは別に、Yが逮捕された時点において E 連合はすでに活動停止状態にあったのであり、そうであるとすれば、にもかかわらずなおも E 連合を「特定抗争準暴力団」に指定し続けている公安委員会の処分は違法であり、それゆえ本件規定の構成要件該当性が否定される、という主張も考えられる。ただ、これは「憲法上の主張」にはあたらないように思われるため、答案例では取り上げていない（もっとも、結社の自由との関係では問題になるかもしれない）。

解答例

問❶
1．条例の法律適合性
　まず、暴力団対策法（以下「暴対法」という）15条の3第3号が、特定抗争指定暴力団等の指定暴力団員が警戒区域において多数で集合することを禁じているのに対し、特定抗争準暴力団等に同様の規制を課すA県暴力団排除条例（以下「本件条例」という）は25条3項3号、同条4項、33条（以下「本件規定」という）においてそれと同様の規制を「特定抗争準暴力団等」へと拡大させていることから、「法律の範囲内」（憲法94条）で制定されたとはいえない。

　この点、判例によれば「条例が国の法令に違反するかどうかは、両者の対象事項と規定文言を対比するのみでなく、それぞれの趣旨、目的、内容及び効果を比較し、両者の間に矛盾牴触があるかどうかによってこれを決しなければならない」とされているところ、暴対法における「特定抗争指定暴力団等」に対する規制と本件規定による規制は、ともに人の生命または身体に重大な危害が加えられることを防止することを目的とするものであるから、両者の規律事項および目的は同一であるといえる。そのうえで、暴対法改正時に「過度の規制とならないよう、指定暴力団の中でも、対立抗争状態にあるものを特定抗争指定暴力団として指定することで、その主体を特に危険なものに限定した」ことが強調されていることからすれば、暴対法は本件規定のような規制を特定抗争指定暴力団等に限定する趣旨であると解される。したがって、本件規定は暴対法15条の3第3号に抵触し、違法・無効である。

２．文面上の合憲性

　また、本件条例においては「特定抗争準暴力団」の「構成員」が「多数で集合する」という行為が中止命令の対象となっており、かかる中止命令違反が処罰の対象となっているところ、準暴力団については構成員の名簿等が作成されていないことから、「構成員」の範囲が漠然としているため、本件規定は憲法31条に反する。

　この点、判例によれば「ある刑罰法規があいまい不明確のゆえに憲法31条に違反するものと認めるべきかどうかは、通常の判断能力を有する一般人の理解において、具体的場合に当該行為がその適用を受けるものかどうかの判断を可能ならしめるような基準が読みとれるかどうかによつてこれを決定すべきである」とされているところ、本件においては、Yや警備員たちのみならず、Yが経営していた事務所およびガールズバーに所属していたXらまでがE連合の「構成員」に該当するとして逮捕・起訴されている。このように、具体的場合において、本件規定の適用の可否が通常の判断能力を有する一般人に理解可能ではないという事例が存在しうる以上、本件規定は、あいまい不明確のゆえに憲法31条に反し無効であると解される。

　もっとも、YがE連合の「構成員」であることに疑いの余地はないことから、Yに本件規定の違憲性を主張する適格があるのかが問題となる。この点、本件では憲法21条1項で保障されている

集会の自由が問題となっているところ、かかる精神的自由を規制する法令が問題となっている場合には、萎縮効果を早期に解消する必要があるため、第三者にも主張適格が認められるべきである。したがって、Yが「本件規定は憲法31条に反し、無効である」と主張することも許される。

3．内容上の合憲性

さらに、本件規定は憲法21条1項が保障する集会の自由に対する過剰な制約であり、違憲である。

この点、現代民主主義社会においては、集会は、国民が様々な意見や情報等に接することにより自己の思想や人格を形成、発展させ、また、相互に意見や情報等を伝達、交流する場として必要であり、さらに、対外的に意見を表明するための有効な手段であるから、憲法21条1項の保障する集会の自由は、民主主義社会における重要な基本的人権の1つとして特に尊重されなければならない。したがって、それが制約されるためには「単に危険な事態を生ずる蓋然性があるというだけでは足りず、明らかな差し迫った危険の発生が具体的に予見されることが必要である」という基準が用いられるべきである。これを本件規定についてみると、特定抗争準暴力団等の構成員が多数で集合しただけでは、「明らかな差し迫った危険の発生が具体的に予見される」とはいえないため、本件規定は憲法21条1項に反し、無効である。また、仮に本件規定が合憲であったとしても、本件においてE連合のメンバーたちは、Xらのライブに警備員として集合しているにすぎず、実際にF会からの襲撃もなかった。そうである以上、「明らかな差し迫った危険の発生が具体的に予見される」とはいえないため、本件規定は本問の事例に適用される限りにおいて違憲である。

以上より、本件規定に反するとして起訴されたYは無罪である。

問❷

1．以上のような弁護人の主張に対し、検察官は次のように反論するであろう。

(1)　条例の法律適合性

たしかに、暴対法と本件条例の目的は同一であるかもしれないが、暴対法はまず規制対象となるべき者を切り分けるために暴力団を指定し、指定された暴力団の暴力団員に対して必要な規制を行うこと

をその基本構造としており、それゆえ同法は指定暴力団以外の反社会的組織については何も語っていないと解すべきである。したがって、本件条例のように、指定暴力団以外の反社会的組織に対して地方自治体が国の法令とは異なる規制を課す本件規定は、暴対法15条の3第3号には矛盾抵触しない。

　(2)　文面上の合憲性

　たしかに、すべての人にとって本件規定の適用の有無が明確であるとはいえないかもしれない。しかし、少なくともYが「特定抗争準暴力団」に指定されたE連合の「構成員」であることは、「通常の判断能力を有する一般人」にとっても十分に判断可能である。そうであるとすれば、本件においてはY自身の憲法上の権利が侵害されているわけではない以上、本件規定が憲法31条に反するという主張をYが行うことは、そもそも許されないと解すべきである。

　(3)　内容上の合憲性

　たしかに、集会の自由は民主主義社会において重要な権利であるが、本件で問題となっているのは、「特定抗争準暴力団等」の「構成員」が「多数で集合すること」であり、かかる行為に民主主義社会における重要性を認めることはできない。したがって、本件規定の合憲性はより緩やかな基準で審査されるべきであり、本件規定は人の生命または身体に重大な危害が加えられることを防止するという正当な目的のための合理的な規制であるといえるため、憲法21条1項には反しない。また、公安委員会によって「特定抗争準暴力団等」に指定されている以上、その「構成員」が「多数で集合すること」によって人の生命または身体に重大な危害が加えられる危険性は高いと考えられることから、本件規定は本問の事例に対しても合憲的に適用される。

　以上より、Yの行為は本件規定の構成要件に該当し、有罪である。

2. 弁護人・検察官双方の主張に対し、以下、解答者自身の見解を述べる。

　(1)　条例の法律適合性

　弁護人・検察官双方が認める通り、暴対法と本件条例の規律事項および目的は同一であると解される。それゆえ、判例によれば「国の法令が必ずしもその規定によって全国的に一律に同一内容の規制

を施す趣旨ではなく、それぞれの普通地方公共団体において、その地方の実情に応じて、別段の規制を施すことを容認する趣旨」であれば条例は法令に抵触しないところ、検察官が主張する通り、暴対法は指定暴力団以外の反社会的組織については何も語っておらず、そのため「地方の実情に応じて、別段の規制を施すことを容認」しているものと解される。これを本件についてみると、A県においては指定暴力団ではない組織同士の抗争が激化しているという事情があり本件条例の合理性も肯定されるので、本件条例は「法律の範囲内」で制定されたものと解すべきである。したがって、本件規定は暴対法15条の3第3号には矛盾抵触しない。

(2) 文面上の合憲性

　この点については、まずYに本件規定の違憲主張適格があるか否かが問題となる。もっとも、そもそも漠然不明確であるために処罰根拠自体が違憲無効であるとされれば、被告人は違憲無効の法令によって処罰されることになるのであるから、その場合に被告人は憲法上の権利が侵害されていることになる。それゆえ、被告人が処罰根拠規定の違憲無効を主張するにあたっては、主張しうる違憲事由の範囲に制約があると考えるべきではなく、Yにも本件規定の違憲主張適格が認められるべきである。

　そのうえで、本件条例における「準暴力団」の定義に「構成員が集団で常習的に暴力的な不法行為をしている集団」という要素が含まれていることからすれば、本件規定にいう「構成員」とは当該集団において常習的な暴力的不法行為に関与していた者と解される。そして、通常の判断能力を有する一般人であれば、Xはそのような意味における「構成員」には該当しないのに対し、Yらが「構成員」に該当することは容易に想定することができよう。このように、本問の事例において本件規定が適用されることは通常の判断能力を有する一般人にとっても判断可能であるから、本件規定は憲法31条には反しない。

(3) 内容上の合憲性

　他方で、「特定抗争準暴力団等」の「構成員」が「多数で集合する」ことをもって中止命令の対象とするのは、民主主義社会における集会の自由の重要性にかんがみるならば、過度な広汎な規制であるようにも思われる。もっとも、本件規定が「多数で集合すること」と「当該対立抗争又は内部抗争に係る暴力行為を誘発するおそ

れがある行為」とを並列していることからすれば、本件規定にいう「多数で集合すること」とは、暴力行為を誘発するおそれのある集合行為に限定されると解すべきである。

そして、このように限定的に解釈すれば、本件規定は憲法21条1項には反しないと解される。すなわち、集会の自由といえどもあらゆる場合に無制限に保障されなければならないものではなく、公共の福祉による必要かつ合理的な制限を受けることがあるのはいうまでもない。そして、必要かつ合理的な制限として是認されるか否かについては、目的のために制限が必要とされる程度と、制限される自由の内容および性質、これに加えられる具体的制限の態様および程度等を較量して決せられるべきである。これを本件規定についてみると、本件規定による規制によって得られる利益は人の生命または身体の安全であり、これが市民社会全体の重要な利益であることは明らかである。それに対し、本件規定による規制によって失われる利益は、上記のような限定解釈を前提にすると、集会の自由一般ではなく、暴力行為を誘発するおそれのある集会を行うことの自由にすぎない。さらに規制の態様も、直罰規定ではなく事後的かつ段階的な規制によっているのであって、より制限的でない他の手段は容易に想定できない。したがって、本件規定は憲法21条1項に反しないと解すべきである。

そのうえで本問の事例においては、たしかに「特定抗争準暴力団」の「構成員」が「多数で集合」しているものの、彼らはXらのライブにおける警備員としてライブ会場に集まっていたのであるから、本件集合行為が「暴力行為を誘発するおそれがある」とはいえない。それゆえ、本件規定によって禁じられている「多数で集合すること」には該当しないと解すべきである。

以上より、Yの行為は本件規定の構成要件に該当しないため無罪である。

関連問題

風俗案内所規制条例事件

風俗営業等の規制及び業務の適正化等に関する法律（以下「風営法」と

いう）は、風俗営業に対して許可制を採用するとともに、都道府県条例
で定める地域内にあるときは許可をしてはならない旨を定めている。そ
れを受けたＰ県風営法施行条例は、観光都市として世界的に著名なＱ
市の歓楽街（第三種地域）においては、学校や児童福祉施設等の対象施設
から70メートル以内の区域を風俗営業禁止地域とする旨を定めている。
もっとも風営法は、近年、全国各地で増加し、派手な外観や過剰な集客
行為等により地域の環境や青少年の育成に悪影響を及ぼすことなどが問
題視されている風俗案内所を規制対象とはしておらず、そのため、各地
方自治体では条例による規制の動きが広がっている。Ｐ県でも、学校や
児童福祉施設等の敷地から200メートル以内の地域を営業禁止区域と定
め、同区域内での風俗案内所の営業を禁止し、違反者に対して刑罰を科
す旨を定める風俗案内所の規制に関する条例（以下「本件条例」という）が
制定された。

　ＲはＰ県風営法施行条例にいう第三種地域で風俗案内所を経営して
いたが、その場所は、本件条例による営業禁止区域に該当していた。し
かしＲは、本件条例の施行後も風俗案内所の営業を継続したことから、
本件条例に違反するとして逮捕・起訴された。

　本件における憲法上の問題点について論じなさい。

【参考資料】Ｐ県風俗案内所の規制に関する条例*
（目的）
第1条　この条例は、風俗案内所に起因する県民に著しく不安を覚えさせ、又は不快の念を
　起こさせる行為、犯罪を助長する行為等に対し必要な規制を行うことにより、青少年の健
　全な育成を図るとともに、県民の安全で安心な生活環境を確保することを目的とする。
（営業禁止区域）
第3条　風俗案内所は、次に掲げる施設の敷地から200メートル以内の区域（以下「営業禁
　止区域」という。）において営んではならない。
　(1)　学校教育法（昭和22年法律第26号）第1条に規定する学校
　(2)　児童福祉法（昭和22年法律第164号）第7条第1項に規定する児童福祉施設
　(3)　図書館法（昭和25年法律第118号）第2条第1項に規定する図書館
　(4)　博物館法（昭和26年法律第285号）第2条第1項に規定する博物館
　(5)　医療法（昭和23年法律第205号）第1条の5第1項に規定する病院及び同条第2項に
　　規定する診療所
　(6)　保健所
　(7)　主として街区内に居住する者の利用に供することを目的とする都市公園（都市公園法
　　施行令（昭和31年政令第290号）第2条第1項第1号に規定するものをいう。）

2 〔略〕

（表示物等の遵守事項）

第7条　事業者は、その行う事業に関し、次に掲げる行為をしてはならない。

　⑴　風俗案内所に、公安委員会規則で定める性風俗営業を表すもの又は性的感情を刺激するものの基準に該当する図画又は文字、数字その他の記号を表示し、又は表示したものを掲出し、若しくは配置すること。

　⑵　風俗案内所の外部に、又は外部から見通すことができる状態にしてその内部に、接待風俗営業に従事する者を表し、若しくはこれを連想させる図画又は文字、数字その他の記号を表示し、又は表示したものを掲出し、若しくは配置すること。

（罰則）

第16条　次の各号のいずれかに該当する者は、6月以下の懲役又は30万円以下の罰金に処する。

　⑴　第3条第1項の規定に違反した者

〔以下略〕

（参考、最判平 28・12・15 判時 2328-24）

参｜考｜文｜献

芦部信喜「漠然性・過度の広汎性のゆえに無効の法理」『憲法学Ⅲ　人権各論⑴［増補版］』（有斐閣・2000 年）388 頁以下

蟻川恒正「ライブ・起案講義憲法」法学教室 439 号別冊付録（2017 年）

木下智史「明確性の原則について——覚書」阿部照哉先生喜寿記念『現代社会における国家と法』（成文堂・2007 年）229 頁以下

宍戸常寿＝島田聡一郎「広島市暴走族追放条例事件——憲法と刑法の視点から」山下純司＝島田聡一郎＝宍戸常寿『法解釈入門——「法的」に考えるための第一歩［補訂版］』（有斐閣・2018 年）174 頁以下

橋本基弘「暴力団と人権——暴力団規制は憲法上どこまで可能なのか」警察政策 13 巻（2011 年）1 頁以下

山本龍彦「徳島市公安条例事件判決を読む——『コンテクスト』としての分権改革」中林暁生＝山本龍彦『憲法判例のコンテクスト』（日本評論社・2019 年）238 頁以下

渡辺康行「集会の自由の制約と合憲限定解釈——広島市暴走族追放条例事件最高裁判決を機縁として」法政研究（九州大学）75 巻 2 号（2008 年）159 頁以下

（西村裕一）

13.B准教授の生活と意見とため息

設問

　国立大学法人 A 大学は、不偏不党の立場から真理を探究する場として大学を位置づけ、学問の政治的・社会的権力からの自律を確保すべく、就業規則 I 条において、職員に大学構内における一定の政治活動を禁止している。

　B は A 大学工学部原子力専攻の准教授で、核融合技術の開発・研究に携わっている。B 准教授は、原子力技術はきわめて安全な技術であるばかりか、他の発電技術に比しても地球環境にやさしいたいへん優れたものであり、これからの日本のエネルギー政策に必要不可欠なものであるとの信念を抱いていた。B 准教授は、近年日本で反原発の動きが徐々に活発になりつつあるのを憂慮して、A 大学構内で学生を対象として「原子力技術のシンポジウム──原発推進を目指して」（以下「本件シンポジウム」という）を開いた。そこで、B 准教授は、原子力のしくみやその安全性についてわかりやすく解説するとともに、日本においてもっと積極的に原発を稼働させるべきだと強く訴えた。また、B 准教授は、本件シンポジウムに、原発推進を主要な政策目標として掲げている C 政党に所属しかつ原発問題に詳しい国会議員を 3 人招へいし、ゲストスピーカーとして講演させた（ちなみに、ゲストスピーカーはこの 3 人だけであった）。3 人の国会議員は、講演の中で C 政党の原発政策の妥当性を主張し、それに対する支持を聴衆に呼びかけた。なお、B 准教授は、本件シンポジウムの開催やそのための教室の利用について、大学から許可を得ていなかった。

　A 大学は、B 准教授が大学構内で本件シンポジウムを開催し、そこに国会議員を招へいし講演させたことが就業規則 I 条 2 号(ii)および(v)に違反するとして、B 准教授に対して戒告処分を科すとともに、今後こういった行為を行わないようにと B 准教授に注意を促した。しかし、B 准教授はそれにいっさい耳を傾けず、その後も同様の行

為を複数回繰り返したので、Ａ大学はＢ准教授に対して懲戒免職処分を下すこととした。

　Ｂ准教授に対する懲戒免職処分を決定するに先立って、Ａ大学学長は、就業規則Ⅴ条にもとづき、Ｂ准教授に対する処分を検討するための人事調査委員会を立ち上げた。人事調査委員会の調査委員には、理事から２名（２名とも学外者）、教育研究評議会の評議員から２名（文学部長、教育学部長）、Ｂ准教授の所属する部局の長（工学部長）が選出された。なお、理事から選出された調査委員は、太陽光発電の開発を手がける会社の代表取締役Ｄと、脱原発を掲げるＮＰＯ法人の代表Ｅであり、両人とも日ごろから原発全廃を強く主張していた。そして、Ａ大学学長は、就業規則Ⅴ条４項にもとづいてＤを人事調査委員会の委員長に指名した。

　人事調査委員会は、Ｂ准教授に口頭による弁明の機会を与えたうえで、事実を調査し処分の可否について審議した。その審議をめぐって人事調査委員会は紛糾したが、結局、委員長Ｄが他の委員を強力に説得した結果、Ｂ准教授に対して懲戒免職処分を下すのが相当であるとの結論に至り、それにもとづいて、Ａ大学学長はＢ准教授に対して懲戒免職処分を科した。これに対して、Ｂ准教授の所属する工学部教授会は、工学系研究者たちの専門的な知見にもとづいて、懲戒処分は不相当であるとする意見書をＡ大学学長宛てに提出した。

　Ｂ准教授はＡ大学に対して本件処分の違法性を主張し、雇用関係存続確認の訴えを提起した。

問❶　本件訴訟において、Ａ大学はどのような憲法上の主張をすることができるか。
問❷　問❶における憲法上の主張について、Ｂ准教授からの反論を論じたうえで、あなた自身の見解を述べなさい。

【参考資料1】Ａ大学就業規則*
第Ⅰ条　職員は、大学の施設内において選挙運動その他以下の政治的活動を行ってはならない。
　一　特定の政党その他の政治的団体の構成員になるように、又はならないように勧誘運動をすること。
　二　特定の政党その他の政治的団体又は特定の内閣若しくは地方公共団体の執行機関を支持し、又はこれに反対する目的をもって、次に掲げる政治的行為をす

るること。
　（i）　署名運動や勧誘運動をすること。
　（ii）　集会を企画し、又は主宰する等これに積極的に関与すること。
　（iii）　寄附金その他の金品の募集に関与すること。
　（iv）　文書又は図画を配布または掲示すること。
　（v）　学内の施設等を利用し、または利用させること。
第Ⅱ条　職員が次の各号の一に該当する場合においては、これに対し懲戒処分とし
　て戒告、減給、停職又は免職の処分をすることができる。
　一　この規則の定める規程に違反した場合
　二　職務上の義務に違反し、又は職務を怠った場合
　三　心身の故障のため職務の遂行に著しく支障がある場合
第Ⅲ条　懲戒処分は、学長がこれを行う。
第Ⅳ条　懲戒は、第Ⅱ条に規定する懲戒の事由に該当すると認められる非違行為が
　発生した場合に、人事調査委員会の事実確認及び処分量定の審議を経て行わなけ
　ればならない。
２　委員会は審議の対象となる職員に対し、書面または口頭により弁明する機会を
　与える。
３　学長は、委員会の議を経て、処分の決定を行う。
第Ⅴ条　学長は、職員に対し、懲戒処分をするか否か判断する必要がある事案があ
　るときは、その都度人事調査委員会を設置する。
２　人事調査委員会は、前項の事案に係る事実認定を行うとともに、調査対象者
　（以下「当事者」という）に対する処分事由該当性を判断する。
３　人事調査委員会は、次の各号に掲げる者をもって組織する。
　一　学長が指名する理事
　二　学長が指名する評議員
　三　当事者が所属する部局の長
４　人事調査委員会に、委員長を置き、学長が指名する理事をもって充てる。
第Ⅵ条　人事調査委員会は、所属学部の教授会に前条の調査の結果を報告するもの
　とし、教授会は、当該調査結果について審議し、意見を述べることができる。

【参考資料2】国立大学法人法
（役員）
第10条　各国立大学法人に、役員として、その長である学長及び監事2人を置く。
２　各国立大学法人に、役員として、それぞれ別表第1の第4欄に定める員数以内
　の理事を置く。
第13条　理事は、前条第7項に規定する者〔人格が高潔で、学識が優れ、かつ、
　大学における教育研究活動を適切かつ効果的に運営することができる能力を有す
　る者〕のうちから、学長が任命する。
　〔2項略〕
第14条　学長又は文部科学大臣は、それぞれ理事又は監事を任命するに当たって
　は、その任命の際現に当該国立大学法人の役員又は職員でない者が含まれるよう
　にしなければならない。
（教育研究評議会）
第21条　国立大学法人に、国立大学の教育研究に関する重要事項を審議する機関
　として、教育研究評議会を置く。
２　教育研究評議会は、次に掲げる評議員で組織する。
　一　学長

解　説

1 ⋯⋯⋯⋯概　観

(1)　設問のねらい

大学の自治や学問の自由について判示された先例としては、東大ポポロ事件判決（最大判昭38・5・22刑集17-4-370）が思い出されるであろう。しかし、本問は、以下の2点において、東大ポポロ事件と事例の性質を異にしている。まず、①東大ポポロ事件においては、公権力に対する大学の自治という意味での大学の自治が問題となっていたが、本問においては、大学内部において自治の主体は誰なのかということが論点となっている。すなわち、大学の自治とは、大学（法人）の自治を意味するのか、それとも教授会の自治を意味するのかという問題である。次に、②本問においては、学問の自由と実社会の政治的活動との関係について、東大ポポロ事件よりも正面から問われることとなる。なぜならば、東大ポポロ事件では、あくまで「大学の教授その他の研究者の有する特別な学問の自由と自治の効果として」学問の自由を享有するにすぎないとされた学生の学問の自由の内容が問題となっていたのに対して、本問では、まさに憲法23条によって直接的に学問の自由を保障されているとされる教授の学問の自由の内容が問題となっているからである。

(2)　とりあげる項目

► 大学の自治
► 学問の自由
► 大学の自治と司法審査

2 ⋯⋯⋯⋯学問の自由と大学の自治

憲法23条は、学問の自由（①研究の自由、②研究発表の自由、③教授の自

由）を保障しているのみならず、大学の自治をも保障しており、この点
では、学説も判例（東大ポポロ事件判決）もおおむね一致している。しか
し、なぜ憲法は多様な精神活動のうち特に学問の自由をとりあげて明文
で保障しているのか、また、大学の自治とは具体的に何を意味するのか
という点をめぐっては、種々の見解が存在している。

(1) 学問の自由

　学問の自由は、その内容において、思想・良心の自由（憲法 19 条）や
表現の自由（憲法 21 条 1 項）など他の精神的自由権と重複する点が少な
くないが、憲法 23 条は学問の自由を他の精神的自由権とは別個の条文
をもって保障している。この理由としては、まず、「学問」の特性（学
問は既存の知識や・体系・秩序を疑ってかかるという特性をもっているため、本質
的に既存の秩序の権威を動揺させる危険をもつものとして権力による弾圧を受けや
すいこと〔高橋 188 頁〕）や、明治憲法時代に学問の自由がしばしば国家権
力によって侵害されたという歴史的な経緯（芦部 168 頁）などをあげるこ
とができる。では、これに加えて、学問の自由の「権利としての特殊
性」をも根拠にすることができるであろうか。すなわち、学問の自由は、
すべての人に対して普遍的に等しく保障が及ぶとされる他の精神的自由
権とは異なって、（広く国民一般に対しても保障されるものであるということを
否定しないものの）大学など研究機関の構成員に対して何らかの特別の保
障（特権）を及ぼすことを含意するものであると考えることはできるだ
ろうか。

　この点、判例（東大ポポロ事件判決）は、憲法 23 条は「一面において、
広くすべての国民に対して……〔学問の〕自由を保障する」としつつも、
「他面において、大学が学術の中心として深く真理を探究することを本
質とすることにかんがみて、特に大学におけるそれらの自由を保障する
ことを趣旨としたものであ」り、このような大学の本質にもとづいて、
「大学における〔学問の〕自由は……一般の場合よりもある程度で広く認
められる」と説いている。そして、「大学における学問の自由を保障す
るために、伝統的に大学の自治が認められている」と論じている。これ
は、学問の自由が広く国民一般に対して保障が及ぶものであるというこ

とを認めつつも、大学が歴史的に学問研究の中心として承認され、また現在も学問研究の発展を中心的に担っているということを理由に、大学および大学構成員に対する特別の保障を認めようとするものであると評価できよう（戸波・後掲参考文献 124 頁）。では、学問の自由にみられる市民の個人的自由の範疇からはみ出た部分、すなわち、大学構成員のみに対して認められる「特別の」自由とはどのようなものなのであろうか。そしてなぜその保障が要請されることになるのか。

　これに関して、高柳信一は以下のように論じている。現代の研究者は、大学等「他人の設置した教育研究機関に給料で雇われている使用人……たる地位」に置かれていることが多く、このような雇用・従属関係による制約を招きやすい。そして、このような制約が加えられたのでは使用人たる教員研究者の真理探究の自由が害されてしまうので、そのような障害を排除し、教育研究機関の内部にも、研究者の思想の自由および思想の交易の自由など市民的自由を貫徹させるものが学問の自由である（高柳・後掲参考文献 43～135 頁）。すなわち、「教員研究者が市民として持つところの、しかし……研究教育機関の内部に妥当しえないところの市民的自由……を研究教育機関内部において……回復させる」ものとして憲法 23 条を捉えるのである（宍戸 178 頁）。この高柳説の最も魅力的な点は、学問の自由を国家からの自由という側面からのみではなく、大学設置者・管理者からの自由という側面からも説明することができるという点である。特に、近年、国立大学が法人化され、大学の裁量が拡大するとともに、教学・経営にわたって学長に権限が集中するようになってくると、相対的に教員や教授会の自由度や自治が低下し、大学（法人）を通じて教員の学問の自由や教授会の自治が不当に制約される危険も生じるようになってきている。こうした状況においては、高柳説は大変示唆に富むものである。

(2)　大学の自治

　判例は、憲法 23 条で保障される大学の自治には、学長・教授その他の研究者の人事の自治と、施設・学生の管理の自治が含まれると説いているが、学説上はさらに予算管理の自治をあげる見解も有力である。

　大学の自治の中でも、人事の自治が最も重要である。戦前の滝川事件を思い返してみれば明らかなように、大学教員の人事について国家が介入することとなれば、大学での学問の自由は成り立たなくなってしまう。現行法においても、大学教員の人事については、法令で教員の資格が定められている（学校教育法8条、大学設置基準14条～17条）のみで、大学が自主的に決定することとされている（関連問題参照）。

　では、大学の自治の主体は誰か。これについては、2つの見解が存在する。1つは、大学（法人）が自治の主体であるとする見解である（たとえば、松井茂記『日本国憲法［第3版］』〔有斐閣・2007年〕499頁）。これによれば、おそらく、大学の意思として決定したことは、学部教授会に優位するということになろう。もう1つは、教授会など研究者の組織が自治の主体であるとする見解である。たとえば、佐藤幸治は、大学における研究と教育の自律を確保するという大学の自治の存在理由からいって、自治の主体は教授その他の研究者の組織、すなわち、教授会がその中心となるべきであると論じている（佐藤245頁）。これによれば、大学は原則として学部教授会の意思決定に従うべきだということになろう。

　従来の学説においては、大学（法人）の自治と教授会の自治の緊張関係はそれほど認識されてこなかったと思われる。しかし、後述するように、法人化された国立大学においては学長が教学・経営の双方にわたり大きな権限をもつようになっており、それに伴って相対的に教授会の権限が縮小・低下するにつれて、大学（法人）自治と教授会自治との緊張関係が先鋭化しつつある。

3 ………… 国立大学法人化

(1)　国立大学法人化の趣旨（中富・後掲参考文献参照）

　国立大学の法人化は、①個性豊かな大学づくりと国際競争力ある教育研究の展開、②国民や社会への説明責任の重視と競争原理の導入、③経営責任の明確化による機動的・戦略的な大学運営の実現を目指して推し進められたものである（国立大学等の独立行政法人化に関する調査検討会議「新しい『国立大学法人』像について」（最終報告）〔2002年3月26日〕）。この背景

には、これまでの国立大学においては、大学自治の名のもとに「社会から隔離された存在となりがち」で、必ずしも国民や社会の期待に応えることができなかったのではないかという批判や、部局自治の名のもとに、「部局の利害が優先され、ともすれば大学全体としての大胆な改革や速やかな意思決定」ができなかったのではないかといったような問題意識が存在していた（国立大学長・大学共同利用機関長等会議における文部科学大臣挨拶〔平成 15 年 2 月 10 日〕）。

　国立大学の法人化によって、主として以下の 3 つの変化がもたらされた。

　まず第 1 に、文部科学省が中期目標を提示し、それを受けて各大学が中期計画を作成し、文部科学省がそれを認可するという制度を導入するとともに、その計画の達成度に応じて財源を重点的に配分するというシステムが確立したという点である。これによって、国が大学に対して一方的に指針を提示するといったような従来型の官僚制的モデルから、大学やその構成員が自主的な発意によって大学の改革を推進していく方向へと転換がはかられるとともに、国民や社会に対する説明責任（アカウンタビリティ）を重視した、社会に開かれた大学が目指されることとなった。

　第 2 に、法人化に伴って、学長の権限が大幅に強化されることとなったという点である。すなわち、大学の意思決定は、教学権と経営権の双方を掌握した学長中心のトップダウン型の管理体制のもとで行われるようになった。これは、大学全体の利益よりも部局ごとの部分利益が優先されがちで、大学の斬新で大胆な改革を推し進めることが難しかった従前の状況を克服するために導入されたものである。これにより、強いリーダーシップをもつ学長を中心に大学の政策が自由に決定される傾向が強まったが、他方で、相対的に部局教授会の権限は縮小されることとなった。

　第 3 に、「国立大学が、財政的に国民に支えられる大学であると同時に、その自律的な運営について社会から理解を得るためには、社会との不断の意思疎通をはかり、社会的存在としての国立大学の位置づけを明

確にしていくことが重要」（国立大学長・大学共同利用機関長等会議における文部科学大臣挨拶〔平成15年2月10日〕）であるとの考え方にもとづいて、大学の経営や運営に学外の第三者の意向が反映される道が開かれたという点である。たとえば、大学経営権を掌握する学長は、文部科学大臣が、国立大学法人が学長選考会議の選考により行う申出にもとづいて任命することとなっているが、この学長選考会議は、①経営協議会——このメンバーの過半数は学外の第三者でなければならない——が学外の第三者委員から選出した者、②教育研究評議会が学長・理事以外の委員から選出した者の、各同数から構成され、さらにこれに③学長選考会議が、委員総数の3分の1を超えない範囲で、学長または理事を委員に加えるように定めることができるとされている（国立大学法人法12条）。ここには、大学の経営や運営に国民や社会の意思を反映させようとする意図を読み取ることができるが、他方で、学長の人事を大学構成員自身の自律的な判断に委ねるという意味での研究者集団の自治は相対的に弱められることとなった。

(2) 法人化の問題点

　一方で、上記のような制度は、国立大学に対外的・対内的の両面にわたって以下のような問題を生ぜしめている。

　第1に、対外的な問題、すなわち、大学と国家、大学と学外の社会的権力との関係についてである。まず、中期計画の作成を大学側に委ねる制度を導入することによって、大学の自主性、自律性が促され、国立大学は以前よりも自由に大学の個性を追求していくことが可能となったようにもみえる。しかし、果たして本当に国立大学の自由度は高まったのだろうか。たとえば、吉田善明は、各大学が作成した中期計画に関して、文部科学大臣は「不適当となったと認めるときは、……変更すべきことを命ずることができる」（国立大学法人法31条4項）としていること、そしてこの中期計画の内容は教育研究に直接関わるものであるうえ、それが各大学の予算にも大きく関わるものであることを思うとき、国立大学は本当に自主性、自律性を貫くことができるかが危惧される、と指摘している（吉田善明「大学法人（国立大学、私立大学）の展開と大学の自治」法律論叢

81 巻 2 = 3 号〔2009 年〕439 頁）。つまり、国立大学は予算を獲得するために依然として文部科学省の顔色をうかがい続けなければならず、そのような意味で、大学に対する国からの圧力は形を変えて存在し続けているともいえる。

　また、大学の経営や運営に学外者の意向が反映されるようになったが、このことは大学（法人）の社会的権力からの自由や、研究者・研究者集団の学外勢力からの自由といった問題が、今まで以上に重要なものとして顕在化してきたということを意味する。たとえば、君塚正臣は、現行制度のもとでは、大学と無縁な学長が学外者主導の学長選考会議で選ばれ、その強い指導力のもとで、学部の意思決定を否定し、学問内容にすら触れる「指導」がなされる危険すら含んでいる、と指摘している（君塚・後掲参考文献 198〜199 頁）。

　第 2 に、対内的な問題、すなわち、大学と教員、大学と教授会の衝突についてである。学長の権限が増大するに伴って教員や教員集団の権限は相対的に縮小され、教員・教員集団は教学事項について自主的な決定ができなくなりつつある。これまでは、大学（法人）の自治と教授会自治との緊張関係はそれほど強く認識されてこなかったが、法人化に伴って、両者の緊張関係はその度合いを強めつつある。

4 ………… アメリカでの議論（参考）

　このような問題を考察するうえで、アメリカでの議論を参照することが有益である。中富公一は以下のように指摘する。アメリカにおいては、もともと、大学が素人の学外者からなる理事会に管理されることが多く、したがって、大学研究者は常にそのサービスの相手たる市民もしくは社会に対して自らの研究活動の意義について説明することが求められてきた。すなわち、ここでいう教員の学問の自由は、市民もしくは市民の声を代弁する大学からの自由を意味しており、それゆえ、アメリカにおいては、大学の支配権を握る素人理事会の解雇権・懲戒権に対して、教員の自由な研究、教育、学外での言論を保護することを狙いとして教授会の自治の原則が登場したのであり（中富・後掲参考文献 1044 頁）、学問の自

由は、常に、国家から教員や大学の自由を守るためのものとしてのみならず、社会や社会を代弁する大学から教員の自由を守るものとしても捉えられてきたという（たとえば、ドゥウォーキン〔R. Dworkin〕は、学問の自由は、①大学を議会や裁判所など国家機関および大企業などの経済的権力から隔離するのみならず、②学者たちを大学の管理者から隔離するという２つのレベルにおける隔離を含意していると主張している。RONALD DWORKIN, FREEDOM'S LAW〔1996〕）。日本の国立大学も、法人化に伴ってアメリカ型のモデルへと移行しつつあると考えるのであれば（中富・後掲参考文献 1044〜1056 頁）、国立大学の法人化に伴う問題点を考察するうえで、以上のような議論を参照することができるであろう。

5 ………解答の手がかり

(1) Ａ大学の主張

　㈠　懲戒免職処分に対する司法審査について　　解答例では、まずはじめに、憲法 23 条を根拠にして、大学の懲戒処分に対する司法審査を差し控えるべき旨を論じている。大学の懲戒処分に対する司法審査の可否は、部分社会論にもとづいて検討するというのが一般的であろうが（富山大学事件〔最判昭 52・3・15 民集 31-2-234〕）、そもそも部分社会論は学説からの評判があまり芳しくないうえに、部分社会論を用いてしまうと、本件処分は免職処分であるため、司法審査が及ぶという結論になってしまうであろう（ちなみに、問❷〔自分の見解〕の解答例の中で、部分社会論を根拠にして司法審査を肯定する記述例を示しておく）。

　㈡　手続的な適法性　　そして、解答例では、大学に対する司法審査を手続審査に限定すべきだとしたうえで、手続面に関しては違法性がないことを論じている。

　㈢　実体的な適法性──就業規則の適法性と懲戒免職処分の適法性
さらに、仮に裁判所の審査が実体審査にまで及ぶとしても、その点についても違法性がないことを付言している。

　実体審査に関しては、まず、就業規則Ｉ条の適法性が問題となる。ここでは、Ａ大学が就業規則Ｉ条で職員に大学構内における一定の政治活

動を禁止していることが職員の政治活動の自由や学問の自由を侵害することになるのか（ならないのか）という点について論じなければならない。

次いで、本件懲戒処分の適法性が問題となる。ここでは、本問におけるＢ准教授の行為が就業規則Ｉ条２号(ⅱ)および(ⅴ)に該当すること、そしてそれを理由に懲戒免職処分を科すことが妥当であることなどが主張されることになろう。

(2)　Ｂ准教授の反論

(ア)　懲戒免職処分に対する司法審査について　　解答例では、部分社会論を根拠に司法審査を及ぼすべき旨を論じることとする。

(イ)　手続的な違法性　　手続的な違法性に関しては、まず、①Ａ大学（法人）は工学部教授会が反対したにもかかわらず懲戒免職処分という判断を下しており、教授会の自治を害するものであるということ、次いで、②本件人事調査委員会のメンバーの中には学外者が半数近く含まれており、このようなメンバーによる調査審理は、教員集団自身の自律的な決定を損ねるものであり違法である旨が論じられている。

(ウ)　実体的違法性　　実体面の違法性に関しては、本件懲戒処分はＢ准教授の学問の自由を侵害するものであるということについて述べていく。解答例では、本件懲戒処分の違憲性（適用違憲的な側面）という観点から違法性が主張されているが、就業規則自体の違憲性（法令違憲的な側面）を論じることもできよう。なお、Ｂ准教授の学問の自由の侵害という観点からではなく、政治活動の自由の侵害という観点から論じることも可能ではあろうが、本問で問題となっているのは大学構内でのＢ准教授の活動であり、出題意図からそれる感を否めない。

解答例

問❶
1．懲戒処分に対する司法審査

　憲法 23 条は、広くすべての国民に対して学問の自由を保障するとともに、大学が学術の中心として深く真理を探究することを本質とすることにかんがみて、特に大学における学問の自由を保障しているが、この大学における学問の自由を保障するため不可欠なものとして、同条は大学の自治をも保障している（東大ポポロ事件判決）。これは、大学の内部行政に関しては国家権力が干渉することは許されず、大学の自主的な決定にもとづいてなされなければならないということを意味する。殊に、教授その他の研究者の人事に関わる問題は、大学における研究教育の自由と密接に関わるものであることから、大学の自治のうちでも最も重要かつ基本的なものであり、したがって、大学がその構成員に対してした懲戒処分の当否については、大学の自律的な解決に委ねるべきであり、原則として裁判所は審査を控えなければならない。また、仮に裁判所が処分について審査するとしても、その当否は、適正な手続に則ってされたか否かによって決すべきであり、その審理もこの点に限られなければならない。

2．手続的な適法性

　そこで、本件について処分が適正な手続に則ってなされたか否かを判断するに、この点に関しては何ら違法性を見出すことはできない。Ａ大学は就業規則 IV 条にあらかじめ定められた手続に則って人事調査委員会を立ち上げ、Ｂ准教授に口頭による弁明の機会を与えたうえで、事実確認および処分の可否を審議し、その人事調査委員会の結論にもとづいてＡ大学学長が懲戒免職処分を下している。なお、本件人事調査委員会のメンバーに学外の第三者が含まれているのは、大学は社会に対して開かれた存在であるべきであり、大学運営に高い見識をもつ学外の専門家や有識者を参画させることにより、外部の意見や批判を積極的に取り入れ常に改革を推進していかなければならないという考え方にもとづくものであり、そこには十分な合理性がある。

2 7 3

3．実体的な適法性

さらに、仮に本件処分について裁判所が実体的な審査を及ぼすとしても、本件就業規則の規定およびそれにもとづく懲戒免職処分には何ら違法性は存在しない。

(1) 就業規則の適法性について

まず、憲法23条が保障する大学の自治とは、大学の内部行政に関しては国家権力に干渉されることなく大学（法人）が自律的に決定しうることを意味しており、その主体は大学（法人）であると解される。すなわち、大学（法人）は、学生の教育と学問の研究という大学本来の目的を達成するために必要な範囲で、就業規則を通じて教員に諸規律を及ぼす権能を有しており、国家が正当な理由なくそれに干渉することは許されない。

Ａ大学は、学問は純粋に真理を追究するものでなければならず、学問研究の名目で政治的意見表明がなされてはならないとの考え方に立脚して、就業規則において大学構内における教員の政治活動を一定範囲で禁止している。以上の点からすると、大学構内での教員の政治活動を禁止する就業規則Ⅰ条は合理的な定めであると解される。

なお、これに対して、Ｂ准教授からは、このような就業規則の定めは、教員の学問の自由や政治活動の自由を不当に侵害するものだとの主張がなされるかもしれない。しかし、そもそも、学問の自由は、真理探究そのものに向けられるべきであり、実社会に働きかけようとする実践的な社会的活動は、学問の自由の問題ではない。また、大学は、あくまで学生の教育および学術の研究を目的とする場であって、教員の私的活動の場ではないので、教員に大学構内で政治活動をする権利は到底認められない。

(2) 本件懲戒処分の適法性について

また、Ｂ准教授はシンポジウムを開催し、そこで原発推進を主要な政策目標として公約に掲げているＣ政党に所属する国会議員3人をゲストスピーカーとして招へいし講演させている。そして、ゲストスピーカーはこの3人のみであり、この3人の国会議員が、その講演の中で、Ｃ政党の原発政策の妥当性を主張し、それに対する支持を聴衆に呼びかけたというのであるから、Ｂ准教授のこうした一連の行為は、もっぱらＣ政党を支持する目的をもって、集会を企画し（就業規則Ⅰ条2号(ii)）、学内の施設を利用し、または国会議

員たちに利用させた（就業規則Ⅰ条２号(v)）行為に該当すると評価することができる。

　そして、Ｂ准教授は、上記の理由で戒告処分を受けた後も、Ａ大学から注意があったにもかかわらず同様の行為を繰り返したというのであるから、本件処分が重きに失することもない。よって、就業規則にもとづく本件懲戒免職処分にも何ら違法性を見出すことができない。

問❷
１．Ｂ准教授の反論
(1)　懲戒免職処分に対する司法審査
　Ａ大学は、本件懲戒処分につき司法審査が及ばない旨を主張しているが、判例に徴すれば、本件のような懲戒免職処分は、単なる団体内部の問題にとどまらず、一般市民法秩序と直接の関係を有する問題であることから、司法審査が及ぶと考えるべきことは明らかである（富山大学事件判決）。

(2)　手続的な違法性
　そもそも、大学における教員人事の自治は、教授会の自治を意味すると解すべきである。しかし、本件において、Ａ大学は、工学部教授会が反対の意を表したにもかかわらずＢ准教授に対する懲戒免職処分を決定している。これは、教員人事に関する教授会の自治を侵すものであり違法である。また、本件人事調査委員会のメンバーの中には学外者が半数近く含まれていたが、このようなメンバーによる調査審理は、学外からの教員人事に対する政治的・経済的圧力を許すものであり、教員集団自身の自律的な決定を損ねるものである。したがって、本件処分は違法である。

(3)　実体的な違法性
　Ａ大学は、実践的な社会的活動は学問の自由の問題ではないとしたうえで、大学構内での教員の政治活動を禁止する就業規則Ⅰ条、および、それにもとづく本件懲戒処分を適法なものであると主張している。しかし、一般に、研究者の研究活動とその実践的な社会活動とを区別することは不可能である。本件においても、Ｂ准教授がシンポジウムにおいてした行為は、実践的な社会活動としての側面を有するものの、いずれもＢ准教授の研究活動と密接に関わるものであった。したがって、このようなＢ准教授の行為を就業規則

で禁じてしまうとすれば、B 准教授の学問の自由が不当に侵害されることとなってしまう。したがって、本件懲戒処分は違法である。

2．私見

(1)　懲戒免職処分に対する司法審査

　まず、A 大学は、本件のような教員人事に関する問題は大学の自律的決定に委ねられるべきであり原則として司法審査が及ばない旨を主張している。たしかに、大学は、国公立であると私立であるとを問わず、学生の教育と学術の研究という目的を達成するために必要な事項について学則等によりこれを規定し、実施することのできる自律的、包括的な権能を有し、一般市民社会とは異なる特殊な部分社会を形成しており、大学における法律上の係争のすべてが当然に裁判所の司法審査の対象になるものではない。しかし、本件のような教員に対する懲戒免職処分は、単なる団体内部の問題にとどまらず、一般市民法秩序と直接の関係を有する問題であることから、司法審査が及ぶと考えるべきである（富山大学事件判決）。特に、国立大学が法人化されて以来、教学・経営の双方にわたって学長の権限が強まる一方で、教授会自治は相対的に弱まりつつある。こうした状況のもとでは、大学内部問題に関する大学構成員による自治を確立するためにも、さらにいっそう司法審査を強化することが求められる。

(2)　手続的な違法性

　元来、大学の自治は教員の研究教育の自由を十分に保障するための制度であり、これにかんがみると、その主体は教員その他の研究者の組織すなわち教授会であると解すべきである。特に、教員人事に関する問題は、教員の研究活動のまさに前提問題であることから、教員の学問的な専門能力やその知的誠実さを正しく評価できる同僚たる教員研究者たち、すなわち、教授会の判断に委ねるのが相当であり、したがって、教員人事に関する大学の決定は、原則として教授会の判断に従うべきである。しかしながら、本件において、A 大学は、工学部教授会が反対の意を表したにもかかわらず B 准教授に対する懲戒免職処分を決定している。これは、人事に関する教授会自治を侵すものである。また、本件処分に関わる人事調査委員会のメンバーは、その半数近くが学外者であり、しかも学外者である D が委員長として他の委員に強力に働きかけたというのであるから、このようなメンバーによる調査審理は、教員人事に関する教

員集団自身の自律的な決定を損ねるものである。以上のことから、本件処分は大学の自治を侵すものであり違法であると考えられる。

(3) 実体的な違法性

Ａ大学は、教員研究者の学問の自由は、真理の探究そのものに向けられる作用であるから、Ｂ准教授の行為のような実社会に働きかけようとする実践的な社会的活動は、学問の自由の保障の埒外であると主張する。しかし、真理の探究と社会的・政治的活動とは容易に区別し難い。そのうえ、殊に先端科学技術に関する分野においては、学問研究者は単に真理の探究に従事していればよいというものではなく、常にその成果に関して社会に責任を負わなければならないのであり、このことからすると、少なくとも一定分野の学問に関しては、むしろ社会や政治から隔絶されるべきものではなく、社会に責任を負うことも含めて学問の一部であると解すべきである。

以上のことからすると、本件におけるＢ准教授の行為は、いずれもＢ准教授の研究活動と密接に関わるものでありかつそれと不可分一体のものである。まず、Ｂ准教授がシンポジウムにおいて学生を対象に原子力のしくみやその安全性についてわかりやすく解説した行為は、Ｂ准教授の研究成果を学生に対して教授するものである。また、Ｂ准教授の専攻している核融合技術の研究においては、学問は、単に真理を探究することのみならず、その真理が社会においていかに利用されるべきかという問題についても責任を負うことが求められる。このことを考えると、Ｂ准教授自身が原子力発電所の稼働を増進させるべきだと主張したことや、原発政策に詳しい国会議員を招へいして今後の日本のエネルギー政策について講演させたこと等は、いずれもＢ准教授の核融合技術の開発という研究活動の一部をなすものである。したがって、これらの行為を禁止することは、まさにＢ准教授の学問の自由に対する制約であると評価できる。

Ａ大学は、学問は純粋に真理を追究するものでなければならず、学問研究の名目で政治的意見表明がなされてはならないとの考え方に立脚して、就業規則Ｉ条をもって教員の政治活動を一定範囲で禁止しているが、とりわけＢ准教授の従事している核融合技術の研究という学問分野においては、前述のように、その成果に関して社会的責任を負うことをも求められるのであり、したがって、少なくとも同条がＢ准教授の行為に適用される限りにおいては、学問と

> 社会・政治とを分離すべしという同条の規定には妥当性を見出すことができない。したがって、就業規則Ⅰ条をもってＢ准教授の行為を禁止することは、Ｂ准教授の学問の自由に対する不当な制約となり違法である。

関連問題

大学教員人事に対する国家の介入

　20XX年、日本のある著名な科学者が、自身の再生医療研究において長年にわたってデータの捏造・改ざんをし続けてきたことが発覚した。これを機に、国会は、こうした研究不正を野放しにしておいては、世界における日本の科学研究に対する信頼を損ね、ひいては科学研究における日本の競争力をそいでしまうことにもなりかねないと考えるに至り、研究不正を防止するための法律を制定することとした。この法律では、先端科学の分野で大学研究者によって研究不正が行われた疑いが生じた場合、文部科学省がその不正の有無について審査し、研究者に対する処分を決定することができるとされている。そして、文部科学省が処分を決定した場合には、当該研究者の所属する大学は、その決定通りの処分を当該研究者に対して科す義務を負うとも定められている。この法律に含まれる憲法上の問題点を論ぜよ。

（参考、解説**3**(2)）

君塚正臣「国立大学法人と『大学の自治』」横浜国際経済法学17巻3号（2009年）193～214頁

高柳信一「学問の自由——原理」『学問の自由』（岩波書店・1983年）43頁以

下

戸波江二「学問の自由と大学の自治」高橋和之＝大石眞編『憲法の争点［第3版]』(有斐閣・1999年) 124頁以下

中富公一「国立大学法人化と大学自治の再構築——日米の比較法的検討を通して」立命館法学333＝334号（2010年）1039頁以下

山本隆司「民営化または法人化の功罪(下)」ジュリスト1358号（2008年）42頁以下

（齊藤　愛）

14. 逢ってみないとわからない

設問 「医薬品及び薬剤の使用に際しての安全性の確保を図るため、医薬品の区分として要指導医薬品を新設し、その販売に際しての薬剤師の対面による情報提供及び薬学的知見に基づく指導を義務付ける等の医薬品の販売業等に関する規制の見直しを行う……必要がある」(法律案の提出理由より)として、「薬事法及び薬剤師法の一部を改正する法律案」が内閣によって国会に提出され、可決成立した(平成25年12月13日法律103号。この改正により薬事法は、「医薬品、医療機器等の品質、有効性及び安全性の確保等に関する法律」と改称された)。

　この改正により、要指導医薬品(医療用医薬品から一般用医薬品への「スイッチ直後品目」23品目が3年間の期間指定された。一般用医薬品のごく一部ということである)というカテゴリーが設けられ、要指導医薬品については、対面での販売が義務づけられるとともに、その他の一般用医薬品のいわゆるインターネット通販についても規制が設けられることになった。また、処方箋医薬品(医師の診断にもとづく処方箋が必要な医薬品。なお、医師法上、医師は、自ら診察しないと処方箋を交付することができない〔20条〕)についても、規則ではなく法律で、対面販売が義務づけられることとなった。これらの規制の違反に対しては、改善命令が発せられ、それでも改められなければ刑罰が科せられることとなる。

　この改正に先立つ厚生労働省の有識者会議の報告書では、要指導医薬品について、新たな健康被害・有害事象が発現するおそれがあるとされ、「薬剤師と購入者の双方向での柔軟かつ臨機応変なやりとりを通じて、使用者の状態を慎重に確認するとともに、適切な指導と指導内容の確実な理解の確認を行った上で販売するなど、医療用に準じた最大限の情報収集と、個々人の状態を踏まえた最適な情報提供を可能とする体制を確保した上で、丁寧かつ慎重な販売が求められる」とさ

れた。もっとも、報告書を公表する記者会見で、会議の座長が、対面販売が必要との認識を示し、事後に会議の構成員も同旨の意見であることが文書で確認されたが、報告書中には対面販売でないと回避できない具体的な危険の指摘はなされていない。処方箋医薬品について法律で対面販売を義務づけることについては、同会議その他立法の過程でその適否が検討された形跡はない。

　Ｘは、改正前からいわゆるインターネット薬局を経営しており、要指導医薬品および処方箋医薬品についての対面販売の義務づけは、違憲であると考えている。

問❶　改正法の施行を受けて、Ｘが、適切な法的措置を講じた後、訴訟を提起したとする。要指導医薬品および処方箋医薬品についての対面販売の義務づけが、違憲であると考えるＸは、その訴訟の中で、どのような憲法上の主張を行うべきか。あなたがＸの訴訟代理人であるという前提で述べなさい。

問❷　被告（国）の反論についてポイントのみを簡潔に述べたうえで、あなた自身の見解について述べなさい。

解　説

1 ‥‥‥‥‥概　観

(1)　設問のねらい

　本問は、職業選択の自由についてのものである。

　職業選択の自由の分野は、一般に、立法の合憲性の判断枠組みが必ずしも十分に発達してはいないわが国の判例において、比較的精緻な法理の展開がみられる領域であり、また、違憲判決も存在している。そのため、二重の基準論のもとでは劣位の権利ということになる経済的自由権についてではあるが、司法試験でも論文式試験での事例問題の出題が予想されたところで、実際、2014 年の問題はタクシー事業の規制についてのものであった。そのような判例法理を踏まえた、基本的な議論の展開ができるかを問おうとするのが、まずは設問のねらいである。

　同時に、本問は、架空の設定を含まない、現実そのままの出題である。

　本問の法改正に先立つ薬事法の改正（平成18年法律69号）で、いわゆるインターネット薬局の規制が導入された。すなわち、一般用医薬品の店舗販売業者に対し、一般用医薬品のうち第一類医薬品および第二類医薬品について、薬剤師に、当該店舗において対面で販売させまたは授与させなければならず、当該店舗内の情報提供を行う場所において情報の提供を対面により行わせなければならず、郵便等による販売をしてはならないものとされたのである。

　もっともこの規制は、直接には、薬事法によってなされたのではなく、薬事法の委任を受けたとされる薬事法施行規則によってなされたものであった。ところが、市販薬ネット販売権訴訟（最判平25·1·11民集67-1-1）は、そのような薬事法施行規則の各規定は、いずれも医薬品にかかる郵便等による販売を一律に禁止することとなる限度において、薬事法の趣旨に適合するものではなく、同法の委任の範囲を逸脱した違法なものとして無効であるとしたのである。

　この最高裁判決は、実体的な論点については判断を示さなかった。そこで、本問の法改正は、政府が必要と考える規制を、規則によってではなく、法律によって導入したのである。法律が成立するまでには、できるだけ規制範囲を広くしたい厚生労働省と、いわゆるアベノミクスの3本目の矢としての規制改革を進める観点から官邸の意を体して（「規制改革こそが成長戦略の一丁目一番地」を連呼する安倍晋三首相は、「すべての」一般用医薬品のインターネット販売を解禁すると明言していた）規制範囲をできればゼロにしたい内閣府·特命担当大臣等との間で様々な確執があった（楽天の三木谷浩史会長兼社長が、政府の産業競争力会議委員を辞任すると表明したことなどは広く報じられた）ことは、日々報道に接していれば理解されるところであるはずである。このような事象への知的関心があるかないかは、少なくとも憲法の問題を解くうえでは重要な相違をもたらすであろう。

　最高裁判決にかかる事件の原告であったケンコーコム株式会社は、2013年11月12日、処方箋医薬品についてもインターネットで販売できる権利の確認を求めて提訴し（提訴時点では規則によって禁止されている）、

2014年1月27日、要指導医薬品の指定差止めを求めて提訴している（その後、ケンコーコム株式会社は楽天の完全子会社となり、爽快ドラッグと、ケンコーコムを存続会社とする吸収合併方式で合併。新会社の商号は、Rakuten Direct 株式会社）。第1審（東京地判平29・7・18裁判所ウェブサイト）は、要指導医薬品の指定の取消請求については訴えを却下し、店舗以外の場所にいる者に対する郵便その他の方法によって販売をすることができる権利（地位）を有することを確認する請求については、制限を合憲であるとして、棄却した。控訴審（東京高判平31・2・6裁判所ウェブサイト）も控訴を棄却している。興隆するインターネット通販業界の職業選択の自由の主張について、裁判所においてどのように判断されるか、注目されるところであり、考察することに意義があると考えた。このことも、設問のねらいである。また、設問中には触れなかったが、アメリカ、ドイツその他の欧州諸国では、本問のような販売規制は行われていない（三輪和宏「欧米のインターネット薬局の発達とドイツの規制制度」レファレンス763号〔2014年〕27頁以下）。医薬品や医療機器に関しては、わが国だけがその利用や開発において立ち後れていることが、人命に関わる不利益をもたらしていることは、広く知られている（実例は枚挙に暇がないが、残念な一例として、海外で唯一市販されているドイツのベルリンハート社製の小児用補助人工心臓の使用が国内では承認されていないため、大阪大学医学部附属病院で心臓移植の待機中だった女児が2015年1月に死亡した事案をあげることができる）。

　なお、本問では訴訟形式の選択については問うていないが、上の実例も参考に、各自で検討してみてほしい。

　⑵　とりあげる項目
　►職業選択の自由を規制する立法の合憲性判断枠組み
　►薬事法距離制限違憲判決の正確な理解とその射程

2 ⋯⋯⋯⋯職業選択の自由の意義

⑴　職業選択の自由の意義

　本問が、職業選択の自由の問題であることは事々しく論じるまでもないが、念のために薬事法距離制限違憲判決（最大判昭50・4・30民集29-4-572）

に従って示せば、職業とは、「人が自己の生計を維持するためにする継続的活動」のことである。それは、「分業社会においては、これを通じて社会の存続と発展に寄与する社会的機能分担の活動たる性質を有」するとともに、「各人が自己のもつ個性を全うすべき場として、個人の人格的価値とも不可分の関連を有するものである」。職業がこのような性格と意義を有するので、「職業は、ひとりその選択、すなわち職業の開始、継続、廃止において自由であるばかりでなく、選択した職業の遂行自体、すなわちその職業活動の内容、態様においても、原則として自由であることが要請される」。つまり、「狭義における職業選択の自由のみならず、職業活動の自由」も憲法22条1項によって保障されていることになるのである。

(2) 本問の場合

インターネット上での販売の如何を問わず、薬局が上記の意味での職業であることは間違いない。設問では、「医薬品、医療機器等の品質、有効性及び安全性の確保等に関する法律」の条文を掲げることは省略したが、要指導医薬品については薬剤師による対面での情報提供等が義務づけられ（36条の6第1項）、処方箋により調剤された薬剤についても同様であり（9条の3第1項）、これらの義務は改善命令（72条の4第1項）、命令違反に対する罰則（86条19号）で担保されているのであるから、職業選択の自由が制限されていることは間違いない。

ただ、広義の職業選択の自由（＝職業活動の自由）の問題なのか、狭義の職業選択の自由の問題なのかは、後述の、審査基準の問題とも連動しうるため、判例による位置づけ方を含めて、検討しておく必要が出てくる。

3 ………… 合憲性の判断枠組み

(1) 判例の立場

薬事法違憲判決は、職業選択の自由について、前述の理解を前提にしたうえで、その「社会的相互関連性」を強調して、「いわゆる精神的自由に比較して、公権力による規制の要請」が強いとし、規制が是認され

るかの「比較考量」による決定は、「第一次的には立法府の権限と責務」
としつつ、「裁判所は、具体的な規制の目的、対象、方法等の性質と内
容に照らして」、「立法府の判断がその合理的裁量の範囲にとどまる」か
否かを判断するとする。

　より具体的には、薬事法違憲判決は次のように判示している。「一般
に許可制は、単なる職業活動の内容及び態様に対する規制を超えて、狭
義における職業の選択の自由そのものに制約を課するもので、職業の自
由に対する強力な制限であるから、その合憲性を肯定しうるためには、
原則として、重要な公共の利益のために必要かつ合理的な措置であるこ
とを要し、また、それが社会政策ないしは経済政策上の積極的な目的の
ための措置ではなく、自由な職業活動が社会公共に対してもたらす弊害
を防止するための消極的、警察的措置である場合には、許可制に比べて
職業の自由に対するよりゆるやかな制限である職業活動の内容及び態様
に対する規制によつては右の目的を十分に達成することができないと認
められることを要するもの、というべきである。そして、この要件は、
許可制そのものについてのみならず、その内容についても要求されるの
であつて、許可制の採用自体が是認される場合であつても、個々の許可
条件については、更に個別的に右の要件に照らしてその適否を判断しな
ければならないのである」。

　これに対して、小売市場事件判決（最大判昭47・11・22刑集26-9-586）は、
「憲法は、全体として、福祉国家的理想のもとに、社会経済の均衡のと
れた調和的発展を企図しており、その見地から、すべての国民にいわゆ
る生存権を保障し、その一環として、国民の勤労権を保障する等、経済
的劣位に立つ者に対する適切な保護政策を要請していることは明らか
で」、「積極的に、国民経済の健全な発達と国民生活の安定を期し、もつ
て社会経済全体の均衡のとれた調和的発展を図るために、立法により、
個人の経済活動に対し、一定の規制措置を講ずること」については、
「著しく不合理であることの明白である場合に限つて、これを違憲とし
て、その効力を否定することができる」としている。

　この両者が対比され、目的二分論と称され、裁判所の審査能力の観点

などから、学説も好意的に受け止めているところである（佐藤 303 頁など）が、以上からは、薬事法違憲判決の、比較的厳格な審査基準を採用するためには、消極目的の許可制であること、少なくともそれに準じる事情があることがいえなければならないことになる。

(2) 本問の場合

上にみた判例の状況を前提にすれば、X としては、まずは、本問の状況が、薬事法違憲判決の法理のもとで、比較的厳格な審査がなされる場合であることを主張していくことになる。本問の場合、消極目的の立法であることは疑いがないので、問題は、「許可制」の部分である。

本問の規制は、薬局の開設自体を禁止するものではなく、要指導医薬品および処方箋医薬品について、対面販売を義務づけるものである。したがって、X が薬事法違憲判決の適用を主張しても、被告（国）からは、これは、職業活動の内容および態様に対する規制であって、許可制のような強力な制限ではない、と反論されるであろう。

この点について考える際に、注意しておく必要があるのは、薬事法違憲判決の事案が、開設距離制限規定に関するものであったことである。開設距離制限は、「設置場所の制限にとどまり、開業そのものが許されないこととなるものではない」（同判決）のである。判決は、しかしながら、「薬局等を自己の職業として選択し、これを開業するにあたつては、経営上の採算のほか、諸般の生活上の条件を考慮し、自己の希望する開業場所を選択するのが通常であり、特定場所における開業の不能は開業そのものの断念にもつながりうるものであるから、前記のような開業場所の地域的制限は、実質的には職業選択の自由に対する大きな制約的効果を有するものである」として、上述の判断枠組みに従って、判断を行っているのである。したがって、問題は、本問の規制について、それと同様に考えることができるか、である。距離制限は場所的規制であるが、インターネット上での営業について、場所的規制とのアナロジーで考えることができるか、また、要指導医薬品および処方箋医薬品のみについての規制であることをどう評価するかが、考え方の分岐点となろう。

4 ……………参考資料を活用した審査

(1) 目的審査

上述の通り特定した判断審査枠組みに従い、規制目的を、「安全性の確保」＝国民の生命・身体の保護と認定したうえで、当然ながら、目的審査はパスさせて、手段審査を行うことになる。

(2) 手段審査①──要指導医薬品について

要指導医薬品については、設問中において、厚生労働省の有識者会議の報告書によって、「新たな健康被害・有害事象が発現するおそれがある」とされ、「薬剤師と購入者の双方向での柔軟かつ臨機応変なやりとりを通じて、使用者の状態を慎重に確認するとともに、適切な指導と指導内容の確実な理解の確認を行った上で販売するなど、医療用に準じた最大限の情報収集と、個々人の状態を踏まえた最適な情報提供を可能とする体制を確保した上で、丁寧かつ慎重な販売が求められる」とされたとある。

このことは、本問の規制手段の合理性を一定程度支持するであろうが、しかし、設問によれば、不思議な情報が与えられている。

設問中に示された最高裁判決で、対面販売を義務づけることの是非が最大の争点になり、規則によりそれを行うことは否とされ、改めて立法により対面販売を義務づけることが行われたという経緯からすれば、要指導医薬品というカテゴリーを立てるにせよ立てないにせよ、それについて対面販売を義務づけるか否かが、有識者会議での最大の争点だったはずである（上に触れた公知の事実といってもよい報道からすれば、当然にそうであった。これは設問中には与えられていない情報であるので、これ自体を活用する必要はないが、そういう知見があれば、問題の理解は早いであろうということである）。ところが、設問によれば、報告書自体に対面販売を義務づけるべきとの直接的な記述はないし、報告書中には対面販売でないと回避できない具体的な危険の指摘はなされていないというのである。

もちろん、設問によれば、「報告書を公表する記者会見で、会議の座長が、対面販売が必要との認識を示し、事後に会議の構成員も同旨の意見であることが文書で確認された」とある。したがって、何の問題もな

いではないかとの理解もありえよう。しかし、この珍妙な経緯からすれば、設問中の報告書が示すような事情が、要指導医薬品について慎重な取扱いを要請するとしても、そのことが、直ちに、インターネットを通じての販売の禁止を意味する対面販売の義務づけを帰結するか否かについて、重大な疑義がありうるのではないか。少なくとも、Xの訴訟代理人はここを衝かなければならない。

　要指導医薬品の対面販売の義務づけについては、以上の事情を踏まえ、上で特定した判断枠組みに従い、適切な結論が導き出される必要がある。模範解答を一義的に特定するのは難しいが、最高裁判決を予想する、という観点からは、薬事法違憲判決より緩く、小売市場判決よりは厳しい、シンプルに必要性と合理性を要求するような基準で考えたとしても、わずか23品目について3年間で指定期限が切れるような規制について、最高裁が違憲と判断するとは考えにくい。しかし、そのような観点を離れれば、なぜ対面でないといけないのかという事情、対面でないと危ないという具体的事実がまったく示されていないのに、どうして規制を合理的ということができるのか、という疑問は十分ありうるものだと考えることは、必ずしも不合理ではなかろう。

(3)　手段審査②──処方箋医薬品について

　処方箋により調剤された薬剤（設問では条文は省略しているが、医薬品、医療機器等の品質、有効性及び安全性の確保等に関する法律〔以下「法」という〕9条の3）については、設問によれば、立法過程で特に論じられた形跡がない。これは、おそらく、（これも設問には示していないが従前の）規則での義務づけを法律化することに、当局がまったく疑問を抱いていないことを示しているのであろう。

　しかしながら、立法事実の検証が不十分と捉えることも可能である。処方箋医薬品を、薬剤師が、処方箋に従って調剤したうえでしか販売できない（法49条1項）のは当然としても、その販売が、対面でなければならない（法9条の2）のは、当然のことであろうか。設問にもあるように、医師は、自ら診察しないと処方箋を交付することができない（医師法20条）。その処方箋があるのに、どうして薬剤師に再度対面での販売

を義務づける必要があるのだろうか（この点に関しては、近時、オンライン診療が一定の範囲で認められ、処方も可能とされる場合があることに注意する必要があろう。厚生労働省の「オンライン診療の適切な実施に関する指針」〔平成 30 年 3 月。令和元年 7 月一部改訂〕ほか、関連の資料は、https://www.mhlw.go.jp/stf/seisakunitsuite/bunya/kenkou_iryou/iryou/rinsyo/index_00010.html に掲載されている。診療がオンラインである可能性があるから、薬剤師は対面でなければならないと考えるより、薬剤師の仕事も、医師の仕事がオンライン化していることを踏まえて適切な範囲でオンライン化可能と考えるべきなのであろう）。

　しかも、設問にもあるように、要指導医薬品を除く一般用医薬品については、インターネット通販を可能とする体制が整備されている（法 25 条、26 条 3 項 5 号、29 条の 2 第 1 項 2 号参照）。それでも処方箋医薬品は通販にはのせられないのであろうか。

　もちろん、医師は、他の医師が当該患者にどんな薬を処方しているか、知らないはずであるので、改めてその点の薬剤師によるチェックが必要だという類の議論があるのであろう。しかし、これは果たして、対面かネットかという問題か。あるいは、禁忌薬の処方について、医師は気がつかないものも、薬剤師が対面であれば気がつくのだというような事情があるのであろうか。もし本当にそうだとしたら、そもそも医師の能力として問題ではないか。

　いずれにせよ、ともかく、処方箋により調剤された薬剤の対面販売の義務づけについては、以上の事情を踏まえ、上で特定した判断枠組みに従い、適切な結論が導き出される必要がある。これも、模範答案は、一義的には特定し難いが、医師による診察は行われているという点を重視すれば、要指導医薬品と同じ基準で考えたとしても、あるいは、処方箋により調剤された薬剤についての方が、対面販売の義務づけを合理的でないと論じやすいのかもしれない。もし、処方箋医薬品については、薬事法違憲判決と同様の判断枠組みで、ということになれば、合憲性を支持するのは困難であろう。

5 ………さらに踏み込んだ検討の可能性について

　以上の検討は、ひとまず、判例法理を前提にして、原告・被告双方が、判例法理に従えば自分の側が勝訴するはずだ、との主張を競わせるという体裁で行っている。

　さらに踏み込んで検討を行うのであれば、目的二分論に対する批判にも言及することが可能であろうか。その際に、重要でありうるのは、実体的な観点から、本来、生命身体といった重要な法益を保護する立法に対してこそ緩やかな審査が行われるべきではないかとの主張であろう（棟居快行『人権論の新構成』〔信山社・1992年〕220頁、249頁、260頁参照）。現に、上で言及した、規則による対面販売の禁止を無効とした最高裁判決の一審判決（東京地判平22・3・30判時2096-9）は、そのような立場と解することも可能である（判決は、「代替的な規制手段との対比を考慮するに当たっては、本件規制の規制内容が……一般用医薬品の副作用による健康被害（薬害）の防止という国民の生命・身体の安全に直結する事柄であり、一般用医薬品の適切な選択及び適正な使用が確保されない結果としてひとたび副作用による健康被害（薬害）が発生すればその被害者に償うことのできない重大な損害が発生する危険性が高いことを踏まえて検討すべきものと解するのが相当」と述べている）。これに対しては、すでにみたように、裁判所の審査能力に鑑みた、「機能論的」「権限分配論的」観点から応答が可能であろうし、プリュラリズム的な立法過程の理解から、判例法理を説明することも可能であろう。後者は、長谷部恭男教授の説明で（長谷部238〜242頁）、積極目的立法のように、立法府において妥協と利害調整が済んでいるのであれば裁判所は介入する必要はないが、薬事法違憲判決の事案のように、特定業界の保護を国民一般の利益の保護のように偽装する場合には、裁判所は立ち入った審査を行う必要がある、というものとして判例の立場を理解するものである。

　もっとも、本問の場合、このような意味での踏み込んだ検討を行わなくても、双方にそれなりに自己に有利な主張が組み立てうるので、さしあたり十分な答案が展開できるし、仮に司法試験で2時間という試験時間を想定した場合、本問が、実際の資料や参照条文を伴った形で提示されるとすれば、時間内に解答できる内容は限られているのではないかと

も思われる。

解答例

問❶
1．Ｘの主張の要旨
　「医薬品、医療機器等の品質、有効性及び安全性の確保等に関する法律」（以下「法」という）の要指導医薬品および処方箋医薬品について対面販売を義務づける規定は、憲法 22 条 1 項が保障する職業選択の自由を侵害し、法令として違憲である。
2．職業選択の自由の意義
　職業とは、人が自己の生計を維持するためにする継続的活動のことであり、医薬品の販売業はこれに該当する。また、職業が、分業社会で重要な機能を果たすことと、個人の人格的価値と不可分の関連を有することから、職業選択の自由には、狭義の職業の選択の自由のみならず、職業活動の自由も含まれる。本件の規制は、要指導医薬品および処方箋医薬品について対面販売を義務づけ、その違反には改善命令、さらには刑罰による制裁が予定されているのであって、少なくとも職業活動の自由を制限しているものであり、後述の通り、処方箋医薬品については狭義の職業選択の自由も制限している。
3．合憲性の判断枠組みとその当てはめ
　(1)　判例の立場
　判例（薬事法違憲判決）は、職業選択の自由は、その社会的相互関係性ゆえに精神的自由に比べて規制の必要が高いとし、規制の可否は第一次的には立法府が比較考量によって決するべきとして、目的が公共の福祉に合致する以上、規制措置の必要性と合理性については、合理的裁量の範囲にとどまる限り、その判断を尊重するとしつつ、一般に許可制は、職業の自由に対する強力な制限であるから、その合憲性を肯定しうるためには、原則として、重要な公共の利益のために必要かつ合理的な措置であることを要し、それが消極的、警察的措置である場合には、許可制に比べて職業の自由に対するより緩やかな制限である職業活動の内容および態様に対する規制によっては上記の目的を十分に達成することができないと認められるこ

とを要すると判示している。

(2) 本件への当てはめ

本件規制についてこれをみると、「医薬品及び薬剤の使用に際しての安全性の確保を図るため」（改正法の法律案提出理由）の規制は、国民の生命・身体の保護を目的とするものであって、重要な公共の利益のためのものであることは認められる。

そこで、まず、処方箋医薬品の規制についてであるが、その対面販売を義務づけることは、処方箋医薬品を取り扱う処方箋薬局について、インターネット上での営業を全面的に禁止するものであって、形式的には職業活動の内容および態様に対する規制であるとしても、開業の許可制に準じて扱われるべきものである。そして、上述の立法目的は、消極的なものであるから、対面販売の義務づけは、対面販売を許したうえでそれに条件を付すことではその目的を十分に達成することができないと認められることを要すると解するべきである。

ところが、設問によれば、処方箋医薬品について、法律で対面販売を義務づけないとどのような危険があるかについては検討されていないというのである。そうであるとすれば、対面販売を許したうえでそれに条件を付すことではその目的を十分に達成することができないと認められるということはできず、処方箋医薬品の対面販売を義務づける法の規定は違憲である。

次に、要指導医薬品については、その対面販売の義務づけは、たしかに、職業活動の内容及び態様に対する規制である。この場合は、規制が、上にみた立法目的のために、必要性と合理性を肯定することができるかという観点から考えるべきである。

ところが、設問によれば、対面販売の義務づけが、立法過程での大きな争点となっていることがうかがわれるのに、厚生労働省の有識者会議の報告書ですら、危険性についての抽象的な記述にとどまっていて、対面販売を義務づけることに具体的に言及していない。

たしかに、報告書を公表する記者会見での座長の発言に対する構成員の支持が事後的に文書で確認されることによって、対面販売が必要とされてはいるが、このような異例の経緯は、むしろ、対面販売を義務づけることにそもそも事実にもとづいた根拠がないことを示しているものというべきである。したがって、要指導医薬品についての対面販売の義務づけは、その必要性と合理性を肯定すること

ができず、これを義務づける法の規定は違憲である。

問❷
1．被告（国）の反論のポイント
(1) 判例の法理はXの主張の通りであるが、国民の生命・身体のような重要な法益を保護するための立法については、その他の立法よりも国会の判断に敬譲が払われるべきで、薬事法違憲判決の基準は許可制についても厳格にすぎる。

(2) 薬事法違憲判決を前提にした場合、要指導医薬品の規制はもとより、処方箋医薬品の規制についても、職業の許可制ではなく、単に、正当な目的のための必要性と合理性が肯定されれば合憲であると考えるべきである。

(3) 対面販売によれば、その程度はともかくとしても、対面販売によらないよりは安全だと立法者が判断したとすれば、その判断は合理的なものであり、いずれの規制についても、合憲と考えるべきである。

2．私の見解について
(1) 被告の反論1（1.(1)）について

判例の法理については、被告がいうような実体的観点のみならず、どの国家機関が規制の合理性について判断することが適切かという観点からの評価も重要である。積極目的の立法と消極目的の立法では、古典的な不法行為や自然犯的な刑法犯のアナロジーで評価のできる後者については、裁判所は比較的確信をもって判断ができる制度的基盤をもつが、複雑な因果関係を考える必要のある前者については必ずしもそうではない。判例の立場すなわちXの主張を基本的に是とするべきである。

(2) 被告の反論2（1.(2)）および3（1.(3)）について①——処方箋医薬品について

許可制に準じて考えるべきだとのXの主張を正当とみるべきである。特にその際、薬事法違憲判決が、開設距離制限規定についての違憲判決であったこと、つまり、開業そのものを許さないとしたのではなく、開業場所の地理的制限を行ったにすぎない立法について、その制約効果を実質的に大きなものとみて上の判断基準を適用したものであることに留意すべきである。インターネット上に処方箋薬局を出店するなということと等しい本件規制に、厳しく正当化

を要求することは先例の趣旨に合致する。

　そして、Xが主張する点に加え、設問にある通り、処方箋医薬品の販売を受けるには、医師による処方箋が必要であるが、医師は、自ら診断しない限り処方箋を交付することができないのであれば、処方箋医薬品の対面販売の義務づけは不合理である。医師による診断があったというためには、医師は対面で診断することが必要であると考えられるところ、この医師による対面での診断に加え、薬剤師による対面での販売が、安全性のためにさらに必要であるという事情は、通常は考えられない。

　したがって、要指導医薬品を除く一般医薬品について安全に販売できる対面によらない方法がすでに規定されている以上、処方箋医薬品についてもそれによることで安全性の確保は十分であるはずであり、非対面販売を許したうえでそれに条件を付すことではその目的を十分に達成することができないと認められるということはできず、処方箋医薬品の対面販売を義務づける法の規定は違憲である。

　(3)　被告（国）の反論2（1.(2)）および3（1.(3)）について②——要指導医薬品について

　これについては、たしかに許可制に準じると評価することは難しい。膨大な一般用医薬品のうち、スイッチ直後の23品目について、3年の期間を限って行われるような規制であること、厚生労働省の会議も曲がりなりにも対面販売が必要との結論にたどり着いていることにかんがみれば、必要性と合理性について、対面販売によらないよりは安全だと立法者が判断したことを尊重することも許される。したがって、要指導医薬品の対面販売を義務づける法の規定は合憲である。

関連問題

1．タクシー再規制

　いったん規制緩和され、届出で可能となったタクシー業の新規参入・増車について、再度、許認可を必要とする法改正が行われたとする。許認可に際しては、経営上の合理性を備えていることが求められる。この法改正が、乗客の生命・安全を守ることを目的として行われた場合、そ

の合憲性はどう評価されるか（なお、タクシーの増車が、事故の増大との因果関係を有しているとの客観的データはないものとする）。また、同様の前提のもとで、この法改正が、地方の零細タクシー事業者の経営の安定を目的として行われた場合、その合憲性はどう評価されるか。

（参考、百選 I 194 頁〔安念潤司〕、松本哲治「職業選択の自由」同志社法学 64 巻 7 号〔2013 年〕691 頁以下）

2. 彫り師の職業選択の自由

入れ墨を入れることを職業とする者について、医師でないのに業として客に対し針を取り付けた施術用具を用いて皮膚に色素を注入する医行為を行い、もって医業をなしたとして、医師法 31 条 1 項 1 号、17 条によって処罰することの合憲性について論じなさい。

（参考、大阪高判平 30・11・14 高刑集 71-3-1、曽我部真裕「タトゥー施術行為に医師法 17 条を適用して処罰することは、職業選択の自由を侵害するおそれがあり、憲法上の疑義があるとされた事例」判例評論 728 号〔2019 年〕2 頁）

参 | 考 | 文 | 献

長谷部恭男「経済規制立法の違憲審査基準」『Interactive憲法』（有斐閣・2006 年）182 頁以下、同「書評『憲法の急所——権利論を組み立てる』」論究ジュリスト 1 号（2012 年）143 頁以下
石川健治「営業の自由とその規制」大石眞 = 石川健治編『憲法の争点』（有斐閣・2008 年）148 頁以下
松本哲治「薬事法距離制限違憲判決——職業選択の自由の距離制限をともなう開設許可制」論究ジュリスト 17 号（2016 年）48 頁以下および同論文掲記の参考文献

（松本哲治）

15. リスク管理のリスク

設問 　Ａダムは、下流域の複数の県に水や電力を安定的に供給したり洪水を防止したりするために造られたダムである。Ａダムにはいくつかの放水口が設置されていたが、その中の１つであるクレストゲートは、ダムの堤体の最上位部分に取り付けられており、数百年に一度といえるほどの大雨が降った場合にのみ、ダムの決壊を防ぐための最後の手段として開口されることとなっていた。

　Ａダムには、本来、公の営造物として通常有すべき安全性に欠けるところはまったくなかったが、クレストゲートは経年により劣化するので、これまで、10年に１度ほどの頻度で補修を行ってきた。このクレストゲートの補修には10億円の費用と半年ほどの時間がかかるが、補修期間中はダムの水位を極力下げ、ダムとしての機能を一時的に停止させることによって対応してきた。

　ところが、数か月前に大地震（仮称：北西日本大震災）が起こり、通常の予測をはるかに上回る大きな衝撃を受けたことによって、クレストゲートに亀裂が生じてしまった。従来のやり方に従えば、早急に補修費用10億円を支出してクレストゲートの補修に着手するとともに、補修期間中の半年ほどはダムの機能を停止させるという対応をとるはずであったが、国は、大地震後の復興費用がかさみ当面の支出を最小限に切り詰める必要に迫られ、かつ、大震災後の諸般の事情から国内の電力供給に大きな問題が生じてしまい、Ａダムの水力発電をこのまま使用し続けなければならない状況が生じてしまった。しかも、同様の状況が全国各地のダムで続発しているという。そこで、国は、「北西日本大震災後の電力供給に関する緊急措置法」（以下「本法」という。【参考資料】参照）を制定し、本法２条にもとづいてＡダムを特定指定ダムに指定するとともに、クレストゲートの補修を見送り、Ａダムにつき過渡的な安全性のみを確保したうえで稼動を継続させるという決定をした。そして、本法４条にもとづいて、万が一

　数百年に一度の大雨が降ってダムが決壊するようなことがあった場合に大規模水害が生じる危険性のある B 村を警戒地域に指定し、その住民に対して B 村における居住を禁止する処分（以下「本件居住禁止処分」という）を下した。国は、本件居住禁止処分については B 村の住民に対して損失補償を支払わないとしている。これに対して B 村の住民は異議を唱えている。

問❶　国と B 村の住民が裁判で争うことになった場合、B 村の住民はどのような憲法上の主張をすることができるか。ただし、立法権と措置法との関係については検討しなくてよい。

問❷　問❶における憲法上の主張に対する国の反論を論じたうえで、あなた自身の見解を述べなさい。

【参考資料】北西日本大震災後の電力供給に関する緊急措置法*

第1条　この法律は、北西日本大震災後の電力供給の深刻な不足や国民生活と関連の高い物資の供給の不足その他我が国経済の異常な事態に対処するため、電力の安定的供給および国民経済上重要な物資の需給の調整等に関する緊急措置を定め、もって震災被害からの円滑かつ迅速な復興と国民生活の安定を図ることを目的とする。

第2条　内閣は、水力発電を目的としているダムであり、かつ、その発電の機能を停止した場合、国民経済を著しく阻害し、又は公衆の日常生活を著しく危うくするおそれのあるものを、政令で、特に電力の確保を図るべきダム（以下、特定指定ダムという。）として指定することができる。

第3条　特定指定ダムにおいて、財政上・技術上の制約からダムの瑕疵を補修することが著しく困難である場合は、国土交通大臣は、当該ダムの過渡的な安全性を確保した上で、ダムの稼働を継続させることができる。

第4条　前条の場合、ダムの下流河川の氾濫など人の生命又は身体に対する危険を防止するため特に必要があると認めるときは、国土交通大臣は、警戒区域を設定し、災害応急対策に従事する者以外の者に対して当該区域への立入りを制限し、若しくは禁止し、又は当該区域における居住を禁止することができる。

第5条　前条の規定による立入りの制限、若しくは禁止又は居住禁止命令に従わなかった者は、10 万円以下の罰金又は拘留に処する。

解　説

1 ………… 概　観

(1)　設問のねらい

　本問では、まず、特定指定ダムにつき「下流河川の氾濫など人の生命又は身体に対する危険を防止するため特に必要があると認めるときは、国土交通大臣は、警戒区域を設定し……当該区域における居住を禁止することができる」としている本法4条、および同条にもとづく国土交通大臣の居住禁止処分が憲法29条2項に違反するか否かが問題となる。

　また、さらに、仮に本件居住禁止処分が合憲であったとしても、B村の住民は国に対して損失補償を要求することができるかが問題となる（本件居住禁止処分が違憲であるとすれば、B村の住民は国に対して国家賠償を請求することになろう）。

　なお、本問は架空の事件をベースにしたものであるが、現実の社会においても類似の問題は生じうる。たとえば、東日本大震災後、津波災害特別警戒区域（津波が発生した場合に、建築物が損壊・浸水し、住民等の生命・身体に著しい危害が生じるおそれがある区域）については、一定の開発行為が制限されるようになった（「津波防災地域づくりに関する法律」）が、このような制限を課した場合、住民に対する損失補償は必要であろうか。また、仮に上記のような地域について一定の開発を制限するのみならず、住民に対して全面的に居住を禁止するような立法が行われた場合、それは憲法上許されるのであろうか。併せて考えてみてほしい。

(2)　とりあげる項目

　►財産権の制限の合憲性
　►損失補償の要否

2 ………… 財産権「保障」の意味

　近代初期においては、財産権は「神聖不可侵」の自然権とされ、その前提ルールは社会・国家以前に存在する自明のルールと観念されていた。しかし、19世紀に入り資本主義の矛盾が露呈してくるようになると、

社会経済政策的な観点からの財産権制約の必要性が認識されるようになってきた。しかも、自然権思想が衰退したことによって、財産権の前提ルールも実定法による人為的所産ということになり、どのような前提ルールを制定するかは、人為的な政策選択の問題として意識されるようになってきた。このような状況においては、その前提ルールが憲法に定められているかどうかは重要な意味をもつことになる（高橋 252〜253 頁）。

　憲法 29 条 1 項は、「財産権は、これを侵してはならない」と規定する。通説によれば、同項は、主観的権利として個人が現に有する具体的な財産（現有財産）上の権利を保障すると同時に、客観法たる制度的保障として、個人が財産権を享有しうる法制度をも保障している（権利・制度両面保障説）。最高裁（森林法共有林分割規定違憲判決〔最大判昭 62・4・22 民集 41-3-408〕）も、「私有財産制度を保障しているのみでなく、社会的経済的活動の基礎をなす国民の個々の財産権につきこれを基本的人権として保障するとともに、社会全体の利益を考慮して財産権に対し制約を加える必要性が増大するに至ったため、立法府は公共の福祉に適合する限り財産権について規制を加えることができる」と判示しており、基本的にこの立場に立っているものと思われる。

3 ………… 財産権の保障

　憲法 29 条 2 項は、「財産権の内容は、公共の福祉に適合するやうに、法律でこれを定める」と規定している。これは一般に、財産権制約の根拠を示す規定であると解されている。ここには、財産上の制約が合憲となるための要件として「公共の福祉に適合する」ことと「法律で……定める」こととの 2 点が示されている。

(1) 「公共の福祉」に適合すること

　憲法 29 条 2 項は、財産権が「公共の福祉」による制約に服することを明らかにしている。財産権の制限は、「公共の福祉」に適合するものであれば、①自由国家的公共の福祉にもとづく財産権に内在する制約のみならず、②社会国家的公共の福祉の見地からする財産権の政策的制約も認められる。

⑵ 「法律」でこれを定める

憲法 29 条は、1 項において「財産権は、これを侵してはならない」と規定するとともに、2 項において「財産権の内容」は「法律でこれを定める」ものとしている。このことから、1 項は法律で定められる財産権の不可侵を定めたものにすぎないとする説も生ずる。しかし、このように考えてしまうと、1 項は法律の成果を保障するにすぎないことになり、憲法に財産権が規定されたことの意味が失われてしまう。憲法上の財産権規定を有意味なものとして捉えるためには「財産権の内容」に関する立法裁量には限界があると解するよりほかない。

では、この立法裁量の限界につきどのように考えるべきであろうか。まず第 1 に、財産権の核心とは何かを考え、立法府が制定した法律がその核心を侵した場合には立法府の限界を超えることとなるという考え方がありうる。では、財産権の核心とは何か。これについては、憲法 29 条 2 項は権利の剥奪ないしそれに類する財産権の制限を禁じていると説いたり、人格アプローチ的な観点から「人間が、人間としての価値ある生活を営む上に必要な物的手段の享有、すなわち、彼の能力によって獲得し、彼の生活利益の用に供せられるべき財産を、その目的のために使用・収益・処分する自由」を財産権の核心とみなしたりする考え方がありうる（今村成和『損失補償制度の研究』〔有斐閣・1968 年〕13 頁）。しかし、前者に対しては、現代の社会国家においては財産権は多分に社会的制約を負った権利とされており、権利の剥奪ないしそれに類する制限であっても許される場合がありうるのではないかとの批判が、また後者に対しては、人格的関連性を有する財産権の具体的範囲は社会的文脈によって変わるので、何が財産権の核心であるかは明らかでないのではないかなどの批判が想定されうる。いずれにしても、現在のところ、財産権の核心や保障の範囲について説得的に論じる学説はあまり多くない。

そこで、とりあえず現段階では、上記のような議論を財産権の核心や財産権の保障の範囲を論じる場面ではなく違憲審査基準の問題として捉えていくというのも一計であろう。これに関連して、巻美矢紀は、人格的アプローチの議論を、財産権の保障範囲を画する基準としてではなく、

具体的規制の合憲性審査における審査の厳格度設定における考慮要素としていくべきであるという旨を主張している。すなわち、財産権の「規制の目的、必要性、内容、その規制によって制限される財産権の種類、性質及び制限の程度」によっては、裁判所による立法裁量統制としての審査密度が変化するとしたうえで、人格に対する強力な制限は審査密度が高く設定される可能性を示唆している（読本179頁〔巻〕）。

　ちなみに、最高裁は、財産権制限の違憲性を判断するにつき、証券取引法事件判決（最大判平14·2·13民集56-2-331）において、以下のように述べている。「財産権は、それ自体に内在する制約がある外、その性質上社会全体の利益を図るために立法府によって加えられる規制により制約を受けるものである。財産権の種類、性質等は多種多様であり、また、財産権に対する規制を必要とする社会的理由ないし目的も、社会公共の便宜の促進、経済的弱者の保護等の社会政策及び経済政策に基づくものから、社会生活における安全の保障や秩序の維持等を図るものまで多岐にわたるため、財産権に対する規制は、種々の態様のものがあり得る。このことからすれば、財産権に対する規制が憲法29条2項にいう公共の福祉に適合するものとして是認されるべきものであるかどうかは、規制の目的、必要性、内容、その規制によって制限される財産権の種類、性質及び制限の程度等を比較考量して判断すべきものである」。

4 ……… 法制度の保障

　従来の通説は、憲法29条1項により、客観法たる制度的保障として、個人が財産権を享有しうる法制度としての私有財産制が保障されており、これを根本的に否定することは許されないと解してきた。ここでの私有財産制度とは、憲法が財産権を保障する以上財産が個人に私的に帰属することを承認するものとしての法制度である。しかし、私有財産制が、憲法29条1項により財産権保障の当然の前提として保障されているといっても、所有権を基軸にした財産関係の存在を要求するのみで、その部分的修正が一切許されないというわけではない。たとえば、特定の財産につき私有を否定して国有にしても、全体のシステムが私有財産制を

基軸にしている限り、憲法に違反するものではない（高橋［第2版］252頁）。

　一方、私有財産制度の核心を改変することは法律をもってしても許されない。では、その核心とは何か。これについては、従来、①体制保障説（憲法29条1項が制度として保障するのは生産手段の私有を内容とする資本主義体制であるとする説）や、②人間に値する生活財保障説（制度的保障の核心は、「人間が、人間としての価値ある生活を営むうえに必要な物的手段の享有」であるとする説）などが論じられてきた。

　しかし、こうした従来の学説に対しては、石川健治が「制度」保障という論点が欠落しているとの批判を展開して、以下のように述べている。すなわち、憲法29条2項がある以上、既存の財産秩序は流動化されざるをえない。それにもかかわらず、1項の「財産権の不可侵」条項が、あくまで議会に対して拘束力を有する客観法上の法命題であることを前提にするのであれば、憲法29条1項という客観法上の法命題は、一定の「制度」につき事後法による改正を議会に対して禁止していると解すべきである。これが「制度」保障論である。これによれば、立法府は個別の法命題のマイナーチェンジならしてかまわないが、法制度のアイデンティティを左右する法改正については、憲法上保障された「法制度」の本質的な内容を侵害するので、違憲となる。そして、民法上の「法制度」──たとえば一物一権主義など──の改変を企てる議会は、憲法改正手続によってこれを行わなければならない（論点探究 224～240頁〔石川健治〕）。

5 ………… 憲法29条3項の補償の要否

　憲法29条3項は、私有財産を「公共のために用ひる」ことができるものとし、その場合「正当な補償」をしなければならないと規定している。すなわち、公共の目的を達成するためには、特定の者の財産を制限したり剥奪したりすることが不可欠な場合があるが、その場合、財産権保障との調整の観点から、収用は「公共のため」のものでなければならず、また、剥奪ないし制限に見合った「正当な補償」がなされることが

要件とされている。

　この「公共のために用ひる」の意味については、直接公共の用に供するため特定の私有財産を収用すること（公用収用）ないし制限すること（公用制限）に限定する説もあるが、「公共の利益」も含めて広く解するのが通説・判例である。したがって、被収用財産が結局他の個人に分配されその私的な用に供されるという場合であっても、「公共の利益」実現の手段としてなされるものは、憲法29条3項にいう「公共のために用ひる」に含まれることになる。

(1) 憲法29条2項と3項の関係

　憲法29条2項と3項の関係、すなわち、憲法29条2項によって財産権が制限される場合であってもその制限に対して3項の補償を要するか否かについては学説上争いがある。この点につき、2項・3項分離説（法学協会編『註解 日本国憲法(上)』〔有斐閣・1951年〕568頁）は、1項において私有財産制度とともに個人の財産権があわせて保障されているので、2項による「財産権の内容」に対する制限は、ⅰ）（個人の現有財産権の保障とみる立場から）当該権利の剥奪ないしそれに類するものであってはならず、しかもⅱ）（制度的保障であるとみる立場から）特定の個人に不利益を与えるものではなく一般的な性質を有するものに限られることとなる。そして、3項は、財産権に特別な犠牲が加えられた場合の補償規定であるのだから、2項による制限には3項の補償を要しない（一般人を対象にする規制は、はじめから国民全体で犠牲が負担されているので補償が不要であるし、また、「公共の福祉」に適合する財産権の内容を法律で定め、変更することができるので、現有の財産権の本質を侵さない程度の犠牲や財産権に内在する制約は、「公共の福祉」に適合するのであれば、適法な財産権の制限であり補償は不要である）とする。

　しかし、このように2項・3項を完全に分離して考える説は、現在では少数説である。なぜならば、2項による一般的な制限でも、同時にそれが3項の規定により一般納税者の負担において正当な補償を支払うのが正義公平の原則にかなう場合もありうるからである。今日においては、「財産権の内在的制約の範囲が広げられるだけでなく政策的制約も承認

される一方、公用制限や社会的目的での収用が認められるなど、29条の2項と3項がそれぞれの守備範囲を拡大して重なり合うようにな」ってきている（宍戸161頁）。以上のことからすれば、憲法29条2項によっていかなる規制をなしうるかという問題と、補償を要するか否かという問題とは、一応区別して考えるべきであろう。

(2) 特別の犠牲

憲法29条3項は、「私有財産は、正当な補償の下に、これを公共のために用ひることができる」と定める。では、どのような場合に、補償が必要となるのか。

(ア) まず、次のような場合、補償は不要である。これらは、そもそも財産権保障の埒外であるとも考えられる。

- ⅰ）財産権制限の程度が絶対的に弱く、対する公共の利益の確保の必要性が大きい場合
- ⅱ）財産の側に規制を受ける原因の存する場合
- ⅲ）すでに価値が消滅している財産
- ⅳ）社会的に有害・危険な財産

ちなみに、奈良県ため池条例事件（最大判昭38·6·26刑集17-5-521）で最高裁が「堤とうの使用」を条例で禁止できるとした根拠については、①「提とうの使用」が財産権として保護されることを前提としたうえで、それが「公共の福祉」によって制約されうるとするという理解（高橋385頁）と②そもそも、ため池の破壊、決壊の原因となるため池の「堤とうの使用」行為は、憲法でも、民法でも適法な財産権の行使として保障されていないものであって、憲法、民法の保障する財産権行使の埒外にあるとする説（長谷部440頁）が対立している（百選Ⅰ218〜219頁〔村山健太郎〕、青柳幸一『憲法』〔尚学社・2015年〕219頁）。いずれにしても、本問のような事例においては、B村の住民の財産はⅰ）〜ⅳ）のいずれにも該当するものではなく、住民の土地の利用が適法な財産権行使の埒外であるという解釈はありえない。

(イ) 次に、財産権保障の射程内における財産制限については、私有財産に対して「特別の犠牲」を課す場合にのみ補償が必要となる。すな

わち、損失補償は、基本的には、国家の適法な侵害に対して公平負担の理念からその損失を補てんする制度であるから、その損失が公平に反する場合であることを要する。そして、それは、その損失が特別の犠牲にあたるときであるとするのが一般的な見解である（塩野宏『行政法II〔第5版補訂版〕』〔有斐閣・2013年〕361頁）。では、「特別の犠牲」にあたるのはどのような場合か。

　この点、「特別の犠牲」にあたるかの判断基準を、①侵害行為が広く一般人を対象とするものか、それとも特定の範疇に属する人を対象とするものか（形式的要件）と、②侵害行為が財産権に内在する制約として受忍すべき限度内にあるのか、それとも財産権の本質的内容を侵すほどに強度なものか（実質的要件）という2つの要件に求める説（形式・実質二要件説）もある。しかし、私有財産の制限が一般的か特定的かは相対的なものにとどまることなどを理由に、現在ではもっぱら実質的要件から補償の要否を考える説（実質要件説）が有力である（野中俊彦＝中村睦男＝高橋和之＝高見勝利『憲法I〔第5版〕』〔有斐閣・2012年〕494頁）。ただし、両説は必ずしも対立するものではなく、むしろ、後説は前説をより具体化したものと解するのが妥当であるとの指摘もある。「いずれにせよ、特別の犠牲、権利の社会的拘束性、内在的制約〔といった概念は、〕抽象的内容は明確であっても、具体的当てはめに際しての内容には乏し〔く、〕その内容は、結局のところは、利用規制の態様、原因、損失の程度、社会通念（時代により、処によって可変的である）を総合的に判断することになる」（塩野・前掲361〜362頁）。

　ここでは、後説（実質要件説）をベースに論じていくこととする。

　i）　まず、財産権の剥奪、当該財産権の本来の効用の発揮を妨げることとなるような侵害については、当然補償を要する。

　「特別の犠牲」にあたるか否かを考えるに際しては、その制限の強度やその財産の本来の効用の発揮を妨げているか否かが重要な要素となる。では、財産の本来の効用とは何か。たとえば、土地に対して形質の変更や建築行為の制限が課せられた場合、このような制限が土地所有権の本来の効用を害することになるのか。この点につき、塩野宏は、土地利用

の内在的制約の範囲は必ずしも客観的・普遍的に定まるものではなく、土地の置かれている環境、利用の現況から離れた、抽象的な利用が所有権者の既得権として認められるかどうかは疑問であると述べている。そして、現在の利用を侵害するような規制については補償を要するとしても、現状の利用を固定するにとどまるときには、補償を要しないのではないかと論じている（塩野・前掲361〜366頁）。

　ⅱ）　ⅰ）に至らないものについては、第1に、当該財産権の存在が社会的共同生活との調和を保っていくために必要とされる限度のものである場合には、社会的拘束の表れとして補償は不要であるが（建築基準法にもとづく建築制限など）、第2に、その制限が、他の特定の公益目的のために、当該財産権の本来の効用とは無関係に偶然課せられるものであるときには補償を要する。

　では、何が、「社会的共同生活との調和を保っていくために必要とされる」ものであり、「社会的拘束の表れ」であるのか。これについては、まずは、規制目的に着目する必要がある。ごく大雑把にいえば、公共の安全・秩序の維持という消極目的のための制限は、補償は不要であるのに対して、公共の福祉の増進という積極目的のための制限は補償が必要である。なぜなら、公共の秩序の確保、つまり市民生活の安全確保は国家としての最低限の義務の遂行であり、これに対応して、私人もそのための制限は受忍すべきであるのに対し、積極目的に福祉を増進するということであれば、そのことによって他方において生じた損失は全体の負担で調整するのが公平の観念に適合的であると考えられるからである。しかし、これは究極的基準たりえない。財産権に内在する社会的自然的制約は、消極目的とは限らない。たとえば、土地所有権に対する規制については、今日では、消極目的とはいえない公用制限であっても、社会的共同生活との調和を保っていくために必要とされる制限として補償を要しないとされることもありうる（建築基準法上の規制など）と考えられている（小嶋和司編『憲法の争点［新版］』〔有斐閣・1985年〕120〜121頁〔藤田宙靖〕）。

6 ………若干の補足──居住・移転の自由の観点から

　なお、本問は、居住・移転の自由に対する制約という観点から論じることも可能である。

　居住・移転の自由とは、「自己の欲する地に住所または居所を定め、あるいはそれを変更する自由、および自己の意に反して居住地を変更されることのない自由」を意味する（野中俊彦ほか『憲法Ⅰ［第5版］』〔有斐閣・2012年〕459頁）。憲法22条1項は、居住・移転の自由を職業選択の自由と並べて規定しているため、一般に居住・移転の自由は経済的自由の一環として捉えられることが多いが、近年では、これを単に経済的自由としてだけではなく、人身の自由（身体的に拘束されずに自己の好む場所へ移動する自由）、人格形成の自由（自由に場所を移動することによって、活動領域を広げたり見聞を広めたりして人格を陶冶する自由）、表現の自由（意思伝達や意見交換の場、集会・結社・集団行進の場等を求めて移動する自由）といった多面的・複合的性格を有する権利としても理解されるようになってきている（野中ほか・前掲458～462頁）。

　そして、このような居住・移転の自由の複合的性格にかんがみれば、この自由に対する規制の合憲性をもっぱら経済的自由と同一の基準のみによって判断することは妥当ではないということがわかるであろう。たとえば、一口に居住・移転の自由に対する規制といっても、表現の自由等精神的自由に対する規制としての性質を帯びるものも存在する。このような場合は、経済的自由に対する規制の合憲性を審査する基準よりも厳格な審査基準の適用が求められることもありえよう。ちなみに、居住移転の自由に対する制約を、主として集会の自由等表現活動の自由に対する制約という観点から捉えるべき事例としては、成田新法事件（最大判平4・7・1民集46-5-437）が挙げられる。この事件において、最高裁は、「工作物使用禁止命令により多数の暴力主義的破壊活動者が当該工作物に居住することができなくなる」という点について、「工作物使用禁止命令は、……新空港の設置、管理等の安全を確保するという国家的、社会経済的、公益的、人道的見地からの極めて強い要請に基づき、高度かつ緊急の必要性の下に発せられるものであるから、右工作物使用禁止命

令によってもたらされる居住の制限は、公共の福祉による必要かつ合理的なものであるといわなければならない」と判示している。これは、一見すると、特段厳格な審査基準を適用していないかのようにも読めるが、一方で、ここで最高裁が示した判断基準は、最高裁が「民主主義社会における重要な基本的人権の一つとして特に尊重されなければならない」とわざわざ付言した表現の自由に対する制約を審査した時に用いた基準と同様のものであった点にも留意する必要がある。

　なお、本問の場合、B村の住民の居住・移転の自由に対してなされた規制の目的は、B村の住民の生命や身体の危険を防ぐこと（消極目的）と解釈することも、下流域の市町村に安定的に水や電力を供給すること（積極目的）と解釈することも可能ではあるが（解答例参照）、いずれにしてもこの制約は経済的規制の性質を強く帯びるものであるといえよう。

7 ………解答の手がかり

(1)　訴訟形態

　本件事例においてとられうる訴訟形式としては、①居住禁止処分の取消しの訴え、②本法5条の刑事事件の前提問題として本法および本件居住禁止処分の違憲性を争う、③実質的当事者訴訟（損失補償）などが考えられる。

(2)　本法および本件居住禁止処分の合憲性

　まず、本法および本件居住禁止処分が財産権を侵害するものではないかが問題となる。ここでは、証券取引法事件判決を引用して、財産権に対する規制が憲法29条2項にいう公共の福祉に適合するものとして是認されるべきものであるかどうかを、規制の目的、必要性、内容、その規制によって制限される財産権の種類、性質および制限の程度等を比較衡量して判断するということになろう。

　解答例では、住民および国の主張においては本件居住禁止処分の違憲（合憲）性（適用違憲的な観点）について、そして、私見においては本法および本件居住禁止処分の合憲性（法令違憲・適用違憲の両方の観点）について論じている。

(3) 補償の要否

　㋐　住民の主張　　本件事案は、純然たる自然災害によって河川が危険な状態になった場合とは異なり、本来であればダムの補修が可能であるにもかかわらず、電力の安定的供給という、いわば積極的な目的からダム補修が見送られている。住民は、長期間の居住禁止を命じられ生活の基盤を失っており、きわめて大きな犠牲を強いられている。

　Ｂ村の住民からすれば、Ａダムは、下流の地域に安定的に水や電力を供給したり洪水を防止したりするために公営事業の一環として設置されたものであるので、その受益者は一般国民であり、その危険や損失は国民が平等・公平に分担すべきであると主張することになろう。

　㋑　国の主張　　本問において、クレストゲートには本来何ら瑕疵は存在しなかったにもかかわらず、大地震という自然災害が直接的な原因になって亀裂が生じている。そして、国土交通大臣は、本法４条にもとづいて警戒区域の指定をし、住民に居住を禁じているが、これは、国民の生命・身体に対する危険を防止するために行われるものである。国からすれば、これは消極目的の規制であってこれに伴う不利益は住民が受忍すべき範囲のものであるから、憲法29条３項の損失補償をすべき特別の犠牲にはあたらないと主張することになるであろう。なお、住民は長期間の居住禁止を命じられ生活の基盤を失うことになると主張するであろうが、これに対しては、生活保護などの問題として対処すべきと反論することになろう。

解答例

問❶

1．本件居住禁止処分は違憲である

　Ｂ村の住民は、本件居住禁止処分によりこれまで使用していた土地の利用を全面的に禁止されることとなった。これは、Ｂ村の住民の財産権の制限にあたる。では、このような財産権の制限は憲法上

許されるであろうか。財産権に対する制限が憲法 29 条 2 項にいう公共の福祉に適合するものとして是認されるべきものであるかどうかは、規制の目的、必要性、内容、その規制によって制限される財産権の種類、性質および制限の程度等を比較衡量して判断すべきである（証券取引法事件判決）。

　そこで、まず、本件居住禁止処分の目的について考察すると、本法は、水力発電を目的としているダムのうち、その発電の機能を停止した場合、国民経済を著しく阻害し、または公衆の日常生活を著しく危うくするおそれのあるもので、かつ、財政上・技術上の制約からそのダムの瑕疵を補修することが著しく困難であるものについて、過渡的な安全性を確保したうえでダムの稼働を継続させることができることとし、もって電力の供給の安定を図ろうとするものである。本件居住禁止処分は、このようなダムの稼動継続によって住民の生命や身体に対する危険が生じる可能性のある B 村につき、国土交通大臣が警戒区域を指定し、その区域内への住民らの立入りを制限したものであり、その直接的な目的は、B 村の住民の生命や身体の安全を確保することにある。以上のように解される限り、本件居住禁止処分の目的は、公共の福祉に合致しないとはいえない。

　しかしながら、規制の内容についてみると、従来は、クレストゲートに亀裂が生じた場合、ゲートを補修し、補修期間中のみダムの機能を停止させるという方法がとられてきた。しかし、今回は、国土交通大臣は、財政的制約を理由に、クレストゲートの補修は著しく困難であると判断し、ゲートの補修を当面見送るという決定を下している。この理由について、国は、大震災後のわが国財政状況にかんがみて補修費用を支出することができないこと、そして、電力の安定的供給の観点からダムの機能を停止させることができないことなどを主張しているが、ダムの補修にかかる費用（10 億円）は国家予算規模からすれば僅少にすぎず、また、補修のためにダムの機能を停止させなければならない期間はわずか半年である。一方、B 村の住民はその生活の基盤となる土地の利用を長期間全面的に禁止されることとなり、その損害はきわめて甚大である。本件居住禁止処分が B 村の住民から人間として価値ある生活の物的手段を奪うものであることにかんがみれば、かかる財産上の制限はより制限的でない他の手段が存在しない場合に限り許容されると考えるべきであるところ、クレストゲートは数百年に一度といえるほどの大雨が

降った場合にしか利用されないものであり、これを実際利用しなければならない可能性はきわめて低く、とすれば、国が補修期間中ダムの水位や天候を慎重に注視しつつ、ダムの決壊の危険性が差し迫ったときにのみ、Ｂ村の住民を避難させるなどの対応をとることも可能であったと考えられる。

　以上のように考えると、居住禁止処分の目的については正当性を是認できたとしても、その目的のために本件居住禁止処分という手段をとることは、達成されるべき目的との間に均衡を欠いており、当該規制の内容・手段が目的達成のために必要もしくは合理的な範囲内のものであるとはいえず、したがって、本件居住禁止処分は憲法29条２項に違反すると考えられる。

２．損失補償は必要である

　また、仮に本件居住禁止処分が憲法29条２項に反しないとしても、Ｂ村の住民は国に対して損失補償を請求することができる。

　憲法29条３項は、私有財産を公共のために用いる場合には正当な補償をしなければならない旨を規定している。では、どのような場合に、補償が必要となるのか。通説は、個人の私有財産に対して特別の犠牲を課す場合にのみ補償が必要となると解しているが、財産上の制限が特別の犠牲に該当するか否かについては、①侵害行為が広く一般人を対象とするものか、それとも特定の範疇に属する人を対象とするものか（形式的要件）と、②侵害行為が財産権に内在する制約として受忍すべき限度内にあるのか、それとも財産権の本質的内容を侵すほどに強度なものか（実質的要件）との２つの観点から考えるべきである。

　そこで、まず、①について検討してみると、本件居住禁止処分は、Ｂ村の住民という特定の範疇に属する人を対象とするものである。そして、②についてみると、Ｂ村の住民が受ける犠牲の程度は、その土地の全面的な利用の禁止というきわめて大きいものであり、通常の受忍限度を超えるものである。また、規制の目的についても、Ｂ村の住民に対する財産上の制限は財産権に内在する制約とはいえない。なぜならば、一般に、国民の健康や安全、秩序維持、社会的共同生活の安全の確保といった消極目的のために課す財産権の制限には補償は不要であるとされる一方で、産業・交通・その他公益事業の発展などの積極目的のために課す財産権の制限については補償が必要であると解されているが、本件居住禁止処分は、直接的には

　Ｂ村の住民の生命や身体の安全を確保するための消極目的の制限であるかのようにもみえるものの、本来は、公営事業の一環として設置されたＡダムの稼動にかかるものであるからである。すなわち、Ａダムは下流域の市町村に安定的に水や電力を供給したり洪水を防止したりするために積極目的の公営事業の一環として設置されたものであり、その受益者は一般国民であり、その危険や損失は国民が平等・公平に分担すべきである。

　したがって、国はＢ村の住民に対して損失補償をする必要がある。

問❷

1．国の主張

(1)　本件居住禁止処分は合憲である

　住民らは、Ａダムの補修は財政的な観点からみて困難であるとした国土交通大臣の判断には合理性がなく、したがって、その判断にもとづいてなされた本件居住禁止処分に違法性がある旨を主張しているが、財政的制約の有無の判断は、国土交通大臣の専門的・技術的知見に委ねられるべきであり、したがって、その判断の基礎とされた重要な事実に誤認があること等によりその判断がまったく事実の基礎を欠くか、または事実に対する評価が明白に合理性を欠くことなどによりその判断が社会通念に照らし著しく妥当性を欠くことが明らかな場合に限り、その判断が裁量権の範囲を超え、また濫用があったものとして違法となると解すべきである。この点につき、本件において、わが国は大震災後復興費用を捻出するために支出を最小限に切り詰める必要に迫られており、また電力の安定的供給の観点からできるだけ多くの発電所を稼動させる必要性に迫られていることにかんがみれば、上記国土交通大臣の判断が裁量権の範囲を超えまた濫用があったものと評価することはできない。

(2)　損失補償は不要である

　損失補償を要するのは、通常、社会政策や経済政策上の積極的な国家作用により財産権が「特別の犠牲」に供せられる場合であり、社会生活における安全の保障や秩序の維持などの消極的警察作用による財産権の制限は一般的に憲法上補償を要する「特別の犠牲」にあたらないと解されている。

　これを前提に考えると、本法４条にもとづく警戒区域の設定やそ

こへの立入り制限・居住禁止などは、国民の生命、身体に対する危険を防止するために行われる消極的警察作用による財産権の制限に該当し、これに伴う不利益は住民が受忍すべき範囲のものであり、憲法 29 条 3 項の損失補償をすべき特別の犠牲にはあたらない。したがって、損失補償は不要であると考えられる。

2．私見

(1) 本法および本件居住禁止処分は合憲である

財産権は、それ自体に内在する制約があるほか、その性質上社会全体の利益をはかるために立法府によって加えられる規制により制約を受けるものである。財産権の種類、性質等は多種多様であり、また、財産権に対する規制を必要とする社会的理由ないし目的も、社会公共の便宜の促進、経済的弱者の保護等の社会政策および経済政策にもとづくものから、社会生活における安全の保障や秩序の維持等をはかるものまで多岐にわたるため、財産権に対する規制は、種々の態様のものがありうる。このことからすれば、財産権に対する規制が憲法 29 条 2 項にいう公共の福祉に適合するものとして是認されるべきものであるかどうかは、規制の目的、必要性、内容、その規制によって制限される財産権の種類、性質および制限の程度等を比較衡量して判断すべきものである（証券取引法事件判決）。

そこでまず、本法の目的、必要性を検討するに、本法は、水力発電の機能を有するダムのうち、その発電の機能を停止した場合、国民経済を著しく阻害し、または公衆の日常生活を著しく危うくするおそれのあるダムを特定指定ダムとして指定するとともに、特定指定ダムにおいて、財政的・技術的制約からダムの瑕疵を補修することが著しく困難である場合は、過渡的な安全性を確保したうえで、ダムの稼働を継続させることを可能とし、もって、震災後のわが国の深刻な電力供給不足に対処しようとするものである。そして、本法は、特定指定ダムの稼働によって、河川の氾濫など人の生命または身体に対する危険を防止するため特に必要があると認めるときは、国土交通大臣は、警戒区域を設定し、その区域内への住民らの立入りを制限し、もしくは禁止し、または当該区域における居住を禁じることができるとしているが、これは、その区域内の住民の生命または身体の安全を確保するための措置である。このような目的が正当性を有し、公共の福祉に適合するものであることは明らかである。

次に、規制の内容等についてみると、わが国は、震災以後、深刻

な電力供給不足その他経済の異常な事態に直面しており、こうした状況を打開するためには、財政的・技術的制約から過渡的な安全性しか確保することができないダムのものをも含めて、国内の発電所施設を可能な限り稼動させることが必要不可欠となる。以上のような事情を考慮すると、本法のような規制手段をとることは、前記立法目的達成のための手段として、必要性または合理性に欠けるものであるとはいえない。

以上のことからすると、本法は、公共の福祉に適合する制限を定めたものであって、憲法29条2項に違反するものではない。

さらに、本法にもとづく本件居住禁止処分も憲法に違反するものではない。この点につき、住民は、Ａダムの補修は財政的・技術的な観点からみて可能であること、そして、目的を達成するための他のより制限的でない手段が存在することなどを主張しているが、これらの判断は、ダムの管理を所掌する国土交通大臣の専門的・技術的判断に委ねられるべき部分が多いため、国土交通大臣の判断が合理的裁量の範囲を超えるものとなる場合に限り本件居住禁止処分は憲法29条2項に違反すると解すべきである。本件においては、わが国は大地震後復興費用を捻出するために支出を最小限に切り詰める必要に迫られており、また電力の安定的供給の観点からできるだけ多くの発電所を稼動させる必要性に迫られていることにかんがみれば、上記国土交通大臣の判断が合理的裁量の範囲を超えているとはいえない。

(2) 損失補償は必要である

法律による財産制限はその形式において通常一般的なものであるから、財産上の制限が特別の犠牲にあたるか否かの判断は、特定の具体的権利が指定されている場合である限りもっぱら実質的基準によるべきである。また、憲法29条3項の「公共のために用ひる」方法も、現在ではきわめて多様であり、補償の有無やその程度についても個別的具体的考察が求められることから、より具体的な基準を設定することが必要となる。すなわち、憲法29条3項の補償の要否については、①財産権の剥奪、当該財産権の本来の効用の発揮を妨げることとなるような侵害については、当然補償を要するが、②これに至らない場合には、第1に、当該財産権の存在が社会的共同生活との調和を保っていくために必要とされるものである場合には社会的拘束の表れとして補償は不要であるが、第2に、その制限

が、他の特定の公益目的のために、当該財産権の本来の社会的効用とは無関係に偶然課せられるものであるときには補償を要すると考えるべきである。

　これを前提として検討してみるに、まず、本件居住禁止処分は、Ｂ村の住民の土地所有権の本来の効用の発揮を妨げるような侵害にあたる。たしかに、今日において土地はその公共性が重視される財産の１つに数えられており、土地の形質の変更や建築行為など土地の利用が制限されても、必ずしも本来の効用の発揮を妨げる侵害にあたるとは限らない。すなわち、今日においては、たとえば土地所有権に対する規制が単に現状の土地の利用を固定するにとどまるような場合には、補償が不要となる場合も多いであろう。しかしながら、本件居住禁止処分は、このような事例とは異なり、Ｂ村の住民に対して土地の全面的な利用禁止を命じるものである。こうした制限が、当該財産権の本来の効用の発揮を妨げることとなるような侵害であるということは明らかである。

　また、仮に、本件居住禁止処分が当該財産権の本来の効用の発揮を妨げることとなるような侵害にあたらないとしても、本件居住禁止処分は、特定の公益目的のために、当該財産権の本来の社会的効用とは無関係に偶然課せられる制限である。なぜならば、Ａダムは、下流域の市町村に安定的に水や電力を供給したり洪水を防止したりするために造られたものであり、公営事業の一環として設置されたものである。すなわち、その受益者は一般国民であり、その危険や損失は国民が平等・公平に分担すべきである。もちろん、住民が所有している財産自体に危険が内在しているわけでもない。

　したがって、損失補償は必要であると考えられる。

関連問題

災害廃棄物の処理と財産権

　本問の北西日本大震災の被災地では、大地震直後に発生した津波によって多くの動産、不動産が損壊したり、沖まで流されたりして、大量の所有者不明の災害廃棄物が発生することとなった。政府は、このような災害廃棄物を迅速に処分し、早急に被災地の復興を進めるために、以下

のような法令を制定した。この法令に含まれる憲法上の問題点を論ぜよ。

「第〇条　倒壊してがれき状態になっている家屋は、所有者の承諾を得ることなく撤去することができる。また、原形をとどめている家屋であっても倒壊などの危険がある場合は、所有者の承諾がなくとも解体・撤去することができる。

第△条　①　貴金属、有価物及び金庫については、一定期間保管し、その期間内に所有者が判明し、かつ所有者がその物の引渡しを求めた場合には、所有者にそれを引き渡すこととする。これ以外の場合には、国はその物を売却することができる。その売却代金は国庫に入るものとする。

②　前項以外の動産で、所有者が判明しない物については、国はこれを廃棄することができる。」

参 ┃ 考 ┃ 文 ┃ 献

石川健治「私法上の法制度」『自由と特権の距離——カール・シュミット「制度体保障」論再考［増補版］』(日本評論社・2007 年) 162 頁以下

小山剛「財産権の保護」『基本権の内容形成——立法による憲法価値の実現』(尚学社・2004 年) 163 頁以下

（齊藤　愛）

16. 車を借りると生活保護は廃止？

設問 　Ｘは、夫と離婚した後、Ｘとその子４人で構成される世帯の世帯主となり、パートで生計を立てることとした。だが、パート収入のみで世帯を支えることは困難であり、厚生労働大臣の定める生活保護基準（生活保護法８条１項参照）に照らし、生活に困窮する状態にあった。そこでＸは、Ａ県Ｙ市の社会福祉事務所長Ｂに生活保護の申請をし、Ｂは生活保護の開始を決定した。

　その後、Ｘが社会福祉事務所に保護費の受領に訪れる際、Ｘが自動車を運転して同事務所を訪れている旨の通報が数件、同事務所になされた。そこでＸ世帯を担当するケースワーカーＣは、Ｘに事情の説明を求めたところ、Ｘは自動車を購入する資産は有しておらず、自動車はＸが自身の子Ｄの友人Ｅから借用したものであり、Ｘは自動車使用にかかる一切の負担をしていないことが判明した。

　ＣはＸに対し、生活保護の要件の１つを定めた生活保護法４条１項の「資産の活用」の行政解釈として、自動車の使用は借用であっても、生活保護の変更・停止・廃止の事由になりうる旨を教示した。すなわち、昭和36年４月１日の厚生事務次官通達によれば、所有・利用することを容認できない資産は、原則として売却等して処分し、最低限度の生活に活用することが要求される（厚生省社発第123号）。そして、昭和38年４月１日の厚生省社会局保護課長通知によれば、「公共交通機関の利用が著しく困難な地域に居住する者が通院等のために自動車を必要とする」場合等には、例外として自動車の保有を認める事も可能だが（社保第34号）、これらの通知を具体化した「別冊問答集」（【参考資料２】）によれば、自動車については原則として、所有はもとより借用も禁止される。

　だがその後も、Ａ県内の各所でＸが自動車を使用している姿を発見した旨の通報が社会福祉事務所に数件なされ、Ｃもその様子を現認する、という事態が繰り返された。そこでＢは、生活保護法27条

317

にもとづき、所定の手続に従い、まず口頭で、後に文書で、必要やむをえない場合以外の自動車の借用を禁止する旨、および上記指示に従わない場合には保護の変更、停止または廃止をする旨を指示した。

この指示書の通知後も、Xが自動車を運転している姿をCが現認したため、Xは法定の手続にもとづく聴聞通知書の交付を受けた。聴聞手続とCによる調査を通じ、下記の事情が判明した。①Xは職場を転々としており、保護開始決定を受けた時期の職場への通勤については、自動車によれば自宅から片道20分で行けるのに対し、公共交通機関を利用した場合にはバスを乗り継いで片道1時間30分を要し、しかもいったん逆方向のバスに乗ってからまた別のバスに乗り換え、さらに降車バス停から約1.5キロメートルを徒歩で行く必要があった。②さらに、Xは肺炎の既往歴から冬季は体調を崩しやすく、貧血や肋間神経痛の持病もあったため、オートバイや自転車による通勤にも支障があった。③しかしその後に移った職場は自宅から約1.5キロメートルの距離であり、徒歩・自転車等での通勤も十分可能な距離であった。④XはE所有の自動車を時折借用し、通勤のほか子どもの送り迎え、買い物等の日常的な便宜のためにも使用している。

これらの事情や、上記の生活保護法4条1項の行政解釈にかんがみたBは、同法62条1項、同条3項にもとづき、同法27条の指導に従う義務の違反を理由に、Xに対し保護廃止の決定を行った。

そこでXは、この保護廃止決定処分の取消しを求め、A県知事に審査請求をしたが棄却されたため、同処分の取消しを求めて出訴した。

問❶　あなたがXの訴訟代理人である場合、どのような憲法上の主張を行うか述べなさい。そして、Xの主張に対するY市の主張を想定しながら、あなた自身の見解を述べなさい。なお、生活保護法等の法令自体の違憲性や、各種通知等の行政解釈自体の違憲性・違法性については論じる必要はない。

問❷　Xが永住資格を有する定住外国人であり、問❶と同様に保護廃止処分に対し審査請求を経て取消訴訟を提起した場合、どのような憲法上の主張を行いうるか述べなさい。そして、Xの主張に対するY市の主張を想定しながら、あなた自身の見解を述べなさい。なお、定住外国人を含めた一定の外国人については生活保護の対

象となり、その保護の決定等にあたっては、下記の【参考資料3】
にある通知にもとづき、生活保護法が定める諸要件が参照される。
保護が開始された外国人については、指導・指示に従う義務も課さ
れることとなっている。

【参考資料1】生活保護法
（この法律の目的）
第1条　この法律は、日本国憲法第25条に規定する理念に基き、国が生活に困窮
　　するすべての国民に対し、その困窮の程度に応じ、必要な保護を行い、その最低
　　限度の生活を保障するとともに、その自立を助長することを目的とする。
（最低生活）
第3条　この法律により保障される最低限度の生活は、健康で文化的な生活水準を
　　維持することができるものでなければならない。
（この法律の解釈及び運用）
第4条　保護は、生活に困窮する者が、その利用し得る資産、能力その他あらゆる
　　ものを、その最低限度の生活の維持のために活用することを要件として行われる。
　　〔2項・3項略〕
（基準及び程度の原則）
第8条　保護は、厚生労働大臣の定める基準により測定した要保護者の需要を基と
　　し、そのうち、その者の金銭又は物品で満たすことのできない不足分を補う程度
　　において行うものとする。
2　前項の基準は、……最低限度の生活の需要を満たすに十分なものであつて、且
　　つ、これをこえないものでなければならない。
（指導及び指示）
第27条　保護の実施機関は、被保護者に対して、生活の維持、向上その他保護の
　　目的達成に必要な指導又は指示をすることができる。
2　前項の指導又は指示は、被保護者の自由を尊重し、必要の最少限度にとどめな
　　ければならない。
　　〔3項略〕
（不利益変更の禁止）
第56条　被保護者は、正当な理由がなければ、既に決定された保護を不利益に変
　　更されることがない。
（指示等に従う義務）
第62条　被保護者は、保護の実施機関が、……第27条の規定により、被保護者に
　　対し、必要な指導又は指示をしたときは、これに従わなければならない。
　　〔2項略〕
3　保護の実施機関は、被保護者が前二項の規定による義務に違反したときは、保
　　護の変更、停止又は廃止をすることができる。

【参考資料2】厚生労働省社会・援護局保護課監修の「生活保護手帳（別冊問答集）」
（問138）〔他人名義の自動車利用〕資産の保有とは、所有のみをいうものか。〔以
　　下略〕
（答）……自動車の使用は、所有及び借用を問わず原則として認められないもので
　　あり、……特段の緊急かつ妥当な理由が無いにもかかわらず、遊興等単なる利便
　　のため度々使用することは、……法第27条による指導指示の対象となる……。

　これは、最低生活を保障する生活保護制度の運用として国民一般の生活水準、生活感情を考慮すれば、勤労の努力を怠り、遊興のため度々自動車を使用するという生活態度を容認することもまたなお不適当と判断されることによるものである。

【参考資料3】生活に困窮する外国人に対する生活保護の措置について（昭和29年5月8日）（社発第382号）（各都道府県知事あて厚生省社会局長通知）

1　生活保護法……第1条により、外国人は法の適用対象とならないのであるが、……生活に困窮する外国人に対しては一般国民に対する生活保護の決定実施の取扱に準じて……必要と認める保護を行うこと。〔以下略〕

3……問6　法の準用による保護は、国民に対する法の適用による保護と如何なる相違があるか。

（答）外国人に対する保護は、これを法律上の権利として保障したものではなく、単に一方的な行政措置によつて行つているものである。従つて生活に困窮する外国人は、法を準用した措置により利益を受けるのであるが、権利としてこれらの保護の措置を請求することはできない。日本国民の場合には、法による保護を法律上の権利として保障しているのであるから、保護を受ける権利が侵害された場合にはこれを排除する途（不服申立の制度）が開かれているのであるが、外国人の場合には不服の申立をすることはできないわけである。なお、保護の内容等については、別段取扱上の差等をつけるべきではない。

【参考資料4】第94回国会　衆議院法務委員会、外務委員会、社会労働委員会連合審査会議録第1号（昭和56年5月27日）の政府答弁

　生活保護法につきまして今回〔＝1982年の難民条約批准に際し〕なぜ法律改正〔＝国籍条項の撤廃〕を行わなかつたかということでございますが、1つには、国民年金等につきましては……拠出を求めるとか、そういつた法律上の拠出、徴収というようなことにどうしても法律が必要だろうと思うのでございますが、生活保護で行つております実質の行政は、やはり一方的給付でございまして、必ずしもそういう法律を要しないでやれる措置であるということが1つの内容になるわけでございます。

解　説

1 ⋯⋯⋯⋯概　観

(1)　設問のねらい

　生存権は、法律による具体化が必要とされる、いわゆる抽象的権利だというのが通説である。そうすると、①法律による具体化が実際にある場合、憲法論として一体何がいえるのか（問❶）、②また、法律による適用対象とはされておらず、しかも憲法上の保障が及ぶかどうかに争いのある外国人については、どのように考えるべきか（問❷）。

　通説の抽象的権利説、および判例の広汎な立法・行政裁量論を前に、

生存権については、これを実体論のレベルで正面から論じるのは難しいという観点から、近年では、たとえば、「判断過程審査」や「制度後退禁止原則」などが注目されている。だが、ここでは、実体論について考察するための素材を提供すべく、①を出題した（とはいえ、後掲の解説や解答例のアプローチは、この判断過程審査や制度後退禁止原則の可能性を排斥するものではもちろんない）。なお、本件事案は、福岡地判平 10·5·26 判時1678-72 を素材に、これを改変したものである。

　また、外国人の生活保護については、近時、関連する最高裁判決も下されており（最判平 26·7·18 判自 386-78）、その意義も確認すべく、②についても出題した。

　(2)　とりあげる項目
　　►生存権の法的性格と具体化立法との関係
　　►外国人の生存権
　　►適正手続（不利益処分と法律の根拠）

2 …………問❶について

　本問で X が取消訴訟の対象としているのは、保護の廃止という行政処分であり（生活保護法〔以下「法」という〕62 条 1 項・3 項）、この処分は、直接的には指導・指示（法 27 条 1 項）に従う義務に X が反したことを理由になされている。そして、その指導・指示の内容は、X による自動車の利用が生活保護の要件の 1 つである「資産の活用」要件（法 4 条 1 項）を満たさない、というものである。かくして本問における中心的な争点は、X による自動車の借用・使用が保護の廃止を基礎づける理由になるのかどうか、という点である。この点で本問では、主に行政処分の法律適合性が争点となっている。ここに憲法論をどのように登場させればよいのか。さしあたり、B が X に自動車の使用を認めないことを指示し、その違反に対し保護の廃止処分を科することが、X の「最低限度の生活」（憲法 25 条 1 項、法 3 条）を侵害し、上記の法律上の諸規定の解釈・適用を誤った違憲・違法の処分である、というのが、X の主張の基本線になりそうである。だが、その際の具体的な立論の枠組みは、

上記の判例・通説のハードルを前に、一体どのように構成すべきか。

(1) 生存権論証のあり方をめぐって

生存権を憲法訴訟で扱うことの難しさが何に起因するのかといえば、それは、社会権：作為請求権である生存権の場合、自由権：不作為請求権（自由を制約するあらゆる国の行為の原則的禁止）の場合と違って、憲法が国に何を命じており、個人が国に何を主張できるのかについて、憲法のレベルで確定しているといえる原則的な部分が必ずしも明らかではないことにある。何が「健康で文化的な最低限度の生活」（憲法25条1項）か（固有の保護領域の不在）、またそれを実現するために国はどのような手段を採用すべきか（手段選択の裁量）について、憲法自体は明確に語っておらず、国の行為（法律等の下位法規）による具体化が必要とされる部分がある。そしてその具体化に際し立法・行政裁量が生じるという構造になっている。抽象的権利と呼ばれるゆえんである。

また、このように国の作為が要請される生存権の場面では、法律や行政法規・処分等の国の行為は、まさに憲法上の生存権自体を実現することを「目的」としてその具体化をはかっており、生存権に対立する利益（目的）のために、生存権を「制約」しているわけ（だけ）ではない。自由権制約の場合の立法目的が、その自由権に対立する公共の福祉の利益であることとは、様相が異なっている。自由権の場合の「目的・手段図式」や、近時流行しつつあるいわゆる「三段階審査」が生存権の場面では用いにくいのは、この点にも起因する（以上につき、小山115頁以下、宍戸164頁以下、駒村174頁以下、論点教室157頁以下〔尾形健〕参照）。

(2) Ｘの視点①──生存権の「制約」的規定の憲法適合解釈

他方、Ｘとしては、何とかこの慣れ親しんだ目的・手段図式にもっていくことができれば、あるいは、そこまではいえなくても、憲法上の権利に国が制約を加えているという構造に近いところまでもっていくことができれば、憲法論としての主張も組み立てやすくなる見込みが生じる。この点で、たとえば同じく作為請求権的構造をもち、立法による具体化が必要だとされている国家賠償請求権（憲法17条）につき、目的・手段型の審査を行い違憲判断を示した郵便法違憲判決（最大判平14・9・11

民集 56-7-1439）の立論が、一定の示唆を与えうる。この判決によると、憲法 17 条が保障する国家賠償請求権は、法律による具体化が必要であるが、しかし公務員の不法行為があった場合には国家賠償を認めるのが憲法上の「原則」であり、その意味で立法裁量も無限定ではない、とされている。そのうえで、この国家賠償請求権に「制限」を加えていた旧郵便法 68 条・73 条につき、その目的の正当性、手段の必要性・合理性を審査する、という形になっている。もちろん、国家賠償請求権と生存権とでは、憲法上の原則形態（ないしベースライン。長谷部 439 頁参照）の読み取りやすさに大幅な差異があるため、両者を単純に同列には扱えない（奥平 246 頁参照）。それでも、この判決が参考になるとすれば、それは一口に「憲法上の権利の法律による具体化」といっても、一体どの法律のどの条項がその具体化にあたるのかは、より厳密に検討する余地がありうること、そして場合によっては、その法律の一定の条項が、憲法の具体化というよりも憲法上の原則を「制限」している過剰な要件とみなしうる場合もあることを、この判決から読み取れることである。

　こういった観点から、いまいちど生活保護法を見直してみると、次のような読み方も理論上は成り立ちうる（笹沼・後掲参考文献参照）。すなわち、本問で問題となっている生活保護法 4 条 1 項は、保護の要件として、①生活に困窮している者であること（生活困窮要件）、②資産・能力を活用していること（資産活用要件）、の 2 つを要求している。このうち、①こそが憲法 25 条 1 項の「最低限度の生活」を求める権利という原則を具体化した条項であり、②は、これに「制約」を加えたもの（過剰な要件）だ、という読み方である。

　すなわち、憲法 25 条 1 項は、いわゆる抽象的権利であり、具体的な権利は生活保護法で与えられるが、その具体化として、生活保護法 4 条 1 項の①生活困窮要件、さらにその具体化として厚生労働大臣が作成する生活保護基準（法 8 条 1 項の委任による行政立法）がある。そして、この生活保護基準は、要保護者の最低限度の生活のための「需要」（法 8 条 1 項）を類型化したものである以上、客観的にこの基準を下回る生活困窮状態にある者には、「最低限度の生活」を保障しようとする憲法上の権

利の具体化としての保護請求権が発生するのが原則である。他方、生活保護法4条1項が定める②資産・能力の活用要件は、一般に「補足性の要件」といわれる。これは、生活保護は、生活自助原則（自由主義・資本主義経済）に配慮しつつ行われるべきだという発想にもとづくものとされる。つまり自身の財産を使い、稼働能力を活用してもなお最低限度の生活を自力で行えない者にのみ、保護を与えるという趣旨のものである。かくして、この②資産活用要件は、生活自助原則という目的（憲法13条・22条・29条）のために、①生活困窮要件を前提として発生する保護請求権に「制約」を加えるもの（過剰な要件）だと読むこともできる。

　ここから、まずは、②資産活用要件を定める生活保護法4条1項（およびこれにかかる通知等）の目的・手段が生存権の制約として正当化されるか、という法令審査に進むことも理論上は可能であるが、本問ではこの法令審査は要求されていない。もっとも、法令自体が違憲ではないとしても、この②要件の解釈・適用を通じ、具体的な生活保護費の額を減じる等の判断をなす場合、それは生活困窮者の最低限度の生活保障・自立という、憲法上の要請にもとづく法目的（法1条）に適合的になるよう、必要最小限度にとどめるべきだ、という形で、法律の憲法適合解釈という視点を組み込み、憲法論を登場させる余地はある。

　そうすると、②要件の認定判断を前提とした指導・指示（法27条）、およびその違反に対する処分（法62条）の解釈・適用の際も事情は基本的に同様となる。とりわけ、生活保護法27条の指導・指示の性格については争いあるものの、本問で問題となっている同法62条3項にもとづく処分は、指導・指示に従う義務違反に対する制裁としての不利益変更である（原田・後掲参考文献30頁参照）。必ずしも"Xの収入・資産が増えたから生活保護の必要がなくなった"という理由によるものではない。自動車の使用をやめれば直ちにXが最低限度の生活を自力で確保することが可能になる、という関係が成り立つわけでもない。その意味でこの保護廃止処分は、保護受給権の内容を（再）確定する措置というよりも、それとは独立した新たな不利益処分（制約）だとみる余地もある。この限りで、制裁的な不利益処分をなすには非違行為の違法性の程度と

の均衡が要請されるという、法の一般原則たる比例原則（憲法31条の適正手続ないし同13条後段の必要最小限度原則）が妥当する場面だと解しうる。生活保護法27条2項が、指導・指示につき被保護者の自由を尊重して必要最小限度にとどめるべき旨を明定していることや、同法56条が不利益変更を原則として禁止していることも、この解釈を裏書きしうる。また、自動車使用の禁止を保護の条件にすることは、被保護者の行動の自由・自己決定権を制限するという側面もある（遠藤美奈「生活保護と自由の制約」摂南法学23号〔2000年〕33頁参照。この行動の自由〔憲法13条〕の制約自体の合憲性を別途論じる構成もある）。

　しかも、保護の廃止処分は、憲法上の要請たる最低限度の生活自体を奪う最も重い処分である。かくして、Bの裁量が、比較的厳格な比例原則によって統制され、その処分に見合う重大な非違行為が存在するかどうかを、裁判所が踏み込んで審査すること——「慎重な考慮」——が要請される、と解しうる。

(3) Xの視点②——先例との整合性をめぐって

　このようなXの法律構成は、広汎な行政裁量を承認した朝日訴訟（最大判昭42・5・24民集21-5-1043）の傍論と必ずしも矛盾するものではない、と考えることもできる。同判決で言及された行政裁量とは、法の委任を受けて生活保護基準を設定する厚生大臣（当時）に認められる裁量である。この基準設定行為（行政立法）には、憲法上の生存権の具体化として一定の裁量が認められるとしても、この基準以下の生活をしている者は、憲法上の「最低限度」を具体化した水準、すなわち困窮者の類型的「需要」（法8条1項）以下の生活を強いられ、①生活困窮の状態にあると解しうる以上、具体的な保護請求権が発生するのが原則だと解しうる。そのため、個別の事情・生活状況に着目し、②とりわけこれを減ずる措置を行う際には、できるだけこの具体的な保護請求権を尊重すべく、現場の福祉事務所の裁量に枠付けが与えられる、と考えることも可能である。

　また、たしかに今のところ、生活保護法4条1項の解釈として、②資産活用要件が①保護受給権の「制約」だという法律構成を明示した最高

裁判例はない。だが、生活保護を減じる方向に作用しうる②要件の解釈・適用の際、（憲法25条の具体化たる）生活保護法1条の目的：最低限度の生活・自立に適合的になるよう、できるだけ被保護者に配慮した解釈をすべきだというXの主張の基本的な方向性は、たとえば中島訴訟上告審判決（最判平16・3・16民集58-3-647）から読み取ることも可能である。この事件は、生活保護を受けていた者が、子の高校進学のための費用を学資保険として積み立て、その払い戻しを受けたことについて、福祉事務所がそれを被保護者自身の「資産」（法4条1項）・「金銭」（法8条1項）として収入認定し、生活保護費を減額した、というものである。最高裁は、この福祉事務所の措置について、「裁量」という文言を用いず法の解釈・適用を誤った違法な行為だと判断した。いわく、①ほとんどの者が高校に進学する現状では、その進学にかかる費用は「自立」という法目的のために有用である、②「同法4条1項、8条1項の各規定も、要保護者の保有するすべての資産等を最低限度の生活のために使い切った上でなければ保護が許されないとするものではない」、③「生活保護法の趣旨目的にかなった目的と態様で保護金品等を原資としてされた貯蓄等は、収入認定の対象とすべき資産には当たらない」、という。この判示が、朝日訴訟（傍論）・堀木訴訟（最大判昭57・7・7民集36-7-1235）と両立可能なことが前提になっていることにもかんがみれば、仮に「資産活用要件は保護受給権の制約」という法律構成ではなく、以下にみるY市の主張のように、同要件を憲法25条の「具体化」と位置づけても、なおXの主張の基本的な方向性は維持できると解することもできよう。解答例の自説では、Y市の反論も考慮して、この立場を前提にしている。

⑷　Y市の視点――立法・行政裁量論

　Y市の反論としては、生活保護法4条1項の①生活困窮要件も②資産活用要件も、いずれも憲法上の抽象的権利の具体化であり、その意味で、②の認定判断に際しても広汎な裁量が認められる、と構成することが基本線となろう。たとえば、次のように主張できるであろう。②資産活用要件（法4条1項）は、生活自助原則という憲法上の要請（憲法13

条・22条・29条）、および憲法25条の「最低限」という要請の内容を具
体化した規定である。同条が「最大限」ではなく「最低限」の生活保障
を要請していること自体、法律等で具体的な生活保護制度を構築するに
あたって、生活自助という憲法上の要請とのバランスを考慮すべき旨を
表していると解される（①要件にかかる条文ではあるが、保護は最低限度を超え
てはならないとする法8条2項も参照）。すなわち、②資産活用要件は、憲法
25条に「制約」を課すものではなく、同条の「具体化」であり、①生
活困窮要件に加え、②資産活用要件を満たした者が、具体的権利として
の保護請求権を取得する。そして、この点の認定判断は、「最低限」の
文言の抽象性・相対性や、その点に係る専門技術的判断の必要等に照ら
し、やはり行政裁量に委ねられている部分が多い、と（専門技術的裁量に
ついて、行政裁量と立法裁量との異同もあわせて、横大道編著・後掲参考文献174
頁、271頁〔柴田〕参照）。

　この点を補強する判例の説示として、たとえば朝日訴訟（の傍論）で
最高裁が次のように語っている点をあげることもできる。すなわち、生
活保護基準を厚生労働大臣が設定するにあたり、「生活保護を受けてい
る者の生活が保護を受けていない多数貧困者の生活より優遇されている
のは不当であるとの一部の国民感情および予算配分の事情」等々の「生
活外的要素」を考慮に入れることも、行政裁量として許される、との説
示である。このような比較の仕方の妥当性については相当に議論の余地
はあるが、あくまで一般論として、この「国民感情」論に、あえて憲法
上の位置づけを与えるとすれば、究極的には生活自助原則という憲法上
の要請（13条・22条・29条）に帰着しうる。誤解をおそれずにあえてい
えば、一般国民にとって真面目に働くのがバカバカしいと思われるよう
な生活保護制度を採用することは、憲法25条の「最低限」という文言
の要請するところではない、という趣旨である。

　また、この朝日訴訟の説示の国民感情論にかかる行政裁量論は、①厚
生労働大臣による生活保護基準の設定行為に認められる裁量についての
判断ではあるが、【参考資料2】の「生活感情」論にもかんがみれば、
②資産活用要件の認定判断の際にも、同様に妥当すると考えることもで

きよう。

　かくして、Y 市としては、生活保護法 4 条 1 項の②資産活用要件を満たした者のみが、憲法 25 条の具体化としての保護請求権を取得し、その②要件の認定判断、および②要件不充足を理由とする指導・指示、さらにその違反を理由とする不利益処分の選択についても、社会福祉事務所長の裁量が認められ、たとえばその裁量の「著しい」濫用・逸脱がない限り違法・違憲とはならないと主張することとなろう。

3 ⋯⋯⋯⋯ 問❷について

(1) 判例法理の現状

　それでは、X が定住外国人の場合はどうであろうか。外国人の人権享有主体性については、マクリーン事件判決（最大判昭和 53·10·4 民集 32-7-1223）以来、憲法上の「人権の保障は、権利の性質上日本国民のみをその対象としていると解されるものを除き、わが国に在留する外国人に対しても等しく及ぶ」とされている。外国人にも保障が及ぶ権利、すなわち、①保障を及ぼすことが憲法上要請されるものとして、プライバシー権（最判平 7·12·15 刑集 49-10-842〔指紋押捺事件〕）や表現の自由（最判平 14·9·24 集民 207-243〔「石に泳ぐ魚」事件〕参照）等がある。他方、保障が及ばない権利は、厳密には、（法令等で）保障を及ぼすことが、②憲法上禁止されるものと、③要請も禁止もされておらず許容されるもの、の 2 つがある。②の例として、（読み方に争いがあるものの）国政選挙権（最判平 5·2·26 集民 167 下-579）が、③の例として地方選挙権（最判平 7·2·28 民集 49-2-639）があげられうる（要請・禁止・許容の区別については、長尾一紘『外国人の選挙権』〔中央大学出版部・2014 年〕）。

　憲法 25 条についてはどうか。最高裁は、生活保護法の適用対象に定住外国人が含まれず、生活保護法上の保護受給権を外国人が有していない旨を、【参考資料 4】にかんがみ明示した（前掲最判 26·7·18）。この判決では、外国人が憲法 25 条の保障を受けるかどうかについては、明示的に審理・判断されていない。だが、過去の判例法理との整合性等に照らせば、外国人の生活保護は、憲法上、要請（保障）も禁止もされてお

らず許容の状態であり、立法・行政裁量（政策）に委ねられている、というのが判例の立場であろう。生活保護が問題となった事案ではないが、「限られた財源の下で福祉的給付を行うに当たり、自国民を在留外国人より優先的に扱うこと」も立法裁量に属し、憲法 25 条に反しないとした塩見訴訟（最判平元·3·2 判時 1363-68）や、不法在留者について緊急医療が問題となった場合でも、「生活保護法が不法在留者を保護の対象とするものでない」とし、憲法 25 条の実現について広い立法裁量を認めた最判平 13·9·25 判時 1768-47 などを参照されたい。

(2) Xの視点

もちろん、とりわけ日本に生活の本拠を置き、さらに国籍国からの生活保護が期待しえない事情のありうる定住外国人について、最低限度の所得保障にかかる無拠出制の福祉保障を及ぼすことは憲法 25 条の要請だという学説の立場（たとえば、浦部法穂「判批」判例評論 270 号〔判時 1004 号 [1981 年]〕14 頁）に依拠して X の主張を組み立てる、という方途もありうる。その際、①日本国民のみをその適用対象としている生活保護法自体を違憲と主張する、という選択肢も理論上は成り立つ。だがそうすると、保護の根拠法令が違憲無効とされる結果、X の救済をいかにはかるかという問題が生じうる。そこで、②憲法 25 条の保障が及ぶ定住外国人には、生活保護法が適用ないし準用される、という生活保護法の憲法適合解釈を主張することが基本線となろう。この場合には基本的に、問❶と同様の主張を X は行うこととなろう。

他方、上記の判例や行政解釈（【参考資料 3・4】）等の存在に照らし、憲法 25 条のみに依拠した論証ではインパクトが弱い場合には、他の方途で補強する必要もあろう。その際留意が必要なのは、仮に外国人には憲法・法律上の保護受給権はないという先例上の前提を出発点にすると、X は不服審査・取消訴訟を適法に提起できなくなるという訴訟要件上の問題も生じうる点である。この点に関しては、問題文にもあるように、行政措置により外国人の保護が開始された場合、指導・指示に従う義務、保護の廃止等の措置が課され、この保護の廃止は、上述（2(2)）のように、独立の不利益処分だと解しうる。この処分の取消しを求める限りで、

訴訟要件の問題はクリアしうる。そのうえで本案では、問❶と同様に、廃止処分をなす際には非違行為との均衡が必要だという一般的な要請（比例原則）に触れ、当該処分の違憲・違法性を主張することになる。

　ただしその際、外国人たる X に憲法・法律上の保護受給権がないという前提で、果たして問❶と同じように、"保護の廃止処分は X の最低限度の生活を奪う違憲・違法の処分だ"とストレートにいえるかは、一考を要するところである。他方でしかし、自動車借用を理由とする保護の廃止処分が、生活困窮者たる X に重大な不利益をもたらすという事情は、X の日本国籍の有無にかかわらず存在するともいえる。この X への侵害の重大性を考慮しないことは、保護の内容において日本国民と差をつけてはならないという運用（【参考資料3】）、ひいては法の下の平等（憲法 14 条）に反する旨を X は指摘したうえで、問❶と同様、処分の重大性に見合う重大な非違行為が自身には存在しない旨を主張しえよう。

　なお、さらにこの不利益処分としての廃止処分は、生活保護法の適用がないとされる外国人については、法律ではなく通知にもとづくものとなる。かくして、法律の根拠なく通知にもとづいて不利益処分を科すことは適正手続の要請（憲法 31 条）に反する、という方向の主張もありうる。この点については、制裁的な不利益処分が問題となっていると解する以上、憲法 41 条の解釈としていわば全部留保説的に捉える憲法学の通説（一般的・抽象的法規範説）に依拠した場合はもちろん、給付行政については法律の根拠は必要ない（少なくとも、憲法上直ちに要請されない）が、侵害行政には法律の根拠が必要だという行政実務（【参考資料4】）に従ったとしても、主張可能な立論であろう。なお、旭川国民健康保険条例事件（最大判平 18·3·1 民集 60-2-587）で最高裁は、租税法律主義（憲法 84 条）に関し、「憲法 84 条は、……国民に対して義務を課し又は権利を制限するには法律の根拠を要するという法原則を租税について厳格化した形で明文化したもの」だと述べ、侵害的な行政処分には法律の根拠が必要だという「法原則」が一般的に存在すると解している（なお、「法律による行政」と抽象的権利説との関係につき、葛西まゆこ「司法による生存権保障と憲法訴訟」ジュリスト 1400 号〔2010 年〕110 頁、高田敏『社会的法治国の構成』〔信山社・

1993 年〕169 頁参照）。かくして X は、①法律の根拠のない本件保護の廃止処分は違憲・違法であり無効だ、と主張しえよう。ちなみに、これを突き詰めれば、②およそ保護の実施機関は、そもそも法律の根拠がない以上、（保護が開始された）外国人に対して保護の廃止という制裁的な不利益処分を適法になしうる立場にはない、ということにもなりうる。かくして、③適法に保護の廃止処分をなしうるためには、外国人たる X についても憲法・生活保護法の適用があることを前提にしなければならない、と X は主張し、憲法 25 条にかかる上記主張を補強することもできる。

(3) Ｙ市の視点

Ｙ市の反論として、まず生存権については、上述のように、X は保護受給権を有していない結果、取消訴訟自体を適法に提起できない、という訴訟要件レベルでの反論がありうる。

また、仮に保護の廃止が不利益処分として独立に取消訴訟の対象となると解した場合は、Ｙ市も問❶と同様の反論を行うこととなろう。

そのうえで、適正手続・法律の根拠についての反論として、"外国人には保護受給権は存在せず、行政の一方的な恩恵的措置であり、したがって保護の廃止処分も恩恵的な給付の撤回であって権利の剥奪ではなく、そもそも権利に関わる侵害的な措置とはいえないため、法律の根拠は不要なのだ" という方向性もある。だがこの主張は、保護の廃止処分が不利益処分として取消訴訟の対象とされている前提では、あまり有効に機能しない可能性がある。そこで、次のような主張が考えられる。すなわち、先述の旭川国民健康保険条例事件判決も述べる通り、侵害的な行政行為にどの程度明確に法律自体に根拠が必要かは、諸般の事情を考慮して決せられるものであり、必ずしも絶対的な要請ではない。そもそも侵害的な行政行為に法律の根拠が必要とされるのは、予測可能性の担保や行政の恣意の排除のためである（罪刑法定主義に関する判例ではあるが、税関検査事件判決〔最大判昭 59・12・12 民集 38-12-1308〕の大橋進裁判官ほか 4 名の補足意見を参照）。そして、本件処分は、まったく法律の根拠がないところで行われる純然たる通知にもとづく処分ではなく、生活保護法の定める諸

要件を参照して行われるものであり、予測可能性が失われる危険や恣意の危険という弊害が生じるおそれはなく、その限りで適法に保護の廃止処分をなしうる、と。

(4) 補足——保護の廃止の処分性に関連して

なお、行政不服審査や取消訴訟の提起可能性という点に関し、本解説ではさしあたり、①保護受給権のレベルと、②生活保護法 27 条の指導・指示違反に対する制裁として科される同法 62 条 3 項にもとづく保護の廃止決定のレベルとを区別し、②の処分性は肯定するという立場を参考にした（同旨と解しうる裁判例として、東京地判昭 53·3·31 行集 29-3-473）。他方、前掲最判平 26·7·18 は、①外国人には保護受給権がないとして、保護の開始を求める申請の却下の処分性を否定したものであり、②制裁としての保護の廃止決定の処分性については判断を示していないと解しうる。

これに関連して、仮に外国人が①のみならず②についても不服審査・取消訴訟を提起できないということになれば、このこと自体が日本国民との比較において法の下の平等（憲法 14 条 1 項）に反しないか、という問題も提起されうる。もし②に処分性がなく取消訴訟を提起できないという前提を出発点にした場合には、この平等の問題も含め、当該廃止決定にかかる違法性・違憲性は、国家賠償請求訴訟ないし実質的当事者訴訟を選択して争うこととなろう（清水泰幸「生活保護法『準用』の法的性質と当事者訴訟における確認の利益」賃金と社会保障 1562 号〔2012 年〕を参照）。

解答例

問❶

1．Ｘの主張

本件においてＢがＸに対してなした処分、すなわち、Ｘによる自動車の借用・使用が資産活用要件（生活保護法〔以下「法」とい

う〕4条1項）を満たさないことを理由とする指導・指示（法27条1項）への違反に対してなされた生活保護の廃止処分（法62条1項・3項）は、Xの「最低限度の生活」（憲法25条1項、法1条・3項）を営む権利を侵害し、上記の法の諸規定の解釈・適用を誤った違憲・違法の処分であり、取り消されるべきである。

(1) 憲法25条の要請を実現すべく制定された生活保護法は、保護の要件として、①生活に困窮する者が、②その利用しうる資産を活用すること、という2点を定める（法4条1項）。このうち、①の要件を具体化すべく、生活保護法8条の委任にもとづき制定された生活保護基準に照らし、客観的に最低限度以下の生活をしている生活困窮者Xには、「最低限度の生活」を保障する憲法25条の具体化としての保護受給権が発生している。そして、生活保護法4条1項の②資産活用要件は、この具体的な保護請求権に制約を課すものである。したがって、この②の要件の認定判断にあたっては、最低限度の生活・自立という憲法25条の要請にもとづく法目的（法1条）に適合するよう、限定的に解釈・適用すべきである。

この②の要件の認定判断を通じ、指導・指示に従う義務（法27条、62条1項）を課し、その違反に制裁を科す場合（法62条3項）でも事情は同様である。とりわけ保護の廃止は制裁的な不利益処分として、非違行為との均衡が要請され（比例原則。憲法31条・13条）、しかも憲法25条の要請に由来する最低限度の生活を奪う強力な処分である。したがって、Xの非違行為の違法性が重大でなければ、保護の廃止処分は認められない。

(2) 本件のXの自動車の借用・使用は、一定の疾病をもち、遠方に通勤しなければならない事情のあったXにとっては、行政解釈（【参考資料2】等）の枠内でも、例外的に許容される余地のある部分もある。また自動車の所有に比べ借用の違法性の程度は低い。このような場合に、最も重い処分である保護廃止の処分を科すことは、非違行為との均衡を失するものであり、ひいてはXの最低限度の生活を脅かすものとして、違憲・違法の処分である。

2．Y市の反論と私見

(1) Y市の反論

憲法25条1項が定める生存権は、作為請求権として法令等による具体化を要し、その具体化の際には、「最低限度」（憲法25条1項、法1条・3項）の文言の相対性・抽象性、この点の認定判断におけ

る専門技術的・政策的考慮の必要性等から広汎な立法・行政裁量が認められる（朝日訴訟、堀木訴訟）。そして、生活保護法4条1項が定める①生活困窮要件に加え、②資産活用要件も、憲法25条の具体化である。この②要件の認定判断、およびその認定をもとに指導・指示を行い、その違反に対し処分を科す手段選択についても、法は福祉事務所長の裁量に委ねており、その裁量の著しい逸脱・濫用がない限り、違憲・違法と評価されるものではない。

　そして、Xの自動車使用に対し市民から通報があったという事実は、Xが資産の活用・自助努力をしていないという国民感情（朝日訴訟、【参考資料2】参照）の現れであり、この点も考慮要素たりうること、Bによるたびたびの指導・指示にもかかわらず、Xは日常的な便宜のための使用も含め、自動車使用を繰り返しており、非違行為の重大性は決して小さくないこと、などにかんがみれば、Bによる保護の廃止処分は、裁量権の著しい逸脱・濫用として違憲・違法と評価されるものではない。

　(2)　私見

　②資産活用要件は、生活自助原則（自由主義・資本主義経済）という憲法上の要請（13条・22条・29条）、および憲法25条の「最低限」という要請の内容を具体化した規定であると解される。同条1項が、要請される生活保障の程度を「最低限」としていること自体、法律等で具体的な生活保護制度を構築するにあたって、生活自助原則とのバランスを考慮すべき旨を表している。かくして、Y市の主張の通り、生活保護法4条1項の定める①生活困窮要件に加え、②資産活用要件を満たした者が、憲法25条の具体化としての保護請求権を取得することとなると解する。

　もっとも、この②の要件の認定判断を通じ、指導・指示を行い、その違反に対し保護の廃止処分を科す際には、必ずしもY市の主張のように、広汎な行政裁量に委ねられるわけではないと解される。生活保護法62条3項による保護の廃止は、保護受給権の内容確定というよりも、Xの主張の通り、指導・指示違反に対する新たな不利益処分と解される。このような制裁的不利益処分をなす際には、非違行為との均衡の要請（比例原則。憲法31条・13条）が妥当する。この点は、指導・指示は被保護者の自由のため必要最小限度にとどめるべきこと（法27条2項）、不利益変更が原則として禁止されること（法56条）が明定されている点からもうかがえる。特に自動

車の使用の禁止は行動の自由（憲法13条）を制約する側面もある。しかも保護の廃止は最低限度の生活を奪う強力な処分であり、最低限度の生活保障という憲法25条の要請にもとづく法目的（法1条）と対立する側面もある。そのため、Xの非違行為の重大性との均衡について、慎重な考慮が要請される。

　そして、Xの自動車の借用・使用については、Xの主張の通り、許容される余地のある期間も含まれているほか、所有ではなく借用であり、受給した生活保護費を自動車の購入・維持費等に充てていたわけではなく、自動車を処分するなどしてその費用を最低限度の生活に充てるという方途もとりえず、自動車の使用を中止すれば直ちにXが最低限度の生活を自力で確保することが可能になるわけでもない。したがって、Xの行為は、上記Y市の主張に加え、自動車の使用利益等にかんがみ、あるいは保護の減額・停止処分を基礎づけることはありうるとしても、保護の廃止という処分を正当化しうるほどの非違行為とまではいえないと解する。

　以上より、Bによる保護の廃止処分は、Xの最低限度の生活を侵害する違憲・違法な処分として取り消されるべきである。

問❷

1．Xの主張

　(1)　生活の本拠を日本にもち、国籍国からの保護が期待しえない定住外国人については、最低限度の生活を維持するための無拠出型の福祉的給付を行うことが、憲法25条1項で要請される。Xにも同条項の保障が及ぶため、生活保護法を憲法適合的に解釈すべく、同法のXへの適用も認められる。Bの処分は、問❶と同様、Xの最低限度の生活を奪う違憲・違法の処分である。

　(2)　仮に外国人に保護受給権がないとしても、通知にもとづき保護が開始されると指導・指示に従う義務（法27条1項、62条1項・3項）も課され、保護の廃止の措置もとられうる。この保護の廃止は、既述のように、保護受給権の内容の再確定というよりも新たな不利益処分であること、そして本件廃止処分がXの非違行為との均衡を失し、比例原則に反する違法・違憲の処分であることは、問❶と同様である。

　(3)　この不利益処分は、生活保護法の適用がないとされる外国人については、法律ではなく通知にもとづくものとなる。かくして、

法律の根拠なく不利益処分を科すことは、適正手続の要請（憲法31条）に反する違憲・違法の処分である。仮にBが適法に保護の廃止処分をなしうるというのであれば、そのためにはXに生活保護法の適用を認めることが前提として必要となる。

2．Y市の反論と私見

(1) Y市の反論

①憲法25条1項の要請の実現の際には広汎な立法・行政裁量が認められ、外国人に同条項の保障の要請が及ばないことは、最高裁判例の示す通りである。憲法25条および生活保護法のXへの適用を前提とするXの主張は失当である。そもそも、憲法・法律上の保護受給権がないXによる本件取消訴訟は不適法である。

②保護の廃止が保護受給権そのものとは区別された制裁的な不利益処分として取消訴訟の対象となるとしても、その要件認定・処分選択の際に裁量が認められることは、問❶と同断である。特に保護受給権を有していない外国人については、保護の廃止処分が「最低限度の生活」を奪うというXの主張は、その成立の前提を欠く。

③法律の根拠（憲法31条）についても、外国人には保護受給権は存在せず、行政の一方的な恩恵的措置であり、保護の廃止処分も、恩恵的な給付の撤回であって権利の剥奪ではなく、侵害的な措置とはいえないため、法律の根拠は不要である（【参考資料4】）。仮に侵害的な処分だと解しても、その際に法律自体にどの程度明確な根拠が必要かは、諸般の事情を考慮して決せられるのであり、絶対的な要請ではない（旭川国民健康保険条例事件判決）。

(2) 私見

①憲法25条および生活保護法が外国人に適用されず、Xに法律上の保護受給権がないことについては、Y市の反論と同断である。

②他方、本件保護廃止処分は、制裁的な不利益処分として取消訴訟の対象となりうる点、非違行為との均衡を失し違憲・違法である点は、Xに同意する。保護受給権がないXについても、保護の内容に差をつけないという運用（【参考資料3】）や法の下の平等（憲法14条1項）にかんがみ、保護が開始されたXにつき、その保護廃止処分がXの最低限度の生活を奪うという侵害の重大性を考慮すべき事情は、日本国民の場合と同様に妥当する。

③法律の根拠の要求が絶対的な要請でないことはY市に同意する。そもそも侵害的な行政処分に法律の根拠が必要とされるのは、

予測可能性の担保や行政の恣意の排除のためである。そして、本件処分は、まったく法律の根拠がないところで行われる純然たる通知にもとづく処分ではなく、生活保護法の定める諸要件を参照して行われるものである。したがって、予測可能性が失われる危険や恣意の危険という弊害が生じるおそれはなく、法律の根拠を要請する適正手続（憲法31条）の違反はないと解する。

関連問題

ホームレスの生活保護と稼働能力活用要件（生活保護法4条1項）

　A県Y市は、ホームレス（路上生活者）に対しては生活保護（居宅保護）を行わず、A県知事とY市市長が共同で実施している路上生活者対策事業「自立支援システム」に誘導するという運用をしていた。Y市でホームレス状態にあったXは、居宅保護（法30条参照）による生活保護申請を行ったが、Y市社会福祉事務所長により、上記自立支援システムの利用を勧められ、いったんはこれが提供する寮に入所し、求職の紹介を受けた。しかし、そこで紹介されている職は、高齢のXにとっては負担の多い職種のものばかりであり、就労後も長くは続かず、結局Xは離職した。また寮は共同寝室であり、仕事のシフトの関係で他の入寮者と起床・就寝時間が合わないことから十分な睡眠も阻害されるなど、寮生活にも馴染めなかったため、Xは退寮した。再びホームレスとなったXは、様々な求職に応募したが、住所もなく面接のための身なりを整えることもできない状況のため、職を得ることは難しかった。そこでXは、再度、居宅保護による生活保護申請を行った。しかしY市社会福祉事務所長は、下記の稼働能力活用要件（法4条1項）の行政解釈【参考資料】を前提に、①Xは稼働能力を有しているにもかかわらず、②真摯な求職活動を行っておらず就労の意思が十分にあるとはいえず、③自立支援センターの利用など、稼働能力を活用する就労の場を獲得することは十分に可能であることを理由に、この申請を却下した。

　そこでXは、この却下処分は自身の生存権（憲法25条）を侵害する違

憲・違法の処分であると主張し、処分の取消しを求め出訴した。

問❶　この裁判でXは、どのような憲法上の主張を行いうるかを述べなさい。

問❷　Xの主張に対するY市の反論を想定しながら、あなた自身の見解を述べなさい。

（参考、笹沼・後掲参考文献 13 頁、26 頁、解説❷）

【参考資料】「生活保護法による保護の実施要領について」（昭和 38 年 4 月 1 日社発第 246 号厚生省社会局長通知）の改正最新版（最終改正）（平成 27 年 5 月 14 日社援発 0514 第 1 号厚生労働省社会・援護局長通知）
第 4　稼働能力の活用
　1　稼働能力を活用しているか否かについては、①稼働能力があるか否か、②その具体的な稼働能力を前提として、その能力を活用する意思があるか否か、③実際に稼働能力を活用する就労の場を得ることができるか否か、により判断すること。〔以下略〕
　2　稼働能力があるか否かの評価については、年齢や医学的な面からの評価だけではなく、その者の有している資格、生活歴・職歴等を把握・分析し、それらを客観的かつ総合的に勘案して行うこと。
　3　稼働能力を活用する意思があるか否かの評価については、求職状況報告書等により本人に申告させるなど、その者の求職活動の実施状況を具体的に把握し、その者が 2 で評価した稼働能力を前提として真摯に求職活動を行ったかどうかを踏まえ行うこと。
　4　就労の場を得ることができるか否かの評価については、2 で評価した本人の稼働能力を前提として、地域における有効求人倍率や求人内容等の客観的な情報や、育児や介護の必要性などその者の就労を阻害する要因をふまえて行うこと。

参　考　文　献

尾形健「生存権保障」曽我部真裕 = 赤坂幸一 = 新井誠 = 尾形健編『憲法論点教室［第 2 版］』（日本評論社・2020 年）157 頁以下

原田大樹「『生活保護法』の適用」法学教室 408 号（2014 年）29 頁以下

笹沼弘志「生活保護法における稼働能力活用要件の解釈──新宿七夕訴訟東京地裁判決の意義」賃金と社会保障 1553 = 1554 号（2012 年）13 頁以下

同「稼働能力者に対する最低生活保障義務について」同上 26 頁以下

柴田憲司「生存権の『制約』可能性」戸波江二先生古稀記念『憲法学の創造的展開(上)』（信山社・2017 年）677 頁

横大道聡編著『憲法判例の射程』（弘文堂・2017 年）174 頁〔柴田憲司〕、271 頁〔同〕

（柴田憲司）

17. 投票させない方がマシ!?

設問　最高裁判所裁判官国民審査法は、「衆議院議員の選挙権を有する者は、審査権を有する」（4条）、「審査の投票区及び開票区は、衆議院小選挙区選出議員の選挙の投票区及び開票区による」（7条）と定め、投票に関する事務についても、衆議院小選挙区選出議員の選挙における事務担当者（投票管理者）を、審査の事務担当者とする（12条）が、「審査には、公職選挙法（昭和25年法律第100号）に規定する選挙人名簿で衆議院議員総選挙について用いられるものを用いる」（8条）としているため、在外日本国民Xは、2020年4月の時点で、前回（2017年10月）の国民審査において投票をすることができず、また、今後もできないでいる。

　同法は、このほか「審査人は、投票所において、罷免を可とする裁判官については、投票用紙の当該裁判官に対する記載欄に自ら×の記号を記載し、罷免を可としない裁判官については、投票用紙の当該裁判官に対する記載欄に何等の記載をしないで、これを投票箱に入れなければならない」（15条1項）、「点字による審査の投票を行う場合においては、審査人は、投票所において、投票用紙に、罷免を可とする裁判官があるときはその裁判官の氏名を自ら記載し、罷免を可とする裁判官がないときは何等の記載をしないで、これを投票箱に入れなければならない」（16条）と定めるほか、「中央選挙管理会は、衆議院議員総選挙の期日の公示の日に、審査の期日及び審査に付される裁判官の氏名を官報で告示しなければならない」（5条1項）との定めを置き、さらに、「審査に付される裁判官のいずれかが、審査の期日前にその官を失い、又は死亡した場合には、その者についての審査は、行わない」（5条の3第1項）、「前項の場合においては、中央選挙管理会は、直ちにその旨を官報で告示するとともに、その旨を都道府県の選挙管理委員会に通知しなければならない」（同条2項）と定める（平成28年改正で、国民審査の期日前投票の開始日について、従前は

選挙期日前 7 日であったものが、衆議院総選挙と同様に、総選挙の公示日の翌日〔通常、選挙期日前 11 日〕とされた〔16 条の 2 第 1 項〕。ただし、国民審査の告示前 4 日以内に新たに審査対象となる裁判官が任命される等した場合には、期日前投票の期間は、審査の日の 7 日前からとなる〔同項〕）。

なお、1996 年 5 月 1 日、日本弁護士連合会は、衆議院議長、参議院議長、内閣総理大臣、法務大臣、外務大臣および自治大臣（当時）に宛てて、在外国民に国政選挙での選挙権の行使を保障するため、公職選挙法に所要の改正を行うことなどを求める旨とあわせて、「最高裁判所裁判官の国民審査も、海外在住の日本国民が行使できるようにすべく、最高裁判所裁判官国民審査法も所要の改正をするよう求める」との記載をした要望書を提出している。

上記の点について、政府の見解は、次のようなものである。「中央選挙管理会は、国民審査の期日前 12 日までに、審査の期日及び審査に付される裁判官の氏名を官報で告示しなければならないが（国民審査法 5 条）、国民審査は衆議院議員総選挙と同日に行われることから、選挙の公示日を待って裁判官の氏名等の告示を行っている。この点、衆議院議員総選挙の期日は、少なくとも期日の 12 日前に公示しなければならないが（公職選挙法 31 条 4 項）、実務上は、期日前 12 日に公示されるのが通常である。そして、憲法 79 条 2 項の趣旨にかんがみると、少なくとも審査に付される裁判官の氏名の告示までに任命された裁判官については、できる限り当該審査に付すことが適切であることから、投票用紙は審査に付される裁判官の告示を待って印刷している。そうすると、在外国民が国民審査に投票するためには、各裁判官の氏名等の印刷、裁断及び発送準備、各地の在外公館への配布準備、東京国際郵便局への送付、在外公館への送付、到着後の各在外公館における整理、審査、（審査後の）在外公館から外務省への投票用紙の送付、外務省から各投票所への送付の各過程を経るところ、在外公館と日本国内の市町村との投票用紙の送付だけでも原則として 5 〜 6 日、地域によってはそれ以上の郵送期間を要する状況であり、国民審査の期日までに作業を完了して開票に間に合わせることは実際上不可能である」。

政府は、2005 年の在外日本国民選挙権訴訟の最高裁大法廷判決

（最大判平 17・9・14 民集 59-7-2087）を機に、上記の点について再検討を行ったが、国会に法案を提出するには至らなかった。

問❶ あなたが X の訴訟代理人であるとして、X は、どのような訴訟を提起すべきか、そして、その中でどのような憲法上の主張をするべきかについて述べなさい。

問❷ 問❶の憲法上の主張に関するあなた自身の見解を、被告の反論についてポイントのみを簡潔にあげたうえで、述べなさい。

解　説

1 ………… 概　観

(1) 設問のねらい

わが国の憲法訴訟において、選挙権が問題になる場合、従前、違憲判決を含む展開をみせてきたのは、一票の価値の格差をめぐる一連の訴訟についてであった（衆議院に関する最大判昭 51・4・14 民集 30-3-223 など）。しかし、そこでは、違憲判決は複数回下されたものの、事情判決の形をとっており（前掲最大判昭 51・4・14 と最大判昭 60・7・17 民集 39-5-1100）、また、近年、審査が厳格化していることはうかがわれるものの（衆議院について一人別枠方式を違憲状態とした最大判平 23・3・23 民集 65-2-755、参議院に関して先行する大法廷判決につき、「判断枠組み自体は基本的に維持しつつも、投票価値の平等の観点から実質的にはより厳格な評価がされるようになってきたところである」と述べる最大判平 24・10・17 民集 66-10-3357 参照。なおその後、参議院に関しては最大判平 26・11・26 民集 68-9-1363 も下されている）、判決文そのものでは、国会に与えられた裁量権を尊重する言葉遣いがなされている。

しかし、付随的違憲審査制のもとにあって、裁判所が立法府に敬譲を払う必要があるのは、まさしく立法府が民主的な正統性を有しているからであって、選挙権の保障はこの点に関わり、裁判所が最も厳格な審査を行ってよい領域のはずである。

そのような中で、在外日本国民選挙権訴訟判決（最大判平 17・9・14 民集

59-7-2087〔以下「在外選挙権判決」という〕）は、実体的に（以下にみるように）
厳格な審査基準を立て、訴訟法的には選挙権はこれを行使することがで
きなければ意味がないとして改正行政事件訴訟法に明記されたばかりの
確認請求を認容し、さらには立法行為の国家賠償責任の成立要件を実質
的に緩和したものであり、画期的な意義を有するものであった。

　それゆえ、同判決以降、その射程を問う訴訟が相次いで提起されてい
る。

　その中でも特に特記に値するのは、成年被後見人選挙権訴訟（東京地
判平 25・3・14 判時 2178-3）である。判決は、成年被後見人の選挙権制限を
違憲と判示し、「成年被後見人の選挙権の回復等のための公職選挙法等
の一部を改正する法律」（平成 25 年法律 21 号）によって、成年被後見人の
選挙権（および被選挙権）の制限規定は削除された。なお、制限行為能力
者については、たとえば被保佐人となると地方公務員の欠格事由に該当
するなどの例が多数みられたが、「成年被後見人等の権利の制限に係る
措置の適正化等を図るための関係法律の整備に関する法律」（令和元年法
律 37 号）によって一括して削除された。

　このほか、受刑者の選挙権制限（公職選挙法 11 条 1 項 2 号）についても、
国家賠償請求訴訟等が提起され、大阪地判平 25・2・6 判時 2234-35 は国
家賠償請求を単に棄却したが、控訴審（大阪高判平 25・9・27 判時 2234-29）
は、傍論ながら違憲と判断している（確定。このほか、広島高判平 29・12・20
裁判所ウェブサイトは、服役を終えたことから確認請求を不適法とし、制限を合憲
として国家賠償請求を棄却し、上告審たる最決平 31・2・26LEX/DB25562936 は上告
棄却、不受理。選挙無効訴訟に関する東京高判平 25・12・9LEX/DB25504577 は合憲
と判示し、上告審たる最決平 26・7・9 判タ 1407-47 は選挙人の主張適格を否定）。公
職選挙法 21 条 1 項の 3 か月記録要件については、帰化と関係した事案
であり、かつ、住民基本台帳法が改正されたために現在では旧法事案で
あるが、東京地判平 24・1・20 判時 2192-38 は、在外選挙権判決をそのま
ま適用して請求を棄却し、東京高判平 25・2・19 判時 2192-30 は、若干緩
和された基準を適用して控訴を棄却している（上告も退けられたようであ
る）。多重住民登録抹消後に簡易宿所を住所とする転居届不提出者の選

挙権行使に関する大阪地判平 23・11・9 裁判所ウェブサイトも、この論点に関わっているとみることが可能である。さらにその後、報道によれば、新成人が、選挙の直前に転居した結果、投票できなかった事例についても訴訟が提起されている（もっとも平成 28 年法律 8 号による改正で、この事例のような場合について、旧住所での投票が可能とされた）。

　なお、在外選挙権判決に先立つ訴訟であるが、ALS 患者選挙権訴訟（東京地判平 14・11・28 判タ 1114-93）は、重度の筋萎縮性側索硬化症（ALS）患者が選挙権を行使できるような投票制度が設けられていなかったことは違憲の状態であったと国家賠償請求訴訟の判決中で述べ、公職選挙法の一部を改正する法律（平成 15 年法律 127 号）で、自ら投票の記載をすることができない者も投票できるように改正がなされた。また、これも提訴は在外選挙権判決の事案に先立つもので、確認の訴えを含んでいないが、精神的理由による投票困難者の国家賠償請求請求に関わる最判平 18・7・13 判時 1946-41 は、請求を棄却したものの、泉徳治裁判官補足意見は憲法の平等な選挙権の保障の要求に反する状態にあることを明言している。このほか、選挙権の行使の制限については、代筆を誰が行うかという問題をめぐって、争われている例があるようであるが、2020 年 2 月時点では一審判決が出ていないようである（関連問題参照）。

　時間的には多少前後する部分もあるが、以上のような状況の中で、最高裁判所裁判官の国民審査に際し、在外日本国民が投票できないことについて提起された確認等請求訴訟として、東京地判平 23・4・26 判時 2136-13（一部棄却、一部却下。控訴されず確定）、確認と国家賠償が請求された事例として東京地判令元・5・28 判時 2420-35（確認について不適法却下、国賠請求を一部認容）がある。本問はこれらをモデルとした出題である。

(2)　とりあげる項目
　➤最高裁判所裁判官の国民審査における投票を制限する法律の合憲性判断枠組み
　➤在外日本国民選挙権訴訟の最高裁大法廷判決の正確な理解とその射程

2 ………根拠条文と審査基準

(1) Xの主張

在外日本国民選挙権訴訟で最高裁は、憲法15条1項・3項、43条1項および44条ただし書に言及したうえで、これらが国民に対して投票をする機会を平等に保障しているものとし、「自ら選挙の公正を害する行為をした者等の選挙権について一定の制限をすることは別として、国民の選挙権又はその行使を制限することは原則として許されず、国民の選挙権又はその行使を制限するためには、そのような制限をすることがやむを得ないと認められる事由がなければならないというべきである。そして、そのような制限をすることなしには選挙の公正を確保しつつ選挙権の行使を認めることが事実上不能ないし著しく困難であると認められる場合でない限り、上記のやむを得ない事由があるとはいえず、このような事由なしに国民の選挙権の行使を制限することは、憲法……に違反するといわざるを得ない」とした。

Xの訴訟代理人としては、当然、これと同様の基準が、最高裁判所裁判官国民審査の投票権についても適用されると主張する。その場合、根拠条文は、憲法15条1項、79条2項および3項、14条1項ということになろう。

(2) 反論と私見

これに対する反論として、仮により緩やかな基準の適用を主張するとすれば、国政選挙に比べ、国民審査の重要度が劣ることを論じなければならなくなる。国民審査の法的性質はリコールであり（最大判昭27・2・20民集6-2-122）、選挙と同じではなく、また、われわれの政治生活のある種の常識として考えれば、衆参両院の選挙、とりわけ内閣総理大臣の選出と直結している衆議院総選挙と、現行憲法下で1人たりとも最高裁判所裁判官が罷免されたことのない国民審査とでは、その重要性に違いがあると感じられないこともない。しかし、違憲審査権を有する終審裁判所の裁判官を罷免することのできる制度について、本問の文脈で、国政選挙と重要性において相違があると論じることは難しいように思われる。

3 ·········· 当てはめ

(1) 政府の見解とその検討

　以上の通りであるとすれば、本問のこの部分の主たる争点は、在外選挙権判決が示した基準に照らして、果たして、「やむを得ないと認められる事由」があるか、つまり、在外日本国民については国民審査の投票権を「制限をすることなしには」国民審査の「公正を確保しつつ」国民審査の投票権の「行使を認めることが事実上不能ないし著しく困難であると認められる」か否かである。

　この点に関する政府の説明は、設問中にある通りであるが、要するに、選挙の公示も審査に付される裁判官名の告示も期日の 12 日前に行われるが、白紙で済む選挙の投票用紙と異なり、国民審査の投票用紙は、審査に付される裁判官の氏名の告示までに任命された裁判官の氏名を印刷しようとする結果、在外公館等との往復の郵送期間を考えると、期日に間に合わないということである。

　たしかに、以上の条件で考える限りは、政府の説明はもっともなものであり、在外国民に国民審査の投票を認めることは、事実上不能ないし著しく困難であるように思われる。しかしながら、その原因は、国民審査が、「罷免を可とする裁判官については、投票用紙の当該裁判官に対する記載欄に自ら×の記号を記載」するという方式で行われているために、投票用紙にあらかじめ裁判官名を印刷しなければならないところにある。この方式の採用の要請はどの程度強いものだろうか。

(2) 点字投票に関する規定

　ここで注目すべきなのは、点字による国民審査の投票方法の規定である。設問にある通り、「点字による審査の投票を行う場合においては、審査人は、投票所において、投票用紙に、罷免を可とする裁判官があるときはその裁判官の氏名を自ら記載し、罷免を可とする裁判官がないときは何等の記載をしないで、これを投票箱に入れなければならない」(最高裁判所裁判官国民審査法 16 条)。ここでは裁判官の氏名を審査人自ら記載することが規定されている。そうであれば、国民審査の在外投票に限って、同様の方式を、点字投票以外にも採用することが、なぜ許されな

いのであろうか。この方式を採用すれば、告示後の印刷・往路の郵送の時間は、国政選挙の場合と同様に、不要になるはずである。

　たしかに、現行の審査方式と、裁判官の氏名を自署する方式とを比較すれば、この方式の差異は、おそらく審査の結果、すなわち罷免を可とする投票の数に影響するであろう。それゆえ、国内での投票と在外投票とで、審査の方式を変えることは、国民審査の公正さに影響すると論じることは不可能ではなかろう。しかしながら、一方で点字投票については異なる投票の方式を認めつつ、在外国民審査についてはこれを認めず、それゆえにおよそ在外国民には国民審査の投票を認めないということは許されるのであろうか。在外国民審査について、点字投票と同様の方式を認めれば、期日の問題は解消される以上、在外日本国民については国民審査の投票権を制限をすることなしには国民審査の公正を確保しつつ国民審査の投票権の行使を認めることが事実上不能ないし著しく困難ということはできないものと思われる。

　このように考えるとすれば、結論としては、在外日本国民に国民審査の投票を認めていないことは違憲といわざるをえない。

(3)　その他

　この問題については、その他にも、いろいろな考え方が検討の対象になりうる。

　もしかすると、必ずしも開票期日に投票用紙が揃わなくていいという考え方もあるかもしれない。しかし、結果が投票日から1週間近く確定しないということでよいという立場に、一般の理解は得られるだろうか。

　裁判官名の告示を早めるということも考えられるが、これは選挙の公示も早めることになり、そうなると選挙運動期間が長くなることになる。たしかに、現在の選挙運動期間は短すぎると思われるし、また、そもそも選挙運動と政治活動を分けて考えて、事前運動を禁止するという法律を、現職の国会議員たちで決めているというやり方には、根本的な問題があるように思われるが、しかし、だからといって、在外国民審査を可能にするために、選挙運動の期間を延長せよといいうるだろうか。

　他方で、用紙の輸送が間に合わないのであれば、あらかじめ用紙を送

っておいて、印刷内容は電送するということも考えられるかもしれない。もっともこの場合、投票用紙の真正性をどのように確保するのかについて、工夫が必要になるであろう。

4 ⋯⋯⋯⋯訴訟形式

(1) 救済という応用問題

しかし、ここで難しいのが、仮に実体的に権利が侵害されていて違憲であるとして、どのような判決による救済が適切かという問題である。以下は、本書の読者にはやや応用的かもしれないが、少し立ち入って検討する。

(2) 在外日本国民選挙権訴訟と同様に考えてみると

在外選挙権判決に倣うのであれば、訴えとしては、国を被告とし、Xが「次回の国民審査において在外選挙人名簿に登録されていることに基づいて投票をすることができる地位」にあることの確認を求める公法上の当事者訴訟の提起がまず考えられる。在外選挙権判決が選挙権について述べているのと同じ意味で、国民審査権も行使できなければ意味がないので、仮に実体的に違憲であるならば、この請求は認められるように思われる（成年被後見人の事案の場合、「原告が、次回の衆議院議員の選挙及び参議院議員の選挙において投票をすることができる地位にあることを確認する」というのが前掲東京地判平 25・3・14 の主文であった）。なにしろ、設問にもあるように、「衆議院議員の選挙権を有する者は、審査権を有する」（最高裁判所裁判官国民審査法 4 条）のであり、「審査の投票区及び開票区は、衆議院小選挙区選出議員の選挙の投票区及び開票区による」（最高裁判所裁判官国民審査法 7 条）のだからである。

(3) 在外日本国民選挙権訴訟と本件事案の相違点

ところが、在外日本国民の選挙権が問題になった事案と、本件事案には法律の規定のあり方について重要な相違点がある。在外選挙権判決の事案では、公職選挙法の本文においては、衆参両院の全選挙につき、在外選挙制度が整備されており、ただ、附則の 8 項で、当分の間、衆議院小選挙区選出議員の選挙および参議院選挙区選出議員の選挙は在外選挙

の対象にならないと限定されていた。そのため、この限定が無効である
とすれば、衆議院小選挙区選出議員の選挙および参議院選挙区選出議員
の選挙についても在外選挙が可能であるとの解釈が容易に可能であった
のである。

⑷　モデル裁判例の判示とその問題点

　これに対して、本問の場合は、「審査には、公職選挙法（昭和25年法律
第100号）に規定する選挙人名簿で衆議院議員総選挙について用いられ
るものを用いる」（最高裁判所裁判官国民審査法8条）とされているがために、
在外日本国民は国民審査に投票ができないのである。公職選挙法の規定
する選挙人名簿（第4章）と在外選挙人名簿（第4章の2）は別物なのであ
る。

　この点について、本問のモデルの1つである前掲東京地判平23・4・26
は、「現行の国民審査法の下において、在外国民につき、公職選挙法に
定める在外選挙人名簿を用い、あるいは、これに相当するものを調製す
ることにより審査権を行使することを認めるとの立法政策がとられてい
ないことは明らか」とし、「国会においては、在外審査制度を新たに創
設しようとする場合、在外選挙人名簿への登録を基礎とする制度以外の
枠組みを採用することも許容されているのであって」、「『次回の国民審
査において、在外選挙人名簿に登録されていることに基づいて投票をす
ることができる地位』は、国会において、在外国民につき在外選挙人名
簿に登録されていることに基づいて審査の投票を行うことを認める旨の
立法を新たに行わなければ、存在しない法的地位である」とした。そし
て、「上記地位は、国民審査法などの現行の法令の規定を適用すること
によっては導き出すことができない法的地位であるといわざるを得な
い」とし、その「確認請求に係る紛争は、法令の適用によって終局的に
解決できるものということができないものというべきであるから、裁判
所法3条1項にいう法律上の争訟には当たらないものといわざるを得な
い」として、この訴えが法律上の争訟にあたることを否定している。し
かし、問題は、原告の主張が正しいとした場合に原告が認められると主
張している地位が法律上の地位であるか否かであって、それが法律の解

釈によって導かれるか否かではない（たとえば住職が法律上の地位でないことが理解できるとして、それと同じ意味で、「次回の国民審査において、在外選挙人名簿に登録されていることに基づいて投票をすることができる地位」が法律上の地位でない、ということになろうか）。法律上の争訟にあたらないとまでするのは疑問である。ただ、そうだとしても、たしかに、法律の条文の、この部分が無効であるとすれば、「国民審査において、在外選挙人名簿に登録されていることに基づいて投票をすることができる地位」というものがあるはずだ、というのが難しい事案であることは事実である。

(5) 在外日本国民選挙権訴訟についての検討

このような問題が生じうることは、在外選挙権判決の時点でも、裁判所には意識されていた。

そもそも、同判決は、1998年改正後の公職選挙法が原告に衆議院小選挙区選出議員の選挙および参議院選挙区選出議員の選挙における選挙権の行使を認めていない点において違法であることの確認を求めた主位的請求と、次回の各選挙において在外選挙人名簿に登録されていることにもとづいて投票をすることができる地位にあることの確認を求めた（ものと裁判所によって解釈された）予備的請求のうち、前者の主位的請求を不適法とし、後者の予備的請求を認容したが、その際に、予備的請求の方が「より適切である」という以上に立ち入った説明を与えていない。

(6) 調査官解説の分析

在外選挙権判決の調査官解説（最判解民平成17年度603頁〔杉原則彦〕）では、この点の理由として、主位的請求が、無名抗告訴訟たる立法不作為の違憲確認請求訴訟として、補充的にのみ認められるべきものであることと（同643〜644頁〔杉原〕）、立法不作為の違憲確認訴訟を無限定に許容すると、三権分立の制度化における司法権の役割と守備範囲をめぐる問題が先鋭化するおそれがあることが述べられている（同656頁〔杉原〕）。

また、同調査官解説は、在外日本国民選挙権訴訟がたまたま、附則が無効であるとすることによる処理が可能な事案であったことを指摘しつつ、このような事情がない場合の救済について検討し、仮に在外選挙制度が一切整備されていないという、当該事案よりも問題のある事案にお

いて、裁判上救済がなされないとすれば「その結論は受け入れ難い」との指摘を行っている（同 674 頁注 32〔杉原〕）。ただ、同調査官解説は、その場合にどのような訴訟形式を選択することが正しいかについて「未解決」とし、無名抗告訴訟としての立法不作為の違憲確認訴訟など、「憲法上保障されている権利の行使に関する立法の不備を争う訴訟形態を考えるに際しても、柔軟な対応が求められる」とするにとどまっている。

(7) 残された問題

本問について、そのような立法不作為の違憲確認訴訟（これを無名抗告訴訟と理解することが当然か、公法上の当事者訴訟としても観念できるかはひとまずおく）を考えるべきか、あるいは、たとえば、最高裁判所裁判官国民審査法 8 条にいう「公職選挙法（昭和 25 年法律第 100 号）に規定する選挙人名簿で衆議院議員総選挙について用いられるもの」は、公職選挙法に規定する在外選挙人名簿と選挙人名簿の双方のことであると解することを前提に、地位の確認請求を認容するべきであるのかは、本書の読者が当然に解答できなくてはならない論点とは言い難い。後者のような考え方にはかなりの無理があることはたしかであるが、そもそも、在外日本国民選挙権訴訟で確認請求が認容されたからといって、それだけで直ちに、衆議院議員小選挙区選出議員の選挙で、在外投票が可能になったのであろうか。もし、そうでないとしたら、国民審査について、地位の確認請求を認容することは観念しえず、あくまでも、立法不作為の違憲確認訴訟によるべきであった（東京地裁はこの立場で、原告が地位確認請求のみしか行わなかったため、上述の理解から、訴えを却下している〔前掲東京地判平 23・4・26〕）と必ずしも考える必要があるのか、なかなか難しいところである。実体的に権利の侵害があると認められるのであれば、救済について相当柔軟に考えることは、必ずしも最高裁の排除するところではないと考えることも可能（国籍法 3 条 1 項を違憲としつつ、国籍確認請求を認容した最大判平 20・6・4 民集 62-6-1367 参照）かもしれないし、他方で、本問のような場合であれば、立法不作為の違憲確認で十分だとも考えられようか（この点について、参照、論点教室 196〜197 頁〔興津征雄〕。特に 197 頁注 22 掲記の論考が興味深いと思われる）。

　なお、新しい方の事案である前掲東京地判令元・5・28 は、地位確認を不適法としたうえで、「そうすると、本件違法確認の訴えは、要するに、具体的な紛争を離れ、国民審査法が在外国民に国民審査権の行使を認めていない点が違法であることについて抽象的に確認を求めるものと解され、当事者間の具体的な権利義務ないし法律関係の存否に関する紛争を対象とするものとはいえない」として、違法確認も不適法とし、原告らの「本件違法確認の訴えは、あくまで次回の国民審査において、在外国民である第 1 事件原告らに国民審査権の行使をさせないことが違法であることの確認を求めるものであり、抽象的に法令の違法・違憲や立法不作為の違法の確認を求めるものではない」との主張を、「国民審査法を始めとする国民審査制度の関係法令は、広く一般的に適用されるものであり、次回の国民審査を迎えていない現時点において、第 1 事件原告らとの関係でのみ違法性の有無を判断しようとしても、当該法律の違法性を抽象的に判断することと実質において異ならないこととなるから、上記主張は理由がない」として退けている。このような理解は、在外日本国民選挙権訴訟の判示と背景論理を正解するものとは思われないが、同事案では国賠請求が認容されていることと併せて理解する必要があろう。

(8) 出題形式

　なお、本問のように、設問の冒頭で訴訟形式について尋ねつつ、主張・反論・あなたの見解を問う場合に、訴訟形式についての解答が、複雑な検討を要するとき、どのように解答をすればよいのか、難しいところである。この解説では在外日本国民選挙権訴訟と同様に、実体についての議論を先行させたが、それに準じて解答例も作成してある。

5 ⋯⋯⋯⋯⋯国家賠償請求訴訟

(1) 判例の立場

　以上で検討した確認の訴えとあわせて、X は、国会が在外国民にも審査の投票を認める旨の立法をすべき義務を怠ったため、前回の国民審査において審査の投票をすることができず、精神的苦痛を被ったとする国家賠償請求も考えられよう。

　このような立法行為の不法行為責任については、在外選挙権判決が、
「立法の内容又は立法不作為が国民に憲法上保障されている権利を違法
に侵害するものであることが明白な場合や、国民に憲法上保障されてい
る権利行使の機会を確保するために所要の立法措置を執ることが必要不
可欠であり、それが明白であるにもかかわらず、国会が正当な理由なく
長期にわたってこれを怠る場合などには、例外的に、国会議員の立法行
為又は立法不作為は、国家賠償法1条1項の規定の適用上、違法の評価
を受けるものというべきである」と判示している。この判示について、
最高裁自身は、在宅投票制度廃止違憲国賠訴訟（最判昭60・11・21民集
39-7-1512）が、国家賠償法上違法の評価を受けるのを、「立法の内容が
憲法の一義的な文言に違反」しているにもかかわらず国会が立法したよ
うな、「容易に想定し難いような例外的場合」としたことと、異なるこ
とをいうものではないとしているが、実質的には要件を緩和したものと
みるべきであろう（なお、この点に関しては、小泉純一郎内閣の控訴断念の判断
により最高裁には係属しなかったが、ハンセン病訴訟〔熊本地判平13・5・11判時
1748-30〕の事案も、「憲法の一義的な文言」に反する事案であったとは言い難いも
のであったことにも留意する必要があろう）。

(2)　当てはめ

　いずれにせよ、本問の場合は、在外選挙権判決の場合と同じく、判示
の後段の「国民に憲法上保障されている権利行使の機会を確保するため
に所要の立法措置を執ることが必要不可欠であり、それが明白であるに
もかかわらず、国会が正当な理由なく長期にわたってこれを怠る場合」
にあたるといいうるかが問題である（なお、再婚禁止期間違憲訴訟である最
大判平27・12・16民集69-8-2427が、立法行為の国賠責任について、「法律の規定が
憲法上保障され又は保護されている権利利益を合理的な理由なく制約するものとし
て憲法の規定に違反するものであることが明白であるにもかかわらず、国会が正当
な理由なく長期にわたってその改廃等の立法措置を怠る場合などにおいては、国会
議員の立法過程における行動が上記職務上の法的義務に違反したものとして、例外
的に、その立法不作為は、国家賠償法1条1項の規定の適用上違法の評価を受ける
ことがあるというべきである」との、理解にも評価にも苦悩を覚える判示を行って

いるが、本問では、在外日本国民選挙権訴訟に拠ればよいと思われる)。上で検討した実体論からすれば、違憲との結論をとるのであれば、「所要の立法措置を執ることが必要不可欠」であることになろう。「それが明白」かどうかは微妙かもしれないが、違憲との結論をとるのであれば、そう考えることもできよう。その際には、1996 年に国民審査にも言及した日本弁護士連合会の要望書が提出されていること、在外選挙権判決が言い渡されていることも援用できよう。「国会が正当な理由なく長期にわたってこれを怠る場合」については、どこを起算点とするかが問題で、仮に在外選挙権判決を起算点とするのであれば 15 年である。正当な理由としては、在外選挙権判決の事案のように、内閣が実施可能と考えている在外選挙を、廃案後 10 年以上の長きにわたって導入しないまま放置した、というケースに比べると、政府の説明する、期日までの印刷・郵送の問題がある程度は正当な理由として想定されうるのかもしれないが、それがやむをえない事由にならないのであれば、正当な理由とはいえないとも考えられようか。

解答例

問❶

1．Xが提起すべき訴訟

X は、国を被告として、最高裁判所裁判官国民審査法が X に、国民審査における審査権の行使を認めていない点において違法であることの確認を求める訴えを提起するべきである。また、X は、あわせて、国会が在外国民にも審査の投票を認める旨の立法をすべき義務を怠ったため、X が前回の国民審査において審査の投票をすることができず、精神的苦痛を被ったとする国家賠償請求訴訟も提起すべきである。

2．Xの主張の要旨

最高裁判所裁判官国民審査法が X に、国民審査における審査権の行使を認めていないことは憲法 15 条 1 項、79 条 2 項および 3 項、

14 条 1 項に違反する。

3．最高裁判所裁判官国民審査法の違憲性について

(1) 審査基準

最高裁判所裁判官国民審査法は、「審査には、公職選挙法（昭和25 年法律第 100 号）に規定する選挙人名簿で衆議院議員総選挙について用いられるものを用いる」（8 条）としており、在外日本国民が国民審査で投票することを認めていない。

在外日本国民選挙権訴訟は、憲法 15 条 1 項・3 項、43 条 1 項および 44 条ただし書に言及したうえで、これらが国民に対して投票をする機会を平等に保障しているものとし、国民の選挙権またはその行使を制限することは原則として許されず、国民の選挙権またはその行使を制限するためには、そのような制限をすることがやむをえないと認められる事由がなければならず、そのような制限をすることなしには選挙の公正を確保しつつ選挙権の行使を認めることが事実上不能ないし著しく困難であると認められる場合でない限り、上記のやむをえない事由があるとはいえないとした。最高裁判所裁判官国民審査の投票権についてもこれと同様の基準が適用されるべきであって、在外日本国民には国民審査の投票権を制限することなしには国民審査の公正を確保しつつ国民審査の投票権の行使を認めることが事実上不能ないし著しく困難であると認められるのでない限り、その制限は憲法 15 条 1 項、79 条 2 項および 3 項、14 条 1 項に反し違憲である。

(2) 当てはめ

国政選挙について、在外選挙が可能であるのに、国民審査について不可能とする理由はなく、在外日本国民には国民審査の投票権を制限することなしには国民審査の公正を確保しつつ国民審査の投票権の行使を認めることが事実上不能ないし著しく困難であると認められるということはできない。したがって、最高裁判所裁判官国民審査法 8 条は、在外日本国民が国民審査で投票することを認めていない点において違憲である。

4．確認訴訟について

国民審査における審査権は、選挙権と同様に行使することができなければ意味がないのであって、上記の通り、違憲性が認められるのであれば、最高裁判所裁判官国民審査法が X に、国民審査における審査権の行使を認めていない点において違法であることの確認

請求は認容されるべきである。

5．国家賠償請求訴訟について

(1) 請求認容要件

立法行為の国家賠償責任については、在外日本国民選挙権訴訟が、立法の内容または立法不作為が国民に憲法上保障されている権利を違法に侵害するものであることが明白な場合や、国民に憲法上保障されている権利行使の機会を確保するために所要の立法措置をとることが必要不可欠であり、それが明白であるにもかかわらず、国会が正当な理由なく長期にわたってこれを怠る場合などには、例外的に、国会議員の立法行為または立法不作為は、国家賠償法1条1項の規定の適用上、違法の評価を受けるものというべきであると判示している。

(2) 当てはめ

本件では、上に主張した通り、国民審査権の行使の機会を確保するために所要の立法措置をとることが必要不可欠であり、それは明白である。また、1996年には日本弁護士連合会の要望がなされ、2005年には上述の在外日本国民選挙権訴訟の最高裁判決が下されているのであるから、2020年までの放置によって、国会が正当な理由なく長期にわたって立法を怠ったという要件も満たされており、国家賠償請求は認容されるべきである。

問❷

1．想定される反論のポイント

(1) 国政選挙と国民審査の国政上の重要性は明らかに異なっており、国民審査に国政選挙に関する違憲審査基準を当てはめるのは不当であり、より緩やかな基準で足りる。

(2) 白紙を準備すれば足りる国政選挙と異なり、裁判官名を印刷した投票用紙を用意しなければならない国民審査にあっては、設問にある通り、郵送のための期日が不足する。

(3) 確認訴訟について、三権分立下の裁判所として、立法不作為の違憲確認訴訟を無限定に認めるべきではない。

(4) 国家賠償請求について、本件では在外日本国民選挙権訴訟のように、内閣が可能と考えた在外投票制度の立法化が、10年以上にわたって放置されていたというような事情はなく、正当な理由もなく長期にわたって立法が懈怠されていたと評価するべきではない。

2．私の見解

(1) 審査基準（反論1.(1)）について

国政選挙が重要であることはたしかであるが、最高裁判所裁判官の国民審査は、違憲立法審査権を有する終審裁判所の裁判官の罷免の制度であって、少なくとも国民審査の投票権の制限について、選挙権の場合より緩やかな基準を適用してよいという理由はない。したがって、この点は、Xの主張が正当である。

(2) 当てはめ（反論1.(2)）について

郵送の期日が不足するのは、現在の取扱いを前提にする限りは、たしかである。しかし、現行法でも、点字投票の場合は、「投票用紙に、罷免を可とする裁判官があるときはその裁判官の氏名を自ら記載」（最高裁判所裁判官国民審査法16条1項）する方法による投票が認められている。そうであるとすれば、同様の方式を、在外国民審査に採用することは、国民審査の公正を害するとはいえない。したがって、公正を確保しつつ、在外国民審査の投票を認めることが、事実上不能ないし著しく困難であるということはできない。最高裁判所裁判官国民審査法8条が在外国民審査の投票を認めていないことは違憲である。

(3) 確認訴訟（反論1.(3)）について

在外日本国民選挙権訴訟が、在外選挙人名簿に登録されていることにもとづいて投票をすることができる地位の確認を認めた理由の1つは、同事案においては、公職選挙法の本文ですでに在外選挙が制度化されており、その適用の一部が附則で制限されていたために、附則の規定を違憲無効と考えれば、確認の対象となる地位を観念しやすかったということにある。本件の場合は、最高裁判所裁判官国民審査法8条を、在外国民審査の投票を認めていない点で違憲であると考えても、当然にはそのような地位を観念することができない。そうであるとすれば、そのような地位の確認がより適切な手段であるとはいえないのであるから、権利の侵害が実体的に認定されている以上、最高裁判所裁判官国民審査法がXに、国民審査における審査権の行使を認めていない点につき違法であることの確認の請求を認容しても差し支えないと考えるべきである。

(4) 国家賠償請求（反論1.(4)）について

被告のいうように、本件が在外日本国民選挙権訴訟と同程度に、国家賠償の要件を満たしている事案であるということは困難である。

　　国会が、国民審査の在外投票を認めなかったことについては、上に
　みた通り、やむをえない理由はないというべきであるが、いかなる
　意味でもまったく理由がなかったとまでいうことはできず、その意
　味で、国会が正当な理由なく長期にわたって立法を怠ったというこ
　とはできない。国家賠償請求は棄却されるべきである。

関連問題

1．受刑者の選挙権制限

　受刑者について、選挙権が制限されている（公職選挙法11条1項2号参
照）ことの合憲性について論じなさい。同種の制限が、「日本国憲法の
改正手続に関する法律」においてはとられていないことにも留意するこ
と。

（参考、前掲大阪高判平25・9・27、松本哲治「演習憲法」法学教室415号〔2015
年〕128頁以下）

2．住所のない者の選挙権および転居した場合の選挙権

　公職選挙法（平成27年法律第43号による改正後のもの）9条1項は、「日
本国民で年齢満18年以上の者は、衆議院議員及び参議院議員の選挙権
を有する」と定めるが、「選挙人名簿の登録は、当該市町村の区域内に
住所を有する年齢満18年以上の日本国民……で、その者に係る登録市
町村等……の住民票が作成された日……から引き続き3箇月以上登録市
町村等の住民基本台帳に記録されている者について行う」（公職選挙法21
条1項）とされ、「選挙人名簿又は在外選挙人名簿に登録されていない者
は、投票をすることができない」（公職選挙法42条1項）とされている結
果、①住民基本台帳に登録されていない者（たとえば、住民基本台帳法上の
住所を有していると認められない者）は、投票をすることができないし、②
3か月以上特定の市町村に継続して住民登録がされていないと、当該市
町村においては国政選挙の投票をすることができない（前住所地で行うこ
とは可能である）。①および②の合憲性について論じなさい。

(参考、前掲東京高判平 25·2·19、前掲大阪地判平 23·11·9)

3．代理投票に際して投票を補助すべき者

　公職選挙法 48 条は、代理投票について、「心身の故障その他の事由により、自ら当該選挙の公職の候補者の氏名（衆議院比例代表選出議員の選挙の投票にあつては衆議院名簿届出政党等の名称及び略称、参議院比例代表選出議員の選挙の投票にあつては公職の候補者たる参議院名簿登載者の氏名又は参議院名簿届出政党等の名称及び略称）を記載することができない選挙人は、第 46 条第 1 項から第 3 項まで、第 50 条第 4 項及び第 5 項並びに第 68 条の規定にかかわらず、投票管理者に申請し、代理投票をさせることができる」（1 項）と定め、代理投票に際して投票を補助すべき者について、「前項の規定による申請があつた場合においては、投票管理者は、投票立会人の意見を聴いて、投票所の事務に従事する者のうちから当該選挙人の投票を補助すべき者 2 人を定め、その 1 人に投票の記載をする場所において投票用紙に当該選挙人が指示する公職の候補者（公職の候補者たる参議院名簿登載者を含む。）1 人の氏名、1 の衆議院名簿届出政党等の名称若しくは略称又は 1 の参議院名簿届出政党等の名称若しくは略称を記載させ、他の 1 人をこれに立ち会わせなければならない」（2 項）と定める。この規定は、成年被後見人の選挙権制限を違憲とした東京地裁の判決を受けてなされた公職選挙法の改正（本文参照）によって、現行の内容となったものである。なお、同法 49 条 3 項は、同条 2 項の郵便投票について、「前項の選挙人で同項に規定する方法により投票をしようとするもののうち自ら投票の記載をすることができないものとして政令で定めるものは、第 68 条の規定にかかわらず、政令で定めるところにより、あらかじめ市町村の選挙管理委員会の委員長に届け出た者（選挙権を有する者に限る。）をして投票に関する記載をさせることができる」と定めている。

　公職選挙法 48 条 2 項の合憲性について論じなさい。平成 25 年改正前に、身体の障害のため、投票用紙への候補者の氏名等の記載をすることができないが、投票を補助すべき者の 1 人として訪問介護員（ホームヘルパー）を定めてもらい、これに候補者の氏名等を記載させるという方式で、国政選挙、地方選挙において選挙権を行使してきた者に対し、同

項を適用することはどう評価するべきか。どのような裁判上の救済を求めることが適切であるかについても併せて考えること。

参 考 文 献

土井真一「法律上の争訟と行政事件訴訟の類型——在外日本国民選挙権訴訟を例として」法学教室 371 号（2011 年）79 頁以下

毛利透「選挙権制約の合憲性審査と立法行為の国家賠償法上の違法性判断——在外国民選挙権訴訟［最高裁平成 17.9.14 判決］」論究ジュリスト 1 号（2012 年）81 頁以下

（松本哲治）

18. 天国に行ったワンコ

設問

　20X1 年、人と動物の共生する社会の実現を加速化するため、動物愛護管理法が全面改正された（以下「新法」という。【参考資料】参照）。

　まず、新法は動物殺傷罪に対する罰則を引き上げた（新法 96 条）。また、罰則の引き上げに対応する形で、検察庁は、動物殺傷罪違反者を積極的に起訴する方針を公表した。

　次に、同時期に行われた国家行政組織抜本改革の中で、独立行政委員会が再編され、動物愛護行政をつかさどる動物愛護委員会（以下「委員会」という）が新設された。委員会には、一般調査部と特別調査部とが存在している。一般調査部は、動物取扱業者が新法に従って適正に業務を遂行しているかを監督する（新法 35 条 3 号）ため、動物取扱業者の営業所等に立入調査を行う（新法 37 条 1 項 4 号）。新法のもとで動物取扱業を営むためには、委員会の登録を受けなければならない（新法 5 条）が、一般調査部の調査の結果、新法違反が明らかになった場合、委員会は、動物取扱業の登録取消し等の処分を行う（新法 8 条）。他方で、特別調査部は、重大・悪質な動物虐待等の調査を行う（新法 35 条 4 号）。特別調査部の調査の結果、重大・悪質な動物殺傷の事実が明らかになった場合、委員会は、これを刑事告発する（新法 43 条）。なお、20X2 年度、委員会の調査全体に占める特別調査部調査の割合は、1 パーセントであった。

　委員会の行う調査について、新法は、一般調査部の調査と特別調査部の調査とを、区別することなく規律している。立入調査において、調査官は身分証を携帯・提示しなければならないとされている（新法 37 条 3 項）が、調査の行われる日時・頻度については、明文の規定が置かれていない。動物取扱業者が調査部による立入調査を忌避した場合、委員会は、検査忌避罪による罰則（新法 96 条 3 項）を担保に、調査の受忍を間接強制することができる。しかし、委員会の調査において、令状にもとづく強制調査の実施は予定されていない。

　最後に、新法は、動物取扱業者が動物愛護のために果たすべき義務を強化した。たとえば、動物取扱業者は、動物虐待等を受けたおそれのある動物やその死体を発見した場合、5日以内に、委員会に届け出なければならない（新法84条、96条5項）。かかる届出義務規定の趣旨について、国会審議の際、答弁に立った環境大臣は、以下のように説明した。「この届出義務規定は、まず何よりも、悪質・重大な動物虐待事案について、調査の端緒を得ることを目的としているところではありますが、最近、残虐な殺人を犯した女子高生が、殺人の前に犬猫を虐殺していたという事件が国民の関心を呼んでいるところでして、このような殺人事件を未然に防ぐこと、すなわち、迅速な行政対応を通じて社会防衛をはかることを可能にするという役割も担った行政手続上の義務規定として、その趣旨を理解すべきものであります」。

　20X3年4月、Xは、「わんわん天国」と称する、民間の捨て犬引き取り施設を運営するため、動物取扱業の登録を行った。Xは、「『わんわん天国』の幅広いネット・ワークを利用して、大切なワンコをセカンド・オーナーに引き継ぎます」と宣伝し、飼い犬を手放したいが保健所での殺処分は忍びない、と考える飼い主から、多くの犬を有料で引き取った。「わんわん天国」には、毎月30匹程度の犬が、継続的に持ち込まれた。しかし、犬のセカンド・オーナーはなかなか見つからず、施設には引き取り手の付かない犬があふれていった。そこで、Xは、犬の処分と施設運営費用捻出をかねて、事業所内において、犬をみだりに殺傷する動画を撮影し、これを有料でオンライン配信した。

　20X3年7月ごろから、委員会には、「わんわん天国」に対する苦情が頻繁に寄せられるようになった。苦情の内容は、「『わんわん天国』に引き渡した犬の返却を求めたところ薄汚れた状態で返却された」、「『わんわん天国』から悪臭がする」、といった、その動物飼養状態を危惧するものであった。そこで、委員会一般調査部の調査官Aは、「わんわん天国」が委員会規則で定める動物飼養条件を遵守しているか（新法8条5号）確認するため、立入調査を実施することにした。なお、委員会規則は、動物取扱業者が動物を販売等する際の、採光の時間や動物の飼養密度などを定めている。

　20X3年9月13日火曜日午後1時ごろ、Aは、第1回の立入調査を

実施すべく、Ｘの事業所を訪問した。Ａは、自らの身分証を提示した後で、「わんわん天国」の動物飼養状況を確認する目的で、事業所内に立ち入る旨、Ｘに伝えた。しかし、Ｘは、一瞬狼狽した後、突然大声をあげ、立入りに激しく抵抗し、Ａの質問に対する回答もすべて拒絶した。Ａは、事業所内への立入りを拒否したり、質問への回答を拒否したりすると、検査忌避罪（新法96条3項）が成立する、と説明したが、Ｘは聞き入れず、Ａは第1回調査における事業所内への立入り等を断念した。その後、Ａは、平日の午前10時から午後3時までの時間帯に、2週間に1回の頻度で、「わんわん天国」への訪問を繰り返したが、ＸはＡによる立入調査を拒否し続けた。

　20X4年1月、委員会に、動物をみだりに殺傷する動画がオンラインで流通している、との通報が寄せられた。動画を入手・分析した委員会特別調査部の調査官Ｂは、動画に含まれる諸情報を専門的に分析し、動物虐殺の現場が、「わんわん天国」区域内であること、およびＸが動画の撮影者であることを特定した。そこで、委員会は、警察に、Ｘを、動物殺傷罪の容疑で、刑事告発した。

　警察は、調査官Ｂの収集・分析した本件調査資料一式を令状にもとづいて差し押さえたうえで、Ｘを逮捕・送検した。検察官は、Ｘを動物殺傷罪で起訴するとともに、Ｘが、自ら虐殺した動物の存在を届け出なかった点について、虐殺動物死体の届出義務違反の罪（新法84条、96条5項）でも起訴した。

問❶　本件で、検査忌避罪および届出義務違反罪は成立するか。この点について、Ｘのとりうる、憲法上の主張を論じなさい。なお、独立行政委員会の合憲性は検討しなくてよい。

問❷　問❶における憲法上の主張について、検察官の反論を論じたうえで、あなたの見解を論じなさい。

【参考資料】動物の愛護及び管理に関する法律（動物愛護管理法）（20X1年制定の新法）＊
第1条　この法律は、動物の虐待及び遺棄の防止、動物の適正な取扱いその他動物の健康及び安全の保持等の動物の愛護に関する事項を定めて国民の間に動物を愛護する気風を招来し、人と動物の共生する社会の実現を図ることを目的とする。
第5条　動物の取扱業を営もうとする者は、動物愛護委員会の登録を受けなければならない。

第8条　動物愛護委員会は、動物取扱業者が次の各号のいずれかに該当するときは、その登録を取り消し、又は6月以内の期間を定めてその業務の全部若しくは一部の停止を命ずることができる。

〔1号～4号略〕

五　その者が行う業務の内容及び実施の方法が動物の健康及び安全の保持その他動物の適正な取扱いを確保するため必要なものとして委員会規則で定める基準に適合しなくなったとき。

〔6号～7号略〕

第35条　動物愛護委員会は、第1条の目的を達成するため、次に掲げる事務をつかさどる。

〔1号～2号略〕

三　動物取扱業者の規制に関すること。

四　動物殺傷・虐待・遺棄事件に関すること。

〔5号～6号略〕

第37条　動物愛護委員会は、事件について必要な調査をするため、次の各号に掲げる処分をすることができる。

〔1号～3号略〕

四　事件関係人の営業所その他必要な場所に立ち入り、事件関係人に質問し又はその者の事業に関する帳簿書類その他の物件を検査すること。

〔5号～6号略〕

2　動物愛護委員会が相当と認めるときは、命令をもって定めるところにより、動物愛護委員会の職員を調査官に指定し、前項の処分をさせることができる。

3　前項の規定により職員に立入検査をさせる場合においては、これに身分を示す証明書を携帯させ、関係者に提示させなければならない。

第43条　動物愛護委員会は、第96条第1項の規定（動物殺傷罪）に違反する犯罪があると思料するときは、これを告発しなければならない。

第84条　動物取扱業者は、みだりに殺されたと思われる動物の死体又はみだりに傷つけられ、若しくは虐待を受けたと思われる動物を発見したときは、5日以内に、発見の日時、場所、死体等の状況及び発見に至った経緯を、動物愛護委員会に届け出なければならない。

第96条　愛護動物をみだりに殺し、又は傷つけた者は、5年以下の懲役又は500万円以下の罰金に処する。

〔2項略〕

3　第37条第1項の規定による質問への回答及び物件の検査を拒み、妨げ又は忌避した者は、これを1年以下の懲役又は100万円以下の罰金に処する。

〔4項略〕

5　第84条の規定に違反した者は、これを10万円以下の罰金に処する。

解　説

1 ………… 概　観

(1)　設問のねらい

本問の主要な論点は、憲法35条・38条と行政手続との関係である。

川崎民商事件判決（最大判昭 47·11·22 刑集 26-9-554）を前提にした場合、検査忌避罪の成否との関係では、憲法 35 条・38 条双方の解釈が問題となる。他方、届出義務違反罪との関係では、もっぱら、憲法 38 条の解釈が問題となるであろう。

　本問の付随的な論点は、法令審査と適用審査の関係である。まず、検査忌避罪と憲法 35 条の関係については、法令審査のみが問題となる。本問の適用関係において、X への調査は、行政目的を達成するため、憲法上問題のない態様で行われているからである。ここで問題となるのは、新法自体が、不適切な日時・頻度で、刑事責任追及のために、調査を実施できるような定め方をしている点である。他方、検査忌避罪・届出義務違反罪と憲法 38 条の関係については、法令違憲の成否を検討するとともに、適用違憲の余地も検討すべきである。本問では、一般的・直接的には憲法 38 条違反の問題を生むことが予期されていない法令が、例外的・付随的に同条と抵触する点が、問題となっているからである。さらに、届出義務違反罪と憲法 38 条の関係については、憲法の趣旨を踏まえた限定解釈の可能性も、検討することができる。

　なお、動物愛護委員会の調査手続については、独占禁止法でかつて採用されていた手続を参考に作成した。

(2)　とりあげる項目

▶ 憲法 35 条・38 条の趣旨

▶ 憲法 35 条の行政手続への適用の有無と程度

▶ 憲法 38 条の行政手続への適用の有無と程度

▶ 法令審査と適用審査の関係

▶ 憲法 31 条の行政手続への適用の有無と程度

2 ………… 憲法 35 条と行政手続

(1)　学説── 憲法 35 条の趣旨をめぐる対立

　憲法 35 条の保障する権利の性質については、その消極的自由権としての側面を強調する見解（消極的自由権説）と、手続的請求権としての側面を強調する見解（手続的請求権説）とが存在する。

消極的自由権説は、憲法 35 条が、「人身の自由」という自由権を消極的に保障している点を強調する。すなわち、憲法 35 条は、住居が人の私生活の中心であることを前提に、個人の私的領域に、他者が、無断で、すなわち無令状で、立ち入ることを禁じるものである（芦部 257 頁）。

憲法 35 条が「令状なしに住居に侵入されない自由」を保障しているという理解は、法令の 35 条適合性判断の際にも自由権一般の場合と同様の違憲審査手法を採用すべきである、という発想につながりやすい。すなわち、35 条審査では、第 1 に、当該住居への立入り拒否行為が同条の保護する行為か、が検討され、第 2 に、その拒否行為が同条の保護の対象であるとしても、正当な政府利益を達成するための手段として制限が正当化されるか、が検討されることになる。

他方、手続的請求権説の主張の核心は、刑事手続における 35 条審査の際に、政府利益との比較衡量を通じて制約が正当化されるべきではない、という点にある。

手続的請求権説によれば、憲法 35 条が保障するのは、「自由を剥奪されようとしている市民に保障される、『積極的権利』」である。すなわち、捜索・押収を受けない自由を「剥奪する場合の令状主義という手続、したがって一定の制度の確立を、……35 条は主要目的としている」（奥平 298 頁）。

手続的請求権における「請求権」は、生存権などとは異なり、具体的適用の際の一義性がきわめて高い。すなわち、憲法 35 条は、憲法制定時に、犯罪捜査の必要性と私生活の自由とを衡量した結果として導き出された、手続準則である。したがって、刑事手続における 35 条審査の際に、再度の衡量が行われることはなく、35 条審査は、もっぱら、当該住居への立入り拒否行為が憲法 35 条の保護する行為か、という観点のみから行われることになる（奥平 299 頁）。

(2) 学説──憲法 35 条の刑事手続以外への適用

憲法 35 条の保護が純然たる刑事手続以外の手続に対しても及ぶか、及ぶとしてもその保護の程度はどのようなものか。これらの問題について、消極的自由権説と手続的請求権説とでは、説明の論理が異なる。

　まず、消極的自由権説を前提とすると、問題となる手続が刑事手続か行政手続かは重要な問題でない。問題となるのは、当該手続における私生活の自由に対する侵害の重大性である。ある行政手続において、重大な私生活の自由に対する侵害が生起しうるのであれば、そこに憲法35条の射程を及ぼすべきである、というのが消極的自由権説の論理である。もっとも、行政手続と刑事手続をとりまく利益状況の差異を反映し、行政手続への憲法35条の適用場面では、その保護の程度が異なる場合もある。

　他方、手続的請求権説を前提とすると、「自由のありように考察の重点を置くのではなくて、手続的制度的な保障のありように全注意を集中させることになる」（奥平300頁）。そのため、行政手続と憲法35条との関係についても、「自由のありよう」とは異なる、「手続的制度的な保障のありよう」に着目した考察が行われる。

　制度的考察が第1に着目するのは、当該手続が、その性質において、刑事手続と制度的に近似しているか、という点である。たとえば、憲法33条の例であるが、出入国管理法違反容疑者の収容手続において、逮捕手続と同様に、警察署が留置場所とされている点は、収容手続への憲法33条の適用を肯定すべき事情になるとされる。制度的考察の第2の着目点は、裁判所の制度的な権能である。裁判官は刑事手続については十分な知識・経験を有するが、行政手続については必ずしもそうとは限らない。したがって、裁判所の令状にこだわることが、行政手続における適正な手続の実現に資するとは限らない。そのため、令状主義が効果的な手続的統制といえない場合には、行政手続に対する令状主義の適用が否定されることになる（奥平314〜315頁）。

(3)　判例——川崎民商事件判決

　憲法35条と行政手続の関係についてのリーディング・ケースは、川崎民商事件判決である。川崎民商事件判決では、税務職員の行う税務調査に対して、憲法35条の適用があるかどうかが、1つの争点となった。

　同判決は、一般論として、「憲法35条1項の規定は、本来、主として刑事責任追及の手続における強制について、それが司法権による事前の

抑制の下におかれるべきことを保障した趣旨であるが、当該手続が刑事責任追及を目的とするものでないとの理由のみで、その手続における一切の強制が当然に右規定による保障の枠外にあると判断することは相当ではない」、と判示した。したがって、「当該手続が刑事責任追及を目的とするものでない」、すなわち行政手続であることのみを理由に憲法35条の適用を排除する、という法律構成は否定されている。

　しかし、同判決は、①調査が刑事責任の追及を目的とする手続ではないこと（手続の目的）、②刑事責任追及のための資料の収集に直接結びつく作用を一般的には有しないこと（手続の一般的作用）、③調査の実効性確保の手段が間接強制であること（強制手段の間接性）、④調査に公益上の目的があり、当該目的を実現するための手段が不均衡、不合理なものでないこと（目的と手段との比例性）、といった「諸点を総合して判断」し、結論として、税務調査が「あらかじめ裁判官の発する令状によることをその一般的要件としないからといつて、これを憲法35条の法意に反するものとすることはでき」ないとした。

　川崎民商事件判決を利用して事例問題に解答しようとする場合に問題となるのは、①～④の総合判断に際して、各要素がどのような比重で考慮されるのかが、一義的には明らかでない点である。

　①～④の各要素を区別すると、①②と③④とでは、考察の対象が異なっている。すなわち、一方で、①②は、手続の性質を考察の対象とし、当該手続が、その目的・作用において、刑事手続と制度的に近似しているか、を問題にしている。他方で、③④は、私生活の自由に対する制約のありようを考察の対象とし、政府利益と私生活の自由との最適な調整点の所在を問題にしている。では、①②の制度に着目した判断要素と、③④の自由に着目した判断要素とは、各々、総合判断に際して、どのような役割を果たしているのであろうか。

　この問題について、先行業績は、網羅的に、4通りの判例理解の可能性を提示している（笹倉・後掲参考文献2096～2097頁）。その中で、(A)違憲の範囲が最も広くなるのは、①②の基準と、③④の基準の、いずれか一方でも充足しなければ、無令状での行政調査の違憲性が導かれる、とい

うものである（野坂泰司『憲法基本判例を読み直す［第2版］』〔有斐閣・2019年〕378頁）。他方、(B)違憲の範囲が最も狭くなるのは、①②よりも③④の要素を重視し、「刑事手続上も③④の要件を満たす場合には令状は不要とされる」（笹倉・後掲参考文献2097頁参照）、と理解するものである。

　では、(A)と(B)のいずれの理解が妥当か。(A)と(B)の理解の分岐は、憲法35条の趣旨理解と関連する。

　まず、手続的請求権説を前提とした場合、(B)の理解を採用することはできない。(B)の理解を前提とすれば、刑事手続の場合にも、政府利益と私的利益とを比較衡量して、令状主義の適用が除外される可能性が生じる。しかし、手続的請求権説は、刑事手続における憲法35条の手続的準則性を強調し、公益との衡量の余地を封じるものであった。したがって、(B)の理解を採用する場合には、憲法35条の消極的自由権としての側面が強調されることになる。

　これに対して、(A)の理解は、消極的自由権説とも、手続的請求権説とも、結びつきうる。消極的自由権説を前提とした場合、③④の要素は、自由権制限の合憲性を審査する一般的作法である比例性の検討が、35条解釈として展開されたものである、と理解できる。さらに、表現の自由に対する検閲の禁止が絶対的なものであるのと同様に、刑事手続における私生活の自由の令状主義による保護が絶対的なものであると解釈すれば、①②の要素を満たさない手続、すなわち刑事手続性を帯びた手続が、絶対的に違憲となる理由も、説明できる（棟居快行『憲法学再論』〔信山社・2001年〕370頁）。

　次に、手続的請求権説を前提とした場合、①②の要素を満たさない手続が絶対的に違憲とされるのは、同説の論理的帰結である。もっとも、たしかに、35条解釈の構成要素として、手続的請求権説から、③④の要素を導き出すのは、難しい。そのため、手続的請求権説を前提とすると、③④の要素は、35条解釈の構成要素ではなく、「法の一般原則たる比例原則の見地」から、「対立利益の権衡を要求するもの」（笹倉・後掲参考文献2096頁）、として理解されることになるであろう。

　いずれにせよ、①〜④の各要素が総合衡量の際に果たす役割を特定す

るためには、憲法 35 条の趣旨を特定する必要がある。憲法 35 条の趣旨についての確立した解答はないが、さしあたりの解答として、憲法 35 条には、消極的自由権保護と手続的請求権保護の両側面がある、と考えるのは、1 つの手であろう。学説上も、憲法 35 条は、「私生活を保護するための不可欠の要素として、『住居の不可侵』という実体的な権利保障を前提としつつ、とくに刑罰権の行使に関わる刑事手続との関係についてその保障を解除し、合憲的な侵害を許すための手続的要件を示したもの」（大石眞『憲法講義 II［第 2 版］』〔有斐閣・2012 年〕104 頁）である、との融合的な理解が、主張されている。そして、このような融合的理解は、(A)の判例理解と親和的である。

⑷　設問の分析

本問で、検査忌避罪の法令審査において考慮されるべき要素は、以下のようなものである。

まず、手続の制度面（①②）について、刑事手続（特別調査部調査）と行政手続（一般調査部調査）とが分化していない点や、調査によって動物殺傷の事実が発覚すれば、告発・起訴に至ることが予想され、調査手続が刑事手続に直結している点などは、本件手続の刑事手続性を肯定し、検査忌避罪の法令違憲を基礎づける要因となる。X としては、これらの諸点を強調することになろう。

他方、自由の制約面（③④）について、本件調査手続において採用されている強制手法が間接強制にとどまる点は、検査忌避罪の法令違憲を否定する方向に作用する。そのため、検察官は、憲法 35 条の制度趣旨がもっぱら消極的自由権保障にあるという理解を前提に、川崎民商事件判決の本質的考慮要素は③④であるとして、強制手段の間接性を強調することになろう。

もっとも、「委員会調査全体に占める特別調査部調査の割合は、1 パーセントであった」点を考慮すると、本件調査手続の刑事手続性が、法令違憲を導くほどに、一般的なものであると断言することはできない。また、たしかに、「調査の行われる日時・頻度については、明文の規定が置かれていない」ため、将来的に、夜間頻繁に調査が行われるなど、

私生活の自由に対する重大な侵害が生起するおそれはある。しかし、そのような人権侵害的な調査が一般的であるとの事実はなく、この点を根拠に法令違憲を導くのは難しいであろう。私見においては、これらの点を指摘すべきである。

　なお、後掲の解答例では、制限字数との関係で、捜査機関が、「調査官Ｂの収集・分析した本件調査資料一式を令状にもとづいて差し押さえたうえで、Ｘを逮捕・送検した」点の評価を省略した。行政機関から捜査機関への証拠の引き継ぎの際に、令状にもとづく差押手続が介在している点をどのように評価すべきかについては、川出敏裕「独占禁止法違反事件と刑事制裁」法律のひろば54巻5号（2001年）18〜23頁に、詳しい説明がある。

3 ⋯⋯⋯⋯憲法38条と行政手続

(1) 学　説

　憲法38条については、憲法35条の場合と同様に、それが純然たる刑事手続以外にも適用されることを、学説は承認してきた。他方、憲法38条の趣旨をめぐっては、憲法35条の場合のように、学説上の対立、すなわち消極的自由権説と手続的請求権説の対立が、明確に意識されてきたわけではない。しかし、憲法38条の中にも、消極的自由権と手続的請求権の二面性は存在している。

　まず、憲法31〜40条の基本的性格を手続的請求権と理解する論者も、憲法38条は、「『自由権』保障の性格をもつ」（奥平298頁）と明言する。手続的請求権論者の目にも、憲法38条は、「自己の刑事責任を問われるおそれのある事項についての供述を強制されない消極的自由」を保障していると性格づけるのが、自然と感じられたのであろう。

　しかし、手続的請求権説の主張、すなわち、憲法35条や38条は再度の利益衡量を許さない手続準則である、との主張は、38条の場合、広く受容されてきたように思われる。すでに、黙秘権についての古典的論文において、「黙秘権の本質は、個人の人格の尊厳に対する刑事訴訟の譲歩にある。⋯⋯黙秘権とは、⋯⋯人格の尊厳に対して刑事訴訟が譲歩

した『証拠禁止』である」(平野龍一『捜査と人権』〔有斐閣・1981年〕95頁)、との記述がみられる。すなわち、刑事訴訟上の利益と個人の人格的利益の憲法自身による衡量の結果として、憲法38条は制定された、というのである。そのため、憲法38条を解釈する際に、「公益上の必要性という国家側の利益を持ち込んで、憲法自身が行った衡量の結果を覆すことが許されるかどうかは疑問であろう」(笹倉宏紀「自己負罪拒否特権」法学教室265号〔2002年〕104頁)、との解釈が有力に主張されている。

このように、憲法38条については、そこに消極的自由権としての側面と手続的請求権としての側面とが共存しているとの理解が、学説上、広く共有されてきた、と評価できる。

(2) 判例——川崎民商事件判決

先述の川崎民商事件判決は、行政手続と憲法38条1項との関係についても、リーディング・ケースである。

まず、本判決は、「憲法38条1項の法意」は、「何人も自己の刑事上の責任を問われるおそれのある事項について供述を強要されないことを保障したものである」点を確認する。そして、憲法38条1項は、刑事手続以外の手続であっても、「実質上、刑事責任追及のための資料の取得収集に直接結びつく作用を一般的に有する手続」には、その保障が及ぶ可能性がある、とした。そのうえで、本判決は、「〔旧所得税法の〕各規定そのものが憲法38条1項にいう『自己に不利益な供述』を強要するものとすることはでき」ないかどうかを判断するために、35条審査の場合と同様、①手続の目的、②手続の一般的作用、③強制手段の間接性、④目的と手段との比例性、の4点を考慮すべきであるとした(ただし、①〜④の考慮要素の位置づけに争いがあるという点について、笹倉・後掲参考文献2099頁参照)。

この点、本判決の憲法38条関連の判示部分については、35条関連の判示部分とは異なる点に、評者の注目が集まってきた。すなわち、適用違憲と法令違憲の区別である。

有力な判例理解によれば、本判決は「〔旧所得税法の〕各規定そのもの」が憲法38条に違反するとはいえないと説示するが、これは、「規定違憲

の有無の一般的基準を示したもの」（香城・後掲参考文献 504 頁）である。
「規定違憲でないという理由から直ちに適用違憲でもないとの結論をも
導きだす」（香城・後掲参考文献 501 頁）ことはできず、法令違憲判断と適
用違憲判断とは、区別されなければならない。すなわち、本判決の示し
た基準は法令違憲判断の基準であり、適用違憲判断の基準ではない。ま
た、本判決によって、将来の適用違憲の余地が排除されるものでもない。

　このような判例理解は、正当である。「法令違憲、すなわち、全部違
憲ではない」との説示は、例外的適用事例についての適用違憲の余地を
排除するものではないからである。そして、適用違憲と法令違憲とを区
別すべき理論上の要請は、憲法 35 条の場合にも同様に妥当する。本判
決は、35 条審査の際、「〔旧所得税法の〕規定を違憲であるとする所論は、
理由がない」との表現で上告を退けているが、これも、「法令違憲では
ない」との趣旨に解するべきであろう。

　ただし、適用違憲の余地に配慮しなければならない局面は、憲法 35
条の場合よりも、38 条の場合に多く生じることになるであろう。行政
手続と憲法 38 条の抵触は、自己負罪拒否特権の主張にもとづく、一般
法上の義務からの適用除外、という形で現れることが多いからである。

　すなわち、行政上の届出義務等が、一般的に、自己の犯罪を申告させ
る目的で規定されることは、少ない。通常、それは、行政上必要な情報
を収集する目的で、規定される。しかし、例外的な局面に限れば、すな
わち届出義務者が偶然自ら罪を犯していた場合に限れば、届出義務が自
己負罪拒否特権と抵触する可能性は否定できない。そのため、届出義務
が、例外的状況における憲法 38 条との抵触を理由として、個別的に、
免除されるべきではないか。これが、行政手続と憲法 38 条の関係が問
題となる、典型的な構造である。

　このように、届出義務等によって、例外的に、自己負罪拒否特権に対
する付随的侵害が生じるにすぎない場合にまで、届出義務等を定める法
文全体を違憲にする必要はない。そこで、本判決は、①②の検討を通じ
て、すなわち、当該届出義務等が、一般的に、刑事責任追及資料の収集
に資する性質を有していないか、を確認することを通じて、一般的・直

接的な特権侵害の場合と、例外的な付随的侵害の場合とを切り分け、法令違憲が成立する場合を、前者の場面に限ったのであろう。

　他方、憲法 38 条の局面において、③④の検討、すなわち目的と手段の比例性の検討が要求されているのは、なぜか。この点、届出義務等は、一般に、「刑事責任を問われないような」供述を強要されない自由を侵害する。「刑事責任を問われないような」供述を強要されない自由について、憲法 38 条は特別の保護を与えていない。しかし、その場合でも、市民の供述しない自由が制限されている点は、否定できない。したがって、法の一般原則たる比例原則に従い、対立する利益を衡量する必要がある。憲法 38 条に関連する説示部分において、③④の要素は、おそらく、以上のような考慮から要求されているのであろう。

(3)　判例——医師法届出義務違反事件判決

　川崎民商事件判決以後の判例の中には、「法令違憲の問題と区別された適用違憲の問題の存在を認識し、それを前提に判断を行った」（笹倉・後掲参考文献 2121 頁）と解することのできるものがいくつかある。ここでは、本問と最も事案の近い、医師法届出義務違反事件判決（最判平 16・4・13 刑集 58-4-247。以下「医師法判決」という）を検討し、適用違憲の成立の可否を判断する基準について略述する。医師法判決では、医療過誤に起因する患者の死亡事故の際、事故を起こした病院の院長が、医師法 21 条による異状死体の届出義務を履行しなかった、として起訴された。

　医師法判決において、判旨は、医師側の明確な適用違憲の主張に対して、以下のような 4 つの基準に従い、それを退けた。すなわち、①医師法 21 条の届出義務が行政手続上の義務か（届出義務の性質）、②届出義務に公益上の必要性があるか、③届出人と死体との関わり等、犯罪行為を構成する事項の供述が強制されているか（届出義務の内容）、④医師免許に伴う社会的責務は重大か（医師という資格の特質）、の 4 要素である。

　判旨の掲げる 4 つの要素のうち、①および②の要素を重視した場合には、法令違憲が成立しなければ、原則として、適用違憲も成立しない、との立場に近似することになる。なぜなら、①および②の点、すなわち、手続の性質が行政手続か刑事手続か、義務づけを正当化する公益が存在

しているか、といった点は、川崎民商事件判決が法令違憲の判断基準として提示していた判断要素と、実質的に、同一のものだからである。

　もちろん、法令違憲が成立しない場合に、原則として、適用違憲の余地はない、との考え方も成り立たないわけではない。憲法上の権利にもとづいた一般法上の義務からの適用除外を安易に認めると、制度の円滑な運営が大きく阻害されるからである。すなわち、安易な38条適用違憲判断が積み重なれば、「事業者一般に対して洩れなく事業情報を保管し、これを要求に応じて一般的に開示させるとか、社会代表としての監督機関に提示せしめるといった仕組みは、瓦解せざるを得ない」（奥平358頁）。

　他方、判例の基準を前提に、法令違憲とは異なる適用違憲の可能性を探る場合、適用違憲判断に際しては、③④の要素が強調されるべきである、ということになろう。しかし、③④の考慮要素の妥当性については学説上の批判も強い（川出敏裕「医師法21条の届出義務と憲法38条1項」法学教室290号〔2004年〕10頁）。そのため、憲法38条の適用審査の基準は、現状では、確立されていない、と評価せざるをえない。

(4)　設問の分析

　まず、検査忌避罪の38条法令審査についての考慮要素は、憲法35条の場合と同様である。

　問題は、憲法38条の適用審査である。本問で、Xは、事業所内への立入り強制によって動物虐殺の事実が発覚するので自己負罪拒否特権が侵害される、と主張することになろう。これに対して、検察官は、医師法判決の①②の考慮要素を強調しながら、法令違憲が成立しなければ、原則として、適用違憲も成立しない、と主張することになろう。私見においては、医師法判決の③の要素に着目し、本件立入りが「委員会規則で定める動物飼養条件」の遵守の確認のために必要な範囲に限定されるため、刑事責任を問われるような事項に調査範囲は及ばない、と判断できる。

　次に、届出義務違反罪の38条法令審査を左右するのは、以下のような要素である。

　本規定の立法趣旨が、「悪質・重大な動物虐待事案について、調査の端緒を得る」点にあることは、本件届出義務違反罪の実質的な刑事手続性を示している。しかし、届出義務が「社会防衛」目的を有する「行政手続上の義務規定」でもあるとされている点は、その刑事手続性を否定する方向で作用する（川崎民商事件判決①②）。他方、「動物を愛護する気風を招来」する（新法1条）という漠然とした社会的法益を実現するために、動物死体の届出を強制するのは、過剰な負担ともいえる。しかし、罰則は「10万円以下」（新法96条5項）と軽微であり、負担が過剰とまでいえるかについては、評価が分かれるであろう（川崎民商事件判決③④）。

　最後に、届出義務違反罪の38条適用審査を左右するのは、以下のような要素である。

　Xは、届出の内容に動物の死体の「発見に至った経緯」が含まれている点を捉え（新法84条）、本件事案では、動物虐殺罪の成立に直結する事項の供述が強要されている、と主張できる（医師法判決③）。また、人の生命を取り扱う医師と比べて、動物の生命を取り扱う動物取扱業者の社会的責務は軽い、との主張も成り立つだろう（医師法判決④）。他方、検察官は、検査忌避罪の場合と同様、法令違憲が成立しなければ、原則として、適用違憲は成立しない、と主張することになるであろう。

　もっとも、憲法38条の趣旨を踏まえた届出義務違反罪の文言解釈によって、本事案を38条の適用対象外とすることもできる。たしかに、動物殺傷犯自身に動物の死体の届出義務を課すと、憲法38条と抵触するおそれがある。しかし、そもそも、新法84条で届出義務が課されるのは、動物の死体を「発見」した場合である。「発見」とは、「自分が知らなかった事柄や物などを見つけ出すこと」であるから、自らが動物を殺傷した場合には届出義務が成立しない、と解することもできるであろう。

4 ………… **憲法31条と行政手続──関連問題を解くヒント**

　行政手続における事前告知の欠如といった35条・38条がカバーしない論点が問題となる場合には、31条違反の有無を検討する必要がある。

関連問題は、この点を主題とする。

31条と行政手続の関係が問題となる事案の先例は成田新法事件判決（最大判平4・7・1民集46-5-437）である。同判決は、事前告知等の機会が十分でない行政手続が「31条の法意に反する」とされる可能性を承認した。同判決では、手続制度の性質や構造（川崎民商判決①②）が明示的に考察されず、権利利益への制約のありよう（川崎民商判決③④）のみが問題とされている点や、法令違憲の有無のみが検討され、適用違憲の成否については考察されていない点が、特徴的である。しかし、同判決を先例とするその後の判例では、手続の制度面と自由の制約面の双方が検討されており、法令違憲とは区別された適用違憲の余地も排除されていない（詳細は、射程197～206頁参照）。

関連問題における逃亡犯罪人の引渡命令は、形式的には、東京高検検事長を名宛人とするものであるが、実質的には、逃亡犯罪人を名宛人とする不利益処分である。そのため、命令の発令に際しては、聴聞または弁明の機会の付与が必要とされるのが原則である（行政手続法13条1項）。しかし、逃亡犯罪人引渡法35条1項は行政手続法第3章の規定の適用を除外している。

逃亡犯罪人引渡法35条1項の法令違憲性を検討する際には、同法によって制限される逃亡犯罪人の「権利利益の内容、性質、制限の程度」と同法の「達成しようとする公益の内容、程度、緊急性等を総合較量」するとともに（自由の制約面）、同法の規定する東京高裁における審査手続が、行政手続法の定める聴聞等の手続と比較して、十分に慎重なものといえるかを検討する必要がある（手続の制度面）。また、関連問題においては、本国では治療不可能な致死的難病の治療のために犯罪人が訪日しているという例外的事情が、適用違憲の成否との関係で問題となる。

解答例

問❶
1. 検査忌避罪（新法96条3項）は、裁判所の令状なき強制的な立入調査を認めているが、同規定は、憲法35条に反し、法令違憲となる。

憲法35条は、私生活の自由の保障を念頭に置きつつ、特に刑事手続について、その保障を解除するための一義的な手続的要件を定めている。

憲法35条と行政手続との関係について、川崎民商事件判決は、①手続の目的が刑事責任追及にないこと、②手続の作用が一般的に刑事責任追及目的の資料収集にないこと、③強制手段が間接的であること、④調査に公益上の目的があり、目的と手段とが合理的に関連していること、を考慮要素として示した。①〜④の基準の相互関係について、手続が実質的に刑事手続性を有するとされる場合（①②）には、③④を検討するまでもなく、憲法35条の手続的要件を充足しない立入り（令状によらない立入り）を認める規定は違憲になる、と解するべきである。

本件では、まず、刑事手続（特別調査部調査）と行政手続（一般調査部調査）とが分化していない。また、調査の結果、動物殺傷の事実が発覚すれば、告発・起訴に至ることが予想され、調査手続が刑事手続に直結している。以上から、本件調査手続は、手続の性質（①②）において、刑事責任追及の目的・作用を実質的に有している。

したがって、新法96条3項は、実質的に刑事手続としての性格を有する調査において、無令状の強制立入りを認めるもので、法令違憲となる。

2. 検査忌避罪（新法96条3項）にもとづく供述強制は、自己負罪供述を強要するものであり、同規定は、憲法38条1項に反し、法令違憲となる。

憲法38条1項は、人格の尊厳に対して刑事訴訟が譲歩した証拠禁止として、自己の刑事責任を問われるおそれのある事項についての供述を強制されない自由を保障している。

　　川崎民商事件判決は、憲法38条1項判断の際にも①〜④の基準を援用しているため、1.と同様の理由で、本規定は法令違憲となる。

　3．届出義務違反罪（新法84条、96条5項）は、自己負罪供述を強要するものであり、同規定は、憲法38条1項に反し、法令違憲となる。

　　まず、本規定の立法趣旨が、「悪質・重大な動物虐待事案について、調査の端緒を得る」点にあることは、本件届出義務違反罪の実質的な刑事手続性を示している（①②）。また、「動物を愛護する気風を招来」する（新法1条）という漠然とした社会的法益の実現のために、動物死体の届出を罰則で強制するのは、過剰な負担となる（③④）。

　　したがって、新法84条、96条5項は、法令違憲となる。

　4．仮に、検査忌避罪（新法96条3項）が法令違憲にならないとしても、本件事実関係のもとで、同規定を適用することは、憲法38条1項に反し、違憲である。

　　川崎民商事件判決は、法令違憲の判断基準を示したもので、将来の事案における適用違憲の余地を排除していない。さらに、医師法届出義務違反事件判決は、適用違憲の判断基準として、①届出義務が行政手続的性質を有するか、②届出義務に公益上の必要性があるか、③届出義務の内容に犯罪行為を構成する事項が含まれるか、④免許に伴う社会的責務が重いか、の4点を掲げ、法令違憲の基準（川崎民商事件判決）とは異なる要素（③④）を考慮し、適用審査を行った。①〜④の基準のうち、①②は法令審査の基準と同趣旨のものであるから、適用審査に際して重要なのは、③④である。

　　本件では、③事業所内で動物虐殺動画が撮影されており、調査官への供述が強制されれば、動物虐殺罪（新法96条1項）を構成する事項が明らかになる。また、④人の生命を取り扱う医師と比べ、動物の生命を取り扱う動物取扱業者の社会的責務は軽い。

　　したがって、本件への新法96条3項の適用は、違憲となる。

　5．仮に、届出義務違反罪（新法84条、96条5項）が法令違憲にならないとしても、本件事実関係のもとで、同規定を適用することは、憲法38条1項に反し、違憲である。

　　本件では、③届出の内容に動物の死体の「発見に至った経緯」が含まれているが（新法84条）、これは動物虐殺罪（新法96条1項）

を構成する事項であり、④動物取扱業者の社会的責務は比較的軽い。

　したがって、本件への新法84条、96条5項の適用は、違憲となる。

問❷

1. 検察官の反論

　(1)　検査忌避罪（新法96条3項）は、憲法35条との関係で、法令違憲とはならない。

　憲法35条は、私生活の自由を中心とした消極的自由権を保障することに、その本質がある。したがって、川崎民商事件判決の基準の中では、自由権の侵害のありように着目する③④が重視されるべきである。本件では、③川崎民商事件判決と同様、立入りの強制は間接的な態様でなされており、④委員会規則で定める動物飼養条件の遵守の確認という目的達成のために立入りを間接強制することには合理性がある。

　したがって、新法96条3項は、法令違憲とはならない。

　(2)　検査忌避罪（新法96条3項）は、憲法38条1項との関係で、法令違憲とはならない。

　憲法38条1項の本質も、自己負罪供述を強制されないという消極的自由権の保障にある。川崎民商事件判決に従えば、(1)と同様の理由で、法令違憲は成立しない。

　(3)　届出義務違反罪（新法84条、96条5項）は、憲法38条1項との関係で、法令違憲とはならない。

　まず、本件届出義務は、「社会防衛」目的を有する、「行政手続上の義務規定」であり、実質的な刑事手続性を有する規定ではない（①②）。次に、届出義務違反罪の罰則は、「10万円以下」（新法96条5項）と比較的軽微であり、「動物を愛護する気風を招来」する（新法1条）という社会的法益を実現するために、不合理な負担を強いるものではない（③④）。

　したがって、新法84条、96条5項は、法令違憲とはならない。

　(4)　法令違憲が認められない場合には、きわめて例外的な場合を除き、適用違憲も認められない。

　法令審査において違憲ではないとされた法令について、個別の事情に応じて、一般法上の義務の適用除外を認めていけば、制度の円滑な運営は阻害される。本件でも、憲法38条1項にもとづく適用

違憲判断が積み重ねられれば、政府の情報収集制度は瓦解しかねず、38条1項にかような制度破壊力を認めるべきではない。医師法届出義務違反事件判決が、川崎民商事件判決と基本的に同趣旨の基準（①②）を掲げたのは、法令違憲が認められなければ、原則として、適用違憲は認められない、との趣旨を明らかにするためである。本件でも、適用違憲を認めるべききわめて例外的な事情は、存在しない。

2．私見

（1）検査忌避罪（新法96条3項）は、将来的な適用違憲の余地を否定できないものの、憲法35条との関係で、法令違憲とはならない。

川崎民商事件判決は、法令違憲の基準を示したものと解するべきであるが、法令が将来の例外的状況において違憲状態を生じるおそれがあることを理由に、法令全体を違憲とすべきではない。

まず、「委員会調査全体に占める特別調査部調査の割合」が「1パーセント」であることを考慮すると、本件手続が、一般的に、刑事手続性を有するとはいえない（①②）。また、「調査の行われる日時・頻度については、明文の規定が置かれていない」ため、将来的に、重大な私生活の自由の侵害を伴う調査が行われるおそれはあるが、そのような調査が一般的であるとの立証もない（③④）。

したがって、将来的に、たとえば刑事手続的実態を有する調査が夜間頻繁に行われたような場合について、適用違憲の余地は排除できないが、新法96条3項が法令違憲であるとまではいえない。

（2）検査忌避罪（新法96条3項）は、将来的な適用違憲の余地を否定できないものの、憲法38条1項との関係で、法令違憲・適用違憲とはならない。

まず、検査忌避罪が憲法38条1項と抵触するのは、検査対象者自身が罪を犯していたという例外的状況に限られるため、これを一般に法令違憲であるとすることはできない。

次に、たしかに、本件では、検査対象者自身が動物虐殺罪（新法96条1項）を犯している。しかし、検査が「委員会規則で定める動物飼養条件を遵守しているか」という目的達成のために必要な範囲で行われることを考えると、調査に「犯罪行為を構成する事項」が含まれるとはいえず（医師法届出義務違反事件判決③）、適用違憲も成立しない。

（3）届出義務違反罪（新法84条、96条5項）は、憲法の趣旨を加

味した文言解釈の帰結として、本件を規制の対象としていない、と解される。

たしかに、動物虐殺の犯人自身に動物の死体の届出義務を課すと、憲法38条1項との抵触が生じるおそれがある。しかし、そもそも、新法84条で届出義務が課されるのは、動物の死体を「発見」した場合である。「発見」とは、「自分が知らなかった事柄や物などを見つけ出すこと」であるから、自らが動物を虐殺した場合には届出義務が成立しない、と解するべきである。

したがって、Xは、新法84条の規制対象ではない。

(4) 以上より、Xの検査忌避罪は成立するが、届出義務違反罪は成立しない。

関連問題

逃亡犯罪人引渡法と憲法31条

逃亡犯罪人引渡法（以下、「法」という）は、外国から逃亡犯罪人の引渡請求を受けた際の日本国内における手続等を定める。外国から逃亡犯罪人の引渡請求がなされると、外務大臣は、引渡請求書等を法務大臣に送付する（法3条）。次に、法務大臣は、東京高検検事長に対して、関係書類を送付し、東京高裁への審査請求をなすべき旨を命じる（法4条1項）。法務大臣が東京高検検事長に逃亡犯罪人の引渡命令を発令する際には、逃亡犯罪人に対してもその旨が通知される。引渡命令の発令手続に際して、行政手続法第3章の規定の適用は除外されている（法35条1項）。

Xは、A国最高裁において日本の業務上横領罪に該当する罪で懲役3年執行猶予4年の確定判決を受けた。その後Xは、A国では治療不可能な致死的難病を日本の病院で治療するため、日本に出国するが、日本滞在期間中、A国最高裁によって執行猶予宣告を取り消された。A国から日本にXの引渡請求がなされたことを受け、法務大臣は東京高検検事長に対して引渡命令を発令するが、発令に際して、Xには、自らの病状等についての聴聞または弁明の機会が与えられなかった。その後、

東京高検は東京高裁に審査請求し、東京高裁はXをA国に引き渡せる旨の決定をした。以上の事例に含まれる、憲法上の問題点について論じなさい。

（参考、解説 **5**、最決平 26·8·19 判時 2237-28）

参｜考｜文｜献

奥平康弘「刑事を中心とした手続に関する諸権利」『憲法Ⅲ 憲法が保障する権利』（有斐閣・1993 年）290 頁以下
香城敏麿「黙秘権と特別刑法」『憲法解釈の法理』（信山社・2004 年）485 頁以下
笹倉宏紀「行政調査と刑事手続(2)」法学協会雑誌 123 巻 10 号（2006 年）2091 頁以下

（村山健太郎）

19. タヌキな裁判官

設問　A教団は、タヌキは悪魔の手先であり、本来善なる存在である人間が罪を犯すのはタヌキに憑依されタヌキ憑きになるからである、タヌキ憑きとの交際が深まればタヌキに憑依されるリスクは高まる、現代人の多くはすでにタヌキ憑きであって、「預言書」に記された世界の破滅とタヌキに憑依されなかった人類の救済の日は近づいている、との教義を信奉している。このため、A教団の信者は現在、世間との交わりをほぼ絶ち、教祖であるXの指導のもと、自給自足のコミュニティ生活を送っている。

　A教団の構成員であるBほか3名は、教義に疑問をもち、コミュニティから逃亡しようとしたところを他の信者に取り押さえられた。Bらを訊問したXは、Bらがタヌキに憑依されたものと考え、このままではコミュニティにタヌキ憑きが増殖してしまうとおそれて、3名を縛り付けたうえで、「どタヌキ早く出ろ」等と叫びながら繰り返し刃物で刺し、3名を死に至らしめた。このため、Xは殺人罪で起訴され、裁判員裁判を受けることになった。

　この事件をきっかけに、A教団はカルト教団として面白おかしく報道されたりインターネット上で取り上げられたりした。Xは、こうした現象は、タヌキ憑きが現代社会の至るところに増殖していることの現れだとの確信を深め、今回の裁判はA教団を潰そうとするタヌキ憑きによる迫害だ、と捉えた。そして、世間から隔絶している裁判官たちであればまだタヌキに憑依されている可能性は低く、自分の主張を適切に判断できるのではないか、と（勝手に）考えた。

　公判期日において、Xは、「私は無罪です。検察官の起訴は、私たちの信教の自由を侵害しており、これこそが真の論点です。タヌキに憑依されて、私たちに偏見をもっているあなたたち裁判員に、私を裁くことは不正であり、許しません。裁判官による裁判を求めます」と大声で主張し、審理の進行を妨げた。裁判長Cはこれを制止したが、

 X は自らの主張を繰り返したため、裁判所は裁判官の合議により X を直ちに拘束し、審理を進めた。そして、同日中に、非公開の審理で国選弁護人の陳述を聞いた後、裁判所の職務の執行を妨害し、裁判の威信を著しく害したとの理由で、X を 20 日間の監置に処した。

 裁判所は、裁判官の合議により、X の憲法上の主張は判例（最大判昭 38・5・15 刑集 17-4-302 参照）に照らしてとりえないと判断したうえで、裁判員を含む合議により、X を有罪とし、死刑判決を下した。X は、裁判員制度に対する抗議として控訴しない代わりに、裁判官による裁判を受ける権利が侵害されたとして国家賠償請求訴訟を提起することとした。X は、このために、D を弁護人として選任した。

 X は、自らが収容されている拘置所の所長 E に対して、もはや自分は逮捕・起訴等を通じてタヌキに憑依されており、死刑執行を免れたとしても自分の運命は定まったと達観している、こうなった以上は、訴訟を通じて、まだタヌキに憑依されていない信者や市民にタヌキ憑きの脅威を訴えることが自分の使命である、等と述べていた。しかし、D が国家賠償請求訴訟の打ち合わせのため X との秘密面会を求めたところ、E は、毎夜、X が汗を大量にかいて「どタヌキ早く出ろ」と叫んで目を覚ましていることを踏まえてこれを拒否し、X の心情の安定を理由として、拘置所職員を立ち会わせることにした。

問❶ X に対する監置決定について、憲法上の問題点をあげ、それについてあなたの考えを述べなさい。

問❷ E による秘密面会の拒否について、憲法上の問題点をあげ、それについてあなたの考えを述べなさい。

問❸ 裁判員の関与する裁判体による裁判で X が有罪とされたことについて、憲法上の問題点をあげ、それについてあなたの考えを述べなさい。

【参考資料】関係法令
○法廷等の秩序維持に関する法律（法秩法）
（制裁）
第 2 条 裁判所又は裁判官（以下「裁判所」という。）が法廷又は法廷外で事件につき審判その他の手続をするに際し、その面前その他直接に知ることができる場所で、秩序を維持するため裁判所が命じた事項を行わず若しくは執つた措置に従

わず、又は暴言、暴行、けん騒その他不穏当な言動で裁判所の職務の執行を妨害し若しくは裁判の威信を著しく害した者は、20日以下の監置若しくは3万円以下の過料に処し、又はこれを併科する。
2　監置は、監置場に留置する。
（事件の審判）
第3条　前条第1項の規定による制裁は、裁判所が科する。
2　前条第1項にあたる行為があつたときは、裁判所は、その場で直ちに、裁判所職員又は警察官に行為者を拘束させることができる。この場合において、拘束の時から24時間以内に監置に処する裁判がなされないときは、裁判所は、直ちにその拘束を解かなければならない。
（裁判）
第4条　制裁を科する裁判は、決定である。
〔2項〜4項略〕
〇刑事収容施設及び被収容者等の処遇に関する法律（刑事収容施設法）
（面会の立会い等）
第121条　刑事施設の長は、その指名する職員に、死刑確定者の面会に立ち会わせ、又はその面会の状況を録音させ、若しくは録画させるものとする。ただし、死刑確定者の訴訟の準備その他の正当な利益の保護のためその立会い又は録音若しくは録画をさせないことを適当とする事情がある場合において、相当と認めるときは、この限りでない。

解　説

1 ………… 概　観

(1)　設問のねらい

　憲法の人権論を学ぶ（または、教える）際、どうしても自由権が中心になり、国務請求権までは十分行き届かない、ということが多い。しかし、この権利は「基本権を確保するための基本権」（鵜飼信成『憲法［新版］』〔弘文堂・1968年〕140頁）として、憲法の人権保障において重要な役割を担っている。とりわけ裁判を受ける権利（憲法32条、37条1項）は、日本の司法システムの根幹であり、裁判員制度の導入に際しては、裁判所に関する他の憲法規定とも関連して、多くの議論がなされたところである。
　本問は、裁判を受ける権利を中心に、裁判手続に関する様々な論点・判例について理解を深めることをねらいとして、架空の事例を設定したものである。本問の事実関係がどのような意味をもつのかを考えながら、ふだん用いている基本書の該当する箇所を復習し、また、本問の素材とされた判例にあたってみてほしい。なお、事例のうち、宗教団体の教祖

であるＸが「どタヌキ早く出ろ」といって信者を死に至らしめた経緯は、有名な加持祈禱事件判決（最大判昭38·5·15刑集17-4-302）を参考にしたが、信教の自由に関わる論点（8.テロの記憶を参照）は、本問では直接の問題にならないように設定している。

(2) とりあげる項目

► 法秩法による監置処分等の合憲性（問❶）

► 死刑確定者と弁護士の秘密面会の制限の合憲性（問❷）

► 裁判員制度の合憲性（問❸）

2 ………… 裁判を受ける権利の意義

裁判を受ける権利（憲法32条）は、「政治権力から独立の公平な司法機関に対して、すべての個人が平等に権利・自由の救済を求め、かつ、そのような公平な裁判所以外の機関から裁判されることのない権利」（芦部267頁）である。実際には、出訴する権利、法律上正当な管轄権をもつ裁判所の裁判を受ける権利、実効的な救済を受ける権利など、様々な保障内容を、裁判を受ける権利は含んでいる。さらに、刑事事件における裁判を受ける権利（憲法37条1項）は、「裁判なくして刑罰なし」の原則、すなわち裁判所の裁判によらなければ刑罰を科せられないことを保障する点で、自由権の一種でもある（芦部268頁）。

気をつけなければならないのは、裁判を受ける権利が、裁判制度を前提とする点である。このため、裁判を受ける権利をめぐる憲法問題は、立法府が定めた裁判制度が憲法に違反するかどうかという問題と、その裁判制度のもとでの裁判所の措置が裁判を受ける権利を侵害するかという問題とに、分かれる。たとえば問❶では、法秩法2条が合憲だとしても、個別具体的な監置決定が裁判を受ける権利を侵害するのではないかという問題が生じうることに、注意する必要がある。

3 ………… 法秩法による監置処分等の合憲性（問❶）

(1) 問題の所在

法秩法は、法廷闘争の激化にかんがみて1952年に制定されたものだ

が、①令状なしでの拘束を認めているのは、憲法33条に違反するのではないか、②法廷の秩序を乱された裁判所自身が、検察官の起訴もなく制裁を決定するのは、「公平な裁判所」による裁判とはいえず憲法37条1項に違反するのではないか、③非公開の審理で刑罰を科すことは、「公開裁判を受ける権利」を侵害しており憲法37条1項に違反するのではないか、等の憲法上の疑義が指摘されてきた。

(2) 判 例

ところが、判例（最大決昭33·10·15刑集12-14-3291、百選Ⅱ270頁〔藤井康博〕）は、法秩法の規定は憲法32条・33条・34条・37条に違反しない、とした。それによると、法秩法により認められる裁判所の権限は、「直接憲法の精神、つまり司法の使命とその正常、適正な運営の必要に由来するもの」である。この権限は、「法廷等の秩序を維持し、裁判の威信を保持し、以て民主社会における法の権威を確保する」ためのもの、「いわば司法の自己保存、正当防衛のために司法に内在する権限、司法の概念から当然に演繹される権限」なのである。

そして、法秩法上の制裁は、刑事罰・行政罰いずれとも異なる「特殊の処罰」であるが、裁判所の目の前で行われる現行犯的行為に適用されるものであるから、「令状の発付、勾留理由の開示、訴追、弁護人依頼権等刑事裁判に関し憲法の要求する諸手続の範囲外にある」。事実関係等が単純であるから、処罰される者の人権が侵害されるおそれもないし、裁判の威信を迅速に回復するという要求にもかなう（論点②）。さらに、拘束も監置のための必要な保全措置であるから、違憲ではない（論点①）、というのが判例の立場である。

さらに別の判例（最決昭35·9·21刑集14-11-1498）は、同じく憲法の手続保障の範囲外にあるという理由から、制裁を科する裁判の手続を公開の法廷で行わなくても違憲ではない、としている（論点③）。

このように、法秩法により認められる裁判所の権限は司法権に由来するものであり、それゆえに同じく憲法31条以下の手続保障は及ばない、というのが判例の基本的な論理である。

(3) 検 討

　論点①に関する限り、現行犯については令状によらない逮捕が認められていることからすれば（憲法33条）、憲法上の疑義は小さいとみてもよいだろう。しかし、論点②③については、拘束および監置処分も一種の処罰であることはたしかであり、法秩法の制裁手続をそもそも憲法の手続保障の対象外と解する判例の立場は、正当とはいえないのではないだろうか。最決昭60・11・12判時1202-142の伊藤正己裁判官補足意見はこの点を指摘し、運用によっては法秩法に違憲の余地が生じると解すべきだと主張している。

　これらの点を踏まえれば、憲法の手続保障が及ぶと解しつつ、法廷秩序の維持のため、裁判所の目の前で行われる現行犯的行為に対して迅速に制裁を加える必要がある限りで、法秩法それ自体およびその適用が憲法37条等に違反しない、と考えることもできるだろう。

(4) 解答の手がかり

　解答にあたっては、まずは判例の基本的論理に対する姿勢を示す必要があるだろう。そのうえで、Xが裁判員裁判における公判の場において大声で主張を繰り返したという点、監置処分にあたっては国選弁護人の陳述を聞いている点、さらに監置の期間が20日と比較的長期にわたっている点などを総合的に評価しながら、適用違憲の可能性についても検討してもらいたい。

4 ……………死刑確定者と弁護士の秘密面会の制限の合憲性（問❷）

(1) 問題の所在

　本問では、刑事収容施設法121条にもとづきEがXとDの秘密面会を認めなかったため、同条または同条にもとづくEの措置についてどのような憲法上の問題があるかを考えることになるが、その前提として、刑事収容施設被収容関係における人権保障について整理し、その後で本問で問題になる権利・利益は何かを、考えることにしよう。

(2) 刑事収容施設被収容関係における人権保障

　刑事収容施設被収容関係は、かつては在監関係と呼ばれ、公務員関係

(2.憲法改正の阻止は公務員の義務？を参照) とともに、一般の人権制限とは異なる特別の考えが認められるかどうかが、議論されてきた分野である。そして、法の支配の原理を採用する日本国憲法のもとでは (41条・76条参照)、明治憲法下におけるような伝統的な特別権力関係論がそのままでは妥当しないこと、刑事収容施設被収容者の人権制限は、刑事収容施設被収容関係とその自律性が憲法的秩序の構成要素として認められていることを根拠に、必要最小限度にとどまらなければならない、と考えられる (芦部108頁以下)。

　判例においても、「よど号」ハイジャック記事抹消事件判決 (最大判昭58・6・22民集37-5-793) が、未決拘禁者の新聞閲読の制限について、その合憲性を個別的比較衡量により判断する一般的な枠組みを示したうえで、閲読を許すことにより監獄内の規律秩序の維持にとって障害が生じる相当の蓋然性が必要であるとしたのをはじめとして、未決拘禁者の親族との接見交通の制限 (最判平3・7・9民集45-6-1049) や死刑確定者の信書の発受の制限 (最判平11・2・26判時1682-12) についても、重要な判断が積み重ねられてきている。なお、これらの判例は、かつての監獄法のもとで生じた事件に関するものであったが、2006年に制定された刑事収容施設法は、以前よりもはるかに法律の規律密度が高くなっている。

　刑事収容施設被収容関係における人権制限をより具体的に考えるためには、次に述べる権利・利益の具体的内容に加えて、未決拘禁者・受刑者・死刑確定者等の被収容者の立場の違いも、重要である。刑事施設被収容者の人権制限の目的として、施設の紀律秩序の維持があげられることが多いが、これは施設に収容した結果として生じる目的であって、そもそもなぜその者を収容するのかの理由ではない。未決拘禁者であれば逃亡・罪証隠滅の防止が、受刑者の場合は矯正教化が、それぞれ収容の目的である。これに対して、本問で問題になる死刑確定者については、その心情の安定にも配慮しつつ、死刑の執行に至るまで社会から厳重に隔離してその身柄を確保することが、収容の目的であることに注意しなければならない。

　このように考えると、刑事収容施設法121条本文が、死刑確定者に秘

密面会を許すか否かを刑事施設の長の裁量に委ねたことは、ひとまず適切であるように思われる。

(3) 裁判を受ける権利

もっとも本問では、Xは、国家賠償請求訴訟を提起するため弁護士であるDと秘密面会をしようとしているのであり、Eの措置は裁判を受ける権利を侵害するのではないだろうか。刑事収容施設法121条ただし書も、死刑確定者の「訴訟の準備その他の正当な利益」がある場合には、それを尊重して秘密面会を許すかどうか判断するよう刑事施設の長に義務づけているが、裁判を受ける権利の保障を踏まえれば、Eの措置は違法ではないだろうか。

実はこの規定については、再審請求に関して死刑確定者と弁護人との秘密面会を認めなかったことを国家賠償法上違法とした判例（最判平25・12・10民集67-9-1761）がある。しかし、この判例の射程が本問に直ちに及ぶ、と考えるのは早計である。というのは、これまで、再審請求における死刑確定者と弁護人の秘密面会が保障されるべきかどうかは、秘密交通権（刑事訴訟法39条1項）との関連で考えられてきた。そして秘密交通権の保障は、刑事裁判における弁護人依頼権（憲法34条）に由来するものと考えられている（最大判平11・3・24民集53-3-514参照）。これに対して、本問でXが提起しようとしている民事裁判についてまで、憲法が明文で弁護人依頼権を保障しているわけではないのである。

他方、裁判を受ける権利（憲法32条）は、民事裁判について出訴する権利を保障してはいるが、死刑確定者と弁護人が秘密面会する権利ないし利益を保障しているとまでいえるだろうか。この点で参考になるのは、監獄法のもとで、受刑者が、徳島刑務所内の処遇に対して国家賠償請求訴訟を提起するために、弁護人と面会しようとしたところ、刑務所長に面会を制限されたという事件である。この事件の一審判決（徳島地判平8・3・15判時1597-115）は、受刑者の接見の権利を保障すると理解される国際人権規約B規約14条1項および憲法の趣旨から、接見の制限に関する刑務所長の裁量を限定する解釈をとった。これに対して上告審は、このような解釈を退けたうえで、刑務所長に広汎な裁量を認め、面会制限

を適法としている（最判平 12·9·7 判時 1728-17）。なお、この徳島刑務所事件は、国際人権法の間接適用（憲法の国際人権法適合的解釈）に関する裁判例として、有名なものである点にも、注意しておいてもらいたい（只野・後掲参考文献 163 頁以下、275 頁以下参照）。

(4) 解答の手がかり

刑事収容施設被収容関係における人権の限界についての一般論を立てること、刑事収容施設法 121 条それ自体の合憲性を論じることは、たしかに必要だろう。しかし本問でより重要なのは、X が死刑確定者であること、および、国家賠償請求訴訟に関する D との面会の利益をどのように評価して、裁量統制の枠組みを導くか、である。そのもとで、とりわけ X の心情の安定が秘密面会を制限する理由として適切なものと認めるかどうかについて、しっかり議論してもらいたい。

5 ┈┈┈┈裁判員制度の合憲性（問❸）

(1) 問題の所在

裁判員制度については、①職業裁判官と裁判員により構成される裁判体は、憲法にいう「裁判所」にあたらず、憲法 32 条・37 条に反するのではないか、②裁判員を含む裁判体は「公平な裁判所」ではなく、憲法 37 条・31 条に反するのではないか、③裁判員を含む裁判所は「特別裁判所」にあたり、憲法 76 条 2 項に反するのではないか、④裁判員を含む裁判体の多数の意見に、それとは反対の意見をもつ職業裁判官が拘束されることは、職権行使の独立を保障する憲法 76 条 3 項に反するのではないか、⑤裁判員および裁判員候補者の負担等は「意に反する苦役」にあたり、憲法 18 条に反するのではないかなど、様々な憲法上の論点が提起されてきた（土井・後掲参考文献参照）。

本問でクローズアップされるのは、⑥裁判員制度による審理裁判を受けるか否かの選択権が被告人に認められていないことが、憲法 32 条・37 条に反するかどうか、という論点である。これは結局のところ、裁判員制度それ自体の合憲性に収斂する問題であるが、この点は判例（最大判平 23·11·16 刑集 65-8-1285、百選 II 380 頁〔土井真一〕）によって、すでに

事実上の決着がついたものといってよい。そこで以下では、この判例の論理をみておくことにしよう。

(2) 判例の一般的な判断枠組み

　最高裁は、個別の論点に入る前に、まず憲法と国民の司法参加についての一般論を展開している。それによると、憲法に「明文の規定が置かれていないことが、直ちに国民の司法参加の禁止を意味するものではな」く、刑事裁判への国民の司法参加が許されるかどうかは、「憲法が採用する統治の基本原理や刑事裁判の諸原則、憲法制定当時の歴史的状況を含めた憲法制定の経緯及び憲法の関連規定の文理を総合的に検討して判断されるべき」である。

　そして最高裁は、適正な刑事裁判を実現するための諸原則が憲法で保障されていること、その遵守には高度の法的専門性が要求されること、裁判官の職権行使の独立と身分保障が憲法上定められていることから、「憲法は、刑事裁判の基本的な担い手として裁判官を想定していると考えられる」とする。その半面、戦前の陪審制や日本国憲法制定の経緯、さらに国際的視点からみると、国民の司法参加と上記の諸原則の調和は可能であることから、国民の司法参加にかかる制度の合憲性は、具体的に設けられた制度が、上記の諸原則に抵触するか否かによって決せられるべきだ、とされている。

　まとめると、最高裁は、国民の司法参加一般を憲法は禁止していないという前提のもと、第1に適正な刑事裁判を実現するための諸原則に適合しているか、第2にその諸原則の遵守のために裁判官が「刑事裁判の基本的な担い手」とされているか、という2つの観点から、具体的なしくみの合憲性を判断する、という枠組みを提示したものといえる。

(3) 裁判員制度に関する個別の論点

　最高裁は、論点①について、そもそも日本国憲法の文言では、明治憲法のように「裁判官による裁判」ではなく「裁判所における裁判」が保障されていることに加え、前述のように国民の司法参加一般が禁止されているとは解されない以上、職業裁判官と裁判員により構成される裁判体が、直ちに憲法上の「裁判所」にあたらないわけではない、としてい

る。

論点②については、裁判員が公平性・中立性が確保された手続で選任されること、裁判員の関与する事実認定・法令の適用・刑の量定は、いずれもあらかじめ法律的な知識が不可欠ではなく、裁判員も裁判官との協働によって良識ある結論に達することができることからすれば、公平な裁判所における法と証拠にもとづく適正な裁判が行われることは制度的に十分保障されている。他方、裁判官は刑事裁判の基本的な担い手とされており、刑事裁判の諸原則を確保するうえでも支障はない、というのが最高裁の判断である。

論点③については、最高裁は、裁判員制度では評決において少なくとも1名の職業裁判官が多数意見に加わる必要があること（裁判員の参加する刑事裁判に関する法律67条1項）も指摘しつつ、裁判官が自らの意見と異なる多数の結論に従うのは憲法に適合する法律に拘束される結果である、としている。

論点④について最高裁は、そもそも「特別裁判所」とは、明治憲法下の軍法会議のように、特別の人間または事件について裁判するために通常裁判所の系列から独立して設けられる裁判機関のことを指すところ（芦部358頁）、裁判員制度による裁判体は、地方裁判所に属し上訴も認められていることから、特別裁判所にあたらない、としている。

なお最高裁は、論点⑤についても、裁判員の職務等は、参政権と同様の権限を国民に付与するものであり、辞退に関し柔軟な制度が設けられていることなどから、憲法18条後段にいう「苦役」にあたらない、としている。

(4) 解答の手がかり

さて、本問で問題となる論点⑥について、別の判例（最判平24・1・13刑集66-1-1）は、前掲最大判平23・11・16を引用しつつ、憲法の定める適正な刑事裁判を実現するための諸原則が確保されていることから、裁判員制度による審理裁判を受けるか否かについて被告人に選択権が認められていないとしても、憲法32条・37条に反しない、としている。たしかに、裁判員制度が合憲なのであれば、あえて被告人に選択権を認めなく

てもよいという結論は素直であり、逆に、仮に裁判員制度が違憲なのであれば、被告人に選択権を認めても制度の違憲性が消滅するわけでもない、といえよう（百選II 381頁以下〔土井〕参照）。そこで本問での解答では、論点①②に関する判例の立場にさかのぼり、裁判員制度それ自体の合憲性をあわせて説明する必要がある。

　本問特有の事情としては、Xの殺人事件を契機にした報道等があるところから、A教団およびXへの偏見により裁判の公正を確保できるかどうかも、問題となりうる。回答にあたっては、こうした事情に即して、裁判員制度の趣旨や論点②についての合憲論を具体的に議論することが、望ましい。なお、裁判員裁判の対象事件のうち、被告人の言動や被告人の属する団体の言動等から、裁判員等に危害が加えられるおそれがあり、裁判員の職務遂行ができないようなものについては、職業裁判官による裁判に切り替える手続も整備されているが（裁判員の参加する刑事裁判に関する法律3条）、本問ではそうしたおそれは考えなくてよい。

解答例

問❶

1．Xは、公判期日において、Cの制止にもかかわらず、大声で自己の主張を繰り返したため、拘束され（法秩法3条2項）、非公開の審判により監置に処せられている（法秩法2条1項、3条1項、4条）。かかる法秩法の規定は、令状によらない拘束を認める点で憲法33条に反し、また公平な裁判所による公開の裁判を保障する憲法37条1項に違反しないか。

　この点について、判例は、法秩法上の裁判所の権限は憲法上の司法権に由来するものであり、法秩法上の制裁は、刑事罰・行政罰のいずれとも異なる特殊の処罰であるとして、憲法31条以下の手続保障が及ばない、と解している。しかし、法秩法の定める拘束および監置処分も一種の処罰であることからすれば、憲法31条以下の規律を受けると解すべきである。

　そして、法廷秩序の維持は重要な公共の福祉の1つであるところ、裁判所が自らの目の前で行われた現行犯的行為に対して監置処分を行っても「公平な裁判所」の保障に反するとはいえず、また、法廷の権威を迅速に回復する必要がある場合に非公開の審理によることも許されるべきであるから、法秩法2条、3条1項、4条は憲法37条1項に反しないと解される。

　こうした法秩法上の制裁の特殊性に加えて、現行犯には無令状逮捕が許容されていることも斟酌すれば、法秩法3条2項が令状によらない拘束を定めていることも、憲法33条に反しないと解される。

2．しかし、このように法秩法の規定それ自体が合憲であるとしても、Xに対する拘束および監置処分は、適用違憲となりうるのではないか。

　本件におけるXの発言は公判の場でなされたものであるところ、その発言の内容は裁判員をタヌキ憑きなどと決めつけて裁判員裁判の続行を妨げようとするものであり、まさしく裁判所の職務執行を妨害し、裁判の威信を著しく害するものにあたる。Cの制止にもかかわらず発言を繰り返したことからすれば、裁判所が直ちにXを拘束しなければ裁判員裁判の続行は不可能であった。監置処分にあたって審判を公開で行ったとしてもXは同じ発言を繰り返してさらに裁判の威信を害することが予想される一方、国選弁護人の陳述がなされている点で、手続保障は十分になされているといえる。

　したがって、監置が20日間の長期にわたるとしても、Xに対する拘束および監置処分は、憲法に違反しないと解される。

問❷

1．Eは、刑事収容施設法121条にもとづき、XとDの秘密面会を制限しているが、同条は、訴訟の準備のための死刑確定者と弁護人との面会についても、刑事施設の長の裁量的判断による秘密面会の制限を認める点で、死刑確定者の裁判を受ける権利を侵害し、憲法32条に反するのではないか。

　そもそも、法の支配の原理を採用する日本国憲法のもとでは、伝統的な特別権力関係論は妥当せず、特別の公法上の権利関係における人権制限は、当該関係とその自律性が憲法的秩序の構成要素として認められている場合に、必要最小限度の範囲に限って許される。死刑確定者については、その心情の安定にも配慮しつつ、死刑の執

行に至るまで社会から厳重に隔離してその身柄を確保するために、および、刑事施設内の紀律秩序の維持のために必要最小限度の範囲で、人権制限が許される。

　死刑確定者の再審請求については、刑事裁判における弁護人依頼権（憲法34条）とも密接に関わるものとして、弁護人との秘密面会の利益が重要だと解する余地があるとしても、民事・行政裁判一般について、そのような利益が裁判を受ける権利として、直ちに憲法上の保障を受けるとまでは解し難い。他方、刑事施設内の紀律秩序の維持については、その任にあたり実務に詳しい施設の長の裁量的判断を尊重すべき場合が多いことは、判例も認める通りである。

　したがって、刑事収容施設法121条は、憲法32条に反しない。

２．しかし、刑事収容施設法121条それ自体が合憲だとしても、XとDの秘密面会を制限するEの措置は、裁判を受ける権利の趣旨に照らし、違法ではないか。

　前述したところからすれば、刑事収容施設法121条において秘密面会を相当でないとする施設の長の判断は、死刑確定者の収容目的との関係で必要かつ合理的なものでなければならず、そうでない場合には裁量権の逸脱濫用として違法である。そして秘密面会の制限が必要かつ合理的であるかどうかは、収容の目的のために制限が必要とされる程度と、同条にいう正当な利益の具体的な内容およびその制限の程度とを総合的に較量して判断すべきである。

　Xは毎夜、汗を大量にかいて「どタヌキ早く出ろ」と叫んで目を覚ましていることから、心情の安定を損なっているようにもみられるが、叫ぶ内容はXの信奉する教義とも関係するものであり、少なくとも昼間の心情は安定しているように思われる。Xは、自らの教義・信念から、裁判員制度の合憲性を国家賠償請求訴訟で争う決意を固めており、Dとの秘密面会を制限することが、心情の安定につながるとも考え難い。秘密面会を認めても、死刑までの身柄の確保や、拘置所内の紀律秩序の維持といった収容の目的を損なうおそれは小さい。他方、裁判員裁判の違憲国賠訴訟について、弁護士であるDと秘密面会をして議論することはXにとって重要な利益であり、秘密面会の制限はXの裁判を受ける権利を実質的に損なうおそれがある。

　したがって、裁判を受ける権利の趣旨に照らし、Eの措置は違法であると解される。

問❸

１．裁判員制度のもとで構成される裁判体は、職業裁判官だけではなく国民から無作為に選ばれた裁判員が加わる点で、憲法 37 条の定める「公平な裁判所」にあたらず、裁判員制度は憲法 31 条・32 条・37 条に反するのではないか。

　日本国憲法には、国民の司法参加を定める明文の規定がない。しかしそれは直ちに国民の司法参加を禁止するものではなく、このことは、「裁判官の裁判」ではなく「裁判所において裁判を受ける権利」が保障されている（憲法 32 条。同 37 条 1 項も参照）ことからも裏付けられる。その半面、憲法は、適正手続の保障（31 条）、公平な裁判所の迅速な公開裁判を受ける権利（37 条 1 項）など、適正な刑事裁判を実現するための諸原則を保障したうえで、その遵守の確保のために、職業裁判官の職権行使の独立（76 条 3 項）や身分保障（80 条以下）を定めている。したがって、国民の司法参加を定める裁判制度は、その具体的なしくみが適正な刑事裁判を実現するための諸原則を保障しており、その遵守の確保のために職業裁判官を刑事裁判の基本的な担い手としている場合には、憲法に違反しない。

　裁判員裁判は原則として裁判官 3 名および裁判員 6 名によって行われる（裁判員の参加する刑事裁判に関する法律 2 条 2 項）。裁判員は、有権者の中からくじによって選定された裁判員候補者の中から、不公平な裁判をするおそれがある者を除く手続で選任され（同法 13 条以下）、職権行使の独立が保障され（同法 8 条）、法令に従い公平誠実に職務を行わなければならない（同法 9 条 1 項）。裁判員が関与する事実認定・法令の適用・量刑（同法 6 条 1 項）は、司法作用の内容をなすものだが、あらかじめ法律的な知識が不可欠とまではいえず、裁判員も裁判官との協働によって良識ある結論に達することができる（同法 66 条 5 項参照）。評決において少なくとも 1 名の職業裁判官が多数意見に加わる必要があることも考えあわせれば（同法 67 条 1 項）、裁判員制度では、適正な裁判が行われることが、制度的に保障されている。法令の解釈や訴訟手続に関する判断は職業裁判官のみで行うことから（同法 6 条 2 項、68 条）、裁判官が刑事裁判の基本的な担い手とされ、刑事裁判の諸原則も確保されている。

　したがって、判例も述べる通り、裁判員制度の定める裁判体は「公平な裁判所」にあたり、裁判員制度は憲法 31 条・32 条・37 条に反しないと解される。

　２．しかし、裁判員制度それ自体が合憲だとしても、Xの裁判については、A教団がカルト集団であるなどの報道の影響により裁判員の公平な判断が確保できず、憲法31条・37条に反するのではないか。

　すでに述べた裁判員制度のしくみからすれば、Xの裁判における裁判員も、公平性に配慮した手続で選任されているはずであり、裁判長Cの説明や職業裁判官との意見交換を通じて、XやA教団に対する偏見から自由に公平な判断をしたはずである。さらに、Xの信教の自由に関する憲法上の主張などは、職業裁判官により判例に従った判断がなされている。

　したがって、Xの裁判には公平な裁判を受ける権利を侵害するところはなく、憲法31条・37条に反しないと解される。

　３．さらに、Xに裁判員裁判を拒否する選択権が認められなかったことは、憲法32条・37条に反するのではないか。

　仮に裁判員制度に違憲の瑕疵があるとしても、被告人に選択権を認めればその瑕疵が消滅するわけではないうえ、すでに述べた通り、裁判員制度は適正な刑事裁判を実現するための諸原則が確保されていることからすれば、被告人に選択権を認める必要はない。

　したがって、この点でもXの裁判は、憲法32条・37条に反しないと解される。

関連問題

１．意に反する苦役、第三者の憲法上の権利主張

　Xの裁判に関与していた裁判員であるYは、審理においてA教団の実態やBの死体の写真などを見せられたため、精神的なショックを受けた。Xは、自らの死刑判決に対する国家賠償請求訴訟の中で、Yの裁判員としての職務が「意に反する苦役」（憲法18条）にあたると主張している。裁判員制度は憲法18条に違反するか。また、Xが裁判上このような主張をすることは、許されるか。

　（参考、解説**5**、仙台高判平27・10・29判時2281-74、最判解刑平成23年度324頁以下〔西野吾一＝矢野直邦〕）

２．非訟事件と裁判を受ける権利

専業主夫である M が、恋人をつくって家を出た妻である N に対して、婚姻費用分担の審判を申し立てたところ、家庭裁判所は、毎月 20 万円を M に支払うよう、N に命ずる審判をしたので（家事事件手続法 150 条 3 号）、N が即時抗告をした。高等裁判所は、M が N に対し嫌がらせをするなど、手続の円滑な進行を妨げるおそれがあるとして、M に即時抗告があったことだけを通知し、抗告状の写しを送付しないまま（同法 88 条 1 項）、毎月の支払金額を 10 万円に変更した。M は、裁判所が抗告状の写しを送付しなかったことを理由として国家賠償請求訴訟を提起するとともに、N に毎月 20 万円の支払いの義務があることの確認を求める訴訟を提起した。この事例に含まれる憲法上の問題点を論ぜよ。

（参考、最決平 20・5・8 判時 2011-116）

参 | 考 | 文 | 献

芦部信喜「裁判を受ける権利」『人権と議会政』（有斐閣・1996 年）222 頁以下

片山智彦『裁判を受ける権利と司法制度』（大阪大学出版会・2007 年）

宍戸常寿「司法制度改革の中の裁判官──裁判員制度合憲判決」駒村圭吾編『テクストとしての判決──「近代」と「憲法」を読み解く』（有斐閣・2016 年）297 頁以下

只野雅人『憲法の基本原理から考える』（日本評論社・2006 年）

土井真一「日本国憲法と国民の司法参加」同編『岩波講座憲法 4 変容する統治システム』（岩波書店・2007 年）235 頁以下

松井茂記『裁判を受ける権利』（日本評論社・1993 年）

（宍戸常寿）

設問　Ａは、Ｐ党の要職や大臣を歴任した後に党首となった、当選10回のベテラン衆議院議員である。祖父の代から続く政治家一家として育った彼には、1つの夢があった。それは、かつて首相を務めた彼の祖父Ｂがなしえなかったある政策を実現することである。すなわちＢは、先の大戦を開始したＴ内閣において閣僚を務めていた戦前以来の大物政治家であるが、戦後、閣僚としてあの戦争を止められなかったことへの後悔の念から、日本の侵略を受けたアジア諸国を含むあらゆる戦争被害者に補償を行うことを政治家としての最大の目標とするようになった。しかし、Ｂが首相を務めていた当時の日本の経済力や国際関係から彼の内閣ではその政策を実現できず、折に触れて、孫であるＡにその無念を語っていたのである。そして20XX年、ついに内閣総理大臣の座に就いたＡは、Ｂの悲願であった「戦後補償法案（通称）」を国会に提出することを就任記者会見の場で公にした。

　もっとも、この時の衆議院（465議席）の第一党は210議席を保有していたＲ党であり、Ｐ党は衆議院で200議席しか有していなかった。そこでＰ党は、衆議院に50議席を保有していたＱ党と連立を組むことで政権を維持していた。さらに、参議院ではＲ党が過半数を占めていたため、国会は衆議院と参議院とで多数派が異なるという「ねじれ国会」となっていた。そのため、Ａ内閣は発足直後から、法案を国会に提出しても参議院によって否決され、しかもＱ党と合わせても衆議院で再可決をするために必要な3分の2の議席をもっていないため、ほとんど法案を通すことができないという事態が続いていた。もちろんこれでは、「戦後補償法案」どころではない。

　けれども、年齢的にも再チャレンジの機会はなく、首相の座を降りた時が政治家を引退する時であると覚悟していたＡは、何としてもこの法案を通さなければならなかった。そこで、参議院の反対を制すべく、参議院での法案否決を待って、Ａはこの問題をシングルイシ

ューとして解散を行うという道を模索し始める。ところが、「戦後補償法案」はその構想が明らかになった時から反対の声が強く、とりわけ補償対象にアジア諸国の戦争被害者を含んでいる点について「売国奴Ａを許すな」などとして、首相官邸前でデモが行われる有様であった。そんな折、政局の動きを受けて行われた各紙世論調査においてＡ内閣の支持率が大幅に下落し、ここで総選挙に踏み切れば連立与党が大幅に議席を減らすのではないかという見通しが明らかになると、閣僚からも解散を回避すべきだという声が公然とあがりはじめた。しかし、Ａは反対する閣僚を罷免してでも解散を行う意思を固めた、との観測が、永田町を駆けめぐる。

　これに焦ったのが、Ｑ党のＣ党首である。Ｑ党にとってはただでさえ負け戦になる可能性が大きいうえに、とりわけ地盤が不安定な若手議員からの悲鳴のような嘆願の矢面に立たされたＣは、自党の閣僚には解散のための閣議書にサインをさせないという見通しを述べるなど、連立離脱をほのめかしてまで解散回避を模索した。しかし、連立離脱はＱ党にとっても痛手となることを見透かしたＡを翻意させることができず、Ｃが途方に暮れているとき、Ｒ党党首であるＤから直接、Ｃと内々に話がしたい旨の連絡が入った。そこで、ＣがＤと高級レストランの個室で落ち合うと、Ｄはおもむろに口を開いた。「我々としても、次の総選挙で過半数を取れる自信はないから、（内閣）不信任案を可決して解散に追い込むという手段はとりたくないんですよ。そこで、我々としては、今の内閣を総辞職に追い込んだうえで、Ｑ党さんと連立をしたいと思ってるんですね」。「でも、どうやって総辞職に追い込むんですか。Ａさんは、解散する気満々ですよ」。この問いを待っていたかのように、Ｄはゆっくりと答えた。「今我々の政調で研究をさせてるんですが、内閣の解散権を制限する法律を議員立法で出そうと思っています。そこで、単刀直入に申し上げれば、この法案に乗っていただきたい」。たしかに、事実上の不信任を突き付けられると同時に解散権を失った内閣は、総辞職を行うしかないだろう。しかし、Ｑ党にも事情がある。「私たちも、選挙ではＰ党にずいぶん世話になってきました。私たちがＰ党の応援なしで選挙が戦えないことは、Ｄさんもご存知でしょう」。Ｄは、Ｃのこの問いには直接答えず、こう言った。「もしご協力いただけるのであれば、次の

首班指名では、あなたの名前を書きたいと考えています」。

　Ｑ党初の女性党首として注目を浴びていたＣは、もともと「次の首相は誰がいいですか」という世論調査で１位を獲得することもあるなど、世間の受けはよかった。ただ他方で、「所詮は客寄せパンダ」という同僚からの妬み交じりの陰口も耳に入っており、ジリ貧のＡ内閣と心中する形で党首の座から引きずり降ろされるのではないかとも噂されていた。そのような折、思わぬ形で日本初の女性総理の座が転がり込んでくるかもしれないことになったＣは、内心を悟られないように「少し考えさせてください」と一言述べると、一足先にレストランを後にした。

問　衆議院法制局の職員であるあなたは、Ｒ党の政務調査会長から、次のような法律案を提出しようと考えているのだが、そこに含まれる憲法上の問題点を洗い出したうえで、どうすればそれらをクリアできるかについて検討してほしいという相談を受けた。それに対して、あなたはどのように回答すべきか。なお、統治行為論について論じる必要はない。

❶内閣は、法律案または予算が参議院において否決されたことを理由として、衆議院を解散することはできない。

❷内閣は、憲法69条所定の場合のほかは、衆議院を解散することができない。ただし、衆議院の総議員の55パーセント以上が衆議院を解散する旨の決議案に賛成した場合には、内閣は衆議院を解散しなければならない。

解　説

1 ………概　観

(1) 設問のねらい

　本問は「国会と内閣」をテーマとする設題である。2020年２月の時点において、第二次安倍政権下で行われた衆議院解散は２回を数えるが（2014年11月、2017年９月）、そのいずれに対しても、「大義なき解散」ではないかという批判の声があがったことは記憶に新しい。このような政

治動向を背景として、内閣が自由な解散権を有している現状が広く疑問視されるようになっていることから、内閣による解散権の「濫用」を憲法的観点からいかに統制していくかという問題は、今後の統治機構論においてますます重要な論点になっていくものと思われる（岩切・後掲参考文献や高田・後掲参考文献も参照）。

　本問においては、まず、国会が内閣の解散権を制約する法律を制定できるかが問題となる。続いて、解散権を制約する法律の制定が可能であるとしても、どこまでの制約であれば憲法上許されるのかが問題となるが、ここで、解散権の限界という論点が登場する。この点、解散権行使の要件としては実体的要件と手続的要件とがあるところ、❶で問題となっているのは前者、❷で問題となっているのは後者であると考えることができよう。

　なお、最高裁が衆議院の解散を「統治行為」として性格づけていることは周知の通りであるが（苫米地事件判決〔最大判昭35・6・8民集14-7-1206〕）、本問は内閣の解散権に対する（司法権ではなく）立法権による制約が問題となっているため、この論点に触れる必要はないことを問題文中に明示した。また、解答例が「ですます調」になっているのは、本問の形式が「相談」に対する「回答」となっていることに対応したものである。

　(2)　とりあげる項目
　►立法権と執政権
　►解散権の限界
　►自律解散の可否

2 ……立法権と執政権

　本問においては、そもそも、国会が内閣の解散権を制約する法律を定めることができるのかが問題となる。

(1)　立法権の限界

　この点、国会は立法権を有するところ（憲法41条）、ここでいう「立法」とは実質的意味の法律の制定であり、実質的意味の法律とは「およ

そ一般的・抽象的な法規範をすべて含む」（芦部306頁）あるいは「国家と国民との関係に関する一般的抽象的法規範」（長谷部329頁）などと解する見解が多数を占めている（赤坂・後掲参考文献35〜37頁参照）。したがって、内閣の解散権を制約する法律が、その受範者が内閣という特定の組織であることをもって一般性を備えた法規範であるとはいえないとすれば、国会にはかかる法律を制定する権限はないということにもなりそうである。

　しかし、「法律」という術語に形式的意味と実質的意味とを与える「二重法律概念は、もともと一定の事項を議会の手に留保するための理論だったのであって、議会の権限行使を制約する議論だったのではない」（玉井克哉「国家作用としての立法」法学教室239号〔2000年〕76頁）。したがって、学説の多数も一般的規範の定立を国会の専属的所管事項であると解するにとどまるのであって、個別的規範の定立を議会権限の範囲から除外しようとするものではないと考えるべきであろう。実際、一般性をおよそ持ちえないにもかかわらず、組織法律が違憲であるとは考えられていない。さらに、国民主権下において二重法律概念を論じる実益が消失した結果、憲法41条にいう「立法」を形式的意味の立法と解し、それについて「憲法は何らの事項的限定も定めてはいない」（高橋368頁）とする見解も有力に説かれている。

(2)　執政権への制約

　次に、衆議院の解散は執政作用であるところ、国会が内閣の執政作用を制約することができるのかが問題となる。たとえば、後述するイギリスにおける議会任期固定法の場合は、「イギリス憲法において庶民院を解散することは、コモン・ロー上の国王大権とされるから、当然に議会制定法に劣位し、……イギリスの議院内閣制の要である『解散権』を葬り去ることができた」（植村勝慶「衆議院の自律的解散権論・再訪」長谷川正安先生追悼『戦後法学と憲法』〔日本評論社・2012年〕1033頁）という事情があったが、衆議院の解散が憲法上の国事行為とされている日本では、法律によって解散権を制約することは許されるのだろうか。

　この点、憲法によって内閣には無制約の解散権が与えられているとい

う見解に立てば、法律による解散権の制約は違憲となる余地もあろう。しかしながら、かかる見解は憲法学説においては例外的とみられるのであって、後述するように、憲法学説の多数は——69条限定説を採るか否かに関わらず——内閣による自由な解散権の行使に対して警戒的である。このように、解散権に対する制約を憲法自身が認めているのだとすれば、その内容を法律によって具体化することも許されるであろう（植村・後掲参考文献275頁参照）。実際、裁判所による解散への関与を否定した前掲苫米地事件最高裁判決は、解散の効力をめぐる争いを内閣と衆議院という「統治部門の自律」に委ねたにとどまり（野中俊彦『憲法訴訟の原理と技術』〔有斐閣・1995年〕162頁）、内閣の解散権に対する国会による制約をも禁じたものではないと思われる。

　なお、苫米地事件判決を含め、この論点を取り扱った最高裁判例は存在しないが、下級審に目を向けると興味深い裁判例が存在する。すなわち、名古屋高判昭62・3・25判時1234-38は「公選法に同日選禁止規定を設けるか否かは立法政策の問題に帰する」と述べ、法律で衆参同日選挙の禁止規定を定めることも可能であるという立場を明言したのである。ここで、「公選法に同日選禁止規定を設けることは、法律により解散権の行使を制約することを意味する」（岩間昭道「判批」自治研究64巻8号〔1988年〕132頁）以上、同判決は、立法権による解散権の制約は可能であると判断した裁判例であると理解することができよう。

3 ………… 解散権の限界

　たとえ内閣の解散権の根拠が憲法7条にあるとしても、そのことから直ちに内閣の自由な解散権が導かれるわけではないように、解散権の根拠と限界とは別個の問題である（長谷部恭男『Interactive憲法』〔有斐閣・2006年〕155頁以下参照）。したがって、本問においても解散権の根拠を論じる必要はなく、直ちに解散権の限界を論じればよいだろう。

(1) 習律上の制約

　内閣の解散権に限界があるか否かについては、「議会と内閣がどのような相互関係に置かれるとき、国民の意思は最もよく政治に反映される

ことになるかという観点から問題を捉えて」、「代表民主政を基礎にする限り、内閣に自由な解散権を与え、議会を解散の恒常的な脅威の下に置いた方がよい」（高橋 341 頁）と理解する見解もある。けれども、すでに示唆しておいたように、学説の大勢は、内閣の解散権行使には「習律上の制約」が存在するという見解に与しているといえよう。

そこで「習律上の制約」の内容が問題となるところ、この点についてはおおむね意見の一致があると思われるが、たとえば佐藤幸治によれば、「①選挙の際に直接の争点とはならなかった重大な問題が生じ、任期満了をまたずにそのことに関する国民の意思を問う必要がある場合、②国会の統一的な意思形成力に問題が生じ、内閣として責任ある政策形成を行いえないような事態が生じた場合には、解散によって国民の意思を問うべき正当な理由がある」（佐藤 479 頁）などと指摘されている。そして、2 で述べたように、このような「習律上の制約」を法律によって定めることは合憲であると解することができよう。

(2) 内閣と参議院の対立

これを本問についてみると、衆議院を通過した法律案が参議院で否決されたような場合が、かかる解散の実体的要件に該当するか否かが問題となる。

この点、同じく「習律上の制約」を認める芦部信喜は「衆議院で内閣の重要案件（法律案、予算等）が否決され、または審議未了になった場合」には解散が認められるとするが（芦部 346 頁）、ここでは参議院については触れられていないため、参議院における法律案や予算等の否決は解散事由にならないようにもみえる。しかし、「内閣は、行政権の行使について、国会に対し連帯して責任を負ふ」（憲法 66 条 3 項）ところ、ここにいう「国会」の構成要素には参議院も含まれる以上、内閣の存立を賭けた重要法案が衆議院で可決されても参議院で可決されず、しかも、衆議院の出席議員の 3 分の 2 の多数での再議決もされないような場合には、内閣は「国会」に対する「責任」を果たすことができないことから、かかる場合に衆議院を解散することによって問題の解決を図ることも可能であるという見解が有力に説かれている（樋口陽一『憲法［第 3 版］』〔創

文社・2007 年〕380 頁）。実際、先に引用した佐藤説に従ったとしても、参議院による反対によって法律が制定されないような場合は、彼のいう②の要件に該当すると考えることができよう（上田・後掲参考文献 243 頁参照）。このように、参議院が反対した場合における解散権行使を憲法が認めているという立場を採れば、本件法律案は内閣の解散権を過度に制約するものとして違憲と解される余地があるように思われる（ただし、本問のように参議院の反対を理由として衆議院を解散することは、樋口陽一『憲法 I』〔青林書院・1998 年〕319〜320 頁が指摘するように、「事実上の国民投票」ひいては「事実上の首相公選」という意味を持ちうることに注意が必要である）。

　それに対し、内閣と国会の関係ではなく衆参両院関係を規律するものであるという再議決制度（憲法 59 条 2 項）の本旨にかんがみて、少なくとも衆議院における 3 分の 2 の議席獲得を目指すことは衆議院の解散理由たりえないとする見解もある（高見勝利『現代日本の議会政と憲法』〔岩波書店・2008 年〕193 頁以下）。ただし、この立場においても、参議院での法案否決後における両院協議会での協議の不成立や再議決での原案否決等を衆議院による内閣の「不信任」とみなすことによって、内閣が解散権を行使しうることは認められている。それゆえ、これら 2 つの立場を分けるのは、参議院における重要法案の否決が解散事由たりうるか否かではなく、参議院における法案否決によって直ちに衆議院を解散することを認めるか否かであろう。そうであるとすると、たとえば、本件法律案をそのような手続の履践を要求する憲法の趣旨を確認するものと解することによって、その合憲性を確保するといった手法が考えられるかもしれない。

4 ………… 解散の手続的要件

　すでに述べたように、学説の大勢は、内閣の解散権行使に対する「習律上の制約」を認める。しかし、たとえ解散権行使の実体的要件を定めても、その判断権が内閣の手中にあるとすれば、内閣の解散権行使に対する統制としては、さして意味がないようにも思われる。たしかに、参議院による法案等の否決を解散の理由としてはならないという法律案は、

内閣による実体的判断の明確化を図ったものではあった。とはいえ、**3**の末尾においてすでに方向性が示唆されていたように、内閣に対する統制のためには、むしろ解散の手続的要件を定めるという手法が有効なのではないだろうか。**❷**は、かかる解散権行使の手続的要件を法律で定めることの可否を問うものであった。

(1)　69条限定説の可否

　まず、学説においては、内閣の解散権行使は憲法69条所定の場合には限られないとする69条非限定説が通説である。ところが、本件法律案は原則として憲法69条所定の場合以外の内閣の解散権行使を禁じるものとなっていることから、69条限定説を前提としているものと解されよう。したがって、本件法律案の合憲性を検討するためには、まず69条限定説の是非が問題となる。

　この点、69条非限定説に立ったからといって、憲法69条所定の場合以外にも内閣が自由に衆議院を解散ができるわけではないことは、すでに述べた通りである。すなわち、69条非限定説の根拠は解散が有する民主的機能への期待にあり、それゆえ解散権行使に対しても、かかる機能が期待できるかという観点から「習律上の制約」が課せられたのであった（深瀬忠一「衆議院の解散」宮沢俊義先生還暦記念『日本国憲法体系⑷ 統治の機構 I』〔有斐閣・1962年〕203頁以下参照）。たしかに、内閣の解散権行使を制限することは、「民主主義」という観点からは好ましくないようにもみえる。しかし、解散権の行使が内閣の裁量に委ねられているとすれば、内閣が可能な限り政権与党に有利な時期に解散権を行使しようとすることは不可避であるところ、それが妥当な「民主主義」のあり方であるか否かは問われてしかるべきであろう。まことに、「『解散で国民に信を問う』ことは、つねに民主主義的とは言えない」のである（植村勝慶「解散権制約の試み」憲法研究2号〔2018年〕150頁）。

　もっとも、このような学説の意図は、解散権行使に「習律上の制約」という実体的要件を課すだけで十全に達成することは難しいようにもみえる。なぜなら、このアプローチに従えば、内閣による解散権の行使が実体的要件を満たしているか否かの判断は内閣に委ねられることになる

ため、それに続く総選挙において国民がその適否を公平に判断できるか
が疑わしいからである。「69条非限定説＋習律上の制約」という通説的
見解がこのような隘路に陥っているとすれば、解散権行使を69条所定
の場合に限定するという明確な手続的要件を課す方が、かえって「民主
主義」に資するとはいえないだろうか。

　このような観点から注目されるのは、「解散権という与党側のみが利
用できる武器の『無能力化』によってこそ、選挙の『民意』確認機能
……は、よりよくその趣旨を発揮できる」（植松・後掲参考文献40頁）と論
じる見解である。かかる見方に立てば、与党に不利な状況であっても否
応なく選挙が行われるという意味において、69条所定の場合以外には
解散を認めず衆議院議員の任期を可能な限り固定することが、「民主主
義」に資することになるだろう。そして、日本国憲法が定める「議員の
任期」の意義に鑑みるならば、憲法解釈論としても69条限定説が妥当
であると解しうるように思われる（鈴木法日児「衆議院解散権再論」法学〔東
北大学〕50巻7号〔1987年〕160～164頁参照）。

　実際、69条限定説こそが日本国憲法が構想する統治構造に適合的で
あるとの見解は、近時においても有力に唱えられている。「通説の論拠
の一つとして、解散が衆議院を選挙民にコントロールさせる契機となる
という点が挙げられているが、解散の時期と事由を内閣の裁量にのみ委
ねるならば、解散権が反対政党を含む衆議院議員ひいては選挙民に対す
る内閣の恣意的政治的武器として機能することは見易い道理である。衆
議院の不信任決議権に対抗する内閣の武器は、任意の衆議院解散権では
なく、69条に規定されながら完全に死文と化している信任案提出権と
いうべきであり、日本国憲法も解散という内閣の裁量的権限発動を衆議
院との『共働』にかからしめようとしていると解すべきものと思われ
る」（吉田栄司『憲法的責任追及制論Ⅰ』〔関西大学出版部・2010年〕238頁）と説
く見解などは、その一例であるといえよう。このように、憲法解釈論と
して69条限定説を採用することができれば、その内容を法律という形
で具体化することは当然に合憲となる。

(2) 自律解散の可否

　もっとも本件法律案は、内閣が衆議院の解散を行うことができる場合を憲法 69 条所定の場合に限定していることに加えて、衆議院の総議員の 55 パーセント以上の賛成がある場合には内閣は衆議院を解散しなければならないと定め、衆議院の自律解散を認めている。そこで次に、かかる自律解散を法律で定めることの可否が問題となる。

　この点、いくつかの教科書をみると、自律解散説はほとんど支持されていないことがわかろう。その理由としてしばしば説かれるのが、「自律的解散は、多数者の意思によって、少数者の議員たる地位が剥奪されることになる」という批判であるが（芦部 345〜346 頁）、さらに、自律解散が「政府政策への事実上のプレビシットになること」への警戒も示されている（加藤・後掲参考文献『議会政治の憲法学』182 頁注(40)）。

　それに対して、「解散総選挙を、そのプレビシット的な運用を排除しつつ、民意確認の契機として活かす途として、衆議院の特別多数による自主解散が改めて検討されてよいのではなかろうか」（植松健一「プレビシット解散の法理と自主解散の論理」名古屋大学法政論集 230 号〔2009 年〕391 頁）などと、自律解散説を再評価する動きも現れている。このような見解が説かれた背景には、首相主導のプレビシット的解散への否定的評価と総選挙の「民意確認機能」への期待がある。ところで、自律解散説の主唱者は、69 条限定説に賛意を表しつつ、「衆議院の構成が国民の総意と明白にくいちがっていると思われる場合」にも「解散をみとめるのが議院内閣制の運用としては自然だと思う」という理由で、「衆議院に自主的な実質的な解散権をみとめようとした」と述べていた（長谷川正安『憲法解釈の研究』〔勁草書房・1974 年〕151〜152 頁）。このように、自律解散が認められる根拠もまた「民主主義」に求められるのだとすれば、憲法が自律解散を積極的に認めているというためには、自律解散が真に「民主主義」に資するという説明が必要となるようにも思われる。もっとも、憲法上の規定がない以上、憲法が自律的解散を禁止しているとまでは言い切れないといった説明でも、自律解散を法律で定めることの合憲性は弁証できるかもしれない（植村・前掲「衆議院の自律的解散権論・再訪」1032 頁

参照）。

(3) 本問の場合

さらに自律解散説は、議会内の少数派保護という観点からの批判を受けて、自律解散の決議に特別多数を要求している。そしてその際には、資格争訟の裁判によって「議員の議席を失はせるには、出席議員の3分の2以上の多数による議決を」要求する憲法55条、および、議院成立の定足数を総議員の3分の1とする同56条1項との均衡上、衆議院の解散決議の要件は総議員の3分の2以上の賛成とされていた（長谷川・前掲『憲法解釈の研究』152〜153頁）。ところが本問の場合、解散決議要件が「衆議院の総議員の55パーセント以上」という微妙な数字になっている。ここでQ党とR党とを合わせた衆議院の議席占有率が約55.9パーセント（260／465）であることを考えれば、この数字が、Q党とR党との合意があってはじめて解散ができるという代物であることに気づくであろう。したがって、このような数字の設定は、Q党にとっては連立政権を維持するための方策であるとともに、45パーセントの議席があれば解散を阻止できることから、Q党が連立政権を離脱しても、約45.2パーセントの議席を有するR党単独で解散を阻止できるという、政治的考慮の産物ではないかが疑われるところである。

この点で本問作成にあたり参考にしたのが、2011年にイギリスで成立した議会任期固定法であった。この法律によれば、庶民院の解散事由は、庶民院における政権の不信任決議案の可決と、庶民院における定数の3分の2の特別多数決による自主解散決議案の可決とに限定されている（河島太朗「イギリスの2011年議会任期固定法」外国の立法254号〔2012年〕13頁以下参照）。ところが、同法案については当初、自主解散決議の要件として55パーセント以上という奇異な数字が設定されていた。実はこれは、庶民院における保守党と自民党の議席占有率が56パーセントであったことから設定された数字であり、両党による連立政権維持のための党利党略であるとの批判を受けて要件が3分の2以上に変更されたという経緯があったようである（小松浩「イギリス連立政権と解散権制限立法の成立」立命館法学341号〔2012年〕8頁参照）。そうであるとすれば、衆議院の

自律解散を認めることに問題はないとしても、55 パーセントという数字の設定が立法裁量の範囲内といえるかについては、疑義もありうるのではないだろうか。

解答例

問❶
1．立法の範囲
　本件法律案については、まず、そもそも国会が内閣の解散権を制約する法律を定めることができるのかが問題となります。なぜなら、国会は「立法」権を有するところ（憲法 41 条）、一般には、ここでいう「立法」とは実質的意味の法律の制定を意味し、さらに実質的意味の法律とは一般的抽象的法規範のことであると解されています。しかし、内閣の解散権を制約する法律は一般的法規範とはいえないようにも思われ、そうだとすれば、国会にはかかる法律を制定する権限はないということになりかねないからです。

　しかし、そもそも、「法律」という術語に形式的意味と実質的意味とを与える「二重法律概念」は、一定の事項を議会の手に留保するための理論だったのであって、議会の権限行使を制約する議論ではありません。したがって、一般性のない法規範は、国会の専属的所管事項ではないとしても、他の国家機関との競合的所管事項であると解すべきでしょう。それゆえ、国会が内閣の解散権行使を制約するような法律に一般性がなかったとしても、そのような法律を制定することには、少なくとも憲法 41 条との関係では問題ないと考えてよいのではないでしょうか。
2．解散権の限界
　そこで次に問題となるのは、法律で解散権行使の制約を定めることが憲法上許容されるか否かです。
（1）習律上の制約
　この点、解散が民意を問うための制度であることから、内閣の解散権行使にはそのような観点から習律上の制約が存在するというのが学説の大勢です。したがって、かかる習律上の制約の範囲内であ

れば、法律によって内閣の解散権行使を制約しても憲法上問題はないと思われます。具体的には、「①選挙の際に直接の争点とはならなかった重大な問題が生じ、任期満了をまたずにそのことに関する国民の意思を問う必要がある場合、②国会の統一的な意思形成力に問題が生じ、内閣として責任ある政策形成を行いえないような事態が生じた場合」でなければ解散権の行使は認められないという見解が参考になるでしょう。

　(2)　本件の場合

　これを本件についてみると、憲法が参議院に与えた強い権能を考えるならば、本件法案の「法律案または予算が参議院において否決された」場合というのは、先の②に該当するのではないかと考えられます。実際、「内閣は、行政権の行使について、国会に対し連帯して責任を負ふ」（憲法 66 条 3 項）ところ、ここにいう「国会」の構成要素には参議院も含まれる以上、内閣の存立を賭けた重要法案が衆議院で可決されても参議院で可決されず、しかも、衆議院の出席議員の 3 分の 2 の多数での再議決もされないような場合には、内閣は「国会」に対する「責任」を果たすことができません。それゆえ、かかる場合に衆議院を解散することによって問題の解決をはかることはできると解する見解が、学説上も有力に説かれています。かかる見解に従えば、本件法律案には憲法上問題があるということになりかねません。

　しかし、憲法 59 条 2 項が法案が衆議院で否決された場合の手続を規定していることにかんがみて、参議院における法案否決後直ちに衆議院を解散することには憲法の趣旨から問題がある、という見解もあります。もっとも、この見解も、参議院での法案否決後における両院協議会での協議の不成立や再議決での原案否決等を衆議院による内閣の「不信任」とみなすことによって、内閣が解散権を行使しうることは認めています。したがって、本件法律案もまた、参議院における法案否決後直ちに衆議院を解散することを禁じていると解することによって、憲法上の疑義を払拭できるのではないかと考えます。

問❷

1．69 条限定説の可否

　まず、本件法案は、憲法 69 条所定の場合以外に内閣が自律的に

解散権を行使しうる可能性を認めていないところ、憲法が内閣の解散権行使を 69 条所定の場合に限定していないのであれば、このような法律には憲法上の問題が生じます。それゆえ、内閣の解散権行使が 69 条所定の場合に限定されているか否かが憲法上の問題になるでしょう。

この点、69 条非限定説の根拠は解散が有する民主的機能への期待にあり、それゆえ、解散権行使に対する習律上の制約もかかる機能が期待できるかどうかという観点から掲げられたものでした。もっとも、これによれば、内閣による解散権の行使が実体的要件を満たしているか否かの判断は内閣に委ねられるため、国民がその適否を判断できるかは疑わしいといわざるをえません。そうであるとすれば、解散権行使を 69 条所定の場合に限定するという明確な手続的要件を課す方が、解散の民主的機能に資するともいえるのではないでしょうか。実際、日本国憲法上も、衆議院の不信任決議権に対抗する内閣の武器は憲法 69 条に規定されてある信任案提出権というべきであり、それゆえ解散権の行使は 69 条所定の場合に限定されるべきであると解することも、十分に可能であると思われます。

２．自律解散の可否

このように、内閣の解散権行使を憲法 69 条所定の場合に限定することができたとして、衆議院の自律解散を認めることができるかが、次に問題となります。

この点、学説上、国会が「国権の最高機関」（憲法 41 条）であることを重視して、内閣による解散権行使を憲法 69 条所定の場合に限定し、それに加えて、衆議院に自主的な解散権を認めるべきだという見解があります。もっとも、これに対しては、多数者の意思によって少数者の議員たる地位が剥奪されることになるといった批判がなされてきたところであり、明文の規定がないことも相まって、学説上あまり支持を集めていないのが現状です。しかし、前者のような批判に対しては、自律解散の決議に特別多数を要求することで応答が可能であるように思われます。また、たしかに自律解散を認める明文の規定はありませんが、このことは憲法が自律解散を禁止しているわけではないことを示していると考えることもできるでしょう。

そもそも、自律解散を認めるべき実質的な根拠としては、69 条所定の場合以外にも、衆議院の構成が国民の総意と明白にくいちが

っていると思われる場合には解散を認めるべきであるという点が挙げられていました。思うに、わが国においても、内閣ひいては首相による自由な解散権行使を認めた結果として多くの場合に政府与党の有利な時期に解散が行われることや、与党内の議員に対して解散の威嚇が圧力として機能していることについては、たびたび指摘されてきたところです。このような首相の一存によるプレビシット的な解散の運用は、かえって解散の民主的機能を歪めているといえるのではないでしょうか。そうであるとすれば、内閣と衆議院の協働行為としての自律解散を認めることに、憲法上の問題は生じないのではないかと考えます。

3．本件の場合

　もっとも、以上のことは、本件法律案に憲法上の疑義がまったくないということを意味するわけではありません。なぜなら、本件法律案は内閣の解散権行使の要件として「衆議院の総議員の55パーセント以上の賛成」が必要であるとしているからです。これは、Q党とR党とを合わせた衆議院の議席占有率が約55.9パーセントであることを考えれば、この数字が、Q党とR党との合意があってはじめて解散ができると同時に、約45.2パーセントの議席を有するR党単独でも解散を阻止できるという政治的考慮の産物ではないかが疑われ、ひいては本件法案の制定が立法裁量の範囲内といえるか疑問が生じざるをえません。

　たしかに、自律解散説を批判する根拠となっていた議会内の少数派保護という観点からすれば、自律解散が決議されるためには特別多数必要でしょう。しかし、資格争訟の裁判によって「議員の議席を失はせるには、出席議員の3分の2以上の多数による議決を」要求する憲法55条、および、議院成立の定足数を総議員の3分の1とする56条1項との均衡上、衆議院を成立させなくするものである解散決議の要件は総議員の3分の2以上とすべきではないでしょうか。

関連問題

解散権を制約する法律の合憲性

次のような内容の法律が制定されたとして、そこに含まれる憲法上の問題点を論じなさい。

①内閣による衆議院の解散は、国会の会期中に行わなければならない。

②内閣が衆議院を解散するためには、まず衆議院において解散の意向を表明した後に、解散の理由について衆議院で審議を行わなければならない。

参│考│文│献

赤坂正浩「立法の概念と基本法の奔流」『世紀転換期の憲法論』(信山社・2015 年) 35 頁以下

岩切大地「解散権の制限——イギリスにおける実例から検討する」法律時報90 巻 5 号 (2018 年) 31 頁以下

上田健介「衆議院解散権の根拠と限界」大石眞 = 石川健治編『憲法の争点』(有斐閣・2008 年) 242 頁以下

植松健一「政治プロセスにおける衆議院解散の位置——民主政のデザインのために」憲法理論研究会編『岐路に立つ立憲主義』(敬文堂・2018 年) 31 頁以下

植村勝慶「イギリスにおける庶民院解散権の廃止——連立政権と議会任期固定法の成立」本秀紀編『グローバル化時代における民主主義の変容と憲法学』(日本評論社・2016 年) 253 頁以下

加藤一彦『議会政治の憲法学』(日本評論社・2009 年)

同『議会政の憲法規範統制——議会政治の正軌道を求めて』(三省堂・2019 年)

高田篤「首相の解散権」法学教室 451 号 (2018 年) 52 頁以下

(西村裕一)

21. パパには長生きしてほしかった(泣)

設問 「父さん、どうしてもっと長生きしてくれなかったの！」

　A子は食卓に突っ伏して悲痛な叫びをあげた。2013年9月5日早朝のことだった。食卓の上には朝刊が広げられている。その一面トップには次のような見出しが躍っていた。

『婚外子法定相続分差別、違憲』

　事は3か月前に遡る。長く病床にあったA子の父は、A子の献身的な看病もむなしくこの世を去った。そこで問題となったのが相続である。

　実は、A子の母と父とは長く内縁関係にあった。というのも、母が父と出会った時、父はすでに親の決めた許嫁と結婚（法律婚）しており、子どもも1人授かっていた（ここではB男としておく）からである。しかし恋する2人にとって法律も倫理も歯止めとはならず、2人は手に手をとって駆け落ちをし、A子が生まれたのである。母が3年前に亡くなるまで3人の暮らしは慎ましいながらも幸せで、母の死後父が病の床についてからは、A子は娘としてできる限りの世話をしてきた。

　そんな父であるが、許嫁がいたことからもわかるように、実は名家の御曹司である。したがって、父名義の財産が相当額存在した。いざ相続となってそのことが判明すると同時に、A子は法律婚の壁に直面することになった。法学部を出ていたB男は民法規定を振りかざし、A子の取り分はB男の1/2であると主張したのである。高卒でやや学歴コンプレックスのあるA子は「私が一生懸命介護したのに……」と思いつつも、B男がそう言うならそうなんだろうと提案を受け入れ、若干の寄与分を積み上げたうえで、B男との間で1/2：1を基準として遺産分割協議を終えた。2013年8月20日、わずか2週間前のことであった。

　A子は目を皿のようにして記事を読んだ。そこには、最高裁が下した決定の抜粋が掲載されている。

「……したがって、本件規定は、遅くとも2001年7月当時において、憲法14条1項に違反していたものと言うべきである。

　なお、憲法に違反する法律が原則として無効であり、その法律に基づいてされた行為の効力も否定されるべきものであることからすると、本件規定が遅くとも2001年7月において憲法14条1項に違反していたと判断される以上、本決定の先例としての事実上の拘束性により、2001年7月以降に本件規定に基づいてされた裁判や合意の効力も否定されることになろう。しかし、本件規定は相続という日常的な現象を規律する法律であって、2001年7月から既に約12年もの期間が経過していることからすると、その間に、本件規定の合憲性を前提として多くの遺産分割が行われたことが容易に推察される。取り分け、本件決定の違憲判断は、長期にわたる社会状況の変化に照らし、本件規定がその合理性を失ったことを理由として、その違憲性を当裁判所として初めて明らかにするものである。それにもかかわらず、本件決定の違憲判断が、先例としての事実上の拘束性という形ですでに行われた遺産分割等の効力にも影響を及ぶとすることは、著しく法的安定性を欠くことになる。

　以上の観点からすると、……本決定の違憲判断は、2001年7月から本決定までの間に開始された他の相続につき、本件規定を前提としてされた遺産の分割の審判その他の裁判、遺産の分割の協議その他の合意等により確定的なものとなった法律関係に影響を及ぼすものではないと解するのが相当である。」

　……わからない。小難しい言葉ばかりで何が何やらわからない。だが、わからないなりにわかったことが1つある。それはもう少し、ほんの少し父が死ぬのが遅ければ確実に違う結果になっていただろう、ということだ。

「というわけなんです。一体どうしたらいいんでしょう」

　A子に泣きつかれたC弁護士は頭を抱えた。

　（今さら「どうしたらいいんでしょう」じゃないよ。そういう話は

協議書にハンコ押す前に持ってきてくれよ。ってか、大法廷にかかってんだから憲法判断があることくらいＢ男はわかってただろーに、小狡い奴だな）
「そもそも最高裁は何が言いたいんですか？　どういう意味なんですか、これは」
　詰め寄るＡ子に対し、最高裁に成り代わってＣ弁護士はできるだけ丁寧に解説をした。しかし、Ａ子の不満は収まらない。
「そんなの、納得いきません。不公平じゃないですか。何とかならないんですか」
「うーん、そうですね、遺産分割協議の錯誤無効を主張するという方法があるかもしれませんが、どういう結論になるか……」
「何なんですか、その煮えきらない返事は。先生は最高裁の言うことを鵜呑みにするんですか。私と最高裁、どっちの味方なんですか！」
「いや、どちらの味方と言われましても……」
　ああ、本当にもう少しＡ子の父親が長生きしてくれてさえいたらなあ。Ｃ弁護士は深く溜息をついた。

問❶　設問中の抜粋部分に含まれる憲法上の論点について、最高裁の立場に立って説明しなさい。
問❷　問❶に対して想定されるＡ子の立場からの反論を踏まえて、Ｃ弁護士に代わってあなた自身の考えを述べなさい。

【参考資料】民法 900 条（2013 年 12 月 11 日改正前）
同順位の相続人が数人あるときは、その相続分は、次の各号の定めるところによる。
〔1 号〜3 号略〕
　四　子、直系尊属又は兄弟姉妹が数人あるときは、各自の相続分は、相等しいものとする。ただし、嫡出でない子の相続分は、嫡出である子の相続分の 2 分の 1 とし、父母の一方のみを同じくする兄弟姉妹の相続分は、父母の双方を同じくする兄弟姉妹の相続分の 2 分の 1 とする。

解 説

1 ⋯⋯⋯⋯概 観

(1) 設問のねらい

　嫡出でない子の相続分を嫡出である子の相続分の2分の1とすることを定めた民法900条4号の規定（2013年12月11日に法改正が行われ、現在はこの規定は削除されている）を違憲と判示した最高裁決定（最大決平25〔2013〕·9·4民集67-6-1320。以下「2013年決定」という）は、同時に、当該決定が当該事件の当事者以外にもたらす効力についても興味深い見解を示している。最高裁は、この決定までに8種9件の法令違憲の判断を下していたが、当事者以外の者に対する効力について明示的に言及したのは、この決定が最初である。

　これを踏まえて、本問は、最高裁の下した法令違憲判決は当事者以外の者にどのような効力をもつと解すべきかについて、最高裁が上記決定において示した立場を確認するとともに、既存の学説を整理することをねらいとする。

　なお、本問では、違憲判断の効力の問題を「最高裁の下した」「法令違憲の判断」に限定して論じさせている。これは、第1に、法令それ自体ではなく適用行為等が違憲とされる場合には当該違憲判断がその事件を越えて一般に及ぶとは考えられないこと、第2に、日本の違憲審査制度のもとでは下級裁判所も違憲審査権を有すると解されてはいるが、それは最終的な憲法判断権ではないため、仮に上訴がなく違憲判決・決定が確定したとしてもそれは当該当事者以外に効力をもつものではない点につき争いはないからである。

(2) とりあげる項目

- ►違憲判断の効力
- ►事実上の拘束性
- ►判決効の遮断
- ►司法権
- ►判決理由と傍論

2 ………… 違憲判断の効力

(1) 問題の捉え方

　本問中の抜粋部分は、特定の時点（遅くとも 2001 年 7 月）から本件規定が違憲であったとの判断をし、違憲な法令は無効であるという原則を確認したうえで、その時点以降に「裁判、遺産の分割の協議その他の合意等により確定的なものとなった法律関係」に対して遡及的に 2013 年決定の「先例としての事実上の拘束性」が及ぶか否かについて、論じたものである。したがって、ここでは「確定的なものとなった法律関係」を司法の場面でどう扱うか（より具体的にいえば、本件規定が有効であることを前提とした①判決・審判等に民事訴訟法 338 条 1 項 8 号の再審事由があるか、②和解・調停・遺産分割協議は錯誤無効となるか、③可分債権・債務の当然分割につき法律上の原因を欠くものとする不当利得返還請求等ができるか、が問題となる〔伊藤正晴「時の判例」ジュリスト 1460 号［2013 年］88 頁〕）が争点となっており、2013 年決定が行政・内閣にいかなる法的または事実上の効力を及ぼすかという問題はさしあたり対象外である。そのため本問は、直接には、違憲判断が法令等を廃止する（法令集から除去する、あるいは事実上それと同等の効果をもたらす）効力をもつか否かという「違憲判断の効力」一般の問題としてではなく、違憲という判断をもたらした「憲法判例の拘束力」として論じるだけで足りる。

　しかし、従来この問題は「違憲判断の効力」一般の問題として論じられており、司法の場面に限ったとしてもそう捉えることは不可能ではない。また、最高裁自身も、過去の関連判決における言及等によれば、この問題を「違憲判断の効力」一般の問題とみている節もある。そこで、まずは違憲判断の効力論について検討する。

(2) 個別的効力説と一般的効力説

　設問中の抜粋部分は「本決定の先例としての事実上の拘束性により」とし、2013 年決定の当事者以外の者に対する法的拘束力ではなく「事実上の拘束性」について論じている。よって、この抜粋部分は、2013 年決定における最高裁の法令違憲の判断について、当事者以外の者に対する法的拘束力がないことを前提としているものと読める。

　この点、学説は一般的効力説と個別的効力説とに分かれる。一般的効力説とは、最高裁による法令違憲の判断は当該法令を廃止する効力をもつとするものであり、個別的効力説とは、法令違憲判決はそれ自体で当該法令を廃止する効力をもつものではなく、当該当事者にはその法令が適用されないという効果をもつだけとするものである。

　抽象的違憲審査制を採用している国では法令違憲の判断に一般的効力が認められるのが通例である。しかし、日本国憲法および現行法のもとでは付随的違憲審査制がとられていることを前提とした場合、個別的効力説が説得力をもつ。なぜなら、付随的違憲審査制のもとでは違憲審査権は具体的訴訟事件に付随して事案の解決に必要な限りにおいて行使されるものと解されており、違憲の判断の効果もまた当該事件に関する限りでのみ認められると解するのが一般的だからである。個別的効力説の根拠としては、このほかに、権力分立原理があげられることもある。法律を一般的に無効とすることは消極的立法作用であり、立法権に対する司法権の限界を超えるというのがその理由である。

　しかし、付随的違憲審査制と一般的効力説とが必ずしも両立しないわけではない。実際に、付随的違憲審査制をとるアメリカにおいても一般的効力は全面的に否定されてはいない。そこで一般的効力説は、付随的違憲審査制を前提としたうえでも、憲法の最高法規性（憲法98条1項）を理由として、憲法に反する法令は効力をもちえず、最終的な憲法判断権をもつ最高裁が当該法令を違憲と判断した以上はその法令は当然に無効となるとする。また、法律の一般性（非個別性）や法的安定性も根拠にあげられる。特定の法令の有効無効が人・場面によって異なるとすればそれは一般性を欠くことになり、法的安定性を損ない、不平等を生ぜしめるからである。

　なお、いずれをとるかについて憲法上は開かれており立法に委ねられているとする説もあるが（法律委任説）、少なくとも現行法上は明確な定めは存在しない。

(3)　二説の相対化

　このようにみると、一般的効力説も個別的効力説もそれぞれに利点と

欠点とを孕んでいることがわかる。そのため今日では、二説はともに原則的な形で説かれることは少なく、修正を施した形で主張されている。一般的効力説においては、現行法上は違憲とされた法令を排除する法的な手続がなく、むしろ個別的事案の解決に特化された制度となっていることが意識されている。また、法令が当初より無効だったとし、その効力を一般化すると、すでに形成された法律関係が覆され法的安定性が損なわれるため、無効の効果の遡及を制限することでこれを回避しようとする。他方、個別的効力説においても、当該法令については合憲性推定原則が排除され、立法および行政に対しては違憲とされた法令を速やかに改廃またはその適用を控えることが司法への礼譲として要請されるとする。さらに進んで、単なる礼譲ではなく立法および行政の義務と構成する論者もいる。これは個別的効力説に立ちつつも実質的な一般的効力があることを認めるものといえる。

　したがって二説の結論に実質的な相違が生じる場合はごく限られている。たとえば、立法府により法令が改廃されなかったとき、最高裁が判例変更により当該法令を合憲と判断し直した場合に、個別的効力説であれば当該法令は効力を有するものとされるのに対し、一般的効力説によれば当該法令は廃止されているため効力が復帰する余地はないとされる。しかし、本問はこうした限界事例とは扱う場面が異なる。よって、いずれの立場に立ったとしても結論に大きな差異は生じない。

(4)　**実務の対応**

　最高裁は、違憲判断の効力につき二説のいずれに立つのかを判決中で明示的に示したことはない。しかし、これまでに下された法令違憲判決の事後処理をみる限り、実務は個別的効力説を前提として行われている。

　最高裁判所裁判事務処理規則 14 条は、法令等の違憲の裁判をした場合には要旨を官報に公告するとともに裁判書の正本を内閣に送付すること、および、法律を違憲と裁判した場合には国会にもそれを送付することを定める。これは司法の判断を受けて、立法および行政が自主的に法律の改廃を行い、その適用を控える等の措置をとることを期待するものといえる（ただし、最高裁自身は国会答弁において、措置をとるか否かは政府なり

国会なりの判断であるとしている〔昭和 48 年 7 月 13 日［71 回衆・法務刑小］〕）。政府もまた、個別的効力説に立つとの言明をしている（昭和 59 年 4 月 19 日〔101 回衆・決算〕）。

　実際に、過去の法令違憲判決においては、多くの場合で速やかにこうした措置がとられてきた。薬事法距離制限違憲判決（最大判昭 50·4·30 民集 29-4-572）にせよ森林法共有林分割規定違憲判決（最大判昭 62·4·22 民集 41-3-408）にせよ、判決後 1 か月ほどで立法により法改正の措置がとられている。例外的に法改正まで時間がかかったのは、尊属殺重罰規定違憲判決（最大判昭 48·4·4 刑集 27-3-265）である。ただし、行政は迅速な対応を行った。現に裁判に係属中の尊属殺事件については普通殺への訴因の変更を行い、以後は尊属殺による起訴を見送ることで、実際には同規定は死文化した。なお、同規定が改正されたのは 1995 年である。

3 ⋯⋯⋯⋯事実上の拘束力

(1)　制定法主義と判例の法源性

　2013 年決定の抜粋部分は「先例としての事実上の拘束性」を問題としている。先例拘束性ではなく「先例としての事実上の拘束性」という言葉を用いているのは、日本が判例法主義ではなく制定法主義の国であるからと解される。一般に、判例法主義の国では下級裁判所および最高裁判所が先例に拘束されるという先例拘束性が認められている。しかし、日本で判例に法源性が認められるかについては議論が分かれる。

　制定法主義の国においては、裁判官が拘束される「法」は公式には制定法である。たとえば、フランスでは建前上判例の拘束力は否定されている。日本の場合も、判例であることの実定法上の効果としては、最高裁の判例と相反する判断をしたことが訴訟法上の上告理由になること（刑事訴訟法 405 条 2 号、民事訴訟法 318 条 1 項）が定められているのみである。よって、判例に法的拘束力は認められず、「拘束力」があるとすればそれは、審級制のもとでは下級裁判所が最高裁の判例と異なる判断をしたとしても上級審によって覆される可能性が高いという事実上の拘束性にすぎない、とする見方が古くから説かれている。

　他方で、日本国憲法の定める司法権のあり方がアメリカ型のものであることを重視する立場からは、日本でもアメリカと同様の先例拘束性を認めるべきだとの主張もなされる。また、憲法14条の平等原則および32条の公正な裁判を受ける権利などを根拠に、同種の事件は同じように裁判することが公正にかなうとして、先例拘束性を肯定する意見もある。

　これらの説のうち有力なのは前者であり、一般に、判例は法的拘束力をもたず、事実上の拘束性をもつにすぎないと解されている（芦部391頁）。ただし、「事実上の拘束性」にとどまるという建前のもとにあって、一方ではキャリア・システムのもと、現実には最高裁が下級裁判所裁判官に強い影響力を行使し、他方では判例法主義の国のように何が拘束力をもつ判例であり何がそうでないかの区分が明確になされぬまま、判決中で多くの先例に言及がなされるといった矛盾も生じている。

(2) 最高裁の立場

　先述のように、抜粋部分は「事実上の拘束性」を問題としており、これは判例に法的拘束力を認めない立場に立つことを示すものと読める。この点、同じく民法900条4号の合憲性が争われた事件（最大決平7〔1995〕・7・5民集49-7-1789。以下「1995年決定」という）における中島敏次郎裁判官ほか反対意見との差異を確認しておく必要がある。1995年決定における中島ほか反対意見は一項を割いて判決効について言及しているが、そこでは「判断の効力」という言葉が使われ、その効力が事実上のものか法的なものか明示されていない。そのため、これがいかなる立場で論じられたのか議論も呼んだ。それに対し、抜粋部分の判示はより明確なものとなっている。

　ただし、判決の「事実上の」拘束性について判決文中で論じるという背理は残る。判例の拘束力が事実上のものであるならば抜粋部分における言及の拘束力もまた事実上のものにとどまるであろうし、抜粋部分における言及に何らかの法的拘束力をもたせようとする意図で述べられたのならばそれは言及の内容と矛盾するからである。また、2013年決定の金築誠志裁判官補足意見は事実上の拘束性の根拠を「同種の事件に同

一の解決を与えることにより、法の公平・平等な適用という要求に応える」こととしているが、平等原理に裏打ちされた拘束性は事実上のものではなく法的拘束性ではないか、との指摘もある（山崎友也「民法が定める非嫡出子相続分区別制を違憲とした最大決平成25年9月4日について」金沢法学56巻2号〔2014年〕189頁）。

4 ………… 遡及効の遮断

(1) 違憲判断の効力と遡及効

　純粋な個別的効力説に立った場合には、法令違憲判決により当該法令が一般的に遡って無効となることはない。これに対し一般的効力説に立った場合または個別的効力説に立ちつつも実質的には一般的効力があることを認める場合には、当該無効の効力が遡及するかという問題が生じる。

　この点学説は、違憲判断は一般的に遡及するとする一般遡及的一般効力説と、当事者遡及的一般効力説とに大別できる。前者は遡及効を一般的に認めるもの、後者は過去には原則として遡及せず、当事者についてのみ効果が生じるとするものである。後者にはさらに、国民の権利・自由の保護にとって必要な場合には例外的に一般的に遡及することを認めるものもある（佐藤668頁）。

(2) 最高裁および実務の対応

　尊属殺重罰規定違憲判決の後、尊属殺により有罪判決が確定し服役中の者の取扱いが問題となった。純粋な個別的効力説に立てば法令違憲判決がすでに確定した有罪判決を覆すことはないが、それでは国民の平等に反することになる。これについて、実務においては非常上告制度（刑事訴訟法454条）の活用が検討されたが、結局は否定的に解された（佐藤・後掲参考文献224〜225頁）。違憲判決を非常上告事由とすることで一般的に遡及効を認めることへの躊躇があったものと思われる。結局、法務省が該当する服役囚については恩赦の職権上申につき配慮を求める旨の通達を出し、個別的な恩赦による救済が行われた。

　また、1995年決定における中島ほか反対意見は、「最高裁判所は、法

令が憲法に違反すると判断する場合であっても、従来その法令を合憲有効なものとして裁判が行われ、国民の多くもこれに依拠して法律行為を行って、権利義務関係が確立している実態があり、これを覆滅することが著しく法的安定性を害すると認められるときは、違憲判断に遡及効を与えない旨理由中に明示する……ことによって、従来本件規定の有効性を前提にしてなされた裁判、合意の効力を維持すべきである」と述べている。これは法的安定性の確保のために遡及効を遮断することができる旨を述べたものであるが、最高裁が純粋な個別的効力説に立つならば本来不要な言及であり、最高裁はむしろ一般的遡及説に立っているのではないかとも評されることとなった。

　本問中の抜粋部分は、個別的効力説に立ったうえでの確認的言及にすぎないとみることもできる。しかし、審査対象となった規定が日常的な現象を規律する相続に関するものであること、12年間という時の経過、そして、従来最高裁が合憲としてきた規定を社会状況の変化を理由に違憲であると判断するという固有の事情を強調していることから、本問については例外的に遡及効を遮断しようとするものと読むのが自然であろう。よって、必ずしも、違憲判決の遡及が本来的に当事者遡及効に限定されるとは捉えていないと解することには相応の理由がある。

(3) 「遡及効の限定」の限界

　本問中の抜粋部分は、2013年決定の事案以外の「2001年7月から本決定までの間に開始された他の相続につき、本件規定を前提としてされた遺産の分割の審判その他の裁判、遺産の分割の協議その他の合意等により確定的なものとなった法律関係」に対する遡及効を制限すると説示している。しかし、2013年決定のこの説示によっても、遡及効の範囲が明確に枠づけられたわけではない。2013年決定における金築補足意見は、この説示が違憲判断の効果の及ばない場合について網羅的に判示したわけではないことをわざわざ付言し、その余の部分は各裁判所が事案の妥当な解決のために適切な判断を行うべきとしている。

　また、この説示は再審を不可とするのみならず、遺産分割協議についての錯誤無効の主張および可分債権の当然分割についての不当利得返還

請求をも不可とするものであるが、これらを不可とすることについては、一般的効力説はもとより個別的効力説に立ったとしても（したがって、本来的に当事者遡及効に限定されるとしたとしても）合理的な説明ができないのではないかとの指摘がある（中村・後掲参考文献 196～198 頁）。だとすれば、本件説示は単に効力が及ばないとする個別的効力説を越えて、上記事案の「むしかえし」を認めることが「憲法上その他の関係において極めて不当な結果を生ずる場合に当たり、かえって憲法の所期するところに反する」（伊藤・前掲 94 頁）と考えてそれを積極的に否定しようとしたものと解されよう。こうした超法規的な原理に直接訴えることは、安易になされるべきでない。

　本問は、2013 年決定以前に、嫡出でない子・A 子と嫡出である子・B 男との間で民法 900 条 4 号（当時）の規定を前提として遺産分割協議が成立していた事案である。2013 年決定による説示がなければ錯誤無効を主張する可能性がひらかれていた。本件説示は法的安定性を理由にこれを制限したが、実際に安定性を害する（「むしかえし」が行われる）事案がそれほど大量に発生するかについては異論も示されている（中村・後掲参考文献 197 頁）。だとすれば、超法規的原理に訴えることの合理性は自明とはいえない。

5 ………… 司法権

　個別的効力説に立ち、無効の効力は本来的に遡及しないとする立場に立つ場合は別段、それ以外の場合にはなぜ 4 で述べたような遡及効の遮断が可能になるのか、という問題が生じる。これについて、設問中の抜粋部分では何も述べられていない。1995 年決定における中島ほか反対意見も同様である。しかし、2013 年決定の千葉勝美裁判官補足意見は「憲法が最高裁判所に付与した違憲審査権は、法令をも対象にするため、それが違憲無効との判断がされると、個別的効力説を前提にしたとしても、先例としての事実上の拘束性が広く及ぶことになるため、そのままでは法的安定性を損なう事態が生ずることは当然に予想されるところである。そのことから考えると、このような事態を避けるため、違憲判断

の遡及効の有無、時期、範囲等を一定程度制限するという権能、すなわち、立法が改正法の附則でその施行時期等を定めるのに類した作用も、違憲審査権の制度の一部として当初から予定されているはずであり、本件遡及効の判示は、最高裁判所の違憲審査権の行使に性質上内在する、あるいはこれに付随する権能ないし制度を支える原理、作用の一部」であると述べ、これは違憲審査権の行使に内在する権限であり司法権の一作用であると説明している。

　伝統的な司法権概念に立てば、その作用は本来的に個別具体的な事案の解決に向けられる。事案の解決に必要な限りで救済方法の選択に裁量が与えられることは認められるが、具体的事案の解決に関わりのない救済方法の選択については異論もある（純粋将来効判決をめぐる議論を想起せよ）。したがって、当該事案とは直接関わりのない、一般的遡及効を遮断する言及をなす権限を、司法権から直ちに導き出せるかは疑問である。

　しかし、司法権概念の理解について、必ずしも伝統的な見方に固執する必要はないとの見解も、近年有力になっている。違憲審査権の性格として、憲法保障機能を重視し、公共訴訟モデルに近づけて理解するならば、具体的事案の解決に直接関わらない違憲判断の形式を創出することもその一作用と捉えることができよう。

6 ………判決理由と傍論

　抜粋部分にいう「事実上の拘束性」を憲法判例の拘束力としてみた場合、当該説示部分が判決理由（ratio decidendi）なのか傍論（obiter dictum）なのかが問題となる。3で述べたように、一般に、判例法主義の国では下級裁判所および最高裁判所が先例に拘束されるという先例拘束性が認められている。しかし、この拘束性が認められるのは判決理由のみに限られるからである。ここでいう判決理由とは、結論およびそれに到達するのに必要な理由づけを指す。その他の判断は傍論と呼ばれ、拘束力をもたない。

　今回の説示に関していえば、これが判決理由であるのか疑問が残る。「2001年7月から本決定までの間に開始された他の相続につき、本件規

429

定を前提としてされた遺産の分割の審判その他の裁判、遺産の分割の協議その他の合意等により確定的なものとなった法律関係」への影響について言及した引用部分は、2013年決定の事案の解決に直接必要とされる言及とは言い難い。

　しかし、こうした先例拘束性一般の捉え方が憲法判例にも等しく及ぼされるべきかは議論の余地がある。憲法判例については、事案を類型化しそれに応じた法準則を適用するという通常のケースの取扱いとは異なり、理論的・構成的性格が強まる。また、憲法は他の法令に比べて規律密度が低く、改正が困難であるため、判例変更をより柔軟に認める必要性が高いことも指摘されている。個別の事案の解決を超えた公共的性格ゆえに、他の法令の判決にはない言及がなされることもある。これに関してアメリカでは、公立学校における人種統合を命じたブラウン判決（Brown v. Board of Education, 347 U.S. 483〔1954〕）の拘束力をめぐって、論議が起こった。ブラウン判決にもとづき下級裁判所がアーカンソー州に対して公立学校における人種統合を命じたところ、同州知事はそれを拒否、アーカンソー州はブラウン判決の直接の当事者ではなく同判決の効果は及ばないと主張した。連邦最高裁はこの主張を退け、連邦最高裁が憲法の最終的解釈権を有すると述べている（Cooper v. Aaron, 358 U.S. 1〔1958〕）。よって、通常の事件における判決理由の捉え方に必ずしも依存する必要はないともいいうる。

　この点、2013年決定の千葉補足意見は、当該説示は「〔法的安定性を大きく阻害する事態を避けるための〕配慮を要する事件において、最高裁判所が法令を違憲無効と判断する際には、基本的には常に必要不可欠な説示」であって、判決理由と捉えるべきとしている。上記の憲法判例の特殊性からはこうした捉え方も肯定されようが、本問のように個人に不利益を与える可能性もあり、慎重な判断が必要である。

解答例

問❶
1．違憲の法令の効力
　違憲の法令は、本来、無効である。しかし、法令の憲法適合性の最終的判断権は最高裁に帰属し、最高裁による確定判決・決定が下されるまでは法令は合憲のものとして適用される。
2．違憲判断の効力
　最高裁は、違憲判断の効力について、個別的効力説に立っているものと考えられる。このことは、尊属殺重罰規定違憲判決が下された後に、同規定のもとで有罪が確定している服役囚に対して非常上告制度が活用されず、個別の恩赦による救済が選択されたことからも推察される。個別的効力説に立つ場合、1つの事案において違憲の判断がなされ、特定の法令が違憲と判断された場合であっても、その判断の効力は当該事案にしか及ばない。1．の前提のうえでこの個別的効力説に立つ以上、実体的には違憲であることが確認された法令であっても、その法令は当該事案以外においては法的には有効なものとして取り扱われる。
3．先例の事実上の拘束性
　他方で、先例には拘束力があり裁判所を拘束する。しかし、その拘束力は法的拘束力ではなく事実上のものにすぎないと解することが一般的である。その理由としては、日本が英米のような判例法主義を採用していないことがあげられる。抜粋部分において最高裁は「本決定の先例としての事実上の拘束性」と明言しており、この一般的理解と同じ立場に立つことを示したものと考えられる。
　また、最高裁は、この事実上の拘束力は遡及的にも及びうると考えている。したがって4．に述べる衝突を調整する必要が生じる。
4．法的安定性の要請
　遡及効を貫徹した場合、すでに確定した判決および法律関係の前提が失われることになる。そのため、再審（民事訴訟法338条1項8号）や錯誤無効、不当利得返還請求の可否などをめぐって紛争が生じ、法的安定性が害される可能性が生じる。
　特に抜粋部分から読み取れる事実によれば、これは、①相続とい

う日常的に発生する現象に関するものであること、②この決定の前提となる相続が発生した 2001 年 7 月から 12 年という長い期間が経過していること、という事情から、特に法的安定性が害される場面が多く発生する事案を念頭においたものと考えられる。最高裁はこれを「著しく法的安定性を欠く」と表現している。よって、法的安定性を守るためは、3．に述べた遡及効を制限しなくてはならない。

　以上の理由から、最高裁は「2001 年 7 月から本決定までの間に開始された他の相続につき、本件規定を前提としてされた遺産の分割の審判その他の裁判、遺産の分割の協議その他の合意等により確定的なものとなった法律関係に影響を及ぼすものではない」として、この決定の遡及効を解決未了の事案のみに限定し、解決済みの事案には及ばないと説示した。

問❷
1．想定される A 子の立場からの反論
　A 子の立場からは以下のような反論がなされると考えられる（設問中に抜粋されている最高裁決定については、以下「2013 年決定」という）。
　(1)　個別的効力説は、憲法の最高法規性（憲法 98 条）や法の支配の原理と両立しない。
　(2)　憲法判例の効力として遡及効を制限し、2013 年決定の当事者にとっては 2001 年 7 月時点で違憲・無効である法令が A 子には合憲的に適用されるとすることは、法の下の平等（憲法 14 条）に反する。
　(3)　付随的審査制のもとでは事件の解決に必要な限りで憲法判断を下せば足りる。2001 年 7 月から 2013 年決定までの間に開始された他の相続に関する説示は不要であり、そのような説示をなすことは司法権の性質に反する。
　(4)　同説示によって A 子が遺産分割協議の錯誤無効を主張する機会を奪うことは、裁判を受ける権利（憲法 32 条）を不当に害するものである。
2．私見
　(1)　A 子の反論 1（**1**．(1)）について
　違憲判断の効力をめぐっては、古くは一般的効力説と個別的効力説が対立的に主張されたが、今日では両者とも必ずしも純粋な形で

は説かれない。

　純粋な意味での個別的効力説に立った場合、同一の法令が２つの事件のうち一方では無効に他方では有効になることがあるため、Ａ子のいうように法の支配によって実現されるはずの予見可能性を損ない、憲法の最高法規性を相対化することは否めない。また、そこにおける法適用の不平等は甚だしい。だが、今日では個別的効力説も一定の修正を施し、立法府や行政府に司法権への礼譲を期待する説（礼譲期待説）や憲法 81 条を根拠に立法府・行政府に最高裁の判断に従う一定の義務が発生すると捉える説（政治的道徳的義務説または法的義務説）が有力となっている。この場合、個別的効力説に立ったとしても必ずしもＡ子の主張する問題が生じるわけではない。

　なお、純粋な意味での一般的効力説は一般的遡及効と結びつけて論じられることが多かったが、今日では、一般的遡及効を無限定に認めてしまうと法的安定性が害される可能性があることが認識され、これを修正する動きがある。当事者以外への遡及効については、一定の制限を課したうえでこれを認める説も有力になってきている。したがって、一般的効力説に立ったとしてもＡ子の事案において直ちに遡及効が認められることにはならない。

　⑵　Ａ子の反論２（１.⑵）について

　本件説示が実質的な問題をもたらすのは、遡及効の範囲に関する言及である。一般的効力説に立ち、違憲判断は一般的に遡及するとする一般遡及的一般効力説に立った場合はＡ子の事案にも効力が及ぶことはもちろんであるが、当事者遡及的一般効力説については必ずしもそうはならない。しかし、後者に立ちつつ国民の権利・自由の保護にとって必要な場合には例外的に一般的に遡及することを認める説もあり、その場合にはＡ子の事案にも効力が及ぼされる可能性がある。

　これに対し、最高裁は個別的効力説を前提とするため、一般的遡及効は原則として生じない。だが、その代わりに最高裁は本件説示において「先例としての事実上の拘束力」が 2013 年決定以前に確定した裁判・法律関係にも及ぶとしており、実質的には一般的に遡及効を認める言及を行っている。そのため、最高裁は本件においては従来の個別的効力説ではなく一般的効力説に傾斜しているのではないかとみる向きもあるが、最高裁があえて「事実上の拘束力」という文言を使っていることから、個別的効力説を維持しつつも「事

実上の拘束力」という形で、同種の事件は同様に解決されるべきという平等の要請を満たそうとしているものと考えられる。

したがって、最高裁はＡ子の主張する法の下の平等を考慮していないわけではない。むしろ、平等の要請を考慮して「事実上の拘束力」による遡及を一般的に認めたうえで、例外的に抜粋部分の説示によってそれを制限したものと解される。その際の根拠として最高裁が掲げたのが法的安定性である。それが十分な根拠であるか否かについては、(4)で検討する。

(3) Ａ子の反論3（1.(3)）について

Ａ子のいうように、抜粋部分は2013年決定の事案を解決するために直接必要な言及かどうかは疑問である。特に、純粋な個別的効力説を前提とするなら本件言及は過剰である。また、多数意見はこの説示の根拠を示しておらず、Ａ子の主張には一定の理由がある。

これに対し、2013年決定の千葉勝美裁判官補足意見はこれを違憲審査権（憲法81条）に付随するあるいは性質上内在する権限であると説明する。また、金築誠志裁判官補足意見は遡及効を平等原則（憲法14条）によって説明したうえで憲法14条のもとでも許される合理的な例外として遡及効を限定することが許容されるとしている。根拠とするものは異なるが、いずれも憲法上認められた司法権の作用に含まれるものだと説明している。

違憲審査権の作用には一定の法創造機能が含まれると解するのが相当である。人権または憲法81条の趣旨の実質的保障のために、司法権に内在するものとして、判決の形式や効果について裁判所がある程度柔軟に法形成を行うことは認められる。よって、そのために必要な説示を判決内で行うことは司法権の作用として認められる。しかし、それはあくまで人権の実質的保障という目的のためになされるべきであり、強い正当化事由を必要とする。

(4) Ａ子の反論4（1.(4)）について

本件説示は法的安定性を理由にＡ子の事案（遺産分割協議）に対する遡及効を制限している。しかし、遺産分割協議は様々な理由が複雑に考慮され合意に至るのが一般的であり、相続分規定の解釈が錯誤無効を主張できるほどに重要な意味をもつ場合は決して多くはない。よって、確定済みの遺産分割協議に対して「事実上の拘束力」を及ぼしたとしても法的安定性が大きく損なわれることはない。他方、Ａ子の事案については例外的に錯誤無効を主張できるほど

に民法900条4号の解釈が重要な意味をもつ場合ということができ、それを主張する機会を不当に失わせることは許されない。よって、遺産分割協議についても「事実上の拘束力」を限定する説示を行うのであれば、これについても遡及効を限定しなければ法的安定性が害される蓋然性が高いことを示す必要があったところ、本件説示は事案を区別することなく「多くの遺産分割が行われたことが容易に推察される」ことから直ちに「著しく法的安定性を欠く」と結論づけており、遡及効を限定すべき場合に遺産分割協議を含めることについて合理的な理由を示しているとは言い難い。したがって、本件説示は合理性を欠き、不当である。

関連問題

1．時の経過による影響が小さい場合の判断

設問中の抜粋部分に示されているように、2013年決定の事案においては、相続開始時である2001年7月から決定が下されるまで約12年が経過しており、この間に多くの遺産分割が行われたことが推察される。これに対し、仮にこの相続開始時が2012年7月であり決定が下されるまで約1年が経過しただけであった場合、最高裁は判決効について同様の説示をすべきか否か。理由を付して論じなさい。なお、2012年の被相続人数は約126万人、婚外子の割合は約2パーセントである。

（参考、中村・後掲参考文献198頁、解説4）

2．違憲判断を理由とする再審請求

以下の架空の再審請求は、設問中に抜粋した2013年決定の論旨に則った場合、いかなる取扱いを受けることになるか。また、それに対してはいかなる批判をなすことができるか。論じなさい。

「差押命令正本を裁判所が特別送達したところ、郵便局員がこれを誤配したため送達が1日遅滞し、それにより債権回収ができなくなった原告Aが国家賠償を請求した事件において、最高裁は2002年9月11日、郵便法（当時）の免責規定を違憲と判断した。なお、当該誤配は2002年

4月14日に起こったものであった。

　Bは2002年4月13日に誤配によりAと同様の被害を被り、国家賠償請求を行ったものの、2002年6月11日に当該免責規定を受け請求棄却の判決が確定した。Bは、上記違憲判決が出されたことを受け、確定判決において適用された法令が後に違憲無効と判断されたという事実は民事訴訟法338条1項8号に規定する再審事由と共通点がありこれを類推適用することができるとして、再審請求を行った。」

（参考、百選Ⅱ428頁〔蛭原健介〕）

3．純粋将来効判決との異同

　設問中の抜粋部分に替えて、最高裁が以下のような決定を下していたとすれば、どのような憲法上の論点が生じたか。2013年決定と対比させつつ、論じなさい。

　「したがって、本件規定は、現時点において、憲法14条1項に違反するものというべきである。しかし、本件相続が開始した2001年7月においては、本件規定は、極めて違憲の疑いが濃いものであるとしても、明らかに違憲であるとまではいえない。よって、論旨は採用することができず、上告を棄却する。」

参	考	文	献

川岸令和「違憲判決の影響力」戸松秀典＝野坂泰司編『憲法訴訟の現状分析』（有斐閣・2012年）90頁以下

佐藤幸治「違憲判決の効力」『憲法訴訟と司法権』（日本評論社・1984年）202頁以下

中村心「もしも最高裁が民法900条4号ただし書の違憲判決を出したら」東京大学法科大学院ローレビュー7巻（2012年）191頁以下

野坂泰司「非嫡出子法定相続分差別と『法の下の平等』――非嫡出子法定相続分差別規定違憲決定」『憲法基本判例を読み直す［第2版］』（有斐閣・2019年）133頁以下

（大河内美紀）

事項索引

判例索引

平成 20 〜 31 年

●執筆者紹介●

宍戸常寿（ししど・じょうじ）　＊編者
　1997 年東京大学法学部卒業。東京都立大学法学部助教授、首都大学東京法科大学院助教授、一橋大学大学院法学研究科准教授を経て、現在、東京大学大学院法学政治学研究科教授。
　『憲法裁判権の動態』（弘文堂・2005 年）、『憲法 解釈論の応用と展開［第 2 版］』（日本評論社・2014 年）、『憲法学読本［第 3 版］』（共著、有斐閣・2018 年）。

大河内美紀（おおこうち・みのり）
　2002 年名古屋大学大学院博士課程後期課程単位取得退学。新潟大学法学部助教授などを経て、現在、名古屋大学大学院法学研究科教授。
　『現代日本の憲法［第 2 版］』（分担執筆、法律文化社・2016 年）、『憲法解釈方法論の再構成』（日本評論社・2010 年）、『憲法講義［第 2 版］』（分担執筆、日本評論社・2018 年）。

齊藤　愛（さいとう・めぐみ）
　2003 年東京大学大学院法学政治学研究科博士課程修了。現在、千葉大学大学院社会科学研究院教授。
　『講座人権論の再定位 3 人権の射程』（分担執筆、法律文化社・2010 年）、『表現の自由 II』（分担執筆、尚学社・2011 年）、『異質性社会における「個人の尊重」』（弘文堂・2015 年）。

柴田憲司（しばた・けんじ）
　2012 年中央大学大学院法学研究科博士後期課程修了。現在、中央大学法学部准教授。
　「憲法上の比例原則について(1)(2・完)」法学新報 116 巻 9=10 号、11=12 号（2010 年）、「比例原則と目的審査」同 120 巻 1=2 号（2013 年）、『憲法判例のエニグマ』（共編、成文堂・2018 年）。

西村裕一（にしむら・ゆういち）
　2004 年東京大学法学部卒業。首都大学東京都市教養学部法学系准教授などを経て、現在、北海道大学大学院法学研究科教授。
　『憲法学再入門』（共著、有斐閣・2014 年）、『国家・公共の福祉・基本権』（共訳、弘文堂・2019 年）。

松本哲治（まつもと・てつじ）
　1996 年京都大学大学院法学研究科博士後期課程中退。近畿大学大学院法務研究科教授などを経て、現在、同志社大学大学院司法研究科教授。
　『憲法 I 統治［第 2 版］』（共著、有斐閣・2017 年）、『憲法 II 人権［第 2 版］』（共著、有斐閣・2017 年）、「一部違憲判決と救済」『憲法適合的解釈の比較研究』（有斐閣・2018 年）。

村山健太郎（むらやま・けんたろう）
　2013 年ハーバード大学法科大学院修了（LL. M.）。現在、学習院大学法学部教授。
　『憲法判例の射程』（分担執筆、弘文堂・2017 年）、『精読憲法判例［人権編］』（共編著、弘文堂・2018 年）、「合衆国憲法における宗教条項解釈と憎悪の法理」学習院大学法学会雑誌 54 巻 2 号（2019 年）。

横大道聡（よこだいどう・さとし）
　2007 年慶應義塾大学大学院法学研究科後期博士課程単位取得退学。鹿児島大学教育学部専任講師、同准教授を経て、現在、慶應義塾大学大学院法務研究科教授。
　『現代国家における表現の自由』（弘文堂・2013 年）、『憲法判例の射程』（編著、弘文堂・2017 年）、『精読憲法判例［人権編］』（共編著、弘文堂・2018 年）。

【編著者】
宍戸　常寿　東京大学大学院法学政治学研究科教授

【著　者】
大河内美紀　名古屋大学大学院法学研究科教授
齊藤　　愛　千葉大学大学院社会科学研究院教授
柴田　憲司　中央大学法学部准教授
西村　裕一　北海道大学大学院法学研究科教授
松本　哲治　同志社大学大学院司法研究科教授
村山健太郎　学習院大学法学部教授
横大道　聡　慶應義塾大学大学院法務研究科教授

憲法演習ノート——憲法を楽しむ 21 問［第 2 版］

2015（平成27）年 9 月30日　初　版 1 刷発行
2020（令和 2 ）年 4 月30日　第 2 版 1 刷発行

編著者　宍 戸　常 寿

発行者　鯉 渕　友 南

発行所　株式会社　弘文堂　　101-0062 東京都千代田区神田駿河台 1 の 7
　　　　　　　　　　　　　　TEL 03(3294)4801　振 替 00120-6-53909
　　　　　　　　　　　　　　https://www.koubundou.co.jp

装　丁　笠井亞子
印　刷　三 陽 社
製　本　井上製本所

ISBN 978-4-335-35825-8